문과생을 위안
인공지능입문

수학, 통계 지식 없이 배우는

문과생을 위한
인공지능 입문

김장현 · 김민철 지음

i!i
에이콘

에이콘출판의 기틀을 마련하신 故 정완재 선생님 (1935-2004)

지은이 소개

김장현

연세대학교에서 경제학(학사)과 인터넷이용자 연구(석사)를 했다. 이후 데이터사이언스와 커뮤니케이션을 접목하기 위해 미국 뉴욕주립대학교 버팔로(State University of New York at Buffalo)에서 유학을 했다. 박사 학위 취득 후에는 하와이대, DGIST 대구경북과학기술원에서 교수 생활을 했으며, 2014년 이후 성균관대에서 융복합 학부와 대학원 학과를 여러 개 설립하는 데 기여했다. 교육현장에서 문과생이나 비전공자에게 인공지능 기초를 강의하는 것이 얼마나 어려우면서도 중요한지 깨닫고 이 책을 쓰게 됐다.

김민철

중앙대학교에서 신문방송학 학사와 석사를 취득했다. 이후, 미국 인디애나 대학교(Indiana University)에서 매스커뮤니케이션학 박사학위를 받았다. 2020년 성균관대학교 글로벌융합학부에서 박사후 연구원으로 재직하면서 데이터사이언스와 인공지능 기초에 관한 강의를 했다. 현재는 중앙대학교 미디어커뮤니케이션 학부의 조교수로 재직 중이다. 빅데이터와 인공지능을 활용하여 디지털 플랫폼화가 미디어와 커뮤니케이션 현상에 미치는 영향에 관한 연구를 하고 있다.

4차 산업혁명의 시대가 도래하면서 인공지능 기술이 갖는 중요성이 증가하고 있습니다. 특히 우리 일상 생활 곳곳에 인공지능이 적용된 서비스가 우리 삶을 바꾸고 있습니다. 이와 함께 인공지능을 개발할 수 있는 능력이 중요해지고 있습니다. 이러한 트렌드를 반영해 많은 대학에서 인공지능과 데이터 사이언스 관련 학과가 개설되고 있습니다. 다양한 분야에서 인공지능이 필수적으로 활용되고 있는 만큼 경제와 일자리 역시 거대한 변화가 있습니다.

하지만, 수학이나 통계에 대한 기초 지식이 부족한 학생들은 인공지능에 쉽게 접근하지 못하고 있습니다. 시중의 많은 인공지능 입문서가 불완전한 번역으로 인해 의미전달이 되지 않거나, 실생활과 크게 상관없는 예시나 코드를 사용하고 있는 경우가 많습니다. 이는 학생들이 인공지능에 대한 흥미를 잃는 원인이 됩니다. 실제 많은 학생이 수식과 통계 그리고 코딩의 장벽에 부딪쳐 인공지능 학습을 포기하고 있습니다. 때문에 누구나 쉽게 인공지능 개발을 경험하는 데 도움이 될 수 있는 교재의 필요성을 절감했습니다.

이 책은 저자들이 다년간 대학교에서 학생들에게 데이터 분석과 인공지능에 대한 강의를 한 경험을 바탕으로 집필했습니다. 수학적 지식보다 실제 인공지능 개발을 경험함으로써 인공지능에 익숙해지는 것이 중요하다는 경험에서 출발해서 이 책에서는 다음과 같은 부분을 중시했습니다. 첫째, 누구나 쉽게 인공지능의 원리를 이해할 수 있도록 가능한 수식 중심의 설명보다 개념 중심의 설명을 했습니다. 둘째, 누구나 인공지능 개발 환경을 구축할 수 있도록 구글 코랩(Colaboratory)의 플랫폼을 사용했습니다. 셋째, 가능한 모든 코드에 자세한 설명과 주석을 달아서 복잡한 코드를 쉽게 이해할 수 있도록 했습니다.

저자들은 성균관대학교가 수행한 대학혁신사업의 도움을 받아 안정적 환경에서 집필에 임할 수 있었습니다. 학교와 독자 여러분, 그리고 출판사에 감사드립니다.

김장현, 김민철 드림

차례

7장 판다스의 활용   184

인공지능에 관심이 있지만 복잡한 수식이나 어려운 코드 때문에 인공지능 학습을 시작하기 어려웠던 분들을 위한 책이다. 누구나 쉽게 인공지능 개발을 경험할 수 있도록 수학적 설명을 최대한 배제했으며, 코딩에 대한 기초 지식 없이도 쉽게 인공지능 개발에 도전할 수 있도록 개발 환경 구축부터 파이썬의 기초적인 사용법을 다룬다. 또한 실제 인공지능 개발 워크플로우workflow를 소개함으로써 인공지능 개발의 A to Z를 모두 경험할 수 있는 기회를 제공한다. 이 책은 인공지능 개발에 도전하고 싶은 분들이 파이썬을 이용해서 그 첫걸음을 떼는데 도움이 될 것이다.

이 책의 다루는 내용

- 인공지능 입문자를 고려한 인공지능 개발 A to Z 소개
- 수식보다 개념적 이해를 통한 인공지능 학습 과정에 초점을 맞춘 설명
- 인공지능 개발 과정에서 생길 수 있는 윤리적 이슈 소개
- 누구나 쉽게 인공지능을 개발할 수 있도록 구글 코랩colab 개발 환경 사용
- 인공지능 개발을 위한 파이썬 기초부터 데이터 처리, 데이터 시각화 실습
- 인공지능 개발 워크플로우 설명
- 실제 활용할 수 있는 인공지능 개발 예제 포함
- 예측, 분류, 군집화, 텍스트 자동 분석 등 다양한 인공지능 개발 실습 제공
- 인공지능 개발에 필요한 다양한 노하우 수록

대상 독자

- 인공지능을 처음 접해 개념 이해와 코딩 기초부터 탄탄히 쌓고 싶은 분
- 인공지능 학습을 어디에서부터 시작해야 할지 감이 잘 잡히지 않는 분
- 본격적으로 인공지능을 배우기에 앞서, 인공지능 개발의 A to Z를 경험해 보고 싶은 분
- 복잡한 수학적 설명이나 어려운 코드 때문에 인공지능 학습을 포기한 경험이 있는 분
- 업무 효율 증대와 합리적 의사결정을 위해 인공지능 개발을 해보고 싶은 분

예제 코드 다운로드

이 책에서 사용된 모든 코드와 예제, 데이터는 깃허브(Github) 페이지(https://github.com/skku-ai-textbook/aitextbook)에 공개되어 있습니다. 책 내용이나 코드의 오류는 이 책의 깃허브 이슈페이지에 제보 부탁드립니다.

정오표

정오표는 에이콘출판사의 도서정보 페이지 http://www.acornpub.co.kr/book/ai-for-student 에서 볼 수 있다.

문의

책의 내용에 관한 질문은 에이콘출판사 편집 팀(editor@acornpub.co.kr)이나 지은이의 이메일로 문의하길 바란다.

01
서론

1장에서는 현재 주목받고 있는 인공지능이라는 개념을 개괄적으로 소개한다. 또한 앞으로 이 책에서 인공지능을 어떤 과정으로 실습할 것인지를 설명한다. 1장은 다음과 같은 내용을 다룬다.

이 장에서 다루는 내용

- 인공지능의 개념적 이해
- 인공적인 학습의 목적
- 책의 전반적인 구성

목차

1.1 인공지능이란 무엇인가?

인공지능이란 단어는 더이상 낯설지 않다. 바둑으로 이세돌 9단과 대결해 전 세계를 깜짝 놀라게 한 딥마인드의 알파고^AlphaGo^부터 컴퓨터 스스로 자동차를 직접 운전해 승객을 원하는 곳까지 자동으로 데려다주는 자율주행차까지 공상과학 영화 속에서나 보던 장면들이 현실화되고 있다.

예를 들어, 온라인 동영상 스트리밍 서비스인 넷플릭스^Netflix^가 사용자가 선호할만한 콘텐츠를 추천해주는 것 역시 인공지능을 활용한 추천 알고리듬 덕분이다. 또한 뉴스 포털에서 사용자가 관심 있어 할 뉴스를 추천해 주는 것도 추천 알고리듬을 활용한 인공지능 서비스라고 할 수 있다. 뿐만 아니라 스마트폰으로 사진을 찍을 때 대상을 인식해 자동으로 알맞은 세팅을 하거나 찍은 사진 속 인물이 누군지 분석하는 것도 인공지능 기술을 사진 촬영/정리에 적용한 것이다. 이처럼 인공지능 기술은 알게 모르게 우리의 실생활의 많은 부분에 활용되고 있다.

하지만 앞서 예로 든 것처럼 일상과 직접적인 관련이 있는 인공지능은 우리가 인공지능을 생각할 때 흔히 떠올리는 것들과는 조금 거리가 있다. 공상과학 영화 속에서는 인공지능이 자아를 갖고 스스로에게 유리한 결정하는 하는 존재인 것처럼 느껴지곤 한다. 영화 〈바이센테니얼맨^Bicentennial Man^〉(1999)이나 〈엑스 마키나^Ex Machina^〉(2014)처럼 스스로 생각하고 자아를 지닌 존재처럼 말이다. 이처럼 인간에 의해 만들어진 인간과 유사한 지능을 갖고 생각할 수 있는 능력을 소유한 인공지능을 '강한' 인공지능이라고 부른다.

반면 현재 우리 생활 속에서 쉽게 접하는 인공지능들은 어떤 특정 분야에 국한돼 인간의 능력을 흉내 내거나 인간 대신 특정한 작업을 수행하는 경우가 많다. 앞서 예를 든 것처럼 넷플릭스에서 영상 콘텐츠를 추천해 주거나 사진에 찍힌 것이 어떤 물건인지를 판단하는 등 대부분 한정된 영역에서 문제를 해결하는 능력을 가지고 있다. 이처럼 자아를 가진 인공지능이 아니라 어떤 영역에서 인간의 행동을 유사하게 수행할 수 있는 인공지능을 '약한' 인공지능이라고 부른다.

현재 실생활에서 사용하는 다양한 인공지능은 특정 영역에서 인간과 유사한 역할을 하는 약한 인공지능이라고 할 수 있다. 이런 인공지능은 컴퓨터의 계산 능력을 활용해 인간의 작업 시간을 단축하고 업무 효율을 높이는 데 활용된다. 예를 들어, 어느 도서관에서 새로운 책을 구입하고자 한다고 해보자. 도서관 직원들은 기존에 정리된 책의 내용과 유사성을 기준으로 새로운 책을 분류하기로 했다. 새롭게 구입한 책이 몇 권 되지 않는다면 고려해야 하는 수가 그리 많지 않아 분류하고 배치하는 작업은 쉽게 끝날 것이다. 그렇다면 만약 분류해야 할 책의 수가 수백 권으로 늘어났다면 어떨까? 시간은 걸리겠지만 며칠 내로 분류 작업을 끝낼 수 있을 것이다.

그러나 분류해야 할 책의 수가 수천 권에서 많게는 수만 권까지 늘어난다면 어떻게 될까? 깊이 생각해 보지 않더라도 책들을 분류하는 데 오랜 시간이 소요될 것임을 알 수 있다. 단순히 책의 소개나 제목을 바탕으로 책 분류 작업을 한다고 하더라도 많은 시간이 필요하다. 물리적 시간을 줄이려고 여러 사람을 투입한다면 명확한 분류 지침이 필요하다. 서로 다른 기준으로 분류 작업을 한다면 작업의 신뢰도가 떨어지는 문제가 발생할 수 있기 때문이다. 뿐만 아니라 많은 인력이 동원된다면 분류 작업에 걸리는 시간은 줄어들 수 있으나 투입되는 인력에 비례해 인건비도 함께 증가하기 때문에 분류 작업 자체에 소요되는 비용도 늘어날 것이다.

이때 인공지능을 활용하면 반복된 작업을 빠르고 효율적으로 처리할 수 있다. 특히 앞서 이야기한 도서 분류 작업처럼 방대한 자료들을 특정한 기준에 따라 처리하는데 효과적이다. 만약 자동으로 신작 도서를 유사한 주제로 분류하는 인공지능을 만든다면 짧은 시간 안에 분류 작업을 마칠 수 있을 것이다. 인공지능이 이런 작업에 사람보다 효율적인 것은 컴퓨터가 갖고 있는 특징 때문이다. 컴퓨터는 사람과 달리 같은 작업을 반복적으로 수행하는 데 특화돼 있다. 또한 엄청나게 복잡한 계산이나 연산도 인간에 비해 효율적으로 처리할 수 있다. 일반적으로 인공지능은 사람에 비해 유지 비용이 적게 든다는 장점이 있다. 다시 말해 추후 방대한 양의 도서를 빠르게 분류해야할 필요가 있다면 인공지능 시스템 도입하는 것이 분류 작업을 훨씬 더 효율적으로 처리할 수 있는 것이다.

물론 도서관이 아닌 개인이 몇 권의 책을 분류하는 작업을 실시하려고 인공지능을 개발하는 것은 비효율적이다. 도서 분류 인공지능 시스템을 만드는 데 오히려 더 많은 시간과 비용이 소모될 수 있기 때문이다. 하지만 앞서 살펴본 경우처럼 새로운 책들을 분류하는 작업을 반복적으로 실시해야 한다면 도서 분류 인공지능 시스템을 통해 시스템을 자동화하는 것이 시간과 비용을 절약할 수 있다.

이처럼 인공지능은 인간의 삶의 특정 부분에 적용돼 우리의 삶을 좀 더 효율적이고 편리하게 변화시킬 수 있다. 특히 인공지능은 방대한 양의 자료를 반복적으로 처리하는 데 효과적이다. 이 점이 다양한 형태의 데이터가 방대한 양으로 시시각각 축적되는 현재의 빅데이터 시대에 인공지능의 활용도가 계속 커지는 이유라고 할 수 있다.

앞으로 이 책에서는 우리 삶을 극적으로 변화시킬 수 있는 인공지능이 무엇인지 또 어떤 과정으로 인공지능을 개발하는지 실습하고자 한다. 이 책의 목표는 컴퓨터 언어인 파이썬Python을 활용해 스스로 인공지능 시스템을 만들 수 있는 능력을 키우는 것이다.

1.2 이 책의 특징

이 책은 인공지능을 실생활의 다양한 문제를 해결하는 데 활용할 수 있도록 구성돼 있다. 이를 위해 수학적 배경지식이 부족하더라도 인공지능 시스템을 쉽게 구축할 수 있도록 수학적 원리에 대한 설명을 최소화했다. 수학적 · 통계적인 원리를 설명하는 데만 집중한다면 오히려 실제로 인공지능 시스템을 활용하는 스킬을 습득하는 데 소홀해질 수 있기 때문이다.

자동차 운전을 생각해 보면 이해하기 쉽다. 우리가 자동차 정비에 대한 배경지식을 갖고 있는 것이 자동차를 운전하는 데 얼마만큼 도움이 될까? 대부분의 경우 자동차에 대한 지식 자체가 없더라도 실제 자동차를 운송수단으로 활용하는 데는 큰 문제가 없다. 반면 운송수단으로서의 자동차라는 도구의 성능을 향상시키기 위한 경우엔 자동차 설비나 정비에 관한 지식이 필수적이다. 자동차 무게를 줄이고 최고 속도를 내게 하려면 자동차라는 운송수단이 어떻게 움직이는지에 대한 지식이 필요하기 때문이다.

인공지능을 개발하는 것도 비슷하다. 인공지능을 사용해 문제를 해결할 때는 이에 필요한 인공지능 알고리듬 사용법을 먼저 이해해야 한다. 어떤 특정 문제를 해결하려고 인공지능을 사용할 때도 인공지능 알고리듬 활용법을 알아야 함은 물론이며 해당 인공지능 알고리듬이 수학적으로 어떻게 구현돼 있는지를 이해하는 것이 좋다.

우리는 인공지능을 구현하는 알고리듬 사용법에 집중할 것이다. 이 책을 통해 누구나 쉽게 인공지능을 적용하는 데 익숙해질 수 있도록 설명한다. 따라서 인공지능에 대한 개념적 설명부터 윤리적 문제, 인공지능 시스템을 본격적으로 만드는 데 필요한 파이썬 사용법까지 포함한다. 또한 파이썬에 대한 기초 문법, 데이터 처리 등 인공지능 개발에 필요한 기초적인 코딩 방법을 다룸으로써 컴퓨터 프로그래밍에 익숙하지 않은 분들도 쉽게 인공지능을 배우고 활용할 수 있도록 했다. 마지막으로 인공지능 개발에 필요한 각 단계를 소개한다.

이 책에서 사용되는 파이썬 코드와 데이터는 모두 이 책의 깃허브에 공개돼 있다. 또한 실제 구동되는 다양한 코드는 구글 코랩을 통해 제공된다. 이를 활용해 파이썬 개발 환경을 직접 설치하지 않더라도 쉽게 인공지능 개발에 필요한 다양한 단계를 실제로 구현할 수 있다.

1.3 이 책의 구성

이 책은 다음과 같이 구성돼 있다. 처음 두 챕터는 인공지능에 대한 개괄적 이해를 돕도록 돼 있다. 먼저 1장에서는 이 책에서 다루는 인공지능이 무엇인지 또 이 책이 어떤 식으로 구성돼 있는지 설명한다. 2장에서는 앞으로 인공지능을 개발하면서 고려해야 할 윤리적 쟁점들에 대해서 논의했다. 인공지능의 객관성에 대한 질문부터 인공지능을 만드는 데 사용되는 데이터의 대표성까지 인공지능 개발자로서 항상 비판적 시선으로 인공지능 시스템 개발 과정을 생각할 필요가 있기 때문이다.

8장까지 인공지능 시스템을 만드는 데 필요한 컴퓨터 프로그램 언어인 파이썬을 배운다. 9장부터 12장까지는 본격적으로 인공지능 시스템을 만드는 데 필요한 단계들을 개념적으로 설명한다. 다음과 같이 크게 세 부분으로 구성돼 있다.

1.3.1 파이썬의 기초

본격적으로 인공지능 시스템을 만들기에 앞서 3장부터 8장까지는 인공지능을 만드는 데 사용하는 프로그램 언어인 파이썬을 살펴볼 것이다. 이 장들은 인공지능을 개발하는 데 필요한 기초 체력을 키우는 시간이 될 것이다. 3장에서는 인공지능을 만들기 위한 프로그램 환경을 살펴본다. 이 책에서 인공지능 개발을 위해 사용하는 구글 코랩^{Colaboratory}(https://colab.research.google.com/notebooks/welcome.ipynb?hl=ko) 플랫폼의 사용법을 간략히 소개한다.

4장과 5장에서는 컴퓨터 프로그래밍 언어로 파이썬의 기초 문법을 익힌다. 6장에서는 특정한 조건에 따라 파이썬 코드를 제어하는 조건문을 살펴본다. 또한 파이썬을 사용해 반복되는 작업을 효율적으로 수행할 수 있도록 반복문을 실습한다. 7장에서는 인공지능 시스템을 만드는 데 필요한 데이터 처리를 위해 주로 사용되는 파이썬의 라이브러리인 판다스^{pandas} 사용 방법을 알아본다. 판다스를 활용해 외부 데이터를 파이썬으로 불러오는 방법부터 이를 활용해 탐색적 분석을 실시하는 방법까지 살펴볼 것이다. 8장에서는 데이터 시각화를 다룬다. 데이터는 본격적인 데이터 분석에 앞서 데이터를 시각적으로 기술해 데이터에 대한 인사이트를 얻을 수 있는 방법이다. 따라서 8장에서는 파이썬에서 데이터 시각화에 필요한 `matplotlib`과 `seaborn`의 사용 방법을 소개한다.

1.3.2 인공지능 개발 파이프라인

9장부터 12장까지는 본격적으로 인공지능 시스템을 만드는 데 필요한 단계들을 개념적으로 설명한다.

먼저 9장에서는 인공지능 시스템을 만드는 전반적인 과정을 개괄적으로 설명한다. 인공지능 개발에 필요한 각 단계를 설명하면서 필요한 전 과정에 익숙해지기 위함이다. 10장에서는 인공지능 개발에 필수적으로 필요한 데이터셋을 준비하는 과정을 설명한다. 인공지능을 만드는 데 필요한 데이터가 무엇인지를 살펴보고 실제 인공지능 시스템을 만들기 위해 필요한 데이터를 어떻게 준비해야 할 것인지를 설명한다. 따라서 10장에서는 인공지능을 만드는 데 필요한 데이터를 준비하는 데이터 전처리preprocessing 과정을 실습한다.

11장에서는 인공지능 개발 과정에서 학습learning이 무엇을 의미하는지 설명한다. 특히 인공지능 개발 과정에서 지도 학습과 비지도 학습이라는 두 접근 방식을 살펴본다. 이를 통해 본격적으로 인공지능 시스템을 만드는 데 필요한 개념들을 학습하게 된다. 12장에서는 학습된 인공지능 모델의 성능 평가와 검증에 필요한 과정을 실습하게 된다. 모델의 성능을 왜 평가하는지를 설명하고, 실제 모델 평가 방법에 대한 전반적인 개념을 설명한다. 9장부터 12장까지 개념적인 내용을 살펴보고 나면 인공지능 개발하는 과정을 이해하는 데 도움이 될 것이다.

1.3.3 인공지능 개발 실습

13장부터 16장에서는 실제 널리 쓰이는 인공지능 알고리듬을 활용해 본격적으로 인공지능 시스템을 만들어 보는 실습 과정을 다룬다. 이 장들은 이 책의 앞부분에서 습득한 개념들이 실제 인공지능 개발에 어떻게 사용되는지를 실습을 통해 적용해 보도록 구성돼 있다. 실습을 통해 추후 음성인식이나 컴퓨터 비전 등 높은 수준의 인공지능 개발에 필요한 기초 체력을 높이는 데 도움이 될 것이다.

먼저 13장에서는 지도 학습 모델을 사용해 예측 문제를 해결하는 실습을 실시한다. 예측 모델의 기초인 회귀분석 알고리듬을 활용해 가상의 박스오피스 데이터로 영화 관객 수를 예측하는 인공지능 모델을 만든다. 14장에서는 지도 학습을 활용해 분류 모델을 만들게 된다. 서포트 벡터 머신SVM, Support Vector Machine이라는 알고리듬을 사용해 다양한 사람 중 신문기사 열독자를 분류하는 인공지능 모델을 만들게 된다.

15장에서는 13장, 14장과 달리 비지도 학습을 통해 데이터를 자동으로 분류하는 인공지능을 만든다. 인간의 개입 없이 컴퓨터 스스로 데이터에서 특정 패턴을 찾아 자동적으로 데이터를 분류하는 인공지능을 만드는 실습을 하게 된다. 이 과정에서 K-평균 군집화 K-means Clustering 알고리듬을 사용해 강수량과 평균 기온으로 계절을 구분하는 실습을 할 것이다. 16장에서는 대량의 문서를 자동으로 분류하는 인공지능을 만드는 실습을 하게 되는데 텍스트 데이터 분석을 위해 필요한 텍스트 전처리 과정을 포함해 텍스트 분석의 기초를 알아본다. 또한 유사한 의미를 가진 텍스트를 자동으로 분류하는 인공지능을 만들 때 토픽 모델링 Topic Modeling 알고리듬을 사용해 텍스트를 분류하는 실습을 하게 된다.

1.4 요약

1장에서는 인공지능의 기본적인 개념과 함께 이 책에서 다루게 될 기본적인 내용에 대해서 살펴봤다. 1장의 내용을 요약하면 다음과 같다.

- 인간과 유사한 지능을 갖고 생각할 수 있는 능력을 소유한 인공지능을 강한 인공지능이라고 부른다.
- 특정 영역에서 문제를 해결하는 데 전문적인 능력을 보이는 인공지능을 약한 인공지능이라고 부른다.
- 현재 우리 실생활에서 사용하는 다양한 인공지능은 특정 영역에 국한해 작업 시간을 단축시키고 업무 효율을 높이는 데 활용된다.
- 이 책은 누구나 쉽게 인공지능을 구현할 수 있도록 인공지능 개발에 필요한 알고리듬 사용에 익숙해지도록 구성돼 있다. 또한 인공지능을 실제로 개발함으로써 인공지능을 구현해 볼 수 있도록 구성돼 있다.

02

인공지능과 사회 윤리

2장에서는 인공지능 개발시 생각해 봐야 할 윤리적 이슈들을 소개한다. 데이터 수집 과정에서 나타날 수 있는 윤리적 문제와 데이터 속 편향이 어떤 문제를 일으킬 수 있는지 논의한다. 또한 앞으로 인공지능 개발 과정에서 생각해 봐야 할 쟁점들을 살펴본다. 2장에서는 다음과 같은 내용을 다룬다.

이 장에서 다루는 내용

- 인공지능과 윤리적 이슈
- 데이터 수집과 관련된 윤리적 쟁점들
- 데이터의 편향이 인공지능 개발에 미치는 영향
- 인공지능과 사회적 이슈

목차

2.1 인공지능과 윤리

자율주행 기능이 있는 자동차를 타고 회사에 출근하고 있다고 생각해 보자. 집에서 출발해 왕복 2차선 도로를 주행하던 중 갑자기 앞차가 급정거를 한다. 이때 앞차와의 충돌을 피하고자 반대 차선으로 주행하게 되면 마주오는 차와 정면으로 부딪히게 된다. 그렇다고 오른쪽 인도로 차량을 돌린다면 등교 중인 학생들을 다치게 할 위험이 있다.

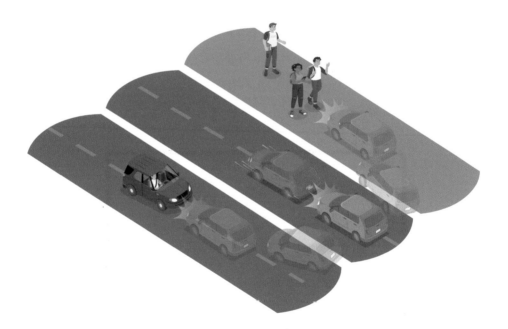

자율주행 기능이 있는 자동차는 어떤 결정을 내려야 할까? 만약 자동차에 탑승하고 있는 운전자의 안전을 가장 우선순위로 둔다면 인도 쪽으로 차를 움직이는 선택을 할 것이고, 행인의 안전을 최우선적으로 판단한다면 차를 반대편 차도나 아니면

앞차와 충돌하도록 하는 선택을 할 것이다. 다시 말해 자율주행 인공지능 개발자가 어떤 점을 중요하게 생각하고 판단하는지에 따라 자율주행 인공지능의 선택이 달라질 수 있는 것이다.

이와 같은 자율주행자동차와 교통사고의 예는 앞으로 인공지능 시스템이 발달하게 되면 나타나게 될 윤리적 문제를 생각해 볼 수 있는 사고 실험(생각으로 하는 가상의 실험)의 한 예다. 인공지능이 우리 삶에 미칠 수 있는 영향을 고려해 인간의 생명과 관련된 극단적인 상황을 가정하고 있다. 이는 앞으로 우리가 인공지능 시스템을 만들 때 어떤 윤리적·도덕적인 측면들을 고려해야 하는지를 보여준다.

다른 예를 들어보자. 은행에서 업무 효율성을 높이려고 대출을 심사하는 인공지능을 도입했다고 가정해 보자. 이 시스템은 기존의 데이터를 활용해 가계 대출을 심사하고 적절한 이자율을 산출하는 데 주로 사용될 예정이다. 이 인공지능이 개인 대출을 신청한 두 사람을 심사한다고 생각해 보자. 두 대출 신청자 모두 비슷한 직업과 신용점수를 가졌으나, 한 신청자가 거주하고 있는 지역이 다른 신청자가 거주하는 지역에 비해 상대적으로 연체율이 높은 사람들이 많은 것으로 나타났다. 이 경우 신청자가 거주하고 있는 주소에 근거해 한 지원자에게 높은 이자율을 적용하는 것이 적절한 판단이라고 할 수 있을까?

32

어떤 문제 해결을 위해 인공지능을 만들려고 할 경우 해당 문제와 관련된 수많은 데이터를 사용한다. 흔히 학습이라고 불리는 이 과정은 알고리듬을 사용해 방대한 양의 데이터 속에 숨어 있는 다양한 패턴을 밝혀내는 데 활용된다. 따라서 인공지능 개발에는 이 관계를 밝히기 위한 데이터 확보가 필수적이다. 따라서 전체 인공지능 시스템 개발 과정에서 '데이터 수집'과 '데이터 전처리'에 가장 긴 시간을 할애하고 있다. 학습에 사용되는 데이터에 양질의 정보가 많이 담겨 있을수록 궁극적으로 그 데이터를 활용해 개발한 인공지능이 좋은 성능을 낼 가능성이 높기 때문이다.

특히 앞에서 살펴본 두 사례처럼 인공지능을 사용한 다양한 서비스가 본격적으로 도입되기 시작하면 인공지능은 삶의 많은 부분에 큰 영향을 미치게 될 것이다. 이는 인공지능을 만들 때 어떤 데이터를 사용했는지에 따라 인공지능의 판단과 행동의 결과가 달라질 수 있다는 것을 의미한다. 즉 어떤 데이터를 어떻게 수집했는지에 대한 문제는 무척이나 중요하다. 이 장에서는 인공지능 개발 과정에서 어떤 윤리적·도덕적 이슈들이 발생할지에 대해 논의한다. 또한 이런 문제들의 최소화를 위해 인공지능 개발 과정에서 어떤 점을 고려해야 하는지도 함께 생각해 보도록 하겠다.

2.2 데이터 수집과 윤리

앞서 이야기했듯이 인공지능을 활용한 서비스를 만드는 데는 많은 데이터가 필요하다. 머신러닝이나 딥러닝 등의 알고리듬을 사용해 수많은 데이터를 분석하면 알고리듬이 스스로 데이터 속의 패턴을 익히는 과정을 거친다. 인공지능 시스템 개발 과정에서 얼마나 양질의 데이터를 확보하는지에 따라 인공지능의 성능이 좌우된다. 때문에 '빅데이터' 시대가 도래해서야 비로소 인공지능이 성능이 폭발적으로 향상될 수 있었다.

디지털 사회가 도래하면서 우리 삶의 많은 부분이 데이터화되고 있다. 물건을 사려고 결제를 하거나 대중교통 이용을 위해 교통카드를 사용한다. 코로나 방지를 위해 레스토랑이나 대형 할인마트에 출입할 때 QR 코드를 인증하기도 한다. 이런 예들은 우리가 일상을 살아가며 행하는 수많은 행동이 데이터화돼 서버에 저장되고 있다는 것을 보여주는 것이다. 실제로 많은 테크 회사가 이렇게 서버에 저장된 데이터를 인공지능 시스템 개발을 위해 활용한다.

페이스북Facebook이나 넷플릭스Netflix, 카카오 등 다양한 서비스가 유저들의 행동을 설명하고 예측하려고 인공지능 시스템을 만들고 있다. 테크 회사들은 이용 약관에 명시돼 있는 것처럼 자신의 서비스를 사용하는 사람들의 데이터를 사용해 끊임없이 사용자들의 행동을 예측하는 서비스를 개발하고 있다. 예를 들어 페이스북에서 접하는 다양한 콘텐츠는 페이스북 사용자가 좀 더 많은 시간을 페이스북에 머물도록 고안된 알고리듬의 결과물이라고 할 수 있다. 즉 페이스북 이용자의 시선을 끌려고 다양한 형태의 인공지능 프로그램이 개발돼 적용되고 있다.

하지만 이렇게 인공지능 시스템 개발에 필요한 데이터를 이용하거나 생산하는 과정에서 때로는 윤리적인 문제가 생길 수 있다. 인공지능 시스템 개발을 위해 데이터 수집 과정에서 데이터 수집 대상이 되는 사람들에게 그들의 데이터가 수집되고 있음을 투명하게 밝히지 않기 때문이다. 실제로 2014년 미국 학술지인 「Proceedings of the National Academy of Sciences of the United States of America」에 아담 크레이머Adam Kramer 등의 연구자가 게재한 논문 때문에 인공지능과 데이터 과학 프로젝트의 데이터 수집과 관련된 윤리적 문제가 쟁점이 된 적이 있다(Kramer et al., 2014).

이 연구자들은 해당 연구에서 페이스북에서 감정의 전파가 일어나는 과정을 분석했다. 이 과정에서 미국 특정 지역에 사는 사람들을 임의로 선택해 이 중 일부에게 정서적으로 부정적인 단어들이 좀 더 많이 포함된 포스팅을 보여줬다. 이는 부정적인 단어들이 포함된 포스팅에 노출된 사람들이 정서적으로 부정적인 감정을 더 많이 표출하는지를 살펴보려는 목적이었다. 연구 결과 부정적인 단어가 담긴 포스팅에 많이 노출된 페이스북 유저들이 다른 유저들에 비해 부정적인 감정을 좀 더 표출하는 것으로 나타났다. 일상 공간에서 사람들의 감정이 전이되듯 온라인 공간에서도 타인의 감정 상태에 노출되면 자신이 그런 감정을 느낄 가능성이 높다는 것이다.

문제는 이 연구의 연구진들이 실제로 연구 대상이 된 수많은 사람으로부터 연구 참여에 대한 동의를 받지 않았다는 점이다. 즉 연구 대상이 된 사람들은 자기 자신이 감정 전파 과정을 살펴보는 연구에 참여자로 포함된 사실을 통보받지 못했다. 또한 자신의 페이스북에서 보는 친구의 포스팅이나 자기 자신의 포스팅이 연구 분석 대상이 될 것이라는 사실을 인지하지 못했다. 이 연구에서 사용된 알고리듬에 의해 연구 대상이 된 사람들의 페이스북 친구 메시지 중 일부가 전달되지 못하는 상황이 발생했을 수 있다. 그래서 연구에 참여하게 된 사람들이 자신의 의사와 다르게 원하지 않는 정보에 노출되거나 친한 친구가 올린 포스팅을 알고리듬의 필터링에 의해 놓쳤을 수도 있다. 물론 이 연구에 참여한 사람들이 실제로 받은 피해는 그리 크지 않았을지도 모른다. 하지만 페이스북 알고리듬의 효과를 연구하는 과정에서 알고리듬에 따라 누군가의 심리상태를 변화시킬 가능성이 있다는 점과 이 과정에서 사람들이 자신이 연구 대상임을 몰랐다는 것은 인공지능 개발을 위한 데이터 수집이 사생활 침해의 가능성이 있음을 보여준다.

인공지능과 데이터에 관련된 윤리적 문제를 부각시킨 또 다른 사례로는 2016년 미국 대선에서 이슈가 된 케임브리지 애널리티카^{Cambridge Analytica}를 들 수 있다. 이 이슈는 영국의 선거 캠페인 회사였던 케임브리지 애널리티카가 수많은 페이스북 유저의 데이터를 사전 동의 없이 수집해 문제가 됐다. 페이스북 API^{Application Programming Interface}의 허술한 보안으로 수많은 페이스북 이용자에 관한 데이터가 무단으로 수집됐던 사례이다. 수집된 데이터들은 인공지능 시스템을 활용해 선거에서 유권자를 특정하는 타깃 광고^{Target Advertisement}를 하는 데 사용된 것으로 밝혀졌다. 이 회사에서 개발한 앱을 사용하면 페이스북 유저들이 스스로의 성격을 분석해 볼 수 있었는데 여기에 사용자가 직접 제공한 데이터를 근거로 사람들의 성격에 맞는 맞춤형 광고를 개발했다고 한다.

문제는 이 과정에서 케임브리지 애널리티카가 페이스북 API가 갖고 있는 허점을 이용해 데이터 제공에 동의하지 않은 사람들의 데이터 또한 수집했다는 점이다. 당시 페이스북 API를 사용하면 케임브리지 애널리티카의 '성격 측정 앱'을 사용할 수 있었는데 이때 해당 앱에 데이터를 제공하는 데 동의한 사람뿐만 아니라 해당 앱을 사용한 사람들의 페이스북 친구들의 데이터까지 모두 수집할 수 있었다. 다시 말해 특정 페이스북 유저의 의사와 상관없이 페이스북에서 어떤 사람과 친구 관계를 맺고 있다는 이유만으로 개인 정보 데이터가 유출될 가능성이 존재했다는 것이다. 케임브리지 애널리티카는 이 허점을 이용해 적게는 수십만 명에서 많게는 수백만 명의 개인 정보를 수집했다.

이처럼 인공지능 시스템을 개발하는 데 필요한 개인의 데이터를 무단으로 수집한다면 어떤 문제가 생길 수 있을까? 살펴본 두 사례 모두 미국에서 페이스북과 관련돼 일어났던 일로 우리와 크게 관련 없다고 생각할 수도 있다. 하지만 실제로 개인을 식별할 수 있는 데이터가 인공지능 시스템 개발에 사용되면 사람들의 개인 정보가 노출되는 경우가 생길 수도 있다.

우리나라의 인공지능 챗봇 서비스 '이루다'와 관련된 이슈도 개인 정보 데이터가 제대로 처리되지 않은 채 인공지능 시스템 개발에 사용되면 나타날 수 있는 문제점을 명확히 보여주고 있다. 2020년 후반에 서비스를 시작한 인공지능 챗봇 이루다와 대화 중에 특정인의 이름을 언급하면 해당되는 사람의 주소 등 개인 정보가 그대로 출력되는 사례가 보고됐다. 이는 이루다의 개발 과정에서 사용된 개발사의 기존 서비스에서 수집된 20대 여성들의 카카오톡 대화 내용을 이루다 챗봇 인공지능 시스템 학습에 사용했기 때문이다. 조사 결과 이루다 서비스 개발사가 같은 회사의 다른 서비스를 사용한 사용자 60여 만 명의 데이터를 이루다 개발에 활용한 것으로 드러났다. 사용자의 개인 정보 데이터가 인공지능 학습에 그대로 사용된 것이다. 당시 개인 정보보호위원회는 이와 관련해 해당 개발사에 개인 정보보호법 위반으로 1억여 원의 과징금을 부과했다. 개발사의 기존 서비스 개인 정보처리방침에 신규 서비스 개발이 포함됐지만 사용자들이 해당 규정만으로 새로운 서비스 개발 및 운영에 이용자의 개인 정보가 사용되는 것을 예측하기 어렵다는 이유였다(중앙일보, 2021. 4. 28).

인공지능 개발에는 방대한 양의 데이터가 필요하고 앞서 살펴본 것처럼 수집 과정에서 다양한 형태의 윤리적 이슈가 발생할 수 있다. 디지털 데이터는 사람들의 개인 정보를 포함하고 있고, 이루다의 사례처럼 시스템이 의도치 않게 개인에게 피해를 줄 가능성이 있다. 따라서 인공지능 개발을 위한 데이터 수집 과정에서 데이터의 대상과 범위를 명확하게 고지해야 한다.

2.3 인공지능과 데이터 편향

우리는 인공지능 시스템이 수학과 확률 등 과학적인 방법으로 만들어지기 때문에 객관적이며, 편견과 인지적 오류로부터 자유로울 것이라고 생각하는 경향이 있다. 사람이 갖고 있는 주관적 편견이 학벌이나 출신 지역, 외모 등 인간의 판단에 영향을 줄 수 있는 주관적 요소들을 배제할 것이라고 믿기 때문이다. 이러한 경향 때문에 인공지능은 인간보다 객관적이고 공정한 판단을 할 것이라는 믿음이 있다.

이런 믿음은 인공지능을 인간의 결정 과정에 활용하려는 시도로 나타났다. 예를 들어 인공지능을 입사지원자의 지원서 평가에 활용함으로써 지원자의 직무적합도를 판단한다. 실제로 아마존이나 구글을 비롯해 미국의 많은 기술 기업이 인공지능을 활용해 입사지원서를 평가했다고 한다(서울경제, 2021. 4. 8). 최근 우리나라도 국방부에서 인공지능을 활용한 면접시험을 도입했다(세계일보, 2019. 6. 19). 적게는 수백 명에서 많게는 수천 명에 이르는 지원자를 짧은 시간 안에 효율적으로 평가할 수 있기 때문이다. 특히 국방부의 설명에 따르면 매년 5만여 명이 시험에 응시하기 때문에 인공지능을 활용하면 면접시험을 효율적으로 시행할 수 있다는 것이다. 효율성을 생각한다면 인공지능을 활용해 수많은 판단을 대체하는 것이 좋다고 할 수 있다.

그렇다면 인공지능을 적극적으로 활용하는 것이 과연 우리가 기대하는 것과 같은 객관적이고 공정한 평가를 담보할 수 있을지 생각해 볼 필요가 있다. 예를 들어보자. 미국 어느 주의 사법 시스템에서 범죄자의 재범률을 예측하는 인공지능 시스템을 범죄자의 교정 과정에 도입하기로 했다. 인공지능을 활용해 범죄자의 재범률을 예측하여 향후 가석방 여부를 결정하는 데 참고하려는 것이다. 이 재범률 예측 시스템을 실제 두 수감자의 재범률을 예측하는 데 사용해보자. 이 두 사람은 경미한 범죄를 저질러 수감됐고 인종을 제외한 많은 부분이 비슷했다. 이 두 사람 모두 초범은 아니었다. 흑인의 경우 경미한 범죄 때문에 수감된 전력이 있었고, 백인의 경우는 폭력 전과가 있었다.

인공지능 시스템은 둘 중 어느 사람을 재범률이 높은 것으로 판단했을까? 두 사람의 재범률을 비슷하게 평가하거나 아니면 지금까지 경미한 범죄만을 저지른 흑인에 비해 폭력 전과가 있는 백인의 재범률을 높게 평가했을 것이라고 예상할 수 있다. 실제로 이와 비슷한 사례가 미국에 있었다. 하지만 인공지능은 놀랍게도 흑인 수감자의 재범률을 백인 수감자에 비해 높게 예측했다고 한다(Propublica, 2016. 5. 23). 어떻게 이런 결과가 나올 수 있었을까?

앞서 언급한 것처럼 인공지능 개발에서 학습은 예측이나 분류를 위해 데이터 속에 존재하는 수많은 패턴을 파악하는 과정을 의미한다. 이후에 좀 더 자세히 다루겠지만 인공지능 모델의 학습에 어떤 데이터를 사용하느냐에 따라 객관적이지 않은 결과를 도출할 수도 있다.

예를 들어 앞서 언급한 재범률 예측에 사용한 인공지능 모델을 만들 때 어떤 데이터를 사용했을지 생각해 보자. 이 모델의 학습을 위해서는 개인의 신상, 해당 수감자가 저지른 범죄, 또 실제로 수감자가 이후 또 다른 범죄를 저질렀는지에 대한 정보를 모두 갖고 있어야 한다. 다시 말해 현실 사회에서 어떤 수감자가 성공적으로 사회에 적응하고, 어떤 수감자가 다시 범죄의 길로 들어섰는지에 대한 수많은 정보가 필요한 것이다. 이 데이터를 사용해서 어떤 특성을 갖고 있는 수감자들이 다시 범죄를 저지르게 되는지 예측하는 모델을 만드는 것이다.

인공지능을 만드는 데 필요한 데이터가 어떤 의미를 지니고 있는지 잠시 생각해 보자. 미국은 전과자의 재취업이 무척 힘들다. 이는 범죄자가 다시 범죄의 길로 빠져들 유혹이 크다는 것을 의미한다. 또한 미국 내에 존재하는 인종차별 때문에 소수 인종이 백인에 비해 상대적으로 무거운 처벌을 받는 경향이 있다. 만약 현재 미국의 사법 시스템에서 생산된 데이터를 활용해 범죄 양형을 위한 인공지능을 만든다면 같은 범죄를 저질렀더라도 백인보다 소수 인종의 범죄가 더 강한 처벌을 받게 될 수 있는 것이다. 따라서 이런 데이터를 사용해 인공지능을 만드는 것은 해당 사회 내에 존재하는 다양한 편견이나 차별의 패턴을 재생산할 수 있다.

또 다른 예로 어떤 회사에서 인사채용 과정에 인공지능 시스템을 도입하기로 했다고 해보자. 회사에서 오랜 기간 일할 수 있는 사람들을 우선적으로 채용함으로써 인력 유출을 방지하는 등 회사 발전에 기여하기 위한 목적이라고 할 수 있다. 이를 위해 이 회사에서 기존의 인사채용 결과의 데이터를 활용해 성공적인 인사채용과 실패한 인사채용을 분류하는 시스템을 만들기로 했다. 물론 성공적인 인사채용은 정의

하기 나름이지만 회사에 오랜 기간 근무하고, 좋은 성과를 내는 인재를 채용하는 것을 인사채용의 지표로 정했다고 해보자.

실제 이 회사의 인사 데이터를 활용해 인공지능 시스템을 만드는 경우 이 회사의 근속 연수와 승진 및 직·간접적인 관계가 있는 다양한 요인이 사용될 것이다. 하지만 무엇이 이 회사의 근속 연수와 승진에 상관관계가 있을지에 대해 생각해 볼 필요가 있다. 일단 근속 연수를 성공의 기준으로 삼는다면 양육과 육아에 따라 어쩔 수 없이 발생하는 경력 단절과 같은 다양한 형태의 제약의 영향에서 벗어날 수 없을 것이다. 다시 말해 실제 능력과는 상관없이 향후 근속 연수가 상대적으로 짧을 것으로 예상되는 특정 성별에 가점을 낮게 주는 결과가 나올 수 있다. 또 인공지능 채용 시스템을 도입하고자 하는 회사가 승진 평가에 업무 역량보다 사내 인간관계를 중시하는 환경이라면 어떨까? 승진자들의 데이터를 성공적인 인사채용 시스템을 만드는 데 사용한다면 사람들의 업무 역량보다는 업무와 관계없는 인간관계 같은 측면에 좀 더 가점을 주게 되는 상황이 나타날 수도 있다.

이처럼 한 회사에 존재하는 데이터를 활용해 인사채용 시스템을 만들게 된다면 지금까지 그 회사의 인사채용과 승진 결정 과정에서 나타난 패턴이 또다시 반복되는 결과를 가져올 가능성이 크다. 기존의 회사의 채용 시스템과 승진제도가 공정하거나 효율적이지 못했다면 이런 데이터를 사용해 만든 인공지능 시스템도 공정하거나 객관적이지 못할 것이다.

이 두 사례는 인공지능이 우리가 원하는 만큼 객관적이지 않을 수 있다는 것을 보여주고 있다. 실제로 인공지능의 객관성과 윤리성에 관한 연구 결과들에 따르면 인공지능의 객관성에 대한 지나친 맹신은 우리 사회가 갖고 있는 여러 가지 편견을 재생산하고 강화할 수 있다고 경고한다. 인공지능 모델의 학습에 사용된 데이터에 우리 사회에 잠재된 여러 가지 편견이 내재돼 있기 때문이다.

국내의 경우에도 인공지능 학습에 사용된 데이터셋 속에 존재하는 특정 인종이나 성적 취향에 대한 차별이 문제가 된 적이 있다. 앞서 살펴본 인공지능 '챗봇'인 이루다에서도 성 소수자와 외국인 등 우리 사회의 소수자들에 대해 혐오를 표현하거나 차별적 발언을 하는 등의 문제가 이슈가 된 적이 있다(한겨레, 2021. 1. 11). 이는 인공지능 시스템을 만드는 과정에서 사용된 사용자의 대화 데이터 속에 우리 사회가 갖고 있는 문제점이 그대로 재현됐기 때문이다.

많은 사람이 인공지능 시스템은 인간이 갖고 있는 편견이나 고정관념으로부터 자유로울 것이라 생각한다. 이는 인공지능을 만드는 과정에서 사용되는 알고리듬이 수학과 통계이기 때문이다. 하지만 인공지능을 만드는 데이터가 편향돼 있다면 결과적으로 사회의 편견과 관습, 습관을 재생산하는 것에 불과하다. 앞서 살펴본 것과 같이 인공지능 시스템을 만드는 데이터가 우리 사회 속 다양한 문제를 담고 있다는 사실을 잊어선 안 된다.

2.4 인공지능과 사회적 영향

최근 또다시 논란이 된 페이스북 관련 이슈들은 인공지능을 어떻게 활용할지 꾸준한 고민이 필요하다는 점을 시사한다. 페이스북의 전 직원이었던 프랜시스 호건[Frances Haugen]은 2021년 10월 미국 상원의회 청문회에서 페이스북이 자신이 개발한 알고리듬이 사회적으로 부정적인 영향을 끼친다는 사실을 알면서도 아무런 조치를 취하지 않았다고 증언했다. 페이스북은 관심 있어 할 콘텐츠들을 추천하는 알고리듬 학습에 다양한 노력을 기울이고 있다.

문제는 이런 추천 알고리듬이 의도치 않은 결과를 일으킬 수 있다는 점이다. 호건에 따르면 페이스북이 내부 연구를 통해 인스타그램 사용이 10대 소녀들에게 불안과 우울증을 유발할 수 있다는 사실을 알고 있었음에도 이를 해결하려는 충분한 노력을 기울이지 않았다고 밝혔다. 뿐만 아니라 자신의 플랫폼이 마약 유통이나 인신매매 등에 이용되는 것을 알았지만 알고리듬을 수정하지 않았다고 주장했다. 페이스북과 인스타그램의 추천 알고리듬의 동작방식을 수정하지 않은 이유는 알고리듬을 수정하게 되면 이용자들이 사이트에서 보내는 시간이 줄어들고 궁극적으로 수익 창출에 악영향을 끼칠 것으로 파악했기 때문이다(MIT Technology Review, 2021. 10. 8).

또한 인공지능을 활용한 영상 합성 기술이 발전하면서 다른 문제점이 야기되고 있다. 국내의 한 인공지능 시스템 개발 업체인 딥브레인 AI[Deepbrain AI]에서는 인공지능을 활용해 사용자가 입력한 내용을 자동으로 동영상으로 만들어 주는 'AI Studio' 서비스를 만들었다. 그림 2-1처럼 실제 사람의 음성 및 동영상 데이터를 바탕으로 인공지능 알고리듬을 사용해 사람들이 입력한 내용을 자동으로 동영상으로 변환해 주는 시스템이다. 이 인공지능 서비스를 활용하면 뉴스 속보처럼 급박하게 뉴스 영상을 만들어야 하는 경우에 실제 앵커가 없더라도 자연스러운 뉴스 보도를 만들 수 있다는 장점이 있다.

그림 2-1 AI로 만들어진 김현욱 아나운서

하지만 일견 유용해 보이는 인공지능 서비스 또한 어떻게 이용하는가에 따라 사회에 해악을 끼칠 수 있다는 점을 명심해야 한다. 특히 요즘 가장 문제가 되는 가짜 뉴스 생산과 유통에 될 수 있는데, 예를 들어 '딥페이크Deep Fake'처럼 특정 인물이나 사람들의 동영상이나 음성 데이터를 사용해 다른 동영상에 합성하는 기술은 악의를 가진 사람에게 악용될 가능성을 더욱 크게 만들었다. 정치인들의 경우 텔레비전 인터뷰 등 잦은 미디어 노출로 딥페이크 학습에 사용할 수 있는 데이터가 많이 존재한다.

물론 딥페이크라는 동영상 합성 기술 자체는 가치중립적이라고 할 수 있다. 예를 들어 대통령의 얼굴을 싸이psy의 뮤직비디오에 합성해 마치 대통령이 뮤직비디오에 출연한 것처럼 만드는 경우와 같이 딥페이크 기술을 순수하게 재미와 창작을 위해 사용할 수도 있다. 하지만 컴퓨터 성능이 좋아지고 사람들에 대한 디지털 데이터를 쉽게 구할 수 있게 됨으로써 누구나 쉽게 가짜 뉴스를 만들거나 타인의 얼굴을 음란물 등 부정적인 동영상에 합성할 수 있게 됐다. 실제로 딥페이크는 유명 연예인의 얼굴을 음란 동영상에 합성하는 데도 많이 사용되고 있다. 딥페이크를 사용해 만들어지는 많은 합성 음란물 중 가장 많은 수가 K-pop 아이돌을 대상으로 한다고 한다 (뉴스핌, 2020. 4. 1).

이런 사례들은 개발된 인공지능이 개발자의 의도와는 다른 목적으로 사용될 수 있음을 의미한다. 즉 인공지능 개발자가 공공의 선을 위해 어떤 인공지능을 개발했다 하더라도 개발된 인공지능 시스템이 어떻게 활용되는지에 따라 또다른 문제를 일으킬 수 있기 때문이다. 물론 인공지능 개발자가 앞으로 인공지능이 사용되는 모든 과정을 컨트롤할 수는 없다. 다만 우리가 만들 인공지능 시스템이 앞으로 우리 사회 구성원들의 삶에 아주 큰 영향을 미칠 수 있다는 점에서 인공지능이 일으킬 수 있는 다양한 윤리적인 문제를 함께 고민해 볼 필요가 있다.

2.5 요약

2장에서는 인공지능 개발 시 우리가 고려해야 할 여러 윤리적인 이슈들을 논의했다. 데이터 수집부터 데이터 속의 편향 그리고 인공지능이 사회에 미칠 수 있는 영향들을 생각해 봤다. 모두 앞으로 인공지능을 개발하면서 항상 고민해야 하는 측면이다. 특히 인공지능이 앞으로 우리 사회에 큰 역할을 할 것이라는 점에서 우리가 개발하는 인공지능이 어떤 데이터를 사용해 만들어졌는지 또 사회적으로 어떤 영향을 가져올 것인지에 대해 항상 고민할 필요가 있다. 2장의 내용을 요약하면 다음과 같다.

- 인공지능 개발 과정에서 다양한 윤리적·도덕적 이슈에 부딪히게 된다.
- 인공지능의 결과를 맹신하기보다 인공지능이 왜 특정한 판단을 한 것인지에 대해 생각해 볼 필요가 있다.
- 인공지능을 만드는 데 방대한 양의 데이터가 필요하기 때문에 빅데이터 시대가 도래한 이후에야 본격적으로 인공지능 개발이 가속화되고 있다.
- 인공지능을 만들기 위한 데이터 수집 과정에서 때로는 비윤리적·비도덕적인 방법이 사용된 사례가 있다. 감정 전이 실험과 케임브리지 애널리티카와 관련

된 이슈는 투명하지 못한 데이터 수집 과정이 일으킬 수 있는 문제점을 보여준다.

- 우리나라 인공지능 챗봇 이루다는 투명하지 못한 데이터 수집이 개인 정보 유출로 이어질 수 있음을 보여주는 사례이다.
- 인공지능은 데이터 속의 패턴을 찾아내기 때문에 데이터 속의 편향으로부터 자유롭지 못하다고 할 수 있다.
- 편향된 데이터에 기반한 인공지능은 사회 속에 존재하는 편견과 차별을 재생산한다.
- 인공지능을 재범률 예측에 사용한 미국의 사례는 데이터에 존재하는 편향이 가져올 수 있는 예기치 않은 부정적 효과를 잘 설명하는 사례이다.
- 인공지능이 향후 사회적으로 다양한 역할을 할 것이라는 점에서 개발된 인공지능이 어떤 사회적 영향을 불러오는지에 대해 항상 고민할 필요가 있다.
- 페이스북 알고리듬과 딥페이크와 관련된 이슈들은 가치중립적인 인공지능이 잘못된 목적으로 악용될 때 일으킬 수 있는 문제점을 보여주는 사례라고 할 수 있다.

03

파이썬과 구글 코랩 사용하기

3장에서는 인공지능을 만드는 데 사용되는 컴퓨터 언어 중 하나인 파이썬^{Python}에 대해서 살펴본다. 또한 파이썬을 실제 온라인 환경에서 구동할 수 있는 구글 코랩^{Colaboratory}에 대해서도 알아보도록 하겠다. 이 장에서는 다음과 같은 내용을 다룬다.

이 장에서 다루는 내용

- 파이썬 소개
- 실습환경 소개
- 구글 코랩의 장단점
- 구글 코랩 인터페이스 설명
- 구글 코랩에 외부 파일 연결 방법

목차

3장의 실습에 필요한 코드 예제는 이 책의 깃허브 페이지(https://github.com/skku-ai-textbook/aitextbook/blob/main/notebooks/CH03_Github.ipynb)에서 확인할 수 있다.

그림 3-1 실습 코드가 탑재된 깃허브 페이지

3.1 왜 파이썬을 사용해야 하나?

파이썬은 1991년에 네덜란드의 프로그래머 귀도 반 로섬 ^{Guido Van Rossum}이 개발했다. 비단뱀이라는 이름과 달리 몬티 파이썬의 날으는 서커스 ^{Monty Python's Flying Circus}라고 하는 영국 코미디 그룹에서 이름을 따왔다고 한다. 파이썬은 직관적인 프로그래밍 문법을 사용하고 있어 누구나 쉽게 코딩을 할 수 있다는 장점이 있다. 실제 2020년에 실시된 설문조사에 따르면 파이썬은 R과 함께 머신러닝과 인공지능 개발에 가장 널리 쓰이는 오픈 소스 ^{Open Source} 개발 도구이다.

그림 3-2 파이썬의 창시자인 귀도 반 로섬(Guido Van Rossum, 좌)과 파이썬의 로고(우)

파이썬은 오픈 소스 프로그램이기 때문에 누구나 무료로 사용할 수 있다. 또한 상대적으로 직관적인 언어 구조를 가진 객체지향 프로그래밍 ^{Object-oriented Programming} 언어라는 점에서 다른 프로그래밍 언어에 비해 상대적으로 쉽고 빠르게 배울 수 있다. 실제로 많은 컴퓨터 관련 학과에서 처음 프로그래밍 언어를 학생들에게 교육할 때 파이썬을 선택하고 있다.

많은 개발자가 인공지능 개발에 사용하는 언어라는 것도 파이썬의 장점 중 하나이다. 이는 머신러닝 개발이나 인공지능을 만드는 데 활용할 수 있는 다양한 라이브러리가 존재한다는 의미로 인공지능 개발을 위해 구글에서 개발한 텐서플로 ^{TensorFlow}나 페이스북에서 개발한 파이토치 ^{PyTorch} 등의 강력한 오픈 소스 라이브러리를 활용할 수 있다. 다시 말해 인공지능 시스템을 개발할 때 모든 기능을 스스로 개발할 필요가 없다. 개발에 필요한 기능만을 다른 라이브러리에서 가져다 쓸 수 있기 때문에 인공지능과 머신러닝 개발에 파이썬이 많이 쓰이는 추세이다.

3.2 구글 코랩은 무엇인가?

이 책에서는 인공지능 개발에 구글 코랩^{Colab, Colaboratory}(https://colab.research.google.com/)을 사용한다. 구글 코랩은 구글이 개발한 원격 개발 플랫폼으로 사용자가 직접 컴퓨터에 파이썬을 설치할 필요 없이 인터넷 공간을 활용해서 파이썬 코딩을 할 수 있다.

구글을 코랩을 사용하지않고 인공지능 시스템을 개발하고자 한다면 본인의 컴퓨터에 직접 파이썬을 설치해야 한다. 파이썬은 파이썬 홈페이지에서 다운로드할 수 있다(https://www.python.org/). 설치하고 나면 파이썬에서 기본적으로 제공하는 idle 이라는 프로그램을 사용해 파이썬 프로그램을 작성하거나 실행할 수 있다. 다만 idle 은 특정 작업을 실행할 때마다 수행하려는 작업을 매번 명령어 입력창에 입력하거나 이미 텍스트 형태로 저장된 프로그램을 실행해야 한다는 단점이 있다.

이렇게 명령어 입력창을 통해 파이썬 코딩을 하는 것은 매우 복잡한 작업을 수행할 때 효율적이지 않다. 해결을 위해 파이썬 사용자들은 주피터 노트북^{Jupyter Notebook}이나 파이참^{PyCharm}과 같은 통합 개발 환경^{Integrated Development Environment}을 사용한다. 특히 주피터 노트북의 경우 파이썬 코드 외에도 마크다운^{Markdown} 문법을 사용해 파이썬 코드에 대한 설명을 추가할 수 있고, 인공지능이나 머신러닝 개발 시 코드의 실행 결과를 편리하게 확인하고 공유할 수 있다.

그림 3-3 아이들(idle, 좌)과 주피터 노트북(Jupyter Notebook, 우) 실행화면

주피터 노트북과 같은 플랫폼은 쉽고 효율적으로 인공지능 시스템을 개발할 수 있는 환경을 제공하지만 구글 코랩과 비교했을 때 몇 가지 단점이 있다.

첫째, 주피터 노트북을 로컬 컴퓨터에 직접적으로 설치해야 한다.

둘째, 파이썬 등 개발에 필요한 다양한 프레임워크가 사용자의 로컬 컴퓨터에서 실행되기 때문에 사용자 컴퓨터의 성능에 인공지능 개발이 크게 좌우된다. 특히 머신러닝과 인공지능 개발에 대용량의 데이터와 빠른 컴퓨팅 자원이 필요하므로 컴퓨터 자체의 성능이 좋지 못한 경우 개발을 제대로 수행할 수 없다.

셋째, 인공지능 개발에 필요한 각종 라이브러리를 개별 사용자의 컴퓨터에 설치해야 한다. 즉, 개발에 필요한 라이브러리의 버전 관리를 개인이 직접 해야 한다. 물론 아나콘다Anaconda(https://www.anaconda.com/)와 같은 플랫폼을 사용해 라이브러리의 설치 및 버전 관리를 효율적으로 할 수 있다. 그러나 실제 개발을 위해 사용자들이 컴퓨터와 친숙해야 한다는 사실에는 변함이 없다. 컴퓨터에 익숙하지 않는 사람들은 파이썬을 컴퓨터에 설치하는 과정에서 인공지능 개발을 포기하기도 한다.

넷째, 개별 컴퓨터를 사용하기 때문에 시스템 개발의 협업과 공유가 코랩 플랫폼에 비해 상대적으로 번거롭다. 특히 다른 컴퓨터에서 주피터 노트북으로 작성된 코드를 실행시키려면 파일 경로나 패키지의 설치 여부 등을 모두 신경 써야 하는 상황이 발생할 수도 있다. 또한 같은 작업을 공유하는 사람들과의 효율적인 커뮤니케이션을 위해 또 다른 커뮤니케이션 플랫폼에 의존해야 하는 것도 주피터 노트북이 파이썬에 비해 상대적으로 비효율적이다.

구글 코랩은 구글이 제공하는 서버에 설치된 원격 개발 환경을 사용자가 임시로 빌려 사용하게 된다. 따라서 주피터 노트북의 대부분의 단점을 보완한다고 할 수 있다. 구글 코랩의 경우 개인의 구글 아이디를 사용해 접속한다. 작성된 코드들은 로컬 컴퓨터가 아닌 개인이 접속한 구글 계정의 구글 드라이브(https://drive.google.com/)에 저장된다. 따라서 인터넷을 사용할 수 있는 환경이라면 언제 어디서든 코드를 수정하고 실행할 수 있다. 또한 인공지능 학습에 최적화된 구글의 컴퓨터 자원을 무료로 사용한다는 점에서 개별 컴퓨터를 사용하는 것에 비해 복잡한 인공지능 시스템을 만드는 데 상대적으로 접근하기 쉽다.

또한 주피터 노트북과 유사한 개발 환경을 지원하고 있기 때문에 기존의 주피터 노트북을 사용해 작성한 코드를 그대로 사용할 수 있고, 코랩에서 작성한 코드를 주피터 노트북에서 그대로 사용할 수도 있다. 따라서 구글 코랩을 사용하면 추후 본격적인 인공지능 개발에 좀 더 쉽게 친숙해질 수 있을 것이다.

> **팁**   주피터 노트북에서 작성한 코드를 구글 코랩에서 실행하고자 하거나 반대로 구글 코랩에서 작성한 파일을 개별 컴퓨터의 주피터 노트북을 사용해 실행하는 경우 데이터가 존재하는 경로가 정확한지 확인할 필요가 있다.

앞서 개인 컴퓨터를 활용한 인공지능 개발을 할 때에는 개발에 필요한 다양한 라이브러리를 설치해야 한다는 점을 언급했다. 코랩의 경우 이와는 달리 판다스^{pandas}나 멧플롯립^{matplotlib}, 넘파이^{numpy} 등 일반적으로 파이썬에서 주로 사용하는 다양한 라이브러리가 기본적으로 설치돼 있어 따로 설치하지 않고 바로 인공지능 개발을 시작할 수 있다. 또한 코랩에서 작성된 모든 코드의 수정 사항이 구글 서버에 자동적으로 저장되고 필요한 경우 복구할 수 있다. 이런 점 때문에 코랩을 무척이나 편리한 인공지능 개발 도구라고 볼 수 있다. 그리고 코랩은 협업에 특화된 개발 플랫폼이다. 코랩의 경우 단순히 코랩 노트북의 링크를 공유하는 것만으로도 다른 사람이 직접 코드를 실행할 수 있는 환경을 제공한다. 특히 직접 코드에 코멘트를 남길 수 있어서 다른 사람과 협업이 수월하다.

하지만 코랩 또한 몇 가지 단점이 있다. 우선 무료로 구글의 강력한 컴퓨터 자원을 사용할 수 있지만 구글에서 기본적으로 제공하는 코랩 버전의 경우 한 세션에서 연속적으로 코랩을 사용할 수 있는 시간이 12시간으로 제한돼 있다. 물론 지금 이 책을 통해 인공지능에 처음 입문하는 사람들에게 이 시간 제약은 큰 문제가 아니다. 이 책의 실습 내용이 짧게는 수 초에서 길게는 수 분 정도만 소요되기 때문이다. 하지만 본격적으로 인공지능 시스템을 만들기 시작하면 데이터를 처리하고 모델을 학습시키는 과정에서 소요되는 시간이 급격히 증가하게 된다. 이런 경우 데이터 처리에 많은 시간이 필요할 수도 있으므로 코랩 환경을 통해 개발을 실행하는 것이 비효율적일 수도 있다.

또한 자신이 사용하고자 하는 라이브러리가 코랩에 설치돼 있지 않다면 필요할 때마다 매번 해당 라이브러리를 새로 설치해야 하는 번거로움이 있다. 특히 무료로 사용하는 구글 코랩의 경우 개발을 위해 열어 놓은 코랩 노트북을 종료하면 코랩 서버도 종료되기 때문에 이후 특정 작업에 해당 라이브러리가 필요하면 또다시 그 라이브러리를 설치해야 한다.

마지막으로 코랩은 인터넷을 통해 원격 서버에 접속하기 때문에 개인의 컴퓨터에 존재하는 데이터 사용을 위해서는 추가로 플러그인을 실행해야 한다. 다시 말해 코랩에 직접 데이터를 올리거나 코랩 노트북의 라이브러리를 사용해서 해당 데이터가 존재하는 구글 드라이브를 연결해야 한다는 불편함이 있다.

> **팁** 이 책에서 인공지능 개발 실습을 위해 구글 코랩의 무료 버전을 사용한다. 하지만 약간의 사용료($9.99/월)를 지불하고 코랩 Pro 버전을 구독하면 좀 더 강력한 개발 환경을 이용할 수 있다. 이 경우 코랩을 실행하는 인터넷 브라우저 창을 닫는다고 하더라도 프로그램을 수행할 수 있다. 다만 2023년 3월 기준으로 코랩 프로 버전은 아직 국내에서 이용할 수 없다.

구글 코랩의 장점은 몇 가지 단점을 충분히 상쇄하고도 남는다. 특히 파이썬이나 주피터 노트북, 아나콘다 등을 설치하지 않더라도 구글을 통해 강력한 컴퓨터를 무료로 사용할 수 있다는 점에서 파이썬을 통해 인공지능 시스템에 막 입문한 분들이 쉽게 개발 환경을 구현할 수 있다. 인터넷에 접속할 수 있으면 언제, 어디서든 파이썬 코딩을 시작할 수 있다는 점에서 이 책에서 목표로 하는 수준의 인공지능 개발에 최적의 환경을 제공한다고 할 수 있다.

3.3 구글 코랩의 A to Z

3.3.1 구글 코랩 실행하기

그림 3-4는 구글에서 구글 코랩을 검색하면 가장 먼저 나오는 페이지로 구글에서 만든 코랩 노트북 소개 페이지이다(https://colab.research.google.com/notebooks/welcome.ipynb?hl=ko). 그림 3-4에서 볼 수 있는 것처럼 코랩의 화면은 크게 네 영역

으로 나눌 수 있다. 첫 번째 영역(①)은 구글 코랩을 조작하는 메뉴들이 포함된 영역이다. 이 메뉴에는 코랩의 성향을 변화시킬 수 있는 메뉴와 기타 코랩 사용에 필요한 메뉴들이 포함돼 있다.

두 번째 영역(②)은 콘텐츠 패널이다. 해당 코랩 노트북의 구조가 나타나 있다. 이런 목차를 만들려면 마크다운 언어의 목차를 사용하면 된다. 세 번째 영역(③)은 파이썬의 코드와 텍스트가 나타나는 패널이다. 이 패널에 실제 인공지능 시스템을 개발하기 위한 코드를 작성하고 실행시킨다. 네 번째 영역(④)은 코랩의 상태에 관련된 부분으로 작성한 코랩 노트북 공유, 환경 설정, 연결된 계정 변경 등의 기능을 수행할 수 있다.

그림 3-4 구글 코랩(Colaboratory) 실행화면

코랩 노트북을 새롭게 시작하려면 두 가지 방법을 활용하면 된다. 우선 열려 있는 코랩 노트북에서 새로운 코랩 노트북을 만드는 것이다. 그림 3-5처럼 메뉴의 **파일 > 새노트**를 클릭하면 연결된 구글 계정에 새로운 코랩 노트북이 생성된다. 생성된 노트북은 구글 드라이브 계정의 Colab Notebook 폴더에서 찾을 수 있다. 코랩을 만드는 두 번째 방법은 접속한 구글 드라이브에서 새로운 노트북을 만드는 것이다. 그림 3-6처럼 구글 드라이브의 원하는 폴더에서 새로 만들기를 선택하면 된다. 이때

새로 만들기 > 더보기 > Google Colaboratory를 선택하면 새로운 코랩 노트북을 만들 수 있다.

> **팁** 구글 코랩 노트북을 만들기 위한 계정에서 코랩 노트북을 실행해 본 적이 없다면 새로 만들기 메뉴에 Google Colaboratory 메뉴가 존재하지 않을 수 있다. 이런 경우에는 구글에서 구글 코랩을 검색해 코랩에 접속하면 코랩 노트북을 구글 드라이브에 만들 수 있다.

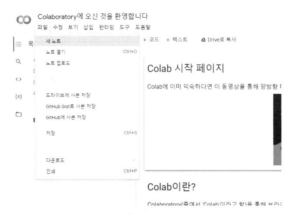

그림 3-5 구글 코랩 내에서 새로운 노트북 만들기

그림 3-6 구글 드라이브에서 코랩 노트북 만들기

새로 구글 코랩의 노트북을 만들게 되면 그림 3-7과 같은 화면이 생성된다. 이때 만들어진 노트북의 제목을 바꾸려면 그림 3-7의 ① 영역을 클릭하면 된다. 새로 만든 구글 코랩 노트북은 그림 3-4에서 살펴본 것처럼 기본적으로 연결된 노트북을 제어하기 위한 **메뉴**(①)와 마크다운 문법을 사용해 만들어진 노트북의 구조가 표시되는 **내비게이션 탭**(②), 코드와 텍스트를 저장해 실제 코딩이 이뤄지는 **메인 패널**(③)로 구성돼 있다.

그림 3-7 새로 만들어진 구글 코랩 노트북

> **팁**　사용자의 개발 환경에 따라 생성된 코랩 노트북의 메뉴가 영어로 출력될 수도 있다. 메뉴가 영어로 표시된다고 하더라도 코랩 노트북 개발에 한글을 사용하는 데는 크게 문제가 없다. 다만 코랩 노트북의 메뉴명을 한글로 변경하고 싶다면 구글 코랩 노트북 환경을 바꿔야 한다. 이 경우 구글 코랩 노트북의 메뉴에 (?hl=ko)라는 부분을 추가해야 한다. 이는 코랩의 언어를 한글로 변경하라는 옵션이다. 예를 들어 (?hl=ko)가 포함되지 않는 구글 코랩 소개 페이지(https://colab.research.google.com/notebooks/welcome.ipynb)는 영문으로 표기된다. 만약 코랩 페이지 이후에 해당 옵션(?hl=ko)을 추가하면 한글로 표시된다(https://colab.research.google.com/notebooks/welcome.ipynb?hl=ko).

3.3.2 코드셀과 텍스트셀

인공지능 시스템을 만들려면 메인 패널에 코드를 작성해야 한다. 구글 코랩에서 코드를 작성하는 기본 단위는 셀cell이다. 그림 3-8에서 볼 수 있는 것처럼 구글 코랩에는 코드셀과 텍스트셀이 존재한다. 코드셀은 파이썬과 같은 프로그램 명령어를 작성해 원격 서버에서 실행하는 기본 단위라고 할 수 있다. 텍스트셀은 프로그램에 대한 다양한 정보를 기술할 수 있다. 분석 과정에 대한 설명을 추가함으로써 함께 작업하는 사람들에게 코드를 설명할 수 있다. 텍스트셀은 마크다운 문법을 활용해 텍스트의 포맷을 변경할 수 있고, 필요에 따라 이미지를 표시할 수도 있다.

그림 3-8 코드셀(상)과 텍스트셀(하)의 예

코드셀과 텍스트셀을 추가하려면 그림 3-9에서 볼 수 있는 것처럼 메뉴의 **삽입 › 코드 셀** 또는 **삽입 › 텍스트 셀**을 선택해 원하는 셀을 추가하면 된다. 이 외에도 그림 3-10에서 볼 수 있는 것처럼 셀을 추가하고자 하는 위치에 마우스 커서를 올려놓고 **(+ 코드)**나 **(+ 텍스트)**를 클릭하면 새로운 셀이 추가된다.

그림 3-9 삽입 메뉴를 통해 셀 추가하기

그림 3-10 셀을 클릭해 새로운 셀 추가하기

> **팁** 셀을 클릭하면 오른쪽에 메뉴가 생성된다. 이를 활용해 셀의 위치를 변경하거나 셀을 삭제하기도 하고 특정 셀에 링크를 걸어 노트북을 공유할 때 시작 위치를 해당 셀로 지정할 수 있다.

코드셀과 텍스트셀을 구별하는 방법은 그림 3-11처럼 셀 왼쪽에 꺾쇠([ ])가 있는지 여부를 살펴보는 것이다. 꺾쇠가 있는 것이 코드셀이며 해당 코드셀을 실행할 때마다 선택된 코드셀이 몇 번째로 실행됐는지를 숫자로 보여준다. 즉 꺾쇠 안의 숫자는 해당 코드셀이 코랩 노트북 서버에 연결된 후 몇 번째로 실행된 것인지를 의미한다. 아래 그림 3-12에서 살펴볼 수 있듯이 특정 코드셀이 실행된 이후에는 해당 코드셀의 숫자가 변하게 되는데 이를 통해 코드의 실행 순서를 알 수 있다. 그림 3-12에서 꺾쇠에 숫자가 나타나지 않은 셀은 코드가 실행되지 않은 것이다.

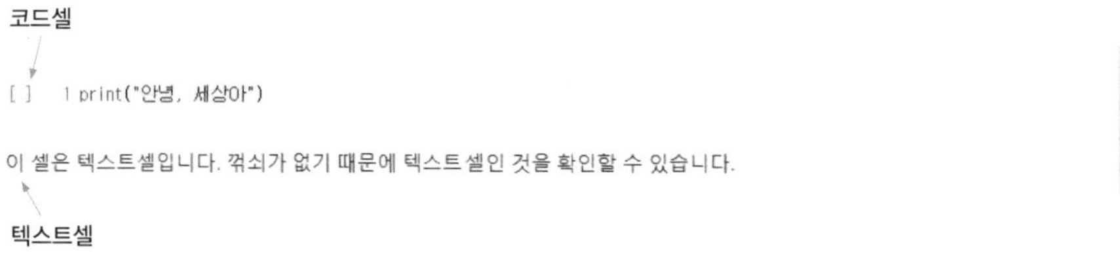

코드셀

```
[ ]    1 print("안녕, 세상아")
```

이 셀은 텍스트셀입니다. 꺾쇠가 없기 때문에 텍스트셀인 것을 확인할 수 있습니다.

텍스트셀

그림 3-11 코드셀과 텍스트셀 구별 방법

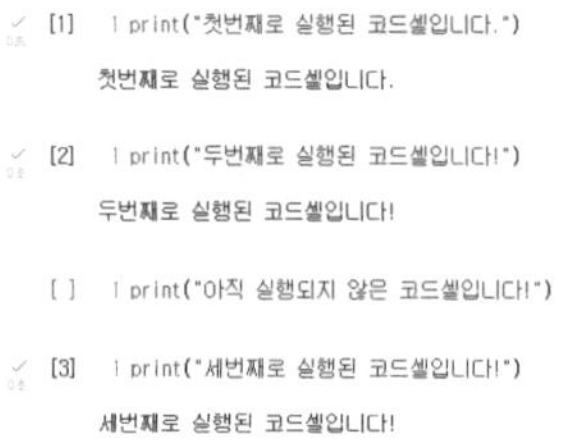

```
[1]    1 print("첫번째로 실행된 코드셀입니다.")
       첫번째로 실행된 코드셀입니다.

[2]    1 print("두번째로 실행된 코드셀입니다!")
       두번째로 실행된 코드셀입니다!

[ ]    1 print("아직 실행되지 않은 코드셀입니다.")

[3]    1 print("세번째로 실행된 코드셀입니다!")
       세번째로 실행된 코드셀입니다!
```

그림 3-12 코드셀이 실행된 순서를 보여주는 예시

3.3.3 코랩 노트북 공유 방법

구글 코랩을 사용해 작성한 파이썬 코드는 누구와도 쉽게 공유할 수 있다. 일반적으로 파이썬 프로그램을 공유하려면 파일을 공유받을 상대방, 파이썬이 설치된 컴퓨터가 있어야 한다. 이는 주피터 노트북을 통해 작성한 코드를 읽어들일 수 있는 환경이 있어야 한다는 것을 의미한다. 반면 구글 코랩은 링크를 보내는 것만으로 작성된 파이썬 코드와 분석 결과를 다른 사람과 공유할 수 있다. 그림 3-13에서 볼 수 있는 것처럼 코랩의 공유 버튼을 클릭하면 노트북을 공유하고자 하는 상대방을 초대할 수 있다. 해당 노트북의 링크를 복사해 전달하는 것만으로도 작성된 코드를 공유할 수 있다.

노트북 공유하기

그림 3-13 코랩 노트북 공유하기

그림 3-13의 공유 버튼을 클릭하면 그림 3-14와 같은 화면이 생성된다. 여기서 다른 사람과 해당 노트북을 공유하려면 공유하고자 하는 사람을 초대하면 된다(①). 이 외에도 노트북의 링크를 복사해서 공유하고자 하는 사람에게 노트북의 링크를 직접 전달할 수도 있다(②). 다만 여기서 주의해야 할 사항은 다른 사람과 구글 코랩 노트북을 공유하려면 코랩 노트북의 공유 설정을 상대방이 접근할 수 있도록 변경해야 한다는 것이다. 예를 들어 학교 계정이나 소속된 기관의 계정이 구글과 연동돼 있어 이를 사용해 구글 코랩 노트북을 만드는 경우에는 그림 3-14에서 볼 수 있는 것처럼 특정 기관에 소속된 사람만 해당 노트북에 접근할 수 있도록 설정돼 있다. 링크를 공유받은 사람이 공유된 노트북에 접근 권한이 있다면 상대방이 구글 계정을 통해 어디서든 작성된 코드를 실행해 볼 수 있다.

그림 3-14 코랩 노트북 공유하기 2

만약 같은 학교나 회사에 속한 사람이 아니라 외부 사람과 노트북을 공유하려면 코랩 노트북의 공유 설정을 상대방이 접근할 수 있도록 변경해야 한다. 이를 위해서는 그림 3-14의 ③ 영역을 클릭하면 노트북 공유 설정을 변경할 수 있다. 이때 그림 3-15에서 볼 수 있는 것처럼 또 다른 창이 생성되는 데 여기서 접근 권한을 변경할 수 있다. 그림 3-15에 표시된 ①을 클릭하면 접근 가능한 그룹을 변경시키고, ②를 클릭하면 공유받은 사람이 얼마나 권한을 가질 수 있는지를 변경할 수 있다.

그림 3-15 권한 변경하기

예를 들어 그림 3-16의 좌측처럼 **링크가 있는 모든 사용자에게 공개**를 선택한 경우 단순히 링크를 전달받은 것만으로 노트북을 공유받은 상대방이 구글 계정을 갖고 있으면 언제, 어디서든 작성된 코드를 실행해 볼 수 있다. 그림 3-16의 우측처럼 노트북에 접근할 수 있는 사람이 어떤 권한을 갖고 있는지도 설정할 수 있다. 이때 **뷰어**를 선택하면 노트북을 실행할 수 있는 권한이 생기는데 댓글 작성자는 해당 노트북에 코멘트를 남길 수 있고, 편집자는 노트북의 코드를 수정할 수 있다.

그림 3-16 접근 가능한 그룹을 변경하기(좌), 접근 권한 변경하기(우)

3.3.4 구글 코랩 코드 히스토리 보기

구글 코랩에서 작성된 코드는 구글 서버에 자동으로 저장된다. 따라서 대부분의 경우 작성한 코드에 크게 신경 쓸 필요가 없다. 다만 구글 서버에 코드가 저장되기 때문에 코드를 수정하거나 실행하려면 반드시 인터넷과 연결돼 있어야 한다. 인터넷 접속환경이 불안한 경우 작성된 코드가 저장되지 않을 수도 있다. 작성된 코드가 사라지는 것을 방지하려면 **파일 > 저장** 메뉴를 선택해 노트북에 저장할 수 있다. 단축키 Ctrl + S를 입력하는 것도 같은 기능을 수행한다.

구글 서버에 코드가 자동으로 저장됐기 때문에 원할 경우 구글 코랩에 작성된 코드의 수정 내용을 다시 볼 수 있다. 그림 3-17에서 볼 수 있는 것처럼 **모든 변경사항이 저장됨**을 클릭하면 그림 3-18과 같은 화면이 나타난다. 여기서 해당 코랩 노트북의 수정 사항을 시간대별로 살펴볼 수 있다. 이를 활용하면 필요한 경우 코드를 다시 특정 시점으로 되돌릴 수 있다.

코드 히스토리 보기

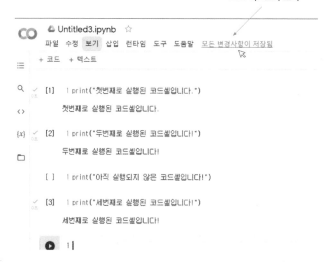

그림 3-17 구글 코랩에서 작성한 코드들의 히스토리 보기

그림 3-18 코드 히스토리의 예시

> **팁** 다만 코드 히스토리의 경우 본인이 직접 작성한 노트북만 살펴볼 수 있으며, 누군가에게 공유된 노트북의 코드 수정 기록들은 코드 히스토리를 통해 열람할 수 없다.

3.4 구글 코랩에서 외부 파일 사용하기

구글 코랩은 인터넷 공간에 존재하는 서버를 통해 파이썬을 실행하므로 인공지능 개발에 필요한 데이터 관리가 필요하다. 인터넷에 저장돼 있고 공개돼 있는 데이터는 코랩을 통해 쉽게 불러올 수 있기 때문이다. 이와 관련해 인터넷에 저장된 파일을 코랩으로 불러와 데이터 분석을 실시하는 것은 본격적으로 실습을 시작하는 장에서 다루겠다. 하지만 외부에 존재하는 파일이 아니라 개인의 컴퓨터에 있는 데이터를 사용할 경우 사용하고자 하는 파일을 매번 구글 서버에 올리거나 사용자의 구글 드라이브를 연결해야 한다는 번거로움이 있다.

로컬 컴퓨터에 저장된 데이터를 코랩 노트북에서 사용하려면 해당 파일을 코랩 노트북에 업로드해야 한다. 이를 위해서는 다음과 같은 코드를 사용해 원하는 파일을 찾아 구글 코랩에 올리면 된다. 이 코드는 그림 3-19의 〈 〉①를 클릭해 코드 스니펫^{Code Snippet}에서 Open files from your local file system을 클릭한 후 코랩으로 복사해 넣으면 된다. ②의 화살표를 넣으면 코드셀에 삽입된다.

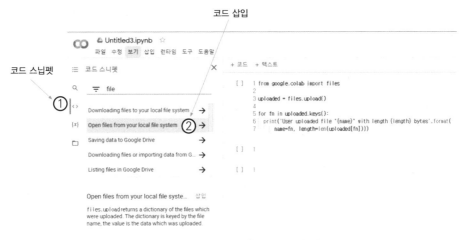

그림 3-19 코드 스니펫을 통한 코드 추가

> **팁** 코드 스니펫(Code Snippet)을 통해 구글 코랩을 사용하면서 활용할 수 있는 다양한 코드를 쉽게 찾을 수 있다. 코드 스니펫은 **삽입 > 코드 스니펫 메뉴**를 실행하거나 단축키 CTRL + ALT + P를 입력하면 코드셀에 추가할 수 있다.

해당 코드는 코드 예제 3-1에 제시돼 있다. 이 코드를 실행시키면 결과와 같이 업로드할 파일을 선택할 수 있다. 파일을 업로드하면 구글 코랩의 content 폴더에 저장되게 된다.

코드 예제 3-1 구글 코랩에 외부 파일을 올리기 위한 코드

```
from google.colab import files

uploaded = files.upload()

for fn in uploaded.keys():
  print('User uploaded file "{name}" with length {length} bytes'.format(
      name=fn, length=len(uploaded[fn])))
```

Choose Files No file chosen   Cancel upload

또한 구글 코랩에 구글 드라이브를 연결하면 본인의 계정에 연결된 파일을 사용할 수 있다. 구글 드라이브에 개인의 컴퓨터 파일들을 공유하고 있다면 구글 드라이브를 연결하는 것만으로도 코랩에서 개인 컴퓨터에 존재하는 파일을 사용할 수 있다. 구글 드라이브 연결을 위해서는 코랩의 코드 스니펫에서 구글 드라이브를 코랩에 연결하는 데 필요한 코드를 실행해야 한다. 해당 코드는 그림 3-20처럼 코드 스니펫의 Mounting Google Drive in your VM 코드를 코드셀에 추가하면 된다.

> 팁   아래의 구글 드라이브 연결은 2022년 5월 기준으로 작성됐다. 구글 코랩의 드라이브 연결화면이 변경되면 아래 연결 방법 또한 변경될 수 있다.

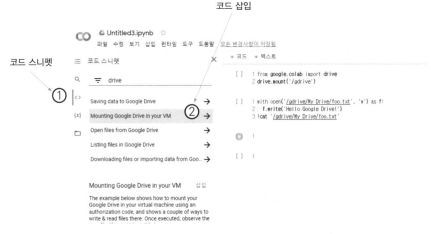

그림 3-20 구글 드라이브를 코랩에 연결하기 위한 코드 추가

코드 예제 3-2처럼 구글 드라이브를 연결하기 위한 코드를 실행시키면 그림 3-21처럼 구글 계정을 연결할 것인지를 확인하는 창이 생성된다. 이때 ①을 클릭해 Google Drive **연결을 선택**하면 어떤 계정의 구글 드라이브에 연결할 것인지를 물어본다. 연결하고자 하는 계정이 존재하면 해당 계정을 선택하면 되고 그렇지 않다면 Use another account를 선택해 연결하고자 하는 구글 계정을 추가하면 된다. 연결하려는 구글 계정을 선택했다면 구글 코랩이 구글 드라이브에 접근할 권한을 허용하는지를 물어보는 창이 뜬다. 이때 ③의 Continue를 클릭하면 코드 예제 3-2의 결과에서 볼 수 있는 것처럼 "Mounted at / gdrive"가 출력된다. 이는 구글 드라이브가 /gdrive라는 폴더에 연결돼 있다는 것을 의미한다.

코드 예제 3-2 구글 코랩에 구글 드라이브를 연결시키기 위한 코드

```
from google.colab import drive
drive.mount('/gdrive')
```

```
Mounted at /gdrive
```

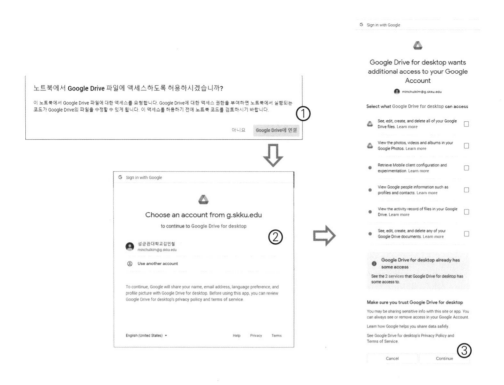

그림 3-21 구글 코랩에 구글 드라이브를 연결하기 위한 과정

3.5 구글 코랩 중단하기

3.5.1 실행 중인 코드 중단하기

이후 장에서 살펴보겠지만 본격적으로 인공지능 개발을 위해 코드를 실행하면 경우에 따라 코드 실행에 많은 시간이 소요되기도 한다. 만약 코드에 문제가 있는 것을 발견했다면 실행된 코드를 종료할 필요가 있다. 예를 들어 while을 사용한 반복문이 종료되는 조건을 만족하지 않도록 코드를 짰거나 코드에 오류가 있는 경우 등에는 실행 중인 코드를 종료하고 오류를 수정하는 것이 효율적이기 때문이다. 그렇다면 실행 중인 코드를 종료하려면 어떻게 해야 할까?

파이썬에서 실행 중인 코드를 종료하는 방법에는 크게 두 가지가 있다. 하나는 그림 3-22처럼 실행 중인 코드의 종료 버튼을 누르는 방법이다. 코드가 실행되면 그림 3-22의 ① 영역 부분의 원이 회전을 하면서 코드가 실행되고 있음을 표시하는데 이 경우 ①의 버튼을 클릭하면 실행 중인 코드를 종료할 수 있다.

그림 3-22 실행 중인 코드 종료하기

다른 하나는 메뉴에서 코드 실행 중단을 선택하는 방법이다. 이를 위해서는 그림 3-23에서 볼 수 있는 것처럼 **런타임 > 실행 중단**을 선택하면 된다.

그림 3-23 메뉴에서 실행 중인 코드의 종료

3.5.2 런타임 재시작하기 및 런타임 초기화하기

구글 코랩을 사용해 인공지능을 개발하는 과정에서 필요에 따라 코랩을 종료하고 처음부터 다시 코랩을 시작할 필요가 있는 경우가 있다. 예를 들어 코랩을 사용해 데이터를 시각화할 때 만들어진 그래프에 한글을 표시하려면 한글 폰트를 설치해야 한다. 이때 설치된 한글 폰트를 사용하려면 코랩을 재시작해야 한다. 이 경우는 그림 3-24에서 볼 수 있는 것처럼 **런타임 > 런타임 다시 시작**을 선택하면 해당 코랩 런타임이 초기화된다. 런타임을 재시작하는 것은 로컬 컴퓨터를 재부팅하는 것과 비슷한 결과를 가져온다고 생각하면 이해하기 쉽다. 컴퓨터를 재부팅하는 경우 컴퓨터에 설치한 프로그램은 그대로 존재하지만 저장하지 않은 모든 데이터가 사라진다. 런타임을 재시작하면 코드를 실행해 만든 데이터들이 사라지기 때문에 주의해야 한다. 하지만 코랩 노트북을 실행한 후 코랩에 설치한 모듈이나 코랩의 서버에 저장한 데이터는 그대로 있기 때문에 다시 사용할 수 있다.

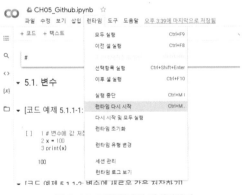

그림 3-24 코랩 런타임 재시작하기

경우에 따라서 실행 중인 런타임을 초기화할 필요가 있다. 예를 들어 이후에 다시 다루겠지만 변수명을 지정하는 과정에서 파이썬의 기본 명령어 중의 하나인 list에 변수를 지정해 list 명령어를 사용하면 에러가 발생하는데 이때는 코랩 런타임을 초기화해야 한다. 드물게 코랩에 여러 모듈을 설치해 해당 모듈이 충돌하는 경우에도 런타임을 초기화할 필요가 있다. 구글 코랩의 런타임을 초기화하려면 그림 3-25에서 볼 수 있는 것처럼 **런타임 > 런타임 초기화**를 선택하면 된다. 런타임을 초기화하는 경우 코랩 환경을 구글이 설정한 환경으로 되돌려 놓게 되는데 새로운 컴퓨터를 구입하는 것과 비슷하다고 생각하면 이해하기 쉽다. 새 컴퓨터를 구입하면 필요한 프로그램들을 설치해야 하는 것처럼 런타임을 초기화하면 기존에 설치한 다양한 모듈을 다시 설치해야 한다. 다시 말해 코드 실행 시 코랩에 기본적으로 설치된 라이브러리 외에 다른 라이브러리가 필요하다면 라이브러리를 다시 설치해야 한다.

그림 3-25 런타임 초기화하기

3.6 요약

3장에서는 앞으로 인공지능 시스템을 만드는 데 사용할 파이썬에 대해서 살펴봤다.
또한 파이썬을 사용해 본격적으로 인공지능을 개발하는 데 사용할 구글 코랩에 대해
서도 알아봤다. 3장의 내용을 요약하면 다음과 같다.

- 파이썬은 네덜란드의 프로그래머 귀도 반 로섬이 1991년에 개발한 객체지향
  프로그램이다. 머신러닝과 인공지능 개발에 가장 널리 쓰이는 프로그램 언어
  중 하나이다.
- 파이썬을 사용하면 텐서플로나 파이토치 등 다양한 오픈 소스 라이브러리를
  인공지능 개발에 활용할 수 있다.
- 구글 코랩은 파이썬을 설치하지 않고도 인공지능 개발을 수행할 수 있는 플
  랫폼이다. 구글 계정이 있다면 누구나 무료로 강력한 개발 환경을 사용할 수 있
  다.
- 구글 코랩은 기본적으로 다양한 라이브러리가 설치돼 있고, 개발 과정에서 다
  른 사람들과 쉽게 협업할 수 있다.
- 구글 코랩은 인공지능 개발을 위해 매번 코랩을 다시 실행해야 하고, 사용자
  의 개인 컴퓨터에 있는 파일들을 코랩에 액세스 가능하게 만들어야 한다는 단
  점이 있다.
- 구글 코랩은 기본적으로 코드셀과 텍스트셀로 구성돼 있다. 코드셀은 실제 파
  이썬 코드를 입력하고 수행하는 영역이고, 텍스트셀은 코랩 노트북에 다양한
  정보를 남길 수 있는 영역이다.
- 코드셀과 텍스트셀은 셀 옆의 꺾쇠 유무로 구별한다. 코드셀을 실행하면 꺾쇠
  에 해당 코드가 실행된 순서가 표시된다.
- 구글 코랩은 사용자의 구글 드라이브에 저장된다. 만들어진 구글 코랩 노트북
  의 링크를 공유하면 코랩을 쉽게 공유할 수 있다.
- 구글 코랩의 수정 사항은 코랩의 히스토리를 사용해 확인할 수 있다. 다만 공
  유된 노트북의 수정 기록은 확인할 수 없다.

- 구글 코랩에서 로컬 파일을 사용하려면 직접 코랩에 해당 파일을 업로드하거나 로컬 파일을 구글 드라이브를 통해 액세스해야 한다.
- 구글 코랩에서 코드 실행을 중단하려면 코드셀의 중지 버튼이나 런타임 메뉴의 실행 중단을 선택해야 한다.

04

파이썬과 친해지기 1

4장에서는 파이썬의 기본적인 문법과 파이썬에서 사용되는 데이터의 종류에 대해서 알아본다. 또한 본격적으로 코랩을 사용해 실제 코드를 실행해 보는 실습을 하도록 하겠다. 이 장에서는 다음과 같은 내용을 다룬다.

이 장에서 다루는 내용

- 파이썬의 기본 문법
- 파이썬의 데이터 유형
- 파이썬에서의 데이터 간 사칙 연산
- 파이썬에서의 데이터 유형 변화

목차

4장의 실습에 필요한 코드 예제는 이 책의 깃허브 페이지(https://github.com/skku-ai-textbook/aitextbook/blob/main/notebooks/CH04_Github.ipynb)에서 확인할 수 있다.

그림 4-1 실습 코드가 탑재된 깃허브 페이지

4.1 파이썬 시작하기

4.1.1 안녕, 세상아! 출력하기

파이썬을 사용해 인공지능을 만들려면 먼저 파이썬과 소통하는 법을 배워야 한다. 여기서는 파이썬을 사용해 컴퓨터에서 원하는 결과를 출력하는 간단한 작업을 수행해 보도록 하겠다. 처음에는 파이썬으로 "안녕, 세상아!"란 말을 출력해 보자. 사람 간의 의사소통이 언어라는 정해진 규칙을 따른 것처럼 파이썬 또한 정해진 규칙을 따라 코드를 입력했을 때 이에 해당하는 작업을 실행하게 된다. 코드 예제 4-1처럼 안녕, 세상아!라고 입력하면 파이썬은 이해하지 못하고 SyntaxError: invalid syntax라는 에러가 출력된다.

코드 예제 4-1 잘못된 방법으로 안녕, 세상아! 출력하기 1

```
안녕, 세상아!
```

```
File "<ipython-input-1-ee822ec48568>", line 1
    안녕, 세상아!
          ^
SyntaxError: invalid syntax
```

> **힌트** 파이썬 코드를 실행했을 때 에러가 발생한 경우 반환된 에러를 자세히 살펴보면 무엇이 문제인지를 확인할 수 있다. 예를 들어 코드 예제 4-1의 첫 번째 줄의 line 1의 경우 코드의 첫 번째 줄에서 에러의 원인이 있음을 알 수 있다. 또한 SyntaxError: invalid syntax를 통해 입력한 코드가 파이썬 문법을 따르고 있지 않음을 알 수 있다. 참고로 코드 에러를 구글을 활용해 검색하면 많은 경우 왜 에러가 발생했는지를 설명해 준다.

파이썬이 특정 결과물이나 값을 출력하게 하려면 파이썬에게 결괏값을 보여달라는 명령어 print()를 사용해야 한다. 즉 print() 명령어를 사용하면 ( )의 내용을 컴퓨터 모니터에 출력해 주는 형식인 것이다. 그렇다면 print()에 안녕, 세상아!라는 말을 집어 넣으면 원하는 대로 컴퓨터 화면에 이 문구를 출력해 줄까?

> **팁** print()처럼 특정 명령을 수행하는 명령어를 함수(function)라고 한다.

코드 예제 4-2의 print(안녕, 세상아!) 코드 또한 에러가 발생한다. 하지만 앞의 에러와 다르게 NameError: name '안녕' is not defined라는 에러가 발생한다. 이는 파이썬이 안녕이라는 변수를 출력하려고 했기 때문이다. 변수는 특정한 데이터를 저장하는 공간을 지칭한다. 컴퓨터 메모리의 특정한 영역을 지정하는 주소라고 생각하면 쉽게 이해할 수 있다. 파이썬에서는 이 변수를 지정할 때 영어나 한글 등의 문자를 사용할 수 있다. 다시 말해 print(안녕, 세상아!)라고 하는 명령어는 메모리 속의 안녕이라는 주소에 저장돼 있는 데이터와 세상아라는 공간에 저장돼 있는 데이터를 찾아 출력하려고 했기 때문에 에러가 발생했다. "안녕"과 "세상아"라는 공간이 아직 존재하지 않기 때문이다.

코드 예제 4-2 잘못된 방법으로 안녕, 세상아! 출력하기 2

```
# print(): 파이썬이 특정 값을 출력하게 해주는 명령어
print(안녕, 세상아!)
```

```
NameError                                 Traceback (most recent call last)
<ipython-input-7-6f19a8d545f6> in <module>()
      1 # print(): 파이썬이 특정 값을 출력하게 해주는 명령어
----> 2 print(안녕, 세상아)

NameError: name '안녕' is not defined
```

파이썬을 사용해 안녕, 세상아!를 출력하려면 파이썬이 이해하는 명령어를 사용해야 할 필요가 있다. 즉 안녕, 세상아!라는 문구가 문자들로 구성된 문자열 데이터이기 때문에 파이썬에게 내가 주는 데이터 전체를 출력하라는 형태로 명령을 내려야 하는 것이다. 다시 말해 안녕, 세상아!를 파이썬으로 출력하려면 print() 명령어가 기대하는 형태로 전달해야 한다. 그래야 큰따옴표("")나 작은따옴표('')를 사용해 명령어를 통해 출력하려는 대상이 특정 공간의 주소가 아니라 print() 명령어가 직접 출력해야 하는 데이터라는 것을 이해하게 된다. 코드 예제 4-3은 파이썬에서 print() 함수를 사용해 "안녕, 세상아!"라는 문구를 출력하는 코드이다.

```
print('안녕, 세상아!')
```

안녕, 세상아!

코드 예제 4-4처럼 print() 함수와 ( )를 사용하지 않을 때도 에러가 발생한다. 하지만 이때는 print(안녕, 세상아!)와 달리 print 명령어가 어디부터 어디까지를 출력해야 하는지에 대한 영역 설정이 명확하지 않았기 때문에 발생한 에러이다.

```
print '안녕, 세상아'
```

```
File "<ipython-input-3-a9ba197a2196>", line 1
    print '안녕, 세상아'
                ^
SyntaxError: Missing parentheses in call to 'print'. Did you mean print('안녕, 세상아')?
```

5장에서 다시 살펴보겠지만 print() 함수를 활용해 변수를 출력하면 해당 변수에 저장된 결과를 출력할 수 있다. 코드 예제 4-5처럼 안녕, 세상아에 각각 다른 데이터를 저장하도록 하고 이를 print() 함수를 사용해 출력하면 각각의 메모리 주소에 저장돼 있는 데이터를 출력하게 된다.

```
안녕 = '인공지능' # 안녕이라는 변수에 인공지능 저장하기
세상아 = "안녕!" # 세상아라는 변수에 안녕! 저장하기
print(안녕, 세상아) # 안녕, 세상아라는 변수에 저장된 값을 출력하기
```

인공지능 안녕!

4.1.2 주석 달기

코드 예제 4-2에 #과 코드에 대한 설명이 있는 것을 알아챈 분들도 있을 것이다. 이처럼 코드 안에 설명을 남겨두려고 달아놓은 것을 주석^{comment}이라고 한다. 그렇다면 왜 주석을 다는 것일까? 코드가 짧으면 괜찮을 수 있으나 코드가 길어지거나 코드를 작성하고 오랜 시간이 지나 코드를 다시 보면 해당 코드가 어떤 명령을 수행하는지 모르는 경우가 생길 수 있다. 이런 경우 각 코드가 어떤 행동을 하는지에 대한 설명이 있으면 향후 코드를 이해하는 데 도움이 된다. 또한 다른 사람에게 코드를 공유하는 경우 코드 내에 주석을 달면 각각의 코드가 어떤 기능을 수행하시는 효율적으로 설명할 수 있다.

코랩 노트북은 코드셀에 입력되는 모든 단어나 숫자를 실행하기 때문에 파이썬의 문법에 맞지 않거나 파이썬에서 사용한 코드가 아니면 에러가 발생할 수 있다. 이런 문제 해결을 위해서는 파이썬에게 어느 부분은 주석이니 무시하고 지나가라고 알려줘야 한다. 파이썬에게 주석이라는 것을 알려주는 데 사용되는 것이 #이다. 이는 복잡한 코드에 설명을 더하는 것이다. 코드셀에서 # 부분은 무시된다.

코드 예제 4-6처럼 #을 사용하지 않으면 파이썬 코드로 인식하기 때문에 에러가 발생한다.

코드 예제 4-6 잘못된 주석 사용의 예 1

코드 내에 설명을 달고 싶으면 어떻게 하면 될까?

```
File "<ipython-input-9-945c0ee1e296>", line 1
    코드 내에 설명을 달고 싶으면 어떻게 하면 될까?
        ^
SyntaxError: invalid syntax
```

코드 예제 4-7은 # 이후 같은 줄에 있는 내용은 모두 무시된다. 해당 코드 예제의 결과에서 볼 수 있는 것처럼 코드에 주석만 존재하기 때문에 아무런 결과가 출력되지 않았다.

```
# 코드 내에 설명을 달 수 있다. # 이후의 부분은 무시된다.
```

코드 예제 4-8에서 볼 수 있는 것처럼 #과 같은 줄만 주석으로 인식된다. 새로운 줄에서 시작되는 경우 #를 사용하지 않으면 다시 코드로 취급된다.

```
# #을 사용해 주석을 달면 그 줄에만 해당되고
그 이후의 줄부터는 코드로 인식된다
```

```
File "<ipython-input-10-d0d0592b0c78>", line 2
    그 이후의 줄부터는 코드로 인식된다
        ^
SyntaxError: invalid syntax
```

마지막으로 코드 예제 4-9처럼 #을 사용해 코드 이후 주석을 달 수도 있다. 이 경우 코드 예제 4-9의 결과에서 볼 수 있는 것처럼 # 앞의 내용은 파이썬 코드로 인식 돼 실행되고, # 이후의 내용은 주석으로 인식돼 무시된다.

```
print('안녕, 세상아') # 코드 이후 주석 달기
```

```
안녕, 세상아
```

4.2 파이썬을 사용해 계산 결과 출력하기

4.2.1 파이썬에서의 사칙 연산

컴퓨터^{computer}는 계산하는 기계를 의미한다. 인공지능을 만드는 대부분의 과정에서

컴퓨터를 사용한 계산이 필요하다. 즉 숫자나 통계량을 더하거나 빼거나 곱하는 등의 사칙 연산을 통해 특정 문제를 해결하는 것이다. 파이썬에서 사칙 연산과 제곱 등의 계산은 표 4-1에 제시된 것 같은 코드를 사용해 실행한다. 참고로 코랩 노트북의 코드셀에 사칙 연산을 입력하면 결과가 바로 출력된다. 코드 예제 4-10과 4-11은 코랩 노트북의 코드셀에서 사칙 연산을 직접 수행하면 어떤 결과가 반환되는지를 보여주고 있다. 코드 예제 4-10과 4-11은 덧셈과 곱셈만 수행한 결과이지만 표 4-1에 제시된 파이썬 사칙 연산을 모두 코드셀에서 수행하면 예제 코드 4-10처럼 결과가 반환된다.

표 4-1 파이썬에서의 사칙 연산

사칙 연산	파이썬 코드 예제
더하기	1 + 2
빼기	3 − 2
곱하기	2 * 3
나누기	6 / 3
나눗셈의 몫 구하기	7 // 3
나눗셈의 나머지 구하기	7 % 3
n 제곱	2 ** n

코드 예제 4-10 파이썬에서 사칙 연산 사용하기의 예 1

```
25+25
```

```
50
```

코드 예제 4-11 파이썬에서 사칙 연산 사용하기의 예 2

```
5*5
```

```
25
```

4.2.2 왜 마지막 값만 출력될까?

지금까지 코랩 노트북을 사용해 여러 계산의 결과를 실습해 봤다면 한 가지 의문이 생길 것이다. 하나의 코드셀에 여러 계산을 실행하면 마지막 결괏값만 출력된다는 점이다. 예를 들어 코드 예제 4-12에 제시된 코드를 출력하면 마지막 결괏값만 반환되는 것을 확인할 수 있다.

코드 예제 4-12 마지막 계산 결과만 출력되는 코드의 예

```
# 마지막 값만 출력된다.
10+3
10/2
```

```
5.0
```

그렇다면 하나의 코드셀에서 여러 계산의 결과를 출력하고 싶다면 어떻게 해야 할까? 이 경우 매번 계산의 결괏값을 출력하려면 앞에서 사용한 print() 함수를 활용해야 한다. 코드 예제 4-13처럼 매번 출력하고자 하는 계산의 결괏값을 print() 함수를 사용해 직접 출력해야 한다.

코드 예제 4-13 여러 계산값을 출력하는 코드의 예

```
# 매번 연산의 결과가 출력된다.
print(10+3)
print(10/2)
```

```
13
5.0
```

4.3 파이썬에서 사용되는 데이터의 종류

4.3.1 파이썬에서 사용하는 네 가지 데이터 유형

파이썬에는 표 4-2와 같이 기본적으로 네 가지의 데이터 값(논리, 정수, 실수, 문자열)이 존재한다. 논리^{boolean}는 참^{True}과 거짓^{False}의 값을 갖고 특정 명제나 조건이 참인지 거짓인지의 상태를 표현한다. 정수^{integer}는 파이썬의 숫자 형태로 소수점을 제외한 숫자 데이터 형태이고, 실수^{float}는 소수점을 포함한 숫자 데이터이다. 문자열^{string}은 큰따옴표("")나 작은따옴표('') 안의 문자나 숫자 등을 가리킨다.

표 4-2 파이썬의 데이터 유형

값의 형태	표기 형식	파이썬 내의 표시	비고
논리(boolean)	False 또는 True	bool	0과 1의 값을 가짐
정수(integer)	10	int	소수점을 제외한 숫자
실수(float)	10.0	float	소수점을 포함한 숫자
문자열(string)	"문자" 또는 '문자'	str	따옴표 내의 문자열

코드 예제 4-14~4-17은 파이썬에서 사용되는 다양한 데이터 형태를 보여주고 있다.

코드 예제 4-14 파이썬의 데이터 형태-정수

```
type(10)
```

```
int
```

코드 예제 4-15 파이썬의 데이터 형태-실수

```
type(10.0)
```

```
float
```

```
type(10==10)
```

```
bool
```

```
type('10')
```

```
str
```

> **팁**
>
> type( ) 함수는 괄호 안의 대상이 무엇인지를 보여준다. 데이터의 형태에 따라 정수(int), 실수 (float), 논리 값(bool), 문자열(str)로 표기된다.

4.3.2 문자열에서의 따옴표 사용

파이썬에서 문자열을 만들 때 작은따옴표(')와 큰따옴표(")를 모두 사용한다. 이는 문자열 내에 작은따옴표(')나 큰따옴표(")가 포함된 경우가 있기 때문이다. 코드 예제 4-18을 통해 설명해 보도록 하겠다.

```
# 문자열 내에 따옴표가 문자로 인식돼 있는 경우
print('"문자열 내에 큰 따옴표가 있는 경우" 작은 따옴표 안에 사용하면
    제대로 인식한다')

# 문자열 내에 따옴표가 문자로 인식돼 있는 경우
print("'문자열 내에 큰 따옴표가 있는 경우' 작은 따옴표 안에 사용하면
    제대로 인식한다")
```

```
"문자열 내에 큰 따옴표가 있는 경우" 작은 따옴표 안에 사용하면 제대로 인식한다
'문자열 내에 큰 따옴표가 있는 경우' 작은 따옴표 안에 사용하면 제대로 인식한다
```

한편 코드 예제 4-18과 다르게 문자열에 작은따옴표를 대신 사용하게 되면 어떤 결과가 나올까? 이때 작은따옴표를 여러 개 사용하면 따옴표 밖의 문자들은 파이썬에서 문자로 인식하지 않기 때문에 오류가 발생한다. 이는 다음 명령어에서 강조된 부분만 문자열로 인식되고, 밑줄친 부분은 문자열로 인식하지 않기 때문이다. print('작은따옴표'를 여러 개 사용하면 문자열을 제대로 인식하지 못한다') 코드 예제 4-19는 작은따옴표를 제대로 사용하지 않으면 에러가 발생한다는 것을 보여준다.

코드 예제 4-19 따옴표를 잘못 사용하면 발생하는 에러의 예

```
# 작은따옴표를 여러 개 사용하는 경우
print('작은 따옴표(')를 여러 개 사용하면 문자열을 제대로 인식하지 못한다')
```

```
File "<ipython-input-31-7a67b9836594>", line 3
print(''문자열 내에 큰 따옴표가 있는 경우' 작은 따옴표 안에 사용하면 제대로 인식한다')
      ^
SyntaxError: invalid syntax
```

4.3.3 데이터 값 사이의 연산

4.3.1에서 파이썬에서 주로 사용하는 데이터 타입에는 네 종류가 있다고 했다. 그렇다면 이 네 가지 데이터 유형끼리는 연산이 가능할까? 가능한 경우도 있고, 가능하지 않은 경우도 있다. 4.2.1에서 살펴본 것처럼 정수와 실수는 숫자이기 때문에 서로 연산이 가능하다. 하지만 "10"과 같이 숫자처럼 보이지만 사실 문자열인 데이터 유형은 파이썬이 문자로 인식하기 때문에 일반적인 연산이 불가능하다. 코드 예제 4-20, 4-21은 실수와 문자열 간의 덧셈과 뺄셈이 불가능함을 보여주고 있다.

코드 예제 4-20 문자열과 수의 덧셈

```
10.0 + '10'
```

```
-------------------------------------------------------------
TypeError                                 Traceback (most recent call last)
<ipython-input-35-3894921e8b44> in <module>()
      1 # 정수, 실수는 문자열과 연산이 불가능
```

```
----> 2 10.0 + '10'

TypeError: unsupported operand type(s) for +: 'float' and 'str'
```

코드 예제 4-21 문자열과 수의 뺄셈

```
10.0 - '10'
```

```
-------------------------------------------------------------------
TypeError                                Traceback (most recent call last)
<ipython-input-2-c3f0e14451b3> in <module>()
      1 # 정수, 실수는 문자열을 더할 수 없음
----> 2 10.0 - '10'

TypeError: unsupported operand type(s) for -: 'float' and 'str'
```

반면 문자열과 숫자의 곱셈은 연산이 가능하다. 이때 문자열로 된 데이터는 해당 문자열을 여러 번 반복한다. 코드 예제 4-22에서 볼 수 있는 것처럼 문자열을 정수로 곱해 주면 해당 문자열을 반복하라는 것과 같은 의미를 지닌다는 것을 알 수 있다.

코드 예제 4-22 문자열과 숫자의 곱셈

```
'10' * 10
```

```
'10101010101010101010'
```

문자열과 문자열을 더하는 경우 두 개의 문자열을 합하게 된다. 코드 예제 4-23은 두 문자열을 합한 결괏값을 보여준다. 코드 예제 4-23에서 볼 수 있는 것처럼 '인공'과 '지능'이라는 두 문자열의 값을 더하면 두 문자열을 결합한 값을 반환한다.

코드 예제 4-23 두 문자열 간의 덧셈

```
"인공"+"지능"
```

```
'인공지능'
```

논리 값은 True와 False값을 갖는다. 파이썬은 이 논리 값을 1(True)과 0(False)으로 인식하기 때문에 연산이 가능하다. 코드 예제 4-24의 결과에서 볼 수 있는 것처럼 True와 True를 더한 값은 True가 1의 값을 갖기 때문에 2를 2로 나눈 것과 같다. False의 경우는 False가 0의 값을 가지므로 0+10과 같은 결과를 갖는다. 마지막으로 True가 1의 값을 갖기 때문에 이에 10을 더한 11이 된다. 추후 살펴보겠지만 이처럼 논리 값이 연산이 가능하다는 특징을 사용해 특정 조건을 만족하는 데이터가 몇 개인지를 살펴볼 수 있다.

코드 예제 4-24 논리 값의 연산

```
# True가 1의 값을 갖기 때문에 나누는 경우 1이 된다.
print((True + True)/2)

# False가 0의 값을 갖기 때문에 숫자를 더해도 변화가 없다.
print(False + 10)

# True가 1의 값을 가지므로 숫자를 더하면 값이 변한다.
print(True + 10)
```

```
1.0
10
11
```

표 4-3은 파이썬에서 사용하는 각 데이터 유형끼리 사칙 연산이 가능한지를 보여준다.

표 4-3 각 데이터 값 사이의 사칙 연산 가능 여부

데이터 1	데이터 2	가능한 사칙 연산
논리 값	논리 값	덧셈, 뺄셈, 곱셈, 나눗셈
논리 값	정수	덧셈, 뺄셈, 곱셈, 나눗셈
논리 값	실수	덧셈, 뺄셈, 곱셈, 나눗셈
논리 값	문자열	곱셈
정수	정수	덧셈, 뺄셈, 곱셈, 나눗셈
정수	실수	덧셈, 뺄셈, 곱셈, 나눗셈
정수	문자열	곱셈
실수	실수	덧셈, 뺄셈, 곱셈, 나눗셈
실수	문자열	곱셈
문자열	문자열	덧셈

4.3.4 큰 숫자의 표시

파이썬을 사용해 인공지능을 만들거나 통계 검증을 실시하는 과정에서 때로 큰 숫자를 사용해야 하는 경우가 있다. 파이썬은 큰 수를 다음과 같은 형식으로 표현한다. 코드 예제 4-25의 결과에서 볼 수 있는 것처럼 2e+17은 숫자 2 뒤에 0이 17개가 있다는 것을 의미한다.

코드 예제 4-25 큰 숫자의 표시

```
200000000000000000000.0
```

```
2e+17
```

반대로 소수점 이하의 작은 숫자를 표시할 때는 e-16과 같은 형식을 취한다. 이는 숫자 앞에 0이 16개가 있음을 의미한다. 코드 예제 4-26은 파이썬이 소수점 이하 자리가 아주 많은 경우 숫자를 어떻게 표기하는지를 보여준다. 코드 예제 4-26의 결과에서 볼 수 있는 것처럼 1e-16은 1 앞에 0이 16개가 있다는 것을 의미한다.

코드 예제 4-26 작은 숫자의 표시

```
1*.0000000000000001
```

```
1e-16
```

파이썬의 구조상 표현할 수 있는 숫자의 한계가 존재한다. 코드 예제 4-27은 파이썬이 표기할 수 없는 숫자가 주어질 때 해당 숫자를 어떻게 표기하는지를 보여준다. 만약 코드 4-27처럼 1 뒤에 0이 400개인 숫자를 출력해야 하는 경우 파이썬이 표현할 수 있는 숫자 한계보다 큰 숫자이기 때문에 다음과 같이 inf라는 값을 반환하게 된다.

코드 예제 4-27 아주 큰 숫자의 표시

```
1e400
```

```
inf
```

4.3.5 데이터 간 유형 변환

파이썬의 네 가지 데이터 유형은 다른 형태로 변환이 가능하다. 데이터 유형의 변환에는 함수를 사용한다. 다만 데이터의 유형과 종류에 따라서 다른 형태의 데이터로 변환시킬 수 없는 경우도 있다. 예를 들어 '10'과 같이 숫자의 형태를 띠고 있는 문자열은 정수^{integer}나 실수^{float}로 변환이 가능하지만 'ten'과 같이 실제 문자로 이뤄진 문자열 정수나 실수로 변환할 수 없다. 표 4-4는 데이터를 변환하는 데 사용하는 함수이다.

표 4-4 데이터 값을 변환하는 데 필요한 네 가지 함수

함수	역할
bool()	논리 값으로 변환
Int()	정수 값으로 변환
float()	실수 값으로 변환
str()	문자열로 변환

bool()은 데이터 유형을 논리형으로 변환시킨다. 이때 0과 " "(아무것도 없는 문자열)를 제외한 모든 값을 True로 변환시킨다. 코드 예제 4-28은 bool()을 사용한 값의 예를 보여주고 있다.

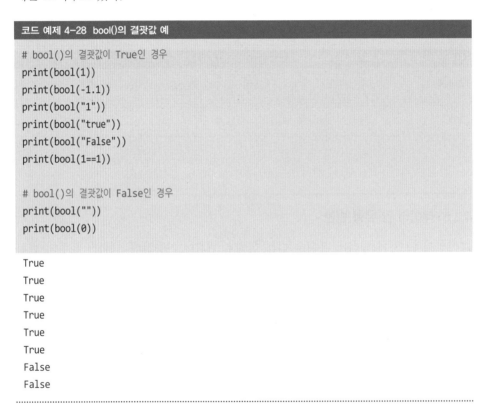

코드 예제 4-28 bool()의 결괏값 예

```
# bool()의 결괏값이 True인 경우
print(bool(1))
print(bool(-1.1))
print(bool("1"))
print(bool("true"))
print(bool("False"))
print(bool(1==1))

# bool()의 결괏값이 False인 경우
print(bool(""))
print(bool(0))
```

```
True
True
True
True
True
True
False
False
```

int()는 정수로 변환시킬 수 있는 값들을 정수로 변환한다. 정수로 변환할 수 없는 값이 입력되면 에러가 발생한다. 코드 예제 4-29는 int()를 사용해 변환한 결과를 보여준다. True나 False의 경우는 1과 0의 값을 갖기 때문에 정수로 변환된다. 실수의 경우는 소수점을 제외한 정수 값만 변환된다. 문자열의 경우는 정수의 형태인 문자열이 정수로 변환된다.

코드 예제 4-29 int() 변환 예제

```
print(int(True))
print(int(False))
print(int(10.5))
print(int("1"))
```

```
1
0
10
1
```

코드 예제 4-30, 4-31은 정수가 아닌 문자열을 int()를 사용해 정수로 변환하려고 할 경우 에러가 발생하는 예를 보여준다.

코드 예제 4-30 실수인 문자열을 int()로 변환하기

```
int("10.5")
```

```
---------------------------------------------------------------------------
ValueError                                Traceback (most recent call last)
<ipython-input-27-54dd49a25c21> in <module>()
----> 1 int("10.5")

ValueError: invalid literal for int() with base 10: '10.5'
```

코드 예제 4-31 문자열을 int()로 변환하기

```
int("ten")
```

```
---------------------------------------------------------------------------
```

```
ValueError                              Traceback (most recent call last)
<ipython-input-28-846b3cf4a083> in <module>()
----> 1 int("ten")

ValueError: invalid literal for int() with base 10: 'ten'
```

float() 또한 int()처럼 실수로 변환시킬 수 있는 값은 실수로 변환시킨다. "10.5" "10" 등 숫자 형태로 돼 있는 문자열 또한 실수로 변환이 가능하다. 코드 예제 4-32는 float()를 사용해 실수로 변환시키는 예를 보여준다. 코드 예제 4-33처럼 실수로 변환시킬 수 없는 문자열 데이터가 주어졌을 경우 에러가 발생한다.

코드 예제 4-32 float() 변환 예제

```
print(float(True))
print(float(False))
print(float(10))
print(float("10"))
print(float("10.5"))
```

```
1.0
0.0
10.0
10.0
10.5
```

코드 예제 4-33 문자열을 float()로 변환한 경우

```
float("ten")
```

```
-----------------------------------------------------------------
ValueError                              Traceback (most recent call last)
<ipython-input-31-c8abde1341af> in <module>()
----> 1 float("ten")

ValueError: could not convert string to float: 'ten'
```

str()은 문자열로 변환시킬 수 있는 모든 값을 문자열로 변환시킨다. 코드 예제 4-34는 str()의 변환 예제를 보여준다.

코드 예제 4-34 str()을 사용한 데이터 값 변환

```
print(str(True))
print(str(False))
print(str(10))
print(str(10.5))
```

```
True
False
10
10.5
```

4.4 문자열 인덱싱과 슬라이싱

지금까지 파이썬에서 사용하는 네 가지 형태의 데이터 유형을 알아봤다. 지금부터는 데이터 유형 중 문자열 데이터를 다루는 방법을 살펴보겠다. 그중에서도 문자열 데이터의 일부분을 찾는 인덱싱^{indexing}과 특정 부분을 잘라내는 슬라이싱^{slicing}을 연습하겠다. 인덱싱과 슬라이싱은 문자열의 특정 위치에 있는 값을 출력하거나 특정 부분만을 발췌해 가져오고 싶을 때 사용한다.

예를 들어 이름을 저장하는 문자로 저장된 고객명 데이터가 있다고 해보자. 이 데이터를 사용해 고객명 리스트를 작성해 보려고 한다. 데이터를 살펴보니 고객명:OOO의 규칙으로 작성돼 있다고 한다면 고객명:을 제외한 나머지 부분이 우리가 원하는 부분이라고 할 수 있다.

이 경우 슬라이싱을 사용해 고객명을 제외한 나머지 부분을 새로운 형태로 저장할 수 있다. 인덱싱은 슬라이싱 사용을 위해 이 문자열의 어느 부분까지 잘라내야 하는지에 대한 것을 알아낼 수 있다.

4.4.1 인덱싱 실습

어떤 문자열 데이터가 words라는 변수에 저장돼 있다고 하자. 변수라는 것은 데이터를 저장하는 공간이다. 이에 대한 것은 5장에서 좀 더 자세히 다루도록 하겠다. 첫 글자를 출력해 보도록 하자. 문자열 데이터의 특정 위치를 출력할 때 words[숫자]의 형태를 사용한다. 여기서 숫자는 몇 번째 위치를 가리키는 인덱스이다.

인덱싱과 슬라이싱은 추후 리스트나 데이터프레임 등 다른 데이터 유형을 다룰 때도 유용하게 사용되기 때문에 꼭 익숙해질 필요가 있다.

코드 예제 4-35 인덱싱의 예제 1

```
words = '인공지능의 기초개념'
# 변수의 1번째 위치에 있는 문자 출력
print(words[1])
```

공

코드 예제 4-35의 결과를 살펴보면 words[1]의 결과로 words의 첫 번째 글자인 '인'이 아니라 두 번째 글자인 '공'이 출력됐다. 이는 파이썬의 인덱스가 1에서 시작하는 것이 아니라 0에서부터 시작하기 때문이다. 그렇기 때문에 문자열의 마지막에서부터 n번째 위치에 있는 문자를 출력하려면 문자열 길이의 n-1번째를 출력해야 한다. 반대로 문자열의 마지막 문자부터도 문자를 출력할 수 있다. 이때는 -1을 사용하면 문자열의 마지막 위치에 있는 글자부터 출력된다. 문자열의 인덱스를 정리하면 표 4-5와 같다.

표 4-5 문자열의 인덱스

인	공	지	능	의		기	초	개	념
0	1	2	3	4	5	6	7	8	9
−10	−9	−8	−7	−6	−5	−4	−3	−2	−1

코드 예제 4-36은 앞에서 만든 words라는 변수의 첫 번째 글자를 출력하는 코드이다.

코드 예제 4-36 인덱싱의 예제 2

```
# 변수의 0번째 위치에 있는 문자 출력
print(words[0])
```

인

이때 알아둬야 할 점은 문자열 길이 범위 밖에 있는 문자를 인덱싱하려고 하면 에러가 발생한다는 점이다. 그렇다면 문자열의 길이는 어떻게 알 수 있을까? 이때는 len() 함수를 사용한다. len()은 특정 객체의 길이를 알아내는 데 사용되는 함수이다. 이때 len() 함수가 길이를 세는 단위는 item으로 문자열에서 아이템은 하나의 글자이기 때문에 문자의 개수를 출력하게 된다. 코드 예제 4-37은 문자열의 길이를 출력하는 코드이다. 코드 예제 4-38의 결과에서 볼 수 있는 것처럼 문자열의 길이보다 긴 곳을 인덱싱하려고 하면 에러가 발생한다.

코드 예제 4-37 문자열의 길이 출력

```
# 문자열의 길이 출력
len(words)
```

10

코드 예제 4-38 문자열의 길이보다 긴 곳을 인덱싱하려 할 때 발생하는 에러의 예

```
# 문자열의 길이보다 긴 위치를 인덱싱하는 경우
words[10]
```

```
---------------------------------------------------------------
IndexError                                Traceback (most recent call last)
<ipython-input-7-7224286920cf> in <module>()
----> 1 words[10]

IndexError: string index out of range
```

4.4.2 슬라이싱

인덱스를 활용하면 해당 문자열에서 필요한 부분만 선택해 출력할 수 있다. 이 때 필요한 부분만 선택해 출력하는 것을 슬라이싱이라고 한다. 슬라이싱은 다음과 같은 형태로 사용된다. 만약 시작 위치를 빈칸으로 남겨두면 문자열의 첫 글자[0]을 의미한다. 반면 끝 위치를 빈칸으로 남겨두면 마지막 글자를 의미한다.

- 문자열 변수[위치] – 해당 위치의 글자 출력
- 문자열 변수[시작 위치:끝 위치] – 시작 위치에서 끝 위치 사이에 있는 글자 모두 출력(끝 위치에 있는 문자는 출력되지 않음)
- 문자열 변수[:끝 위치] – 첫 글자부터 끝 위치 사이에 있는 모든 글자 출력
- 문자열 변수[시작 위치:] – 시작 위치에 있는 글자부터 마지막 위치에 있는 모든 글자 출력
- 문자열 변수[:] – 모든 문자열 출력

예를 들어 "인공지능의 기초 개념"이라는 문자열에서 "인공지능의"만을 출력하고 싶다면 이 문자열이 총 다섯 글자로 이뤄졌기 때문에 끝 위치를 여섯 번째 위치로 저장해야 제대로 출력할 수 있다. 코드 예제 4-39는 words 문자열의 처음부터 일곱 번째 인덱스까지의 문자를 출력한 결과를 보여준다.

코드 예제 4-39 문자열 슬라이싱의 예 1

```
words[0:6]
```

'인공지능의'

앞에서 언급한 것처럼 슬라이싱을 하기 위한 시작 위치를 빈칸으로 두면 문자열의 첫 인덱스(0)를 의미하고, 끝 위치를 빈칸으로 두면 문자열의 마지막 칸을 출력하게 된다. 코드 예제 4-40은 words 문자열의 시작 위치와 끝 위치를 비워 둔 경우 어떤 결과가 출력되는지를 보여준다.

```
print(words[:7]) # 문자열의 처음부터 인덱스 7 앞의 문자까지 슬라이싱
print(words[7:]) # 문자열의 인덱스 7부터 마지막 문자까지 슬라이싱
print(words[:]) # 문자열의 처음부터 끝까지 슬라이싱
```

인공지능의 기
초개념
인공지능의 기초 개념

인덱스의 위치는 음수를 사용해도 무방하다. 음수를 사용하는 이유는 문자열의
마지막에 위치한 몇 글자를 잘라내고 싶은 경우에 사용한다. 음수와 양수로 이뤄진
인덱스를 함께 사용해도 무방하다. 코드 예제 4-41은 음수 인덱스를 사용해 문자열
을 슬라이싱하는 예를 보여주고 있다.

```
print(words[-5:-1]) # -5번째와 -1번째 사이의 문자열
print(words[2:-1]) # 양수와 음수 인덱스의 혼용
```

기초개
지능의 기초개

음수 인덱스를 사용해 문자열을 슬라이싱하는 경우 문자열의 시작 위치를 총 문
자열의 길이보다 큰 값을 사용하더라도 에러가 발생하지 않는다. 코드 예제 4-42의
결과에서 볼 수 있는 것처럼 words의 길이가 10개인 경우에 -11을 시작 위치로 정
하더라도 에러가 발생하지 않는다.

```
# 시작 위치의 범위가 넘더라도 에러 발생하지 않음
words[-11:]
```

'인공지능의 기초개념'

문자열 슬라이싱에서 시작 위치부터 매 n번째 위치에 있는 단어들에 관심이 있다

면 문자열 변수[시작 위치:끝 위치:단계]와 같은 형태로 잘라낼 수 있다. 코드 예제 4-43은 문자열의 매 n번째의 문자를 출력하는 코드이다. 코드 예제 4-43의 결과에서 볼 수 있는 것처럼 인덱스 0 위치에 있는 '인'에서 시작해 인덱스 2 위치에 있는 '지' 그리고 인덱스 4 위치에 있는 '의'를 출력하고 이후 문자열의 범위에서 2번째 위치에 있는 문자들을 출력한 것을 확인할 수 있다.

코드 예제 4-43 매 n번째 문자를 출력하는 코드

```
# 매 2번째 문자 출력
words[::2]
```

인지의기개

만약 출력할 단계를 음수로 입력하면 어떤 결과가 나타날까? 해당 글자를 반대로 출력하게 된다. 이 경우 코드 예제 4-44의 결과에서 볼 수 있는 것처럼 슬라이싱에서 단계를 음수로 사용하면 출력할 글자들이 반대 순서로 출력된다.

코드 예제 4-44 슬라이싱에서 음수로 단계를 조절하는 코드의 예

```
# 매 1번째 글자를 반대로 출력
words[::-1]
```

'념개초기 의능지공인'

4.5 요약

4장에서는 인공지능 개발을 위해 사용하는 프로그래밍 언어인 파이썬의 기본 문법에 대해서 살펴봤다. 또한 파이썬 프로그래밍에서 사용하는 사칙 연산을 실습하고, 파이썬에서 주로 사용되는 데이터의 유형과 각 데이터 유형의 특성에 대해서도 살펴봤다. 그리고 문자열을 다루는 방법 중 특정 문자를 인덱싱하는 방법과 문자열의 일부분을 잘라내는 슬라이싱을 실습했다. 이 장의 내용을 요약하면 다음과 같다.

- 파이썬을 이용해 인공지능 개발을 하기 위해서는 파이썬이 이해하는 방식으로 대화할 수 있어야 한다.
- 파이썬에서 객체나 문자열을 출력할 때 print() 함수를 사용한다.
- 파이썬이 알아듣지 못하는 형식으로 명령을 내리면 에러가 발생한다. 이때 이 에러를 구글에서 검색하면 해당 에러에 대한 설명을 얻을 수 있다.
- 주석이란 파이썬 코드셀에서 파이썬이 무시하는 정보이다. 파이썬에서는 우물 정자(#)를 사용해 주석임을 표시한다.
- 파이썬의 데이터 유형은 논리형, 정수형, 실수형, 문자열이다.
- 논리형은 불리안^{Bloolean}이라고도 불리며 참과 거짓 값을 갖는다.
- 정수형은 소수점을 제외한 숫자를 의미하고 실수형은 소수점을 포함한 숫자를 의미한다.
- 문자열은 다양한 텍스트 정보를 가리키며 큰따옴표나 작은따옴표로 구분한다. 문자열 구분을 위해 두 가지 따옴표가 있는 것은 경우에 따라 문자열 안에 큰따옴표나 작은따옴표가 포함되기 때문이다.
- 파이썬에서 사용하는 데이터는 연산이 가능한 경우와 그렇지 않은 경우가 있다.
- 문자열은 다른 문자열과 더할 수 있다. 이때 더하는 것은 두 문자열을 합치라는 의미로 해석하면 된다.
- 문자열과 정수형을 곱하면 해당 문자열을 정수형만큼 반복하라는 의미이다.
- 파이썬에서 큰 숫자는 2e+n 형식으로 표현된다. 이는 숫자 뒤에 0이 n개 있다는 의미이다. 반면 소수점은 1e-n 형식으로 표현된다. 이는 숫자 앞에 0이 n개 있다는 의미이다.
- 파이썬에서 표시할 수 없을 정도로 큰 숫자는 inf로 표기된다.
- 파이썬에 bool(), int(), float(), str() 함수를 사용하면 데이터를 해당 유형으로 변환시킬 수 있다. 다만 변환시킬 수 없는 객체가 입력되면 에러가 발생한다.
- 문자열 데이터의 경우 각 문자마다 고유의 위치 정보가 있으며 이를 인덱스라고 부른다.

- 인덱스를 이용하면 문자열의 특정 부분을 추출할 수 있는데 이를 슬라이싱이라고 부른다.
- 파이썬에서 인덱스는 0부터 시작한다.
- 문자열의 일부분을 출력할 경우 [시작 위치:끝 위치:단계]의 형태를 사용하면 된다. 이때 단계를 음수로 입력하면 끝 위치부터 시작 위치까지 거꾸로 문자열을 출력한다.

1. 구글 코랩에서 파이썬 코드를 입력해 다음 계산식의 답을 구해라.

   1) 30과 62의 합

   2) 40에서 21을 뺀 값

   3) 15를 16으로 곱한 값

   4) 30을 5로 나눈 값

   5) 142를 10으로 나눈 몫

   6) 50을 6으로 나눈 나머지

2. 다음 코드를 실행하면 에러가 발생한다. 합이 20이 되도록 다음 코드를 수정해라.

```
'10' + 10
```

3. 코드를 실행한 결과가 '325234'가 되도록 다음 코드를 수정해라.

```
325 + 234
```

4. 복리는 원금에 대해서 뿐만 아니라 원금에서 생기는 이자에도 원금과 동일한 이율의 이자를 붙이는 것을 의미한다. 연이율 2%인 예금이 있다고 했을 때 구글 코랩을 사용해 원금 10,000원을 6개월 예탁했을 경우 원리금의 합계를 구해라. 단 이자율이 복리인 경우 원리합계는 다음 공식을 사용해 계산하면 된다.

$$원리합계 = 원금 * \left(1 + 이자율\right)^{\frac{개월수}{12}}$$

5. 문자열 "문과생을 위한 인공지능 실습"에서 9번째 문자부터 마지막 문자까지 출력하는 코드를 짜라.

6. 숫자 102323923이 있다고 할 때 뒤에서 3번째 숫자가 무엇인지 출력해라.

7. 103을 4로 나눈 값의 소수점 첫째 자리의 숫자를 출력해라.

05

파이썬과 친해지기 2

5장에서는 데이터를 파이썬의 메모리에 저장할 때 알아야 하는 개념인 변수^{Variable}에 대해서 살펴볼 것이다. 또한 파이썬에서 여러 데이터를 함께 저장하는 방법인 리스트^{list}와 딕셔너리^{dictionary}에 대해서도 알아보도록 하겠다. 이 장에서는 다음과 같은 내용을 다룬다.

이 장에서 다루는 내용

- 변수의 개념과 특성
- 리스트의 개념
- 리스트 안의 데이터 활용
- 딕셔너리의 개념
- 딕셔너리 안의 데이터 활용

목차

100

5장의 실습에 필요한 코드 예제는 이 책의 깃허브 페이지(https://github.com/skku-ai-textbook/aitextbook/blob/main/notebooks/CH05_Github.ipynb)에서 확인할 수 있다.

그림 5-1 실습 코드가 탑재된 깃허브 페이지

5.1 변수

변수Variable란 파이썬에서 일시적으로 데이터를 저장하는 공간을 지칭한다. 예를 들어 어떤 계산의 결과를 저장해서 추후에 다시 사용하고 싶다면 계산 결과를 변수로 만들어 저장해야 한다. 이 변수는 코랩 노트북이 실행되고 있는 동안 컴퓨터 메모리에 일시적으로 저장된다. 파이썬에서 변수에 저장할 수 있는 것은 코드 예제 5-1에서 볼 수 있는 것처럼 하나의 값뿐만 아니라 여러 값의 모임인 리스트list, 데이터 간의 대응관계를 나타내는 딕셔너리dictionary 그리고 여러 데이터의 모임이라고 할 수 있는 데이터프레임dataframe 등 여러 형태의 데이터 타입을 저장할 수 있다.

5.1.1 변수에 데이터 저장하기

일반적으로 변수에 특정 값을 저장할 때는 x = 1의 형식을 사용한다. 이는 x라는 변수에 1이라는 값을 할당하라는 의미이다. 코드 예제 5-1은 변수에 데이터를 저장하는 코드이다.

코드 예제 5-1 변수에 데이터 저장하기

```
# 변수에 값 저장하기
x = 100
print(x)
```

```
100
```

한 번 변수에 값을 저장하면 그 변수에 새로운 값을 지정할 때까지 그대로 유지된다. 변수에 저장된 값을 변경하려면 다시 같은 변수에 새로운 값을 대입하면 된다. 코드 예제 5-2는 저장된 변수에 새로운 값을 저장한 결과를 보여준다. 아래의 결과에서 볼 수 있는 것처럼 x에 새로운 값을 저장한 후 x값을 출력하면 x의 값이 바뀐 것을 알 수 있다.

코드 예제 5-2 변수에 새로운 값을 저장하기

```python
# 기존에 저장한 것과 같은 값인지 확인을 위해 변수 출력
print(x)

# 변수 x에 새로운 값을 저장
x = 150
print(x)
```

```
100
150
```

변수에는 여러 가지 객체를 저장할 수 있다. 변수가 어떤 데이터를 저장하고 있는지 확인하려면 어떻게 해야 할까? 이때는 type() 함수를 사용하면 된다. 코드 예제 5-3의 결과에서 확인할 수 있는 것처럼 type() 함수를 사용해 해당 변수의 속성을 살펴볼 수 있다. 이 경우 변수에 다른 데이터를 저장하면 변수의 속성이 바뀌게 된다. 코드 예제 5-3의 결과에서 볼 수 있는 것처럼 정수형의 변수에 실수형 150.0을 새로 지정함으로써 새로운 형태의 변수로 바뀐 것을 확인할 수 있다.

코드 예제 5-3 변수 속성 확인

```python
# 변수 속성 확인
print(type(x))

# 데이터 형태 변경 후 변수 속성 확인
x = 150.0
print(type(x))
```

```
<class 'int'>
<class 'float'>
```

변수에는 특정 계산의 결괏값을 저장할 수도 있고, 또 다른 변수의 값을 저장할 수도 있다. 코드 예제 5-4는 새로운 변수에 다른 두 변수의 연산 결과를 저장하는 코드이다. 실행 결과에서 확인할 수 있는 것처럼 두 변수 x1과 x2의 합을 새로운 변수 x3에 저장할 수 있다.

코드 예제 5-4 새로운 변수에 다른 변수 간의 연산 결과 저장하기

```
x1 = 10
x2 = 20

# 새로운 변수에 변수 간의 연산 결과 저장
x3 = x1+x2
print(x3)
```

```
30
```

코드 예제 5-5는 여러 변수에 같은 값을 저장하는 코드이다. 코드 예제 5-5에서 볼 수 있는 것처럼 a = b = c = d = 100의 경우 a, b, c, d라는 변수에 100을 저장하라는 의미이다. 이때 한 변수의 값을 변환시킨다고 해도 다른 변수의 값이 바뀌지는 않는다.

코드 예제 5-5 다른 변수에 같은 값 저장하기

```
# 여러 변수에 같은 값 저장
a = b = c = d = 100
print(a, b, c, d)

# 변수 중 하나의 값을 변환
b = 150
print(a, b, c, d)
```

```
100 100 100 100
100 150 100 100
```

파이썬에서는 여러 변수에 각기 다른 값을 할당할 수도 있다. 여러 개의 데이터를 여러 공간에 저장할 필요가 있을 때 편리하다. 코드 예제 5-6은 여러 변수에 각기 다른 값을 할당하는 코드를 보여준다.

코드 예제 5-6 각기 다른 변수에 다른 데이터를 저장

```
# 다른 변수에 각기 다른 값 저장
x, y, z = 10, 20, 30
print("x =", x, "y =", y, "z =", z)
```

```
x = 10 y = 20 z = 30
```

만약 변수의 수가 저장하려는 데이터의 수와 동일하지 않다면 에러가 발생한다. 코드 예제 5-7은 변수의 수와 데이터의 수가 동일하지 않은 경우 나타나는 에러 코드를 보여준다. 여기서 발생하는 에러 값 ValueError: too many values to unpack (expected 3)은 주어진 세 개의 변수보다 더 많은 데이터가 주어졌다는 의미이다. 두 개의 변수에 세 개의 데이터를 저장하려고 한다면 ValueError: not enough values to unpack (expected 3, got 2)라는 에러가 발생한다.

코드 예제 5-7 변수의 수와 데이터의 수가 동일하지 않는 경우 발생하는 에러의 예

```
# 변수의 수와 데이터의 수가 동일하지 않아 에러 발생
x, y, z = 10, 20, 30, 40
```

```
---------------------------------------------------------------
ValueError                          Traceback (most recent call last)
<ipython-input-6-4d8ab30e0301> in <module>()
      1 # 변수의 수와 데이터의 수가 동일하지 않아 에러 발생
----> 2 x, y, z = 10, 20, 30, 40

ValueError: too many values to unpack (expected 3)
```

앞서 변수를 다른 변수에 저장할 수 있다는 것을 살펴봤다. 이때 x, y = y, x의 형태로 변수와 변수의 순서를 바꿔 저장하면 각 변수에 저장되는 값을 변경할 수 있다. 코드 예제 5-8은 변수를 사용해 변수를 변경하는 코드를 보여준다. 코드 예제 5-8의 결과에서 볼 수 있는 것처럼 두 변수의 값이 교환된 것을 확인할 수 있다.

코드 예제 5-8 변수 값 교환하기

```
x, y = 10, 20
print(x, y)

# 변수 값을 변경
x, y = y, x
print(x, y)
```

```
10 20
20 10
```

5.1.2 변수명 정하기

변수명이 파이썬 내에서 특정한 데이터가 저장된 공간을 지칭하는 주소라고 이해하면 왜 변수명을 기억하기 쉽게 지어야 하는지를 알 수 있다. 변수명을 정할 때 몇 가지 주의해야 할 사항들이 있는데 특히 다음과 같은 점을 고려해야 한다.

- 식별하기 용이한 변수명
- 영어로 변수명을 지정할 경우 대문자와 소문자를 구별함
- 사용 가능 문자: 영어, 숫자, 한글, _(밑줄)
- 변수명의 첫 글자는 숫자를 사용할 수 없음
- 파이썬에서 사용되는 예약어는 사용할 수 없음

첫째, 변수명을 정할 때 목적과 용도에 맞게 정하는 것이 나중에 헷갈리는 상황을 방지할 수 있다. 코드가 길어지고 복잡해지면 어떤 변수가 어떤 데이터를 저장하고 있는지 기억하기 어렵다. 따라서 변수명을 기억하기 쉽게 저장할 필요가 있다. 예를

들어 어떤 변수에 수학 성적의 평균을 저장한다고 해보자. 이 경우에 단순히 x나 y와 같이 임의의 단어로 변수를 지정하는 것보다는 math_average와 같은 변수명을 사용하면 변수명만으로도 변수에 담긴 데이터를 알 수 있다.

둘째, 파이썬에 변수명을 지을 때 변수명에 존재하는 소문자와 대문자를 구별해야 한다. 예를 들어 Math와 math는 같은 의미로 보이지만 다른 변수로 취급된다. 코드 예제 5-9는 파이썬이 대·소문자를 구별하기 때문에 발생하는 에러를 보여주고 있다.

코드 예제 5-9 변수명의 대·소문자를 구별하기 때문에 발생하는 에러

```
math = 10
print(Math)
```

```
---------------------------------------------------------------
NameError                                 Traceback (most recent call last)
<ipython-input-9-2eff25ab962d> in <module>()
      1 math = 10
----> 2 print(Math)

NameError: name 'Math' is not defined
```

셋째, 변수명에는 영어, 한글, 숫자, 언더바(밑줄)를 사용할 수 있다. 다만 변수명이 숫자로 시작되면 안 된다는 점을 주의해야 한다. 코드 예제 5-10은 변수명을 정하는 데 사용할 수 있는 문사들을 보여준다. 하지만 코드 예제 5-11의 결과에서 볼 수 있는 것처럼 변수명이 숫자로 시작되는 경우 에러가 발생한다.

코드 예제 5-10 변수명에 사용할 수 있는 문자들

```
# 변수명에 사용할 수 있는 문자들
변수 = 10
x1 = 10
x_10 = 10
_xdf = 30
```

```
# 변수명에 사용할 수 없음
10_x = 10
```

```
  File "<ipython-input-12-585608513c74>", line 1
    10_x = 10
       ^
SyntaxError: invalid token
```

넷째, 파이썬에서 사용되는 예약어^{keyword}들은 변수명으로 사용할 수 없다. 예약어란 파이썬에서 특정한 기능 수행을 위해 시스템상에서 지정한 기능을 수행하는 명령어이다. 앞서 논리 구조를 판별할 때 사용한 True와 False 또한 파이썬의 예약어의 한 종류라고 할 수 있다. 파이썬에서는 이런 예약어를 변수명으로 사용할 수 없다. 만약 예약어에 데이터를 저장하려고 할 경우 코드 예제 5-12의 결과에서 볼 수 있는 것처럼 에러가 발생한다. 구글 코랩에서 예약어는 하늘색으로 표시되기 때문에 예약어를 쉽게 식별할 수 있다.

코드 예제 5-12 예약어에 데이터를 저장하려는 경우 발생하는 에러의 예

```
# 예약어에 변수를 저장하려는 경우
False = 10
```

```
  File "<ipython-input-13-115ffb0c78e6>", line 2
    False = 10
              ^
SyntaxError: can't assign to keyword
```

> **팁** 파이썬에는 총 35개의 예약어가 있다. 예약어의 종류는 다음과 같다.
> ['False', 'None', 'True', 'and', 'as', 'assert', 'async', 'await', 'break', 'class', 'continue', 'def', 'del', 'elif', 'else', 'except', 'finally', 'for', 'from', 'global', 'if', 'import', 'in', 'is', 'lambda', 'nonlocal', 'not', 'or', 'pass', 'raise', 'return', 'try', 'while', 'with', 'yield']

5.1.3 사용자에게 데이터를 입력받아 변수에 저장하기

마지막으로 코드셀에서 직접 데이터를 저장하는 것이 아니라 코드셀 외부에서 직접 데이터를 입력받아 변수에 저장하는 방법을 살펴보도록 하겠다. 이때 사용하는 것은 input() 함수이다. input() 함수를 사용하면 직접 데이터를 입력받을 수 있다. 코드 예제 5-13은 사용자로부터 데이터를 입력받기 위한 코드이다. 이 코드는 input("사용자에게 안내할 사항")의 형식으로 구성돼 있다. input() 안에 메시지를 추가하면 데이터를 입력 받을 때 입력하는 사람에게 전달하는 메시지를 입력할 수 있다. 예를 들어 코드 예제 5-13을 실행시키면 그림 5-2와 같은 화면이 출력된다. 이때 왼쪽 ① 영역이 회전하면서 코랩이 데이터 입력을 기다리고 있다는 상태를 표현하는데 ② 영역의 입력창에 데이터를 입력해야 다음 작업으로 넘어간다.

코드 예제 5-13 input() 함수 사용의 예

```
input("당신의 고향은 어디인가요?: ")
```

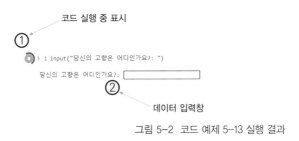

그림 5-2 코드 예제 5-13 실행 결과

만약 이때 input()의 결과를 변수 형태로 저장하지 않으면 input()으로 받은 데이터는 사라진다. 사용자로부터 데이터를 입력받아 그 값을 다른 목적으로 사용하려면 input()을 사용해서 입력받은 값을 다른 변수에 저장해야 한다. 코드 예제 5-14는 사용자에게 데이터를 입력받아 저장하는 코드를 보여준다.

코드 예제 5-14 input() 함수를 사용해 데이터 입력받기

```
# 입력값을 받아 answer라는 변수에 저장
answer = input("당신의 고향은 어디인가요?: ")
print("당신의 고향은 ", answer, " 입니다")
```

당신의 고향은 어디인가요?: 서울
당신의 고향은 서울 입니다

5.2 리스트

지금까지는 하나의 변수에 하나의 데이터를 저장했다. 그렇다면 우리가 좀 더 복잡한 프로젝트를 수행하며 데이터의 양이 늘어나면 어떻게 해야 할까? 매번 변수를 새로 만들어 데이터를 저장해야 할까? 이런 방식으로 데이터를 저장하면 필요한 데이터만큼 변수가 필요하기 때문에 효율적이라고 할 수 없다. 그렇다면 하나의 변수에 여러 데이터를 함께 저장하는 방법은 없을까?

리스트^{list}는 이처럼 하나의 변수에 여러 개의 데이터를 저장할 때 사용하는 파이썬 객체이다. 리스트는 다양한 유형(정수, 실수, 문자열, 불리안 및 또 다른 리스트)의 데이터를 저장할 수 있고 순서를 유지하기 때문에 문자열처럼 인덱싱과 슬라이싱을 할 수 있다.

5.2.1 리스트 만들기

리스트를 만들 때는 [ ](대괄호 또는 꺾쇠)를 사용하고 그 안에 리스트에 넣을 데이터를 채워 넣으면 된다. 예를 들어 list_a = [1, 2, 3, 4]라고 선언하면 총 네 가지의 요소를 가진 리스트가 생겨난다. 여기서 list_a는 요소 [1, 2, 3, 4]를 담고 있는 리스트이고, 리스트 속의 각 데이터 값은 요소이다. 코드 예제 5-15는 리스트를 만드는 코드이다.

코드 예제 5-15 리스트 만들기

```
# 네 개의 요소를 가진 리스트를 생성
list_a = [1, 2, 3, 4]
print(list_a)
print(type(list_a))
```

```
[1, 2, 3, 4]
<class 'list'>
```

이후에 본격적으로 인공지능을 만들면서 좀 더 자세히 살펴보겠지만 경우에 따라 빈 리스트를 만들고 새로운 요소를 추가해야 하는 경우도 있다. 이 경우 빈 리스트를 만들 때 list()나 빈 대괄호([ ])를 사용하면 된다. 코드 예제 5-16은 빈 리스트를 만드는 코드를 보여준다.

코드 예제 5-16 비어 있는 리스트 만들기

```
# 빈 리스트 만들기
empty_list_a = list()
empty_list_b = [ ]

# 요소가 없기 때문에 []가 출력됨
print(empty_list_a)

# 요소가 없기 때문에 []가 출력됨
print(empty_list_b)
```

```
[]
[]
```

5.2.2 리스트에 저장되는 데이터의 유형

리스트에는 여러 가지 형태의 데이터를 저장할 수 있다. 이는 리스트 안에 저장되는 요소들이 서로 다른 데이터 형태를 가져도 된다는 의미이다. 코드 예제 5-17의 실행 결과를 살펴보겠다. 리스트의 첫 번째 요소는 문자열이고, 두 번째와 세 번째 요소는 정수이다. 이렇게 데이터 유형이 서로 다른 다양한 요소를 모두 하나의 리스트에 저장할 수 있다.

코드 예제 5-17 리스트에 다른 요소 저장하기

```
# 리스트에 다른 요소 저장하기
list_b = ['치와와', 100, 235, True, '비글', 232.32, 200.5, False]
print(list_b)
```

```
['치와와', 100, 235, True, '비글', 232.32, 200.5, False]
```

리스트는 여러 가지 데이터 형태를 저장할 수 있기 때문에 리스트 안에 또 다른 리스트를 저장할 수도 있다. 코드 예제 5-18은 리스트를 요소로 갖고 있는 리스트를 만드는 코드이다. 해당 리스트를 출력해 보면 꺾쇠([ ]) 안에 데이터가 위치한 것을 확인할 수 있다. 이는 이 리스트 안에 또 다른 리스트가 존재한다는 것을 의미한다.

코드 예제 5-18 리스트를 요소로 가진 리스트 만들기

```
# 리스트를 포함한 리스트 만들기
list_c = ['리스트 요소1', ['리스트 요소2-1', '리스트 요소2-2', '리스트 요소2-3'],
    '리스트 요소3', ['리스트 요소4-1','리스트 요소4-2']]
print(list_c)
print(type(list_c))
```

```
['리스트 요소1', ['리스트 요소2-1', '리스트 요소2-2', '리스트 요소2-3'], '리스트 요소3', ['리스트 요소4-1', '리스트 요소4-2']]
<class 'list'>
```

5.2.3 리스트의 인덱싱과 슬라이싱

리스트 안에 있는 각 요소들은 순서를 유지하기 때문에 인덱싱과 슬라이싱이 가능하다. 표 5-1은 코드 예제 5-17에서 만든 list_b의 인덱스를 표시한다. 리스트 또한 문자열과 같이 리스트 이름[시작 위치:끝 위치:단계]의 형식으로 인덱싱과 슬라이싱을 하게 된다. 예를 들어 리스트의 마지막 요소를 출력하려면 리스트 변수명[-1]을 사용하면 된다. list_b[-1]을 사용해 해당 리스트의 마지막 요소를 출력하려면 마지막 요소가 False이기 때문에 False라는 값이 반환된다.

표 5-1 리스트의 인덱스

'치와와'	100	235	True	'비글'	232.32	200.5	False
0	1	2	3	4	5	6	7
−8	−7	−6	−5	−4	−3	−2	−1

코드 예제 5-18에서 list_c를 만들면서 리스트 안에 또 다른 리스트를 추가할 수 있음을 알았다. 그렇다면 이 경우 리스트 안에 있는 요소들은 어떻게 출력할 수 있을까?

먼저 코드 예제 5-19의 실행 결과를 보겠다. 리스트 안의 리스트는 상위 리스트의 요소로 취급된다. 코드 예제 5-19의 결과에서 볼 수 있는 것처럼 list_c의 경우 두 번째 요소가 리스트이기 때문에 list_c[1] 형태로 인덱싱을 하면 해당 위치에 있는 요소를 출력할 수 있다.

코드 예제 5-19 리스트 안의 리스트 불러오기

```
# list_c의 두 번째 요소를 출력
list_c[1]
```

['리스트 요소2-1', '리스트 요소2-2', '리스트 요소2-3']

코드 예제 5-20은 리스트 안의 리스트를 다시 출력하는 결과를 보여준다. 해당 요소 또한 리스트이기 때문에 또다시 인덱싱이 가능하다. 즉 인덱싱을 반복해 하위 리스트의 요소들을 출력할 수 있는 것이다. 이는 list_c[1]이 가리키는 것이 리스트의 요소이지만 그 자체는 리스트이기 때문이다. 같은 의미에서 list_c[0][0]은 list_c[0]이 문자열이기 때문에 첫 문자를 출력하게 된다. 이처럼 두 개의 요소를 같이 연속해서 인덱싱하는 방법을 체인 인덱싱^{Chained Indexing}이라고 부른다.

코드 예제 5-20 리스트 안의 리스트의 요소 출력하기

```
# 리스트 안의 리스트에서 첫 번째 요소 출력
list_c[1][0]
```

'리스트 요소2-1'

5.2.4 리스트의 연산

수식을 연산하는 것처럼 리스트도 연산이 가능하다. 다만 리스트끼리의 연산은 우리가 흔히 생각하는 숫자와 숫자의 연산과는 다르다. 먼저 두 개의 리스트를 더하면 각 리스트 안의 요소를 합한 하나의 리스트가 만들어진다. 코드 예제 5-21은 코드 예제 5-15에서 만든 list_a와 5-17에서 만든 list_b를 합친 결과를 보여준다. 코드 예제 5-21의 결과에서 볼 수 있는 것처럼 두 개의 리스트가 합쳐진 것을 확인할 수 있다.

코드 예제 5-21 두 리스트의 덧셈

```
print(list_a)
print(list_b)

# 두 리스트 더하기
print(list_a + list_b)
```

```
[1, 2, 3, 4]
['치와와', 100, 235, True, '비글', 232.32, 200.5, False]
[1, 2, 3, 4, '치와와', 100, 235, True, '비글', 232.32, 200.5, False]
```

리스트 또한 곱할 수 있다. 리스트에 특정 숫자 n을 곱하면(*) 해당 리스트를 n번만큼 반복한 새로운 리스트가 만들어진다. 코드 예제 5-22는 코드 예제 5-15에서 만든 리스트를 곱한 결과를 보여준다.

코드 예제 5-22 리스트에 숫자를 곱한 값

```
list_a * 3
```

```
[1, 2, 3, 4, 1, 2, 3, 4, 1, 2, 3, 4]
```

반면 리스트에 다른 리스트를 곱하면 에러가 발생한다. 코드 예제 5-23은 리스트와 리스트를 곱셈한 결과를 보여준다.

코드 예제 5-23 리스트와 리스트의 곱셈

```
list_a*list_a
```

```
---------------------------------------------------------------------
TypeError                                Traceback (most recent call last)
<ipython-input-20-03aa3328fb70> in <module>
----> 1 list_a*list_a

TypeError: can't multiply sequence by non-int of type 'list'
```

코드 예제 5-21과 코드 예제 5-23의 결과에서 볼 수 있는 것처럼 리스트의 더하기와 곱하기는 우리가 생각하는 의미의 사칙 연산이 아니라 두 리스트를 합친다와 하나의 리스트를 반복한다는 의미로 이해하는 것이 좋다.

마지막으로 리스트와 리스트의 뺄셈은 불가능하다. 이는 리스트가 순서를 유지한 채 저장되는 데이터이기 때문에 리스트에서 또 다른 리스트를 빼는 것이 어떤 의미인지를 정확하게 알 수 없기 때문이다. 코드 예제 5-24는 리스트에서 다른 리스트를 빼면 어떤 에러가 발생하는지를 보여준다. TypeError: unsupported operand type(s) for -: 'list' and 'list'는 리스트와 리스트 간에는 뺄셈이 불가능하다는 것을 알려준다.

```
list_d = [1, 3]
list_a-list_d
```

```
TypeError                           Traceback (most recent call last)
<ipython-input-19-8992d32f655c> in <module>
      1 list_d = [1, 3]
----> 2 list_a-list_d

TypeError: unsupported operand type(s) for -: 'list' and 'list'
```

5.3 리스트 안의 데이터 다루기

그렇다면 이미 만들어진 리스트에 새로운 데이터를 수정하거나 기존의 데이터를 제거하려면 어떻게 해야 할까?

5.3.1 리스트 안의 데이터 수정

리스트 안에 있는 데이터는 인덱스를 사용해 수정할 수 있다. 또한 슬라이싱을 사용해 복수의 요소들의 값을 변환시킬 수 있다. 이때 수정하려는 데이터의 개수와 수정할 데이터의 개수가 동일하지 않더라도 변환이 가능하다. 다만 슬라이싱한 요소가 더 많았을 때 변환에 사용할 요소가 리스트 형태로 제공되지 않으면 에러가 발생한다. 예를 들어 list_a에 [1, 2, 3, 4]라는 데이터가 있다고 해보자. 이때 첫 번째 요소인 1을 변경하려면 코드 예제 5-25처럼 list_a[0]에 새로운 값을 할당하면 된다.

코드 예제 5-25 리스트의 특정 요소 값 변경

```
list_a = [1,2,3,4]
list_a[0] = 12
list_a
```

```
[12, 2, 3, 4]
```

코드 예제 5-26처럼 리스트의 범위를 지정하면 두 개 이상의 요소를 변경할 수 있다. 이때 범위에 포함된 요소보다 더 많은 요소를 투입하면 데이터를 추가할 수 있고, 변경할 요소에 빈 리스트([ ])를 할당하면 해당 요소가 삭제된다.

코드 예제 5-26 리스트의 범위를 지정해 값을 변경

```python
list_a = [1,2,3,4]

# 두 개의 요소 변경
list_a[0:2] = [3, 4]
print(list_a)

# 두 개의 요소를 세 개의 요소로 변경
list_a[0:2] = [13, 64, 4]
print(list_a)

# 빈 요소로 변경
list_a[0:2] = []
print(list_a)
```

```
[3, 4, 3, 4]
[13, 64, 4, 3, 4]
[4, 3, 4]
```

반면 코드 예제 5-27처럼 리스트에 있는 두 개 이상의 값을 하나의 데이터로 치환하고자 하면 에러가 발생한다. 여기서 발생한 TypeError: can only assign an iterable은 list_a[0:2]처럼 리스트의 특정 부분의 데이터 치환을 위해서는 치환하려고 하는 데이터가 한 번에 하나씩 데이터를 반환할 수 있는 반복이 가능한 객체 iterable여야 함을 의미한다.

코드 예제 5-27 리스트의 범위를 하나의 데이터로 변경하면 발생하는 에러

```python
list_a = [1,2,3,4]
list_a[0:2] = 1
list_a
```

```
---------------------------------------------------------------------------
TypeError                                 Traceback (most recent call last)
```

```
<ipython-input-13-46b1af3bea13> in <module>()
      1 list_a = [1,2,3,4]
----> 2 list_a[0:2] = 1
      3 list_a

TypeError: can only assign an iterable
```

> **팁**　반복이 가능한 객체(iterable)는 여러 개의 원소를 가진 데이터의 형태로 6장에서 다룰 for문을 사용해 한 번에 하나씩 객체를 뽑아올 수 있는 대상을 의미한다. iterable의 특성은 인덱싱이 가능하다는 점에 있다. 즉 문자열 abcde 또한 한 번에 하나씩 가져올 수 있다는 점에서 iterable이라고 할 수 있다. 때문에 list_a[0:2] = 'abcde'는 정수 하나를 입력한 것과 달리 리스트 안에 저장할 수 있다.

5.3.2 명령어를 사용해 리스트 안의 요소 처리

리스트는 데이터 형태이기 때문에 새로운 데이터를 추가하는 것도 가능하다. 데이터를 추가하는 것은 append(), expand(), insert()를 사용해야 한다. 각각의 명령어는 표 5-2와 같은 기능을 수행한다.

표 5-2 명령어를 사용해 리스트에 데이터 추가하기

기능	사용 예	결과
.append(추가할 요소)	list_a.append(2)	리스트의 마지막에 요소 하나 추가
.extend(추가할 요소를 리스트 형태로)	list_a.extend([2,5])	리스트의 마지막에 리스트 추가
.insert(추가할 위치, 추가할 요소)	list_a.insert(3, 5)	리스트의 특정 위치에 요소 추가

　코드 예제 5-28은 리스트에 데이터를 추가하는 각 기능의 사용 예제를 보여준다.

코드 예제 5-28 리스트에 데이터 추가하기

```
list_a = [1, 2, 3, 4, 5]

# 마지막에 하나의 요소 추가
```

```
list_a.append(6)
print(list_a)

# 마지막에 리스트 추가
list_a.extend([7,8])
print(list_a)

# 특정 위치에 특정 요소 추가
list_a.insert(3, 9)
print(list_a)
```

```
[1, 2, 3, 4, 5, 6]
[1, 2, 3, 4, 5, 6, 7, 8]
[1, 2, 3, 9, 4, 5, 6, 7, 8]
```

명령어를 사용해 리스트 안의 데이터를 제거하는 것도 가능하다. 리스트 안의 데이터를 삭제하려면 pop()이나 remove()를 사용하거나 del과 같은 함수를 사용한다. 표 5-3은 명령어를 사용해 리스트 안의 요소를 제거하는 방법이다.

표 5-3 명령어를 사용해 리스트의 요소 제거하기

기능	사용 예	결과
.pop()	리스트 이름.pop()	리스트의 마지막 요소 제거
.remove(제거할 요소)	리스트 이름.remove(3)	리스트 요소 중 제거할 요소와 매칭되는 첫 번째 요소 제거
del 리스트 이름[제거할 위치]	del 리스트 이름[2]	리스트의 특정 위치 제거
.clear()	리스트 이름.clear()	리스트 안의 모든 요소 제거

코드 예제 5-29는 앞의 명령어를 사용해 리스트 안의 요소를 제거하는 코드이다. 코드 예제 5-29의 결과에서 볼 수 있는 것처럼 .remove()의 경우 반복되는 요소가 있다면 첫 번째 요소만 제거하게 된다. 만약 이때 .remove()를 사용해 지우는 요소가 리스트 안에 존재하지 않는다면 ValueError: list.remove(x): x not in list라는 에러가 발생한다.

```
list_a = [1, 2, 3, 3, 9, 4, 5, 6, 7, 8]

# 마지막 요소 제거
list_a.pop()
print(list_a)

# 특정 요소 제거
list_a.remove(3)
print(list_a)

# del 사용해 특정 위치 요소 제거
del list_a[2]
print(list_a)

# 리스트 안의 모든 요소 제거
list_a.clear()
print(list_a)
```

```
[1, 2, 3, 3, 9, 4, 5, 6, 7]
[1, 2, 3, 9, 4, 5, 6, 7]
[1, 2, 9, 4, 5, 6, 7]
[]
```

지금까지 리스트 안에서 데이터들을 추가하고 수정하고 삭제하는 방법을 배웠다. 이제 리스트 안의 요소들 살펴보거나 정리하는 방법에 대해서 살펴보도록 하겠다. 이를 위해서는 index(), count(), reverse(), sort() 등의 메서드method를 사용한다. 이들은 각기 다른 명령을 수행한다. 표 5-4는 이 기능들이 어떤 작업을 수행하는지를 보여준다.

> 팁 │ 메서드(method)는 함수처럼 대상에 특정한 기능을 수행한다. 예를 들어 리스트의 .index()는 리스트 안에서 특정 요소의 위치를 찾는 기능을 한다. 함수와 다른 점은 메서드가 리스트와 딕셔너리 등 특정한 객체(Object)에만 사용할 수 있다는 것이다.

표 5-4 명령어를 사용해 리스트의 특성 파악 및 순서 변환

기능	사용 예	결과
.index(요소)	리스트.index(3)	리스트 안의 해당 요소가 위치한 인덱스 반환
.count(요소)	리스트.count(3)	리스트 안의 해당 요소의 개수 파악
.reverse()	리스트.reverse()	리스트의 순서를 거꾸로 변경
.sort()	리스트.sort()	리스트의 요소를 오름차순으로 정렬

index(찾으려는 요소)의 경우 리스트 안에 찾으려는 요소가 있다면 어느 위치에 있는 지를 알려준다. 중요한 것은 찾으려는 요소의 조건에 부합하는 복수의 요소가 있더 라도 첫 번째의 경우만 알려준다는 것이다. 이때 .index(찾으려는 요소, 시작 위치, 끝 위 치)를 사용해 특정 부분의 어느 곳에 위치하는지를 좀 더 세밀하게 알 수 있다. 코드 예제 5-30은 .index()를 사용해 리스트 안의 3이라는 요소를 찾는 코드이다. 만약 코드 예제 5-30의 리스트를 대상으로 .index(15)를 사용해 리스트 안에 존재하지 않는 요소를 찾으면 ValueError: 15 is not in list라는 에러가 발생한다.

코드 예제 5-30 .index()를 사용해 리스트 안의 요소 찾기

```python
list_d = [4,5,3,4,3,2,2,1,2,3]

# 처음 요소 찾기
print(list_d.index(3))

# 특정 인덱스 이후 요소 찾기
print(list_d.index(3,3))
```

```
2
4
```

.count(세고자 하는 요소)는 인덱스 안에 같은 값을 가진 데이터가 몇 개인지를 세어 준다. 코드 예제 5-31은 .count()를 사용해 리스트 안에 해당 요소가 몇 개 있는지 를 보여준다. 만약 리스트 안에 세고자 하는 요소가 없으면 0을 반환한다.

```
list_d = [4,5,3,4,3,2,2,1,2,3]

# 요소의 개수 세기
print(list_d.count(3))

# 리스트 안에 존재하지 않는 요소 세기
print(list_d.count(15))
```

```
3
0
```

.reverse()는 리스트 안의 요소들을 거꾸로 변환한다. 코드 예제 5-32의 결과에서 볼 수 있는 것처럼 .reverse()를 사용하면 리스트의 인덱스를 기준으로 마지막에 있는 요소 3이 가장 첫 번째 인덱스에 위치하고, 기존 리스트에서 가장 처음에 있는 요소 4가 마지막에 있게 된다.

```
list_d = [4,5,3,4,3,2,2,1,2,3]
list_d.reverse()
print(list_d)
```

```
[3, 2, 1, 2, 2, 3, 4, 3, 5, 4]
```

.reverse()가 리스트 안의 요소들의 순서를 단순히 변화시킨다면, .sort()는 리스트 안에 있는 요소를 오름차순으로 정렬한다. 이때 sort(reverse=True)를 사용하면 내림차순으로 정렬된다. 코드 예제 5-33은 .sort()를 사용해 리스트 안의 요소들을 정렬한 결괏값을 보여준다. 해당 코드에서 볼 수 있는 것처럼 문자열 또한 .sort()를 사용해 정렬할 수 있다.

```
list_d = [4,5,3,4,3,2,2,1,2,3]

# 오름차순
list_d.sort()
print(list_d)

# 내림차순
list_d = [4,5,3,4,3,2,2,1,2,3]
list_d.sort(reverse=True)
print(list_d)

# 문자열 정렬
list_f = ['a', 'b', 'z', 'k', 'r']
list_f.sort() # 문자열은 오름차/내림차 정렬이 가능함
print(list_f)
```

```
[1, 2, 2, 2, 3, 3, 3, 4, 4, 5]
[5, 4, 4, 3, 3, 3, 2, 2, 2, 1]
['a', 'b', 'k', 'r', 'z']
```

　　리스트에서 .sort()를 사용할 때 주의할 점은 리스트 안의 요소들의 순서를 정할 수 있어야 한다는 것이다. 예를 들어 코드 예제 5-33처럼 숫자로만 이뤄진 리스트나 문자로만 이뤄진 리스트는 오름차순이나 내림차순으로 정렬할 수 있으나 두 개의 데이터형이 섞여 있으면 정렬이 불가능하다. 코드 예제 5-34의 결과에서 볼 수 있는 것처럼 리스트에 저장된 요소들이 서로 다른 데이터 형태를 갖고 있어서 요소 간의 순서를 정확히 결정하지 못하는 경우 에러가 발생한다.

```
list_b = ['치와와', 100, 235, True, '비글', 232.32, 200.5, False]
list_b.sort()
print(list_b)
```

```
-------------------------------------------------------------------------
TypeError                                 Traceback (most recent call last)
<ipython-input-30-1001196c940c> in <module>()
      1 list_b = ['치와와', 100, 235, True, '비글', 232.32, 200.5, False]
----> 2 list_b.sort()
      3 print(list_b)

TypeError: '<' not supported between instances of 'int' and 'str'
```

5.3.3 리스트의 복제

지금까지 우리는 어떤 변수를 저장할 때 a = 10의 형식을 사용했다. 리스트도 이런 형식으로 새로운 리스트를 만들 수 있다. 다만 이 경우 실제로 리스트를 복제한 것이 아니라 같은 리스트를 다른 이름으로 부르도록 선언하는 것이다. 예를 들어 우리나라에 도로명 주소와 지번 주소가 존재하는 것과 유사하다고 생각하면 편하다. 두 개의 독립적인 주소가 있기 때문에 서로 다른 공간을 지칭하는 것 같지만 사실 같은 장소를 지칭한다. 파이썬에서도 한 리스트를 단순히 다른 리스트에 할당하면 각기 부르는 명칭은 다르지만 지칭하는 객체는 같기 때문에 같은 객체로 인식된다. 코드 예제 5-35는 새로운 리스트에 기존 리스트를 단순히 할당하는 경우 어떤 상황이 발생하는지를 보여준다.

```
list_a = [1, 5, 6]

# 새로운 리스트에 기존 리스트 할당한 후 기존 리스트 요소 값 변경
list_b = list_a

# 리스트 안의 요소 변경
list_a[0] = 15
print('변경 후: list_a = ', list_a)
print('변경 후: list_b = ', list_b)
print("list_a와 list_b는 같은가?", list_a is list_b)
```

```
변경 후: list_a =  [15, 5, 6]
변경 후: list_b =  [15, 5, 6]
list_a와 list_b는 같은가? True
```

코드 예제 5-35의 결과에서 볼 수 있는 것처럼 단순히 새로운 리스트에 기존 리스트를 할당하게 되면 단순히 같은 리스트를 다른 이름으로 부르는 결과를 가져온다. 따라서 기존 리스트의 요소를 변경하면 새로운 리스트의 요소 또한 변경된다. 이는 파이썬의 is 명령어를 사용해 두 리스트가 같은 객체인지 판별한 결과를 살펴보면 그 이유를 알 수 있다. 결괏값이 True이기 때문에 서로 같은 객체라는 것을 확인할 수 있다.

> 팁 | 파이썬 is는 두 객체가 서로 같은지를 판별하는 함수이다.

코드 예제 5-36은 .copy()를 사용해 리스트를 새로운 리스트로 변환시키는 코드이다. 이 경우 기존 리스트의 요소를 바꾼다고 하더라도 새로운 리스트는 그대로 존재하게 된다. 파이썬 명령어 is를 사용해 살펴봐도 두 객체가 서로 다른 것임을 알수 있다.

```
list_a = [1, 5, 6]
```

```
# .copy()를 사용해 새로운 리스트에 저장 후 기존 리스트 요소 값 변경
list_b = list_a.copy()
list_a[0] = 15
print('변경 후: list_a = ', list_a)
print('변경 후: list_b = ', list_b)
print("list_a와 list_b는 같은가?", list_a is list_b)
```

```
변경 후: list_a =  [15, 5, 6]
변경 후: list_b =  [1, 5, 6]
list_a와 list_b는 같은가? False
```

5.4 딕셔너리

딕셔너리는 파이썬에서 데이터를 저장하는 또 다른 데이터 유형을 가리킨다. 리스트와 비슷하지만 딕셔너리는 키^{key}와 값^{value}의 쌍으로 데이터를 저장한다. 딕셔너리라는 명칭처럼 일반적으로 단어와 뜻의 쌍으로 구성된 사전을 생각하면 이해하기가 편하다.

5.4.1 딕셔너리 만들기

딕셔너리를 만들려면 중괄호({})를 사용해야 한다. 딕셔너리에 데이터를 저장할 경우 '키': '값'의 형태로 데이터를 추가해야 한다. 즉 콜론(:)을 사용해 '키'와 '값'의 쌍을 이루게 된다고 생각하면 된다.

- 요소들 간의 구분은 콤마(,)를 사용한다.
- 빈 딕셔너리를 만들려면 빈 중괄호({})를 변수에 대입하거나 dict() 함수를 사용하면 된다.
- 키가 중복되면 마지막 값이 키와 쌍을 이룬다.
- 숫자 또한 키로 사용될 수 있다.

코드 예제 5-37은 중괄호를 사용해 딕셔너리를 만드는 코드이다. 코드 예제

5-37의 결과에서 볼 수 있는 것처럼 중복된 키(바나나)가 존재하면 마지막에 입력받은 결과만 키에 저장된다.

코드 예제 5-37 딕셔너리 만들기

```
# 딕셔너리 만들기
dict_a = {'사과': 100, '딸기': 150, '바나나': 50}
print(dict_a)
dict_b = {'사과': 100, '딸기': 150, '바나나': 50, '바나나':200}
print(dict_a)
```

```
{'사과': 100, '딸기': 150, '바나나': 50}
{'사과': 100, '딸기': 150, '바나나': 200}
```

경우에 따라 빈 딕셔너리를 만들고 그 안에 요소를 채워 넣어야 하는 경우도 있다. 빈 딕셔너리를 만드는 방법은 특정 변수에 빈 중괄호({})를 할당하거나 dict() 함수를 사용하면 된다. 코드 예제 5-38은 빈 딕셔너리를 만드는 두 가지 방법을 보여주는 코드이다.

코드 예제 5-38 빈 딕셔너리 만들기

```
# 빈 딕셔너리 만들기 1
dict_c = {}

# 빈 딕셔너리 만들기 2
dict_d = dict()
print(dict_c)
print(dict_d)
```

```
{}
{}
```

5.4.2 딕셔너리 인덱싱

print(dict_a)처럼 만들어진 딕셔너리를 불러오면 딕셔너리의 안의 모든 요소가 다

출력된다. 그렇다면 딕셔너리 안에 저장된 특정 키의 값을 불러오려면 어떻게 해야
할까? 딕셔너리 안에서 특정 키에 부여된 값을 출력하려면 해당 키값을 입력해야
한다. 즉 딕셔너리[해당 키]의 형식을 사용하면 키에 부여된 값을 출력할 수 있다. 또한
.get()을 사용해도 특정 키의 값을 볼 수 있다. 코드 예제 5-39를 살펴보자. 두 방법
모두 동일한 결과를 반환한다.

코드 예제 5-39 딕셔너리 속 특정 키의 값 출력

```python
dict_b = {'사과': 100, '딸기': 150, '바나나':200}

# 키를 인덱싱해 값을 출력
print(dict_a['딸기'])

# .get()를 사용해 키의 값을 출력
print(dict_a.get('딸기'))
```

```
150
150
```

리스트는 리스트 안의 요소를 순서대로 저장하기 때문에 리스트[0]과 같이 인덱
싱을 하게 되면 리스트 안의 가장 첫 번째 요소를 출력했다. 반면 딕셔너리는 딕셔너
리의 안의 요소들이 순서대로 저장돼 있지 않기 때문에 딕셔너리[0]을 사용하면 실
제로 딕셔너리 안에 0이라는 키가 저장돼 있지 않는 이상 에러가 발생하게 된다. 코
드 예제 5-40은 딕셔너리 안에 존재하지 않는 키를 출력했을 때 어떤 에러가 발생
하는지를 보여준다.

코드 예제 5-40 딕셔너리에 존재하지 않는 키를 출력하는 경우

```python
dict_b = {'사과': 100, '딸기': 150, '바나나': 50, '바나나':200}
dict_b[0]
```

```
---------------------------------------------------------------------------
KeyError                                  Traceback (most recent call last)
<ipython-input-1-13ebe87ec660> in <module>()
      1 dict_b = {'사과': 100, '딸기': 150, '바나나': 50, '바나나':200}
```

```
----> 2 dict_b[0]

KeyError: 0
```

그렇다면 딕셔너리에 원하는 키를 직접 사용해 값을 출력하는 것과 .get()을 사용해 출력하는 것의 차이점은 무엇일까? 이 두 방법의 차이점은 출력하고자 하는 키가 딕셔너리에 없는 경우에 해당한다. 전자는 코드 예제 5-40의 결과에서 볼 수 있는 것처럼 KeyError라는 에러가 발생한다. 반면 .get()을 사용하면 키가 딕셔너리 안에 존재하지 않기 때문에 코드 예제 5-41의 결과처럼 아무것도 반환하지 않는다.

코드 예제 5-41 .get()을 사용해 딕셔너리에 존재하지 않는 키를 호출했을 경우

```
dict_b = {'사과': 100, '딸기': 150, '바나나': 50, '바나나':200}
dict_b.get('파파야')
```

그렇다면 딕셔너리 안에 저장된 키나 값이 무엇인지 확인하려면 어떻게 해야 할까? 이 경우 .keys(), .values(), .items()와 같은 메서드를 사용해야 한다. 코드 예제 5-42는 .keys(), .values(), .items()를 사용해 딕셔너리 안에 존재하는 데이터를 출력하는 방법을 보여주고 있다. .keys()는 딕셔너리에 존재하는 키 값만을 반환한다. .values()는 딕셔너리에 존재하는 값만을 반환한다. .items()는 딕셔너리 안의 키와 값의 쌍을 함께 반환한다. 이렇게 딕셔너리의 키, 값, 키와 값의 쌍을 반환하는 것은 6장에서 다룰 반복문에서 딕셔너리 안의 데이터를 사용하는 데 편리하게 활용된다.

코드 예제 5-42 딕셔너리에 저장된 값 살펴보기

```
dict_b = {'사과': 100, '딸기': 150, '바나나': 50, '바나나':200}
print(dict_b.keys()) # 키만을 반환
print(dict_b.values()) # 값만을 반환
print(dict_b.items()) # 키와 값의 쌍으로 반환

dict_keys(['사과', '딸기', '바나나'])
```

```
dict_values([100, 150, 200])
dict_items([('사과', 100), ('딸기', 150), ('바나나', 200)])
```

5.5 딕셔너리 안의 데이터 다루기

5.5.1 딕셔너리 데이터 추가

이미 존재하는 딕셔너리에 새로운 데이터를 추가하려면 딕셔너리['추가할 키']=추가할 값
의 형식을 사용한다. 코드 예제 5-43은 새로운 데이터를 추가하는 코드이다. 코드
예제 5-43의 결과에서 확인할 수 있는 것처럼 딕셔너리에 존재하지 않는 키에 새로
운 값을 할당하게 되면 딕셔너리에 새로운 키와 값의 쌍이 추가되는 것을 확인할 수
있다.

코드 예제 5-43 딕셔너리에 새로운 데이터 추가하기

```
dict_b = {'사과': 100, '딸기': 150, '바나나':200}
dict_b['파파야'] = 120
print(dict_b)
```

```
추가하기 전:  {'사과': 100, '딸기': 150, '바나나': 200}
추가한 후:   {'사과': 100, '딸기': 150, '바나나': 200, '파파야': 120}
```

딕셔너리에 .update()를 사용하면 딕셔너리에 없는 키와 값의 쌍을 추가하는 데
사용할 수 있다. .update()의 경우 딕셔너리.update({키:값})의 형태로 요소를 추가해
야 한다. 코드 예제 5-44는 .update()를 사용해 딕셔너리에 데이터를 추가하는 코드
이다. .update()를 사용하면 여러 개의 키와 값의 쌍을 함께 추가할 수 있다.

코드 예제 5-44 .update()를 사용해 딕셔너리에 키와 값 추가하기

```
print("추가하기 전: ", dict_b)
dict_b.update({'망고':170, '자몽':90})
print("추가한 후: ", dict_b)
```

```
추가하기 전:  {'사과': 100, '딸기': 150, '바나나': 200, '파파야': 120}
추가한 후:  {'사과': 100, '딸기': 150, '바나나': 200, '파파야': 120, '망고': 170, '자몽': 90}
```

5.5.2 딕셔너리 안의 데이터 수정

그렇다면 이미 존재하는 키의 값을 수정하려면 어떻게 해야 할까? 이 경우 먼저 해당 키에 값을 새로 저장하면 된다. 딕셔너리['키'] = 값의 형식을 사용한다. 코드 예제 5-45는 딕셔너리 값을 수정하는 코드를 보여준다. 딕셔너리에 존재하는 값에 새로운 값을 할당함으로써 이미 존재하는 데이터를 수정하는 것이다.

코드 예제 5-45 딕셔너리 안의 데이터 수정 방법의 예

```
print("수정하기 전: ", dict_b)
dict_b['파파야'] = 100
print("수정한 후: ", dict_b)
```

```
수정하기 전:  {'사과': 100, '딸기': 150, '바나나': 200, '파파야': 120, '망고': 170, '자몽':
90}
수정한 후:  {'사과': 100, '딸기': 150, '바나나': 200, '파파야': 100, '망고': 170, '자몽': 90}
```

코드 예제 5-45처럼 딕셔너리 안의 키에 새로운 값을 할당하지 않더라도 .update()를 사용하면 딕셔너리에 값을 추가할 수 있다. .update()는 딕셔너리.update({'수정할 키':수정할 값})의 형식으로 사용한다. 코드 예제 5-46은 .update()를 사용해 두 개 이상의 키와 값의 쌍의 데이터를 수정한 코드의 예제이다.

코드 예제 5-46 .update()를 사용해 딕셔너리 안의 데이터 수정하기

```
print("수정하기 전: ", dict_b)
dict_b.update({'망고':100, '자몽':130})
print("수정한 후: ", dict_b)
```

```
수정하기 전:  {'사과': 100, '딸기': 150, '바나나': 200, '파파야': 100, '망고': 170, '자몽':
90}
수정한 후:  {'사과': 100, '딸기': 150, '바나나': 200, '파파야': 100, '망고': 100, '자몽':
130}
```

5.5.3 딕셔너리 안의 데이터 삭제

딕셔너리의 데이터를 삭제하려면 .pop()을 사용한다. 리스트와 달리 특정 키를 입력하면 해당 키와 값이 딕셔너리에서 사라진다. 코드 예제 5-47은 .pop()을 사용해 딕셔너리 안의 키를 삭제하는 예제이다.

코드 예제 5-47 .pop()을 사용해 딕셔너리 안의 데이터 삭제하기

```
print("수정하기 전: ", dict_b)
dict_b.pop('망고')
print("수정한 후: ", dict_b)
```

수정하기 전: {'사과': 100, '딸기': 150, '바나나': 200, '파파야': 100, '망고': 100, '자몽': 130}
수정한 후: {'사과': 100, '딸기': 150, '바나나': 200, '파파야': 100, '자몽': 130}

리스트와 마찬가지로 del과 .clear()를 사용하면 딕셔너리의 모든 요소들이 사라진다. .clear()의 경우 딕셔너리 자체를 지우지 않고 빈 딕셔너리를 남겨둔다. 반면 del의 경우 해당 딕셔너리 자체를 지우게 된다. 즉 .clear()는 딕셔너리 안의 내용을 지운다면, del은 해당 딕셔너리 자체를 삭제한다.

코드 예제 5-48, 5-49는 각각 .clear()와 del을 사용한 결과를 보여준다. 코드 예제 5-48의 결과를 확인해 보면 .clear() 사용 후 딕셔너리 안의 모든 값이 삭제돼 빈 딕셔너리만 남은 것을 확인할 수 있다. 반면 코드 예제 5-49는 del 사용 후 dict_b를 출력했을 때 NameError라는 에러가 발생한 것을 확인할 수 있다. 이는 del을 사용해 딕셔너리를 제거하면 딕셔너리 객체 자체가 사라지기 때문이다.

코드 예제 5-48 .clear()를 사용해 딕셔너리 안의 데이터 삭제하기

```
print('사용 전: ', dict_b)
dict_b.clear()
print('사용 후: ', dict_b)
```

사용 전: {'사과': 100, '딸기': 150, '바나나': 200, '파파야': 100, '자몽': 130}
사용 후: {}

```
print('사용 전: ', dict_b)
del dict_b
print('사용 후: ', dict_b)
```

```
사용 전:  {}
-----------------------------------------------------------------
NameError                          Traceback (most recent call last)
<ipython-input-16-5fcf5de588ae> in <module>()
      1 print('사용 전: ', dict_b)
      2 del dict_b
----> 3 print('사용 후: ', dict_b)

NameError: name 'dict_b' is not defined
```

5.5.4 딕셔너리 복제

딕셔너리도 리스트와 마찬가지로 단순히 딕셔너리 = 딕셔너리의 형식으로 복제를 하면 딕셔너리 자체가 복제되는 것이 아니라 같은 딕셔너리를 다른 이름으로 부르는 결과를 불러온다. 딕셔너리를 복제하려면 .copy()를 사용해야 한다. 코드 예제 5-50은 단순히 새로운 딕셔너리에 저장한 경우에 어떤 결과가 나타나는지를 보여준다. 코드의 결과에서 확인할 수 있는 것처럼 두 딕셔너리 중 하나의 값을 변경하면 다른 딕셔너리의 데이터 또한 변화하게 된다. 이 경우 새로운 딕셔너리에 '파파야':120이라는 키와 값을 추가하게 되면 기존 딕셔너리 또한 변경된다는 사실을 주지해야 한다.

```
dict_b = {'사과': 100, '딸기': 150, '바나나': 50, '바나나':200}

# 딕셔너리를 새로운 딕셔너리에 할당
dict_c = dict_b

# 새로운 데이터 추가
dict_c['파파야'] = 120
```

```
# 두 딕셔너리가 같은지를 비교
print("딕셔너리 원본", dict_b)
print("딕셔너리 복제본", dict_c)
print(dict_c is dict_b)
```

```
딕셔너리 원본 {'사과': 100, '딸기': 150, '바나나': 200, '파파야': 120}
딕셔너리 복제본 {'사과': 100, '딸기': 150, '바나나': 200, '파파야': 120}
True
```

반면 .copy()를 사용해 딕셔너리를 새로 만들게 되면 새로운 딕셔너리에 데이터를 추가하더라도 기존 딕셔너리는 영향을 받지 않는다. 코드 예제 5-51은 .copy()를 사용해 딕셔너리를 복제한 결과를 보여준다. 새로운 키와 값의 쌍을 추가하더라도 기존 딕셔너리는 영향을 받지 않는 것을 확인할 수 있다. 두 딕셔너리를 is 명령어로 동일한 객체인지를 살펴본 결과 .copy()를 사용해 복제한 딕셔너리는 서로 다른 객체로 간주된다는 것을 확인할 수 있다.

코드 예제 5-51 .copy()를 사용한 딕셔너리 복제

```
dict_b = {'사과': 100, '딸기': 150, '바나나': 50, '바나나':200}

# 딕셔너리를 새로운 딕셔너리에 복제
dict_d = dict_b.copy()

# 새로운 데이터 추가
dict_d['파파야'] = 120


# 두 딕셔너리가 같은지를 비교
print("딕셔너리 원본", dict_b)
print("딕셔너리 복제본", dict_d)
print(dict_d is dict_b)
```

```
딕셔너리 원본 {'사과': 100, '딸기': 150, '바나나': 200}
딕셔너리 복제본 {'사과': 100, '딸기': 150, '바나나': 200, '파파야': 120}
False
```

코드 예제 5-52는 실제로 파이썬 메모리에 저장된 객체의 고유번호를 알 수 있는 id()라는 함수를 사용해 앞의 세 딕셔너리의 관계가 어떤 것인지를 확인하는 코드이다. 코드 예제 5-52의 결과를 살펴보면 dict_b를 dict_c = dict_b로 복사한 dict_c는 dict_b와 고유번호가 같은 것을 확인할 수 있다. 이는 두 딕셔너리가 이름만 다르고 서로 같은 것임을 알 수 있다. 반면 dict_d = dict_b.copy()를 사용해 복제한 dict_d는 고유번호가 다르다는 것을 알 수 있다. 이는 결국 두 딕셔너리가 서로 다른 객체임을 의미한다.

코드 예제 5-52 id를 사용해 딕셔너리 비교하기

```
print(id(dict_b))
print(id(dict_c))
print(id(dict_d))
```

```
140504992228208
140504992228208
140504992228288
```

5.6 요약

5장에서는 파이썬에서 데이터를 저장하는 데 사용되는 변수와 리스트 그리고 딕셔너리의 개념을 살펴봤다. 또한 리스트와 딕셔너리에 데이터를 추가하고 수정하는 방법에 대해서도 살펴봤다. 이 장의 내용을 요약하면 다음과 같다.

- 변수는 데이터를 파이썬의 메모리에 저장하는 데 사용된다.
- 변수는 '변수명 = 저장할 데이터'의 형식으로 만든다.
- 변수에 새로운 데이터를 할당함으로써 변수에 저장된 데이터를 변경할 수 있다.
- 변수명은 이해나 기억하기 쉬운 이름으로 지정하는 것이 편리하다.
- 변수명에는 한글, 숫자, 영문, 밑줄 등을 사용할 수 있다. 다만 변수명을 붙일 때 따라야 하는 규칙이 존재한다.

- 파이썬의 예약어는 변수명으로 사용할 수 없다.
- 리스트는 여러 유형의 데이터를 하나의 객체에 저장하는 데 사용한다.
- 리스트의 안의 요소들은 순서를 유지하며 인덱싱과 슬라이싱의 방법을 통해 요소의 일부 또는 전부를 출력할 수 있다.
- 리스트에 다양한 명령어를 사용함으로써 리스트 안의 데이터를 추가, 수정, 삭제할 수 있다.
- 딕셔너리는 파이썬에서 데이터를 저장하는 또 다른 방식이다.
- 딕셔너리에 데이터는 키와 값의 쌍으로 저장된다.
- 딕셔너리 안의 데이터는 리스트와 다르게 순서를 유지하지 않으며 문자열과 같이 인덱스를 사용해 인덱싱과 슬라이싱을 할 수 없다.
- 딕셔너리에 다양한 명령어를 사용해 데이터를 추가, 삭제, 수정할 수 있다.
- 딕셔너리에 .keys(), .values(), items()를 사용하면 키, 값 그리고 키와 값의 쌍을 살펴볼 수 있다.

1. 다음과 같이 input()을 사용해 숫자를 입력받아서 입력받은 숫자가 같은 횟수만큼 반복되는 코드를 짜라.

   문제 출력 예시

   숫자로 된 문자열을 입력하세요: 10
   결과: 10101010101010101010

2. 다음과 같이 input()을 사용해 두 수를 입력받아 이 두 수를 이용해 사칙 연산을 실행하는 코드를 짜라.

   문제 출력 예시

   첫번째 수를 입력하시오: 15
   두번째 수를 입력하시오: 32
   더하기: 47
   빼기: -17
   곱하기: 480
   나누기: 0.4687

3. 다음과 같이 은행에서 현금을 출금할 때 5만 원과 1만 원권이 몇 장씩 필요한지 계산하는 코드를 짜라. 이때 출금하고자 하는 돈은 input()을 사용해서 입력받는다.

   문제 출력 예시

   얼마를 출금하시겠습니까? 1675300
   5만원권: 33장
   1만원권: 2장
   나머지 : 5300원

4. 다음과 같이 input()을 사용해 문자열을 입력받아 해당 문자열의 길이를 출력하고 문자를 거꾸로 출력해 암호로 만들어 주는 코드를 만들어라.

암호로 사용할 문자열을 입력 해주세요 :문과생을 위한 인공지능

문자열 길이: 12

암호: 능지공인 한위 을생과문

5. 다음 식을 수정해 x가 5일 때 y의 값을 출력해라.

$$y = 2x^3 + 5x + 3$$

6. 총 일곱 개의 숫자 데이터를 입력받아 리스트를 만든 후 max()와 .min()을 사용하지 않고 가장 큰 수와 가장 작은 수를 출력하는 코드를 만들어라.

첫번째 데이터를 입력해주세요: 1

두번째 데이터를 입력해주세요: 5

세번째 데이터를 입력해주세요: 30

네번째 데이터를 입력해주세요: 30

다섯번째 데이터를 입력해주세요: 20

여섯번째 데이터를 입력해주세요: 1

일곱번째 데이터를 입력해주세요: 6

입력받은 값들: [1, 5, 30, 30, 20, 1, 6]

가장 큰값은 30 입니다

가장 작은값은 1 입니다

7. 다음과 같이 관공서와 전화번호의 쌍으로 이뤄진 딕셔너리를 만들어라. 이때 input() 으로 관공서를 입력받아 해당 관공서의 전화번호를 출력하는 코드를 짜라.

{"경찰서":112, "소방서":119, "KT":100, "전화안내":114, "국정원":111, "다산콜센터":120}

전화번호를 알고 싶은 관공서의 이름을 입력해 주세요: 경찰서

경찰서의 전화번호는 112입니다.

06

조건문과 반복문

6장에서는 특정한 조건에 부합하는 경우에만 코드를 실행하는 조건문과 같은 코드를 일정한 조건이 만족할 때까지 반복해서 실행하는 반복문을 살펴본다. 또한 이런 조건문과 반복문이 실행되는 조건을 정하는 데 필수적으로 필요한 연산자에 대해서도 살펴보겠다. 그리고 반복문과 조건문을 함께 사용해 리스트와 딕셔너리 형식으로 데이터를 생성할 수 있는 방법에 대해서 실습해 보겠다. 6장은 다음과 같은 내용을 다룬다.

6장에서 다루는 내용
- 연산자의 개념과 종류
- 조건문의 개념과 활용 방법
- 반복문의 개념과 종류
- 반복문의 활용 방법
- 반복문과 조건문을 함께 활용하는 방법
- 리스트 컴프리헨션과 딕셔너리 컴프리헨션

목차

6장의 실습에 필요한 코드 예제는 이 책의 깃허브 페이지(https://github.com/skku-ai-textbook/aitextbook/blob/main/notebooks/CH06_Github.ipynb)에서 확인할 수 있다.

그림 6-1 실습 코드가 탑재된 깃허브 페이지

6.1 연산자

6장에서 실습하는 조건문과 반복문 사용을 위해서는 다양한 연산자에 익숙해질 필요가 있다. 연산자란 파이썬과 같은 프로그래밍 언어에서 계산이나 논리적인 판단을 하는 기호를 의미한다. 이미 앞선 챕터에서 살펴본 것처럼 코랩에서 두 수의 사칙 연산에는 더하기(+), 빼기(-), 곱하기(*), 나누기(/) 등의 연산자를 사용해야 한다. 또한 5장에서는 특정 데이터 값을 어느 변수에 할당할 때 등호(=)를 사용했다. 이처럼 특정한 산술적, 논리적인 계산을 하도록 파이썬에게 명령하는 기호를 연산자라고 한다. 6장에서는 대입연산자, 비교연사자, 멤버연산자 등의 다양한 연산자를 살펴보도록 하겠다.

6.1.1 대입연산자

5장에서 두 변수의 계산 결과를 새로운 변수에 저장할 수 있다는 것을 살펴봤다. 그렇다면 어떤 계산 결과를 계속해서 하나의 변수에 업데이트하려면 어떻게 해야 할까? 가장 쉬운 방법은 계산 결과를 같은 변수에 다시 할당하면 된다. 새로운 값을 할당할 때마다 변수의 값이 업데이트된다. 예를 들어 a = a + 1이라는 코드를 실행시키면 기존에 a라는 변수에 저장된 값에 1을 더한 값을 다시 a에 저장하는 것이다.

파이썬에서 제공하는 대입연산자를 사용하면 이처럼 매번 새로운 데이터를 업데이트하는 작업을 쉽게 할 수 있다. 코드 예제 6-1에서 a = a+1과 b+=1은 같은 결과를 도출한다는 것을 확인할 수 있다. 즉 +=이라는 연산자가 기존 변수에 할당하라는 코드를 대체하는 것이다.

코드 예제 6-1 대입연산자의 활용

```
a, b = 1, 1
a = a + 1
b += 1
print(a)
print(b)
```

```
2
2
```

대입연산자는 표 6-1에 제시돼 있다.

표 6-1 파이썬에서 사용되는 대입연산자

대입연산자	사용 예	동일한 결과
+=	a += 3	a = a + 3
-=	a -= 3	a = a - 3
*=	a *= 3	a = a * 3
/=	a /= 3	a = a / 3
//=	a //= 3	a = a // 3
%=	a %= 3	a = a % 3
**=	a **= 3	a = a ** 3

6.1.2 비교연산자

파이썬에서는 실수나 정수를 사용해 특정한 조건이 참인지 거짓인지를 판단할 수 있다. 이를 위해서는 비교연산자^{Comparison Operators}가 필요하다. 비교연산자는 변수나 데이터의 산술적인 크기를 비교하는 경우에 많이 사용되는데 조건문에서는 특정 조건을 만족하는지를 판단할 때 주로 사용된다. 표 6-2는 파이썬에서 사용하는 비교연산자를 정리해 놓은 것이다.

표 6-2 파이썬에서 사용되는 비교연산자

비교연산자	사용 예	동일한 결과
==	a == b	a와 b가 같다.
!=	a != b	a와 b가 같지 않다.
〉	a 〉 b	a가 b보다 크다.
〉=	a 〉= b	a가 b보다 크거나 같다.
〈	a 〈 b	a가 b보다 작다.
〈=	a 〈= b	a가 b보다 작거나 같다.

코드 예제 6-2는 표 6-2에 제시된 비교연산자를 사용해 각각 15와 20이 저장된 변수 a와 b를 비교한 결과이다. 비교연산자를 사용해 두 변수를 비교한 결과는 논리값 참 또는 거짓으로 반환된다.

코드 예제 6-2 비교연산자 사용의 예

```
# 비교를 위해 변수 생성
a, b = 15, 20

# 참, 거짓을 판단하는 비교문
print(a==b) # a와 b가 같다.
print(a!=b) # a와 b가 같지 않다.
print(a>b)  # a가 b보다 크다.
print(a>=b) # a가 b보다 크거나 같다.
print(a<b)  # a가 b보다 작다.
print(a<=b) # a가 b보다 작거나 같다.
```

```
False
True
False
False
True
True
```

6.1.3 멤버연산자

만약에 값이 리스트나 딕셔너리에 포함돼 있는지를 살펴보려면 어떻게 해야 할까? 멤버연산자^{Member Operators}를 사용하면 특정 데이터나 변수의 포함 여부를 판단하는 명제를 만들 수 있다. 포함관계를 판단하는 in과 not in을 연산자를 활용하면 특정 데이터나 값이 어느 대상에 포함돼 있는지를 판별할 수 있다. 표 6-3은 멤버연산자에 관한 설명이다.

표 6-3 파이썬에서 사용하는 멤버연산자

멤버연산자	사용 예	동일한 결과
in	10 in [1, 3, 5, 7, 10]	10이 리스트 안에 있다.
not in	10 not in [1, 3, 5, 7, 10]	10이 리스트 안에 없다.

코드 예제 6-3은 멤버연산자의 사용 방법을 보여주고 있다. 코드 예제 6-3의 결과에서 볼 수 있는 것처럼 멤버연산자를 사용하면 특정 값이 리스트에 포함돼 있는지에 따라 참과 거짓의 논리 값을 반환한다.

코드 예제 6-3 멤버연산자를 사용해 리스트에 포함 여부 확인

```
print(10 in [1, 3, 5, 7, 10]) # 10이 있는 리스트에 10이 있는지를 판단
print(10 not in [1, 3, 5, 7, 10]) # 10이 있는 리스트에 10이 없는지를 판단
print(10 in [1, 3, 5, 7] ) # 10이 없는 리스트에 있는지를 판단
print(10 not in [1, 3, 5, 7]) # 10이 없는 리스트에 없는지를 판단
```

```
True
False
False
True
```

멤버연산자를 사용하면 특정 키가 딕셔너리에 포함돼 있는지의 여부도 판단할 수 있다. 모든 값이 동등하게 요소로 저장되는 리스트와 달리 키와 값의 쌍으로 저장되는 딕셔너리의 경우 키의 포함 여부만을 판단한다. 코드 예제 6-4는 멤버연산자를 사용해 특정 키와 값의 포함 여부를 판단하는 예제이다. 코드 예제 6-4의 결과에서 확인할 수 있는 것처럼 멤버연산자를 사용하면 특정 키가 딕셔너리에 포함돼 있는지를 확인할 수 있다.

코드 예제 6-4 멤버연산자를 사용해 딕셔너리에 포함 여부 확인

```python
# 딕셔너리의 경우 키를 중심으로 판단
dict_a = {'경찰서':112, '소방서':119}

print('경찰서' in dict_a) # 특정 키의 포함 여부 확인
print(119 in dict_a) # 특정 값의 포함 여부 확인
```

```
True
False
```

6.1.4 식별연산자

특정 객체가 다른 객체와 같은 것인지를 판단할 수도 있다. 리스트와 딕셔너리를 복제하는 방법을 살펴봤을 때 이미 식별연산자^{Identity Operators}를 사용한 적이 있다. 리스트의 경우 .copy()를 사용하지 않고 단순히 할당을 하면 복제가 되는 것이 아니라 같은 객체를 다르게 부르는 것이라고 이야기한 것을 기억해 보자. 표 6-4에 있는 두 식별연산자는 파이썬의 두 객체가 컴퓨터 저장 공간상의 같은 곳에 위치하는 가를 판단하는 연산자로 is와 is not을 사용한다.

파이썬에서 사용하는 식별연산자

식별연산자	사용 예	동일한 결과
is	a is b	a와 b의 객체 메모리 위치가 같다.
is not	a is not b	a와 b의 객체 메모리 위치가 같지 않다.

코드 예제 6-5는 식별연산자를 사용해 네 개의 리스트를 비교하는 코드이다. 코드 예제 6-5의 결과에서 볼 수 있는 것처럼 단순히 리스트를 새로운 변수에 할당하는 경우는 같은 객체 메모리에 저장돼 있기 때문에 is의 결과가 참값이 반환된다. 하지만 .copy()를 사용하거나 새로운 리스트를 만드는 경우 해당 변수가 새로운 객체 메모리에 저장되기 때문에 거짓이 반환된다. 이런 차이점은 각 객체의 주소를 id를 사용해 확인하면 알 수 있다.

코드 예제 6-5 식별연산자 사용의 예

```
# 리스트 만들기
list_a = [1, 3, 5, 7]
list_b = list_a
list_c = list_a.copy()
list_d = [1, 3, 5, 7]

# 식별연산자를 사용해 같은 객체인지를 식별
print(list_a is list_b) # 두 리스트가 같은 객체인지 확인
print(list_a is list_c)
print(list_a is list_d)

# 객체의 고유식별번호를 출력해 같은 객체인지 아닌지를 판단
print("list_a의 위치", id(list_a))
print("list_b의 위치", id(list_b))
print("list_c의 위치", id(list_c))
print("list_d의 위치", id(list_d))
```

```
True
False
False
list_a의 위치 140172508721056
list_b의 위치 140172508721056
list_c의 위치 140172508777520
```

같은 데이터 값을 저장하고 있는 두 변수가 있을 때 비교연산자를 사용해 두 변수를 비교하는 것과 식별연산자를 사용해 비교하는 것은 다른 결과를 반환한다. 코드예제 6-6을 살펴보자. 먼저 안녕, 세상아라는 문자열을 변수 a와 b에 저장했다. 이때 두 변수에 저장된 내용이 안녕, 세상아로 같기 때문에 두 값을 비교하는 비교연산자 ==를 사용하면 참의 결과가 나온다. 하지만 두 값을 저장하고 있는 객체가 서로 다르므로 식별연산자 is를 사용하면 두 객체의 고유식별번호가 다르기 때문에 두 변수가 같은 값을 저장하고 있더라도 is의 결과는 거짓으로 반환된다.

코드 예제 6-6 비교연산자와 식별연산자의 비교

```
# 객체 데이터 위치를 비교
a = '안녕, 세상아'
b = '안녕, 세상아'

print("a와 b값을 비교", a == b)
print("a와 b의 객체 메모리 위치를 비교", a is b)

print(id(a))
print(id(b))
```

```
a와 b값을 비교 True
a와 b의 객체 메모리 위치를 비교 False
140172480945824
140172480945936
```

> **팁** 파이썬의 구조상 자주 사용되는 숫자인 −5 ~ 256의 경우 메모리의 효율적인 관리를 위해 같은 객체 메모리에 저장한다고 한다. id()를 사용해 살펴보면 125의 숫자를 서로 다른 변인에 저장하더라도 서로 같은 고유식별번호를 갖게 된다. 반면 256보다 큰 숫자를 서로 다른 두 변수에 각각 저장한 경우 식별자가 서로 다르게 배정된다.

6.2 조건문의 활용

이 책에서 지금까지 실습한 코드는 모두 위에서부터 아래로 순차적으로 수행되는 코드였다. 어떤 조건에 부합하는 경우에만 특정 코드를 실행하려면 어떻게 해야 할까? 예를 들어 숫자가 짝수인 경우나 홀수인 경우에만 출력 결과가 달라지거나 특정 값을 4로 나눈 값의 나머지가 0이 아닌 경우에만 어떤 코드 블록을 실행시키는 것과 같은 작업을 수행할 수 있다. 즉 어떤 조건을 만족시키는 경우에만 특정 코드를 실행하게 하는 상황을 가리킨다. 이렇게 어떤 조건을 만족할 때 특정 코드가 실행되도록 하는 경우를 조건문이라고 한다.

6.2.1 조건문의 형식

파이썬에서 조건문은 if를 사용한다. 이때 사용자가 지정한 조건이 만족하는 경우에만 if문 하단에 있는 코드가 실행된다. 주의해야 할 점은 if문과 조건을 선언한 후 조건문에서 실행할 코드를 쓰기 전에 콜론(":")을 사용해야 한다는 것이다. 또 하나는 조건이 참일 때 실행되는 코드는 들여쓰기를 하고 나서 작성해야 한다는 점이다. 콜론과 들여쓰기를 사용하면 파이썬에게 해당 코드 블록은 if문이 지정한 특정 조건에 부합하는 경우에만 실행하라는 것을 알려줄 수 있게 된다. 코드 예제 6-7에는 조건문의 형식이 제시돼 있다.

코드 예제 6-7 조건문의 구조

```
if(조건) :
     조건이 참인 경우에만 실행되는 코드

조건문 밖에 있어서 조건문이 끝나면 조건문의 부합 여부와 상관없이 실행되는 코드
```

코드 예제 6-8의 예를 들어보겠다. x라는 변수에 8을 할당했을 때 조건문을 사용해 x가 짝수인지 아닌지를 살펴보는 조건을 만들었다. 짝수는 2로 나눴을 때 나머지가 0이 되기 때문에 x%2==0 조건을 만족하면 조건문 하단에 있는 코드가 실행된다.

반면 코드 예제 6-9는 같은 조건문을 사용한 코드이지만 x가 9인 경우이기 때문에 x%2==0이라는 명제가 거짓이 된다. 이 경우 조건이 참이 아니기 때문에 조건문 하단에 있는 코드 print("x는 짝수이다.")가 실행되지 않는다. 코드 예제 6-9의 결과에서볼 수 있는 것처럼 코드를 실행하면 아무런 결과가 출력되지 않는다.

코드 예제 6-10은 들여쓰기를 잘못한 경우 발생하는 결과를 보여준다. 조건문이 참인 경우 실행하는 코드를 들여쓰기 하지 않으면 다음과 같이 IndentationError: expected an indented block 에러가 발생한다.

6.2.2 복수의 조건문 사용법

지금까지는 단 하나의 조건을 만족하는 경우만 살펴봤다. 여기서는 여러 조건을 만족하는 경우에만 코드를 실행할 수 있도록 조건문을 중복으로 사용하는 방법에 대해서 알아보도록 하겠다.

파이썬에서는 if를 반복적으로 사용해 복수의 조건문을 사용할 수 있다. 하지만 들여쓰기를 사용해 하위 구문을 구별하기 때문에 상위·하위 구조의 특징을 명확히 지정해야 오류 없이 조건문을 사용할 수 있다.

코드 예제 6-11 반복조건문의 구조

```
if (조건문): # 상위 조건문
  if (조건문): # 하위 조건문
    조건문이 참일 경우 실행되는 코드
```

만약 들여쓰기 없이 if문을 반복적으로 사용하면 어떻게 될까? 이 경우 각 if문의 조건을 독립적으로 판단하게 된다. 반면 들여쓰기를 사용할 경우 상위 if문이 조건을 만족하는 경우에만 하위 구조 조건문의 참/거짓 여부를 판단하게 된다.

코드 예제 6-12와 6-13을 사용해 비교해 보도록 하겠다. 먼저 코드 예제 6-12에서는 두 번째 조건문 if (a%2==0)은 들여쓰기가 돼 있지 않다. 이 경우 두 조건의 참/거짓 여부를 모두 독립적으로 판단하게 된다. 즉 먼저 a라는 변수가 5보다 큰지의 여부를 판단하고 해당 조건문 하단에 있는 코드를 실행하게 된다. 이후 두 번째 조건문의 명제가 참인지의 여부를 판단한다. 이 경우 입력된 수가 짝수여야 if문 하단의 코드가 실행된다. 두 코드 예제의 결과에서 볼 수 있는 것처럼 (a가 5보다 크다.), (a는 짝수이다.)라는 두 조건은 독립적으로 참을 판단하는 대상이 된다. 만약 코드 예제 6-12처럼 a가 10이라면 두 조건이 모두 참이지만 코드 예제 6-13처럼 a가 4라면 하나의 조건만 참이다.

코드 예제 6-12 복수의 조건문을 모두 만족하는 경우의 예

```
a = 10
```

```
# 두 조건의 참/거짓을 독립적으로 판단
if (a>5):
    print("a가 5보다 크다.")


if (a%2==0):
    print("a는 짝수이다.")
```

a가 5보다 크다.
a는 짝수이다.

```
a = 4

# 두 조건은 참/거짓을 독립적으로 판단
if (a>5):
    print("a가 5보다 크다.")

if (a%2==0):
    print("a는 짝수이다.")
```

a는 짝수이다.

그렇다면 두 조건을 모두 만족시키는 경우에만 특정 코드를 실행하려면 어떻게 해야 할까? 이때는 첫 번째 조건문을 만족시키는 경우에만 두 번째 조건문의 참/거짓 여부를 가릴 수 있으므로 들여쓰기를 사용해 첫 번째 조건문 하단에 두번째 조건문을 위치시킨다. 이 경우 첫 번째 조건이 참일 때만 두 번째 조건문의 참/거짓 여부를 판단하게 된다. 코드 예제 6-14의 예를 들어 살펴보겠다. 먼저 조건 1(5보다 크다.)의 하위에 조건 2(짝수이다.)가 있다. 코드 예제 6-14의 결과를 살펴보자. a가 10인 경우 조건 1을 만족하고, 조건 2도 만족하기 때문에 실행하려는 코드(print("a는 5보다 크며 짝수이다."))가 실행된다.

코드 예제 6-14 복수의 조건문을 동시에 만족하는 경우

```
a = 10

# 두 개의 조건을 충족하는 경우에만 명령어 실행
if (a>5):
  if (a%2==0):
    print("a는 5보다 크며 짝수이다.")
```

a는 5보다 크며 짝수이다.

코드 예제 6-15의 결과를 살펴보겠다. a가 11인 경우 조건 1은 만족하지만, 조건 2는 만족하지 않기 때문에 조건문 하단에 있는 코드 print("a는 5보다 크며 짝수이다.")는 실행되지 않는다.

코드 예제 6-15 복수의 조건문 중 하나만 만족하는 경우

```
a = 11

# 조건 1은 만족하나 조건2는 만족하지 않음
if (a>5):
  if (a%2==0):
    print("a는 5보다 크며 짝수이다.")
```

마지막으로 코드 예제 6-16을 살펴보자. a가 4인 경우는 조건 1이 만족하지 않기 때문에 조건 2의 만족 여부는 판단하지 않게 된다. 따라서 아무런 결과가 출력되지 않는다.

코드 예제 6-16 복수의 조건문을 모두 만족하지 않는 경우

```
a = 4

# 조건 1이 만족하지 않음
if (a>5):
  if (a%2==0):
```

```
    print("a는 5보다 크며 짝수이다.")
```

조건문에서는 들여쓰기가 무척이나 중요하다. 파이썬에서는 들여쓰기가 상위·하위구조를 판단하는 중요한 기준이기 때문이다. 들여쓰기를 어떻게 하는지에 따라 코드의 실행 순서가 바뀔 수 있다. 코드 예제 6-17은 들여쓰기가 잘못된 경우 에러가 발생한 상황을 보여주고 있다. 코드 예제 6-17의 결과에서 볼 수 있는 것처럼 들여쓰기 후에 아무런 내용이 존재하지 않으면 IndentationError: expected an indented block이라는 에러가 발생한다.

코드 예제 6-17 복수의 조건문에서 들여쓰기를 잘못한 경우

```
a = 10

# 들여쓰기를 제대로 하지 않으면 에러가 발생
if (a>5):

  # 들여쓰기에 아무것도 없기 때문에 에러가 남
if (a%5==0):
  print("a는 5보다 크며 짝수이다.")
```

```
  File "<ipython-input-59-4e23a80d5c57>", line 8
    if (a%5==0):
    ^
IndentationError: expected an indented block
```

만약 들여쓰기를 제대로 하지 못하면 틀린 결과가 출력될 수 있다. 다음 두 코드 예제를 살펴보도록 하겠다. 어떤 숫자가 조건 1(5보다 크다.)과 조건 2(짝수이다.)를 만족하는 경우 print("a는 5보다 크며 짝수이다.")라는 코드를 출력하기로 했다. 이때 해당 숫자가 7이면 두 조건문을 모두 만족하지 못하기 때문에 아무런 결과도 출력되지 않는다.

```
a = 7

if (a>5): # 조건문 1
  if (a%2==0): # 조건문 2(조건문 1이 참인 경우만 실행됨)
    b=0 # 조건 1, 조건 2가 모두 참인 경우 실행
    print("a는 5보다 크며 짝수이다.")
```

코드 예제 6-18에서 사용한 코드 print()의 들여쓰기를 잘못해 두 번째 조건문 하위에 위치하지 않고 상위에 위치하면 어떤 결과가 출력될까? 이때 a가 두 조건문을 모두 만족시키지 못했지만 조건문이 독립적으로 존재하기 때문에 코드 예제 6-19처럼 코드가 실행되는 상황이 발생한다. 이는 조건문 2가 거짓이라 b=0이라는 코드가 실행되지 않았지만 조건문 2의 참/거짓 여부와 상관없이 상위 블록에 있는 코드가 실행되기 때문이다. 즉 들여쓰기를 통해 코드 블록을 어떻게 설정하는지에 따라 코드의 실행 여부가 결정된다는 점에서 파이썬에서 조건문을 사용하는 경우 코드의 들여쓰기에 주의를 기울일 필요가 있다.

코드 예제 6-19 조건문의 들여쓰기가 제대로 되지 않은 경우

```
a = 7

if (a>5): # 조건문 1
  if (a%2==0): # 조건문 2(조건문 1이 참인 경우만 실행됨)
    b=0 # 조건 1, 조건 2가 모두 참인 경우 실행

print("a는 5보다 크며 짝수이다.")
```

a는 5보다 크며 짝수이다.

6.2.3 if, elif, else의 활용

만약 어떤 조건을 만족하지 못했을 때 또 다른 조건을 만족하거나 아니면 해당 조건을 만족하지 않는 모든 상황에 특정 코드를 실행하기를 원하는 경우에는 어떻게 해야 할까? 우리가 모든 조건의 경우의 수를 생각할 수 없기 때문에 파이썬에서는 이런 경우 if와 함께 elif나 else를 활용해 특정 조건하에서 코드를 실행시킬 수 있다.

6장에서 이미 살펴본 것처럼 if를 복수적으로 사용할 때 들여쓰기에 따라 상위·하위 구조가 결정된다고 했다. 하지만 elif와 else는 들여쓰기를 하지않더라도 상위 if의 논리 구조에 종속된다. 이는 elif와 else가 if의 논리가 거짓인 경우에만 실행되기 때문이다. if, elif, else의 형식은 코드 예제 6-20에 제시돼 있다. else의 경우 위의 조건들이 전부 맞지 않는 경우에만 실행되기 때문에 따로 조건을 적을 필요가 없다.

코드 예제 6-20 if, elif, else의 형식

```
if (조건문1):
    조건문이 맞는 경우 실행되는 코드
elif (조건문2):
    조건문1이 만족하지 않고, 조건2가 만족되는 경우 실행되는 코드
else:
    조건1,조건2를 모두 만족하지 않는 경우 실행되는 코드
```

---

if와 else 두 개만 사용하는 것도 가능하다. if의 조건이 맞지 않는 모든 경우에 else에 해당하는 명령어가 실행된다. 따라서 조건을 세분화해야 할 필요가 있을 때는 먼저 else를 사용하면 안 된다. 코드 예제 6-21은 if와 else를 사용한 코드의 예제이다.

코드 예제 6-21 if와 else의 활용

```
a = 3

if (a>5): # 조건 1
  print("a는 5보다 크다.") # 조건 1 만족 시 실행
else: # 조건 1이 만족되지 않는 모든 경우 실행
```

```
print("a는 5보다 크지도 않고 짝수도 아니다.")
```

a는 5보다 크지도 않고 짝수도 아니다.

만약 단순히 두 가지의 조건이 아니라 좀 더 다양한 조건으로 이뤄진 조건문을 활용하려면 앞에서 이야기한 elif를 사용해야 한다. 코드 예제 6-22~6-24는 if, elif, else가 사용되는 코드의 예를 보여준다.

코드 예제 6-22 if의 조건을 만족하는 경우

```
a = 10

if (a>5): # 조건 1
    print("a는 5보다 크다.") # 조건 1이 만족되면 실행
elif (a%2==0): # 조건 2
    print("a는 짝수이다.") # 조건 1이 만족되지 않고, 조건 2만 만족되면 실행
else: # 조건 1, 조건 2가 만족되지 않는 모든 경우 실행
    print("a는 5보다 크지도 않고 짝수도 아니다.")
```

a는 5보다 크다.

코드 예제 6-23 elif의 조건을 만족하는 경우

```
a = 4

if (a>5): # 조건 1
    print("a는 5보다 크다.") # 조건 1이 만족되면 실행
elif (a%2==0): # 조건 2
    print("a는 짝수이다.") # 조건 1이 만족되지 않고, 조건 2만 만족되면 실행
else: # 조건 1, 조건 2가 만족되지 않는 모든 경우 실행
    print("a는 5보다 크지도 않고 짝수도 아니다.")
```

a는 짝수이다.

코드 예제 6-24 if와 elif의 조건을 모두 만족하지 못하는 경우

```
a = 3
```

```
if (a>5): # 조건 1
    print("a는 5보다 크다.") # 조건 1이 만족되면 실행
elif (a%2==0): # 조건 2
    print("a는 짝수이다.") # 조건 1이 만족되지 않고, 조건 2만 만족되면 실행
else: # 조건 1, 조건 2가 만족되지 않는 모든 경우 실행
    print("a는 5보다 크지도 않고 짝수도 아니다.")
```

a는 5보다 크지도 않고 짝수도 아니다.

else는 모든 조건이 만족되지 않는 경우에 실행되는 것이라고 했다. 그렇다면 else를 elif보다 먼저 쓰면 어떻게 될까? 논리적인 오류가 발생하기 때문에 SyntaxError: invalid syntax 에러가 발생한다. 즉 elif와 else는 if와 함께 사용돼야 하기 때문에 각 조건의 순서를 명확하게 해야 한다. 코드 예제 6-25는 else와 elif의 순서가 반대일 때 어떤 에러가 발생하는지를 보여준다.

코드 예제 6-25 else와 elif의 순서가 잘못된 경우

```
# else를 elif보다 먼저 사용하면 에러가 발생
a = 3

if (a>5): # 조건1
    print("a는 5보다 크다.")
else: # 조건 1이 만족하지 않는 모든 조건
    print("a는 5보다 크지도 않고 짝수도 아니다.")
elif (a%2==0):
    print("a는 짝수이다.")
```

```
  File "<ipython-input-69-7b140347e60a>", line 8
    elif (a%2==0):
       ^
SyntaxError: invalid syntax
```

158

6.3 반복문

6.3.1 반복문은 왜 필요한가?

파이썬을 사용해 인공지능을 개발하려면 비슷한 작업을 적게는 수십 번에서 많게는 수천 번 이상 반복해야 하는 경우가 생긴다. 예를 들어 수천 개의 웹 페이지를 일일이 스크랩하거나 특정 규칙에 따라 반복되는 숫자들을 활용해 어떤 계산을 반복하는 상황이 생기기도 한다. 이런 경우 특정 코드를 반복해 수행하도록 하는 것이 반복문이다. 반복문은 파이썬의 프로그램 순서 구조 중 하나로 특정 작업을 무한하게 또는 특정 횟수만큼 유한하게 반복해서 실행할 수 있다. 이를 위해서는 while이나 for와 같은 명령어를 사용해 같은 행동을 반복하게 만들어야 한다. 예를 들어 코드 예제 6-26처럼 안녕하세요라는 인사말을 여러 번 출력하려면 print(안녕하세요)를 필요한 만큼 입력해야 한다.

코드 예제 6-26 반복문 없이 같은 결과물 출력하기

```
print("%d 번째 안녕하세요 입니다" %1)
print("%d 번째 안녕하세요 입니다" %2)
print("%d 번째 안녕하세요 입니다" %3)
print("%d 번째 안녕하세요 입니다" %4)
print("%d 번째 안녕하세요 입니다" %5)
```

1 번째 안녕하세요 입니다
2 번째 안녕하세요 입니다
3 번째 안녕하세요 입니다
4 번째 안녕하세요 입니다
5 번째 안녕하세요 입니다

> **팁** 파이썬에서 print()와 포맷팅을 함께 사용하면 코드의 실행 결과를 효율적으로 출력할 수 있다. 코드 예제 6-27은 %d를 사용해 해당 위치에 문자열 밖의 숫자를 출력했다.

코드 예제 6-27은 반복문을 사용해 코드 예제 6-26을 바꾼 것이다. 반복문을 사용하면 이와 같이 같은 작업을 간단하고 효율적으로 처리할 수 있다.

```
i=0
while i<=4:
    i+=1
    # i에 저장돼 있는 숫자를 %d의 위치에 출력하기
    print("%d 번째 안녕하세요 입니다" %i)
```

1 번째 안녕하세요 입니다
2 번째 안녕하세요 입니다
3 번째 안녕하세요 입니다
4 번째 안녕하세요 입니다
5 번째 안녕하세요 입니다

6.3.2 while을 사용해 조건이 만족할 때까지 반복해 실행하기

6.3.1에서 잠깐 살펴본 것처럼 while 명령어는 특정한 조건이 충족될 때까지 지정한 코드를 반복해서 실행하게 한다. 파이썬의 코드 while은 무엇을 하는 동안이라는 사전적 의미처럼 어떤 조건이 만족할 때까지 특정 코드를 반복적으로 실행하는 명령어이다. 이때 주의해야 할 점은 미리 정해 놓은 조건이 만족되지 않는 상황이 생기면 같은 행동을 무한히 반복한다는 것이다. 따라서 while 명령어를 사용할 때는 꼭 조건이 만족되는 상황을 고려해야 할 필요가 있다.

while은 조건문과 유사한 구조를 가진다. 즉 콜론(:)과 들여쓰기를 통해 조건을 설정하고, 해당 조건이 만족할 때까지 반복하는 코드를 적어 준다.

코드 예제 6-28 while 명령어의 형식

```
while(조건):
    실행할 명령어
```

코드 예제 6-27을 사용해 while 명령어의 구조를 살펴보도록 하겠다. while의 조건문을 살펴보면 i라는 변수가 4보다 작거나 같을 때 결괏값을 출력하도록 했다. 이때 i는 while 명령어를 시작하기 전에 0으로 지정돼 있고, 매번 안녕하세요라는 말을

160

출력할 때마다 i를 하나씩 더해 주는 명령어를 사용했다. 즉 i값이 매번 변하기 때문에 미리 정해 놓은 조건이 충족하면 반복 행동을 멈추게 되는 것이다.

정리하면 while문은 다음과 같은 특징을 가진다.

1. 조건이 참일 때 같은 행동을 계속 반복한다.
2. 조건이 거짓이면 반복된 행동을 멈춘다.
3. 조건이 만족되지 않으면 같은 행동을 무한히 반복한다.

만약 while을 사용하는 반복 구문 안에 i값을 변환시키는 것이 존재하지 않으면 어떻게 될까? 코드 예제 6-29를 살펴보겠다. 이 코드의 경우 i값이 변화가 없기 때문에 안녕하세요를 무한히 반복해서 출력할 것이다. 이를 테스트해 보려고 i+=1 명령어를 삭제했다. 주의해야 할 점은 while문을 종료하는 조건을 맞출 수 없기 때문에 while 안의 행동을 멈추게 하려면 3장에서 살펴본 것처럼 직접 코랩을 강제 종료해야 한다.

코드 예제 6-29 while의 조건을 만족하지 못하는 경우

```
i = 0
while i<=4:
    print("%d 번째 안녕하세요 입니다" %i)
```

Streaming output truncated to the last 5000 lines.
0 번째 안녕하세요 입니다
0 번째 안녕하세요 입니다
0 번째 안녕하세요 입니다
…
…
…
0 번째 안녕하세요 입니다
0 번째 안녕하세요 입니다
0 번째 안녕하세요 입니다

6.3.3 while문과 조건문의 사용

반복문은 조건문과 함께 사용할 때 좀 더 유용하게 활용할 수 있다. 예를 들어 while 과 if, else를 활용해 특정 조건이 만족되면 반복을 중단하는 코드를 만들 수 있다. 코드 예제 6-30은 게임에서 체력이 100인 NPC를 캐릭터가 공격하는 과정을 코드로 구현한 것이다. random 라이브러리의 random 함수를 사용해 NPC에게 임의 수로 데미지를 입히도록 코드를 구성했다. 0부터 1까지의 실수를 임의로 생성한 값이 캐릭터가 NPC에게 준 피해가 된다. while 명령어는 NPC의 체력이 0일 때까지 반복되지만 중간에 if문을 사용해 NPC의 체력이 5 이하로 떨어지면 반복문이 종료되도록 설정해 놨다. 다시 말해 특정 조건이 충족되면 break가 발동하게 되는 것이다. break 는 while을 멈추는 조건의 참 여부와 상관없이 반복문을 멈추는 코드이다. 참고로 코드 예제 6-30의 실행 결과는 random 함수에 의해 임의로 데미지가 결정되기 때문에 이 책에 나와 있는 것과 동일하지 않을 수 있다.

코드 예제 6-30 while문과 if문의 활용

```python
import random # 무작위 숫자를 불러오려고 랜덤 모듈을 불러옴

hp, i = 100, 0 # NPC의 체력을 100으로, i를 0으로 설정 (i는 횟수를 체크하기 위함 )
while hp>=0:
    damage = random.random() # 공격 데미지를 임의로 생성하려고 0-1값을 의미로 생성
    hp = hp-(damage*10) # NPC에게 damage * 10만큼의 피해를 입힘
    i += 1 # 공격한 횟수 기록

    # print 포맷팅을 사용해 데미지와 남은 체력을 출력
print("당신은 NPC를 공격합니다. NPC는 {info1:5.3f}의 피해를 입고, 체력이
    {info2:5.3f}만큼 남았습니다".\
        format(info1=damage*10, info2=hp))

    if (hp<=5): # 조건 확인
        print("당신은 %d 번의 공격으로 NPC가 빈사상태 입니다.당신은 유유히 떠납니다" % i)
        print("현재 NPC의 HP는 {0} 입니다".format(hp))
        break
```

당신은 NPC를 공격합니다. NPC는 0.281의 피해를 입고, 체력이 99.719만큼 남았습니다
당신은 NPC를 공격합니다. NPC는 7.131의 피해를 입고, 체력이 92.588만큼 남았습니다

당신은 NPC를 공격합니다. NPC는 3.691의 피해를 입고, 체력이 88.897만큼 남았습니다

...

...

...

당신은 NPC를 공격합니다. NPC는 8.954의 피해를 입고, 체력이 0.023만큼 남았습니다

당신은 21 번의 공격으로 NPC가 빈사상태 입니다.

 당신은 유유히 떠납니다

현재 NPC의 HP는 0.02335190485643146 입니다

팁

print()와 .format()을 사용하면 특정 변수를 문자열에 쉽게 출력할 수 있다. 코드 예제 6-30에 제시돼 있는 것처럼 print()를 사용해 출력할 문자열에 중괄호({})를 사용해 여러 정보를 대입해 출력할 수 있다. 이때 중괄호 안에 {임시 변수명 또는 임시 변수 위치:n1.n2f}의 형식으로 포맷팅을 해야 한다. 중괄호에 할당되는 정보들은 print() 함수 내의 .format()에서 가져오게 된다. 여기서 알아둬야 할 점은 임시 변수란 포맷팅에서 출력을 위해 임시로 지정하는 변수명이고 n1과 n2는 각각 출력하는 정보의 길이와 소수점 이하 몇 자리까지 출력할지 여부에 관한 부분이다. 다시 말해 {type1:10.3f}는 .format()에 존재하는 type1에 대응된 임시 변수를 총 10자리의 길이로 출력하되 해당 숫자는 소수점 셋째 자리까지 출력하라는 의미이다. 임시 변수 대신에 임시 변수의 위치 (0, 1, …, n)을 사용할 수 있다. 이 경우에는 포맷팅에 제시된 정보의 순서대로 출력하게 된다.

6.4 for를 사용해 일정 범위에서 반복문을 사용하기

6.4.1 for문의 기본 문법

조건이 만족할 때까지 특정 작업을 반복적으로 수행하는 while과 달리 for는 반복가능한 객체^{iterable}를 사용해 해당 객체의 모든 요소의 개수만큼 반복문을 수행하게 된다. 반복가능한 객체란 리스트, 딕셔너리, 문자열 등 다양한 요소들로 구성돼 있는 하나의 객체를 의미한다. for는 코드가 반복되는 범위를 미리 정하기 때문에 while에 비해 문법 구조가 상대적으로 복잡하다. 반복되는 범위뿐만 아니라 각각의 반복에 해당되는 인자를 부여할 변수도 지정해야 하기 때문이다.

 코드 예제 6-31은 for의 형식을 보여준다. 여기서 반복가능한 객체의 한 요소를 뽑아와 변수에 저장을 할당하게 된다. 매번 코드를 실행할 때마다 다음 순서에 해당되는 요소가 새로운 변수에 저장된다.

```
for 변수 in 반복가능한 객체:
    수행할 코드
```

리스트의 예를 들어 설명해 보도록 하겠다. [1, 5, 3, 2, 4, 6, 10]의 형태로 이뤄진 리스트가 있다고 해보자. for 명령어를 사용하면 이 리스트의 각 요소를 매번 하나씩 빼서 변수에 할당하게 된다. 즉 리스트의 요소 7개 중에서 요소를 순차적으로 뽑아 변수에 할당하기 때문에 같은 작업을 총 일곱 번 반복해 시행한다.

코드 예제 6-32는 리스트와 for를 사용한 코드이다. 코드 예제 6-32의 결과를 확인해 보면 리스트 안의 요소들이 순차적으로 출력된 것을 확인할 수 있다. 이 때 for i in list_a:라는 구문은 list_a의 요소를 하나씩 뽑아와 매번 i라는 변수에 할당하라는 의미이다. 그렇기 때문에 i를 출력하면 그 순서에 해당되는 요소가 출력된다.

코드 예제 6-32 for문을 활용해 리스트 안의 요소 출력하기

```
list_a = [1, 5, 3, 2, 4, 6, 10]

for i in list_a:
    print(i)
```

```
1
5
3
2
4
6
10
```

앞에서 볼 수 있듯이 while에 비해 for를 사용한 반복문은 각각의 반복마다 for문이 가져오는 데이터의 총량의 개수에 따라 반복횟수가 결정된다. 따라서 같은 행동을 몇 번 반복하는가를 결정할 때 0~100번까지의 숫자를 생성해 내는 range() 함수와 함께 자주 사용된다. 코드 예제 6-33은 range(1, 6, 1) 함수와 for를 사용해 1부터 5까지의 숫자를 출력하는 코드이다.

```
for i in range(1, 6, 1): # 1부터 5까지의 숫자를 생성
  print(i)
```

```
1
2
3
4
5
```

팁 │ range(시작, 끝, 단계) 함수는 일정한 범위의 숫자를 자동으로 생성해 주는 함수이다.

리스트 외에도 문자열과 딕셔너리를 for와 함께 사용할 수 있다. 이때 for는 리스트와 동일하게 반복할 때마다 각각의 데이터의 요소 하나씩을 뽑아온다. 코드 예제 6-34는 문자열과 함께 for를 사용했을 때 어떤 결과가 나타나는지를 보여주고 있다.

```
for i in "abcdef":
  print(i)
```

```
a
b
c
d
e
f
```

딕셔너리는 키와 값의 쌍으로 이뤄져 있기 때문에 딕셔너리와 for문을 어떻게 사용하는지에 따라 반복되는 요소가 결정된다. 먼저 딕셔너리 자체를 for문에 집어 넣으면 딕셔너리 안의 키가 출력된다.

예를 들어 dict_a라는 딕셔너리가 있다고 해보자. 이때 dict_a에서 어떤 값을 가져오는지에 따라 각 반복에서 할당되는 변수에 차이가 있다. 코드 예제 6-35는 딕셔

너리 자체를 반복가능한 객체로 사용한 코드이다. 코드 예제 6-35의 결과에서 볼 수 있는 것처럼 for문은 딕셔너리의 각 키를 순차적으로 꺼내온다.

코드 예제 6-35 딕셔너리 자체와 for문 사용하기

```
dict_a = {"경찰서":112, "소방서":119, "전화안내":114, "국정원":111}

for i in dict_a:
  print(i)
```

```
경찰서
소방서
전화안내
국정원
```

코드 예제 6-36은 .keys()를 사용해 for문과 함께 딕셔너리를 사용한 코드로 코드 예제 6-35와 같이 딕셔너리의 각 키가 순차적으로 i에 할당된다.

코드 예제 6-36 .keys()와 for문 사용하기

```
dict_a = {"경찰서":112, "소방서":119, "전화안내":114, "국정원":111}

for i in dict_a.keys():
  print(i)
```

```
경찰서
소방서
전화안내
국정원
```

코드 예제 6-37은 .values()를 사용해 for문과 함께 딕셔너리를 사용한 코드이다. .values()가 딕셔너리 값을 반환하기 때문에 .values()와 for를 사용하면 각 값을 순차적으로 for의 변수에 할당한다.

코드 예제 6-37 .values()와 for문의 사용

```
dict_a = {"경찰서":112, "소방서":119, "전화안내":114, "국정원":111}
```

```
for i in dict_a.values():
  print(i)
```

```
112
119
114
111
```

코드 예제 6-38, 6-39는 .items()를 사용해 딕셔너리와 for 문을 사용한 코드이다. 코드 예제 6-38은 하나의 변수를 사용해 딕셔너리의 키와 값의 쌍을 할당받는다. 따라서 코드 예제 6-38은 for문의 각 변수가 키와 값의 쌍으로 돼 있는 튜플^{Tuple} 형태이다. 반면 코드 예제 6-39는 .items()에 의해 반환되는 키와 값을 두 개의 변수로 나눠서 할당받게 된다. 따라서 코드 예제 6-39는 딕셔너리의 다른 처리 없이 독립적으로 사용할 수 있다.

코드 예제 6-38 .items()와 for문의 사용 예 1

```
dict_a = {"경찰서":112, "소방서":119, "전화안내":114, "국정원":111}

for i in dict_a.items():
  print(i)
```

```
('경찰서', 112)
('소방서', 119)
('전화안내', 114)
('국정원', 111)
```

> 팁   튜플은 파이썬의 자료 구조 중 하나이다. 튜플은 딕셔너리와 유사하게 데이터를 (키, 값) 형태로 저장한다. 딕셔너리와 다른 점은 딕셔너리의 경우 저장된 키, 값의 쌍을 저장할 수 있지만 튜플의 경우 이미 만들어진 튜플은 변경할 수 없다는 것이다.

코드 예제 6-39 .items()와 for문의 사용 예 2

```
dict_a = {"경찰서":112, "소방서":119, "전화안내":114, "국정원":111}
```

```
for i, j in dict_a.items():
print(i,"/",j)
```

경찰서 / 112
소방서 / 119
전화안내 / 114
국정원 / 111

6.4.2 for의 중첩 사용

우리가 조건문에서 여러 조건을 중첩해 사용할 수 있었던 것처럼 for 또한 중첩으로
사용할 수 있다. for를 중첩적으로 사용하는 경우 하위의 반복문이 완료돼야 상위 반
복문의 다음 단계가 수행된다.

코드 예제 6-40의 예를 들어 설명해 보도록 하겠다. 여기서는 두 개의 for를 사용
한다. 상위 반복문은 1, 2, 3을 순차적으로 i라는 변수로, 하위의 반복문은 "a"와 "b"
를 순차적으로 j라는 변수로 꺼내 오는 것으로 설정했다. 코드 6-40의 결과에서 볼
수 있는 것처럼 상위 반복문은 하위 반복문의 모든 순서가 끝나야 다음 순서로 넘어
가게 된다. 이 경우 상위 반복문에는 세 개의 요소, 하위 반복문에는 두 개의 요소가
있기 때문에 두 반복문을 중첩적으로 사용하면 총 6회를 반복하게 된다.

코드 예제 6-40 for문의 중첩 사용
```
for i in range(1, 4, 1):
  for j in ["a", "b"]:

    print("상위 반복문 {}, 하위 반복문 {}".format(i, j))
```

상위 반복문 1, 하위 반복문 a
상위 반복문 1, 하위 반복문 b
상위 반복문 2, 하위 반복문 a
상위 반복문 2, 하위 반복문 b
상위 반복문 3, 하위 반복문 a
상위 반복문 3, 하위 반복문 b

for를 중첩해 사용할 때 각 for의 변수를 동일하게 사용하면 혼란을 일으킬 수 있다. 왜냐하면 하위 반복문 또한 같은 변수에 저장되기 때문이다. 특히 반복문의 요소로 연산하는 경우 같은 변수를 사용해 반복문의 매 요소를 저장하는 것은 의도한 것과 다른 결과를 출력할 수 있다는 단점이 있다. 코드 예제 6-41은 복수의 반복문을 사용하면서 변수를 제대로 할당하지 않으면 나타나는 문제를 보여주고 있다. 코드 예제 6-41의 결과에서 볼 수 있는 것처럼 첫 번째 for와 두 번째 for 모두 i를 변수로 사용했다. 물론 에러는 발생하지 않으나 이미 존재하는 i에 두 번째 for가 새로운 값을 할당하게 된다. 단순히 특정 코드를 n번 반복하는 것이라면 문제가 되지 않을 수 있으나 반복문으로 만들어진 변수를 사용해 연산을 수행할 경우 이미 존재하는 변수에 값을 덮어쓰지 않도록 주의해야 할 필요가 있다.

코드 예제 6-41 for문을 중첩해 사용할 때 변수를 제대로 할당하지 않은 경우

```python
for i in range(1, 4, 1):
  for i in range(1, 5, 2):
    print(i)
```

```
1
3
1
3
1
3
```

6.4.3 for와 if, continue의 사용

이미 while에서 살펴봤던 것처럼 for 반복문 또한 조건문 if와 함께 사용할 수 있다. 이 경우 특정 조건이 충족될 때만 코드를 실행할 수 있기 때문에 다양한 형태로 활용할 수 있다. 코드 예제 6-42는 for와 if를 함께 사용한 코드의 예를 보여준다. 코드 예제 6-42에서 볼 수 있는 것처럼 if를 사용해 i에 할당되는 숫자 중 짝수만 출력하도록 설정돼 있다.

```
for i in range(1, 11, 1):
  if (i%2==0): # 짝수인 경우만 코드 실행
    print(i, "는 짝수이다. ")
```

continue를 for 명령문에서 사용하면 continue 하단의 명령어를 실행하지 않고 다시 상위로 올라가 새로운 순차가 시작된다. 이 경우 특정 조건을 만족시킬 때만 어떤 행동을 하게 하는 if와 무슨 차이가 있을지에 대한 의문이 생길 수 있다.

코드 예제 6-43과 6-44를 비교해 보면 그 차이를 명확하게 알 수 있다. 두 코드 모두 1부터 30까지에서 짝수의 합을 구하는 프로그램이다. 먼저 코드 예제 6-43은 if문을 사용해 2로 나눈 나머지가 0인 조건을 만족하는 모든 수를 더하는 코드이다. 코드 예제 6-44는 모든 수를 더하는 코드이지만 2로 나눈 나머지가 1일 때 continue를 사용해 조건문 이하의 모든 코드를 무시하도록 했다.

이때 특정 행동이 몇 번 실행되는지를 보려고 continue 이후 같은 지점에 n+=1을 사용해 각각의 코드가 몇 번 실행되는지를 살펴봤다. 결과를 비교해 보면 알 수 있듯이 코드 예제 6-43은 총 29번의 코드가 반복됐다. 반면 if와 continue를 사용한 코드 예제 6-44는 총 14번의 반복을 실시했다. 여기서는 큰 차이가 나지 않지만 만약 코드가 길어져 실행 시간이 늘어나면 continue가 if문을 사용하는 것에 비해 훨씬 더 효율적으로 데이터를 처리할 수 있다.

```
z = 0
n = 0
for i in range(1, 30, 1):
  if (i%2==0): # 짝수인 경우에만 아래의 코드 실행
    z+=i # 짝수의 합 구하기

  n += 1 # for문 반복횟수

print("짝수의 합: {}, 총 반복횟수 {}".format(z, n))
```

짝수의 합: 210, 총 반복횟수 29

```
z = 0
n = 0
for i in range(1, 30, 1):
  if (i%2==1): # 홀수인 경우에만 아래 코드 실행
    continue  # 다음 순서로 넘김

  z+=i # 짝수의 합 구하기
  n+=1 # for문 반복횟수

print("짝수의 합: {}, 총 반복횟수 {}".format(z, n))
```

짝수의 합: 210, 총 반복횟수 14

6.5 리스트의 요소 자동으로 채우기

6.5.1 리스트 컨프리헨션의 형식

앞선 챕터에서 for는 순차적으로 가져올 수 있는 데이터와 함께 사용해 어떤 작업을 계속 실행하는 것임을 살펴봤다. 이런 for의 특성을 사용해 기존의 리스트 요소를 채울 수 있다. 이를 리스트 컴프리헨션List Comprehension이라고 부르고 코드 예제 6-45와 같은 형식을 사용한다. 이때 순차적으로 나오는 for의 값이 리스트에 저장된다.

코드 예제 6-45 리스트 컴프리헨션의 형식

```
리스트 = [변수 for 변수 in 범위]
```

코드 예제 6-46은 1부터 100까지를 10단위로 순차적으로 요소를 채워 넣는 코드이다. 리스트 컴프리헨션을 사용하면 특정 조건에 부합하는 요소들로 이뤄진 리스트를 쉽게 만들 수 있다. 코드 예제 6-47은 for와 .append()를 사용해서 재현한 코드이다. 두 코드를 비교하면 상대적으로 리스트 컴프리헨션을 사용한 코드가 훨씬 효율적인 것을 확인할 수 있다.

```
list_b = [x for x in range(0, 101, 10)]
print(list_b)
```

```
[0, 10, 20, 30, 40, 50, 60, 70, 80, 90, 100]
```

```
list_b = [] #
for i in range(0, 101, 10):
  list_b.append(i)

print(list_b)
```

```
[0, 10, 20, 30, 40, 50, 60, 70, 80, 90, 100]
```

리스트 컴프리헨션은 단순히 숫자뿐만 아니라 규칙으로 이뤄진 문자열을 생성하
거나 다른 함수와 함께 새로운 리스트를 만드는 데도 사용할 수 있다. 예를 들어 학
생 1부터 학생 15까지 15명의 번호가 적힌 리스트가 필요한 경우를 생각해 보자. 코
드 예제 6-48은 반복돼 출력되는 숫자를 기존의 문자열에 추가해 리스트를 생성할
수 있다.

```
student_list = ["학생"+str(x) for x in range(1, 16)]
print(student_list)
```

```
['학생1', '학생2', '학생3', '학생4', '학생5', '학생6', '학생7', '학생8', '학생9', '학생10', '
학생11', '학생12', '학생13', '학생14', '학생15']
```

또한 코드 예제 6-49처럼 임의의 수를 생성할 수 있는 모듈과 random.randint를
함께 사용하면 임의의 수 n개가 들어 있는 리스트를 만들 수 있다.

```
import random # 임의의 수를 생성하기 위한 모듈
list_random = [random.randint(0, 101) for x in range(1, 11)]
print(list_random )
```

```
[63, 75, 32, 41, 24, 59, 95, 75, 81, 81]
```

6.5.2 리스트 컴프리헨션과 조건문 사용하기

리스트 컴프리헨션 또한 if와 함께 사용할 수 있다. 이때 if는 for 뒤에 위치하며 if 문의 조건을 만족하는 경우에만 for 앞으로 나가게 된다. 코드 예제 6-50은 리스트 컴프리헨션과 조건문을 사용하는 형식을 보여주고 있다.

코드 예제 6-50 리스트 컴프리헨션과 조건문 사용의 예 1

```
리스트 = [변수 for 변수 in 범위 if 조건]
```

코드 예제 6-51은 1부터 100까지의 숫자를 4의 배수만 리스트로 만들기 위한 리스트 컴프리헨션 코드이다. 이 코드를 살펴보면 for를 사용해 1부터 100까지의 숫자를 순차적으로 가져오고, if를 사용해 4로 나눴을 때 나머지가 0인 수만 리스트에 넣는 과정을 반복한다.

코드 예제 6-51 리스트 컴프리헨션을 사용해 4의 배수가 담긴 리스트 만들기

```
list_x = [x for x in range(1, 101, 1) if x%4==0]
print(list_x)
```

```
[4, 8, 12, 16, 20, 24, 28, 32, 36, 40, 44, 48, 52, 56, 60, 64, 68, 72, 76, 80, 84,
88, 92, 96, 100]
```

리스트 컴프리헨션의 조건문을 for 앞에 사용하면 for에서 가져온 값이 특정 조건에 맞을 때만 명령어를 실행할 수 있다. 언뜻 보기에 for 뒤에 조건문이 위치하는

것처럼 보이나 for 앞에 조건문을 두면 리스트에 들어가는 요소 자체를 변화시킬 수 있다. 코드 예제 6-52는 반복문 앞에 조건문을 사용하는 리스트 컴프리헨션의 형식을 보여준다.

코드 예제 6-52 리스트 컴프리헨션과 조건문 사용의 예 2

```
리스트 = [변수 if 조건 for 변수 in 범위]
```

코드 예제 6-53을 살펴보도록 하겠다. 이 코드로는 임의로 만든 리스트와 if와 else를 활용해 해당 수가 짝수이면 짝수, 그렇지 않으면 홀수를 집어 넣도록 리스트 컴프리헨션을 만들 수 있다.

코드 예제 6-53 홀수와 짝수로 구성된 리스트 컴프리헨션 만들기

```
# 임의의 수로 채워진 리스트 컴프리헨션
print(list_random)

# 조건문과 함께 사용한 리스트 컴프리헨션
print(['짝수' if x%2==0 else '홀수' for x in list_random])
```

```
[63, 75, 32, 41, 24, 59, 95, 75, 81, 81]
['홀수', '홀수', '짝수', '홀수', '짝수', '홀수', '홀수', '홀수', '홀수', '홀수']
```

6.6 딕셔너리의 요소 자동으로 채우기

6.6.1 딕셔너리 컴프리헨션 만들기

딕셔너리 또한 리스트 컴프리헨션과 유사한 방법으로 만들 수 있다. 딕셔너리 컴프리헨션 Dictionary Comprehension은 이미 만들어진 딕셔너리에서 특정 조건을 만족하는 데이터만을 뽑아 새로운 딕셔너리를 만드는 데 유용하다. 딕셔너리가 키와 값의 쌍으로 이뤄진 데이터이기 때문에 딕셔너리에 넣을 데이터의 쌍을 함께 만들어야 함에 유의해야 한다. 딕셔너리 컴프리헨션은 코드 예제 6-54의 구조로 만들어진다.

```
딕셔너리 = {변수(키):변수(값) for 변수 in 범위}
```

예를 들어 10명의 학생들에게 기본 점수 1점씩을 부여한 딕셔너리를 딕셔너리 컴
프리헨션으로 만들어 보도록 하겠다. 코드 예제 6-55는 반복문을 사용해 10번을 반
복하고, 각각의 반복문에서 나온 숫자 x를 '학생'이라는 문자열에 추가했다. 딕셔너
리가 키와 값의 쌍으로 돼 있으므로 모든 학생에게 기본 점수인 1을 함께 매칭하면
학생 리스트의 딕셔너리를 만들 수 있다.

코드 예제 6-55 딕셔너리 컴프리헨션을 사용해 학생들에게 기본 점수 부여하기

```
example = {"학생"+str(x):1 for x in range(1, 11, 1)}
print(example)
```

```
{'학생1': 1, '학생2': 1, '학생3': 1, '학생4': 1, '학생5': 1, '학생6': 1, '학생7': 1, '학생
8': 1, '학생9': 1, '학생10': 1}
```

딕셔너리 컴프리헨션의 또 다른 사용법은 두 리스트를 하나의 딕셔너리로 만드는
것이다. 코드 예제 6-56을 살펴보겠다. 학생 이름이 적힌 리스트가 있고 같은 순서
로 해당 학생의 성적이 있다면 딕셔너리 컴프리헨션과 리스트 인덱싱을 사용해 학생
들과 점수의 쌍으로 된 리스트를 만들 수 있다.

코드 예제 6-56 두 리스트와 함께 딕셔너리 컴프리헨션 사용하기

```
# 리스트 만들기
student_list = ["학생"+str(x) for x in range(1, 16)] # 학생 리스트
score_list = [random.randint(0, 101) for x in range(1, 16)] # 점수 리스트

print("학생리스트: ", student_list)
print("점수리스트: ", score_list)

# 딕셔너리 컴프리헨션으로 두 리스트를 딕셔너리로 만들기
student_dict = {student_list[i]:score_list[i] for i in range(0, 15)}
print("\n딕셔너리:", student_dict)
```

학생리스트: ['학생1', '학생2', '학생3', '학생4', '학생5', '학생6', '학생7', '학생8', '학생9',
'학생10', '학생11', '학생12', '학생13', '학생14', '학생15']
점수리스트: [10, 15, 21, 81, 86, 28, 11, 84, 30, 85, 92, 25, 17, 76, 92]

딕셔너리: {'학생1': 10, '학생2': 15, '학생3': 21, '학생4': 81, '학생5': 86, '학생6': 28, '학
생7': 11, '학생8': 84, '학생9': 30, '학생10': 85, '학생11': 92, '학생12': 25, '학생13': 17,
'학생14': 76, '학생15': 92}

6.6.2 조건문과 함께 딕셔너리 컴프리헨션 사용하기

딕셔너리 컴프리헨션 또한 조건문과 함께 사용할 수 있다. 코드 예제 6-57은 딕셔너
리 컴프리헨션을 사용하는 또 다른 예를 보여준다. 이 경우 딕셔너리에서 특정 조건
을 만족하는 경우를 제외하거나 추가하는 방식으로 딕셔너리를 정리할 수 있다.

코드 예제 6-57을 살펴보겠다. 먼저 dict_student라는 딕셔너리에 학생 10명의
성적이 저장돼 있고 이 딕셔너리는 학생:성적 형태로 구성돼 있다. 만약 해당 수업의
성적이 60점을 넘지 않으면 과락이 된다고 할 때 60점이 넘은 학생만 따로 뽑아 수
업을 통과한 학생들의 리스트를 만들고자 한다면 어떻게 해야 할까? 이 경우에는 딕
셔너리 컴프리헨션을 사용해 합격한 학생들로만 구성된 딕셔너리를 만들면 된다. 이
를 위해 .keys()를 통해 각 요소의 키와 값을 모두 출력해 값이 60이 넘는 경우에만
새로운 딕셔너리에 넣는다.

즉 for name,value in dict_student.items() if value>60은 딕셔너리의 키와 값 중
값이 60을 넘는 경우에만 (name, value)의 쌍으로 보내라는 것을 의미한다.

코드 예제 6-57 특정 조건을 만족하는 경우에만 새로운 딕셔너리로 추가

```
# 원본 딕셔너리 만들기
dict_student = {"학생1":70, "학생2":80, "학생3":50, "학생4":75, "학생5":80,
                "학생6":100, "학생7":40, "학생8":85, "학생9":95, "학생10":60}

print("전체 학생: ", dict_student)
```

```
# 특정 조건에 만족하는 경우만 새로운 딕셔너리로 추가
dict_pass = {name:"합격" for name,value in dict_student.items() if value>60}
print("\n합격한 학생:", dict_pass)
```

전체 학생: {'학생1': 70, '학생2': 80, '학생3': 50, '학생4': 75, '학생5': 80, '학생6': 100, '학생7': 40, '학생8': 85, '학생9': 95, '학생10': 60}

합격한 학생: {'학생1': '합격', '학생2': '합격', '학생4': '합격', '학생5': '합격', '학생6': '합격', '학생8': '합격', '학생9': '합격'}

코드 예제 6-57은 특정 조건을 만족하는 학생들만 골라내는 데 if를 사용했다. 딕셔너리 컴프리헨션 또한 리스트 컴프리헨션과 마찬가지로 if를 for 앞에 사용하면 같은 딕셔너리를 사용해 특정 조건에 맞는 경우에만 다른 값을 저장하도록 설정할 수 있다. 코드 예제 6-58은 코드 예제 6-57과 다르게 조건문을 사용해 학생의 점수가 특정 조건을 만족하는 경우에만 새로운 값을 매칭하는 코드이다. 예를 들어 name:"합격" if value>=60 else '불합격'은 60점이 넘는 학생들은 '합격', 그렇지 않은 학생들은 '불합격'으로 서로 다르게 값을 지정하게 된다. 이를 활용하면 조건에 따라 다른 값이 저장된 딕셔너리를 만들 수 있다.

코드 예제 6-58 조건에 따라 다른 값을 매칭하는 딕셔너리 만들기

```
# 조건문을 사용해 점수에 따라 다른 값 매칭
dict_pass = {name:"합격" if value>=60 else '불합격' \
             for name,value in dict_student.items()}
print(dict_pass)
```

{'학생1': '합격', '학생2': '합격', '학생3': '불합격', '학생4': '합격', '학생5': '합격', '학생6': '합격', '학생7': '불합격', '학생8': '합격', '학생9': '합격', '학생10': '합격'}

6.7 요약

6장에서는 파이썬에서 사용하는 다양한 연산자의 종류에 대해서 살펴봤다. 연산자는 조건문과 반복문 등에서 특정 조건이 부합하는지의 여부를 판단하는 데 중요한 역할을 하기 때문에 익숙해질 필요가 있다. 조건문은 특정 조건을 만족하는 경우에만 코드를 실행시키는 코딩 방식을 의미한다. 반복문은 일정한 조건하에서 특정 코드를 지속적으로 수행하는 것을 의미한다. 6장의 내용을 요약하면 다음과 같다.

- 연산자란 파이썬과 같은 프로그래밍 언어에서 계산이나 논리적인 판단을 하는 기호를 의미한다.
- 연산자의 종류에는 대입연산자, 비교연산자, 멤버연산자, 식별연산자가 있다.
- 대입연산자는 특정 변수에 연산 결과를 업데이트할 때 사용된다.
- 비교연산자는 특정 값들의 차이를 비교할 때 사용된다.
- 멤버연산자는 리스트나 딕셔너리와 같이 다양한 데이터를 포함하고 있는 경우 특정 값이 해당 객체에 포함되는지의 여부를 판단하는 데 사용된다.
- 식별연산자는 파이썬 안에서 특정 객체가 같은 객체 id를 공유하는지를 판단하는 데 사용한다.
- 조건문은 특정 조건을 만족했을 때 코드의 일부분을 수행하는 것으로 if, elif, else 등을 사용한다.
- 조건문에서 조건을 만족시켰을 때 수행하는 코드는 들여쓰기를 통해 구분한다.
- 복수의 조건문을 함께 사용하는 경우 두 조건을 모두 만족시켰을 때만 해당 코드가 실행된다.
- 반복문은 특정 코드를 반복해 실행하는 데 사용된다. 파이썬에서 while은 특정 조건을 만족할 때까지 반복적으로 해당 코드를 실행한다. 반면 for는 일정한 범위에서 코드를 반복한다.
- 반복문을 사용하면 상대적으로 코드를 효율적으로 짤 수 있다.
- while은 반복문의 조건이 만족되지 못하면 해당 코드가 무한히 반복된다.
- 반복문과 조건문을 활용하면 특정 상황에서만 어떤 코드를 실행하도록 프로그램을 구성할 수 있다.
- break는 특정 조건을 만족시켰을 때 반복문이 멈추는 코드이다.
- for에서 반복문을 사용하려면 반복가능한 객체가 주어져야 한다.

- 객체 없이 특정 횟수만큼 반복문을 사용하는 경우 range() 함수를 for문과 함께 사용한다.
- for는 다른 for와 함께 중첩적으로 사용할 수 있다. 이때 상위 반복문은 하위 반복문이 모두 실행된 후 다음 요소로 넘어가게 된다.
- continue는 for의 다음 요소로 강제로 넘어가도록 요구하는 코드이다.
- 리스트 컴프리헨션은 반복문과 조건문을 사용해 쉽게 리스트의 요소를 채울 수 있는 코드이다.
- 리스트 컴프리헨션에서 if를 어느 위치에 사용하는지에 따라 수행하는 기능이 달라진다.
- 딕셔너리 컴프리헨션은 리스트 컴프리헨션과 유사하게 반복문을 사용해 딕셔너리를 자동으로 채울 수 있는 코드를 가리킨다.
- 딕셔너리 컴프리헨션 또한 조건문과 함께 사용할 수 있다.

1. 윤년은 역법을 실제 태양년에 맞추려고 여분의 하루 또는 월을 끼우는 해라고 한
   다. 이를 판별을 위해 윤년인지 아닌지를 판별해 주는 코드를 짜라. 이때 input()
   을 이용해 윤년 여부를 판단하는 연도를 입력받아야 한다.

   위키피디아에 따르면 윤년을 판단하는 기준은 다음과 같다.

   - 서력 기원 연수가 004로 나눠 떨어지는 해는 윤년으로 한다.
   - 서력 기원 연수가 004, 100으로 나눠 떨어지는 해는 평년으로 한다.
   - 서력 기원 연수가 004, 100, 400으로 나눠 떨어지는 해는 윤년으로 둔다.

   문제 출력 예시

   출력예시1:
   윤년으로 판단할 연도는 언제 입니까? 2000
   2000년은 윤년입니다

   출력예시2:
   윤년으로 판단할 연도는 언제 입니까? 1900
   1900년은 윤년이 아닙니다

2. 다음의 예제처럼 사용자로부터 1부터 100 사이의 숫자를 입력받아 임의로 생성된
   숫자를 맞추는 숫자 맞추기 게임을 만들어라. 사용자에게는 총 7번의 기회가 주어지
   고, 7번 안에 숫자를 정확하게 맞추면 성공한 것이다. 단 사용자가 입력한 숫자가 임
   의로 생성된 숫자보다 크면 '크다', 작으면 '작다'라는 결과를 알려줘야 한다. 만약 7
   번의 기회 안에 정답을 입력하지 못했다면 '정답을 맞추지 못했습니다'라는 결과를
   출력해야 한다.

   > 중요
   > 임의로 입력된 숫자를 만들려면 다음과 같은 코드를 먼저 입력해라. random.randint()는 두 수 사이에
   > 임의의 정수를 생성해 주는 함수이다.

```
import random # 임의의 정수를 생성하기 위한 모듈 불러오기
answer = random.randint(1, 101) # 1과 100 사이의 임의의 정수 생성
```

문제 실행 예제

```
1에서 100사이의 숫자를 입력해보세요: 60
60은(는) 정답보다 큽니다. 총 6번의 기회가 남았습니다.
1에서 100사이의 숫자를 입력해보세요: 40
40은(는) 정답보다 큽니다. 총 5번의 기회가 남았습니다.
1에서 100사이의 숫자를 입력해보세요: 10
10은(는) 정답보다 큽니다. 총 4번의 기회가 남았습니다.
1에서 100사이의 숫자를 입력해보세요: 5
5은(는) 정답보다 작습니다. 총 3번의 기회가 남았습니다.
1에서 100사이의 숫자를 입력해보세요: 6
정답입니다. 총 5번 시도 끝에 성공하셨습니다.
```

3. 다음 예제처럼 두 수를 임의로 생성해서 두 수의 차를 구하는 질문을 묻는 코드를 구해라. 이때 input()으로 답을 입력받아 정답이면 "정답입니다.", 오답이면 "오답입니다."라는 문구를 출력해라.

문제 실행 예제

```
14 + 23 = 37
정답입니다.
```

4. input()과 반복문을 사용해 다음과 같이 구구단을 출력하는 코드를 만들어라.

문제 출력 예시

```
몇 단을 출력할까요?

7 * 1 = 7
7 * 2 = 14
7 * 3 = 21
7 * 4 = 28
7 * 5 = 35
7 * 6 = 42
```

```
7 * 7 = 49
7 * 8 = 56
7 * 9 = 64
```

5. 1부터 100까지의 숫자 중 4의 배수만 포함된 리스트를 만들어라. 반드시 리스트 컴프리헨션을 사용해야 한다.

6. 다음과 같이 학생 10명의 점수를 기록한 딕셔너리가 있다고 해보자. 다음과 같이 input()을 사용해 특정 점수를 입력받아 그 점수보다 높은 학생들의 딕셔너리를 만드는 코드를 짜라. 단 딕셔너리 컴프리헨션을 사용해야 한다.

딕셔너리:

```
dict_student = {"학생1":70, "학생2":80, "학생3":50, "학생4":75, "학생5":80,
                "학생6":100, "학생7":40, "학생8":85, "학생9":95, "학생10":60}
```

문제 출력 예시

출력예시1:
몇 점 이상의 학생을 출력하겠습니까? 30
30점 이상의 학생의 총 10명입니다.
 학생의 리스트는 {'학생1': 70, '학생2': 80, '학생3': 50, '학생4': 75, '학생5': 80, '학생6': 100, '학생7': 40, '학생8': 85, '학생9': 95, '학생10': 60}입니다.

출력예시2:
몇 점 이상의 학생을 출력하겠습니까? 90
90점 이상의 학생의 총 2명입니다.
학생의 리스트는 {'학생6': 100, '학생9': 95}입니다.

07

판다스의 활용

지금까지의 장에서는 데이터를 직접 입력해 데이터를 변환하거나 저장하는 방법을 다뤘다. 이 장에서는 실제 존재하는 데이터를 파이썬으로 불러와 처리, 변환하는 데 유용한 판다스pandas에 대해서 알아보도록 하겠다. 7장은 다음과 같은 내용을 다룬다.

이 장에서 다루는 내용

- 판다스의 기본 개념
- 데이터 시리즈의 이해와 활용
- 데이터프레임의 개념
- 데이터프레임 인덱싱
- 외부 데이터 불러오기
- 두 개 이상의 데이터 병합
- 판다스를 사용해 데이터 기술 통계 분석
- 명목 변수를 활용해 데이터를 그룹별로 비교

목차

7장의 실습에 필요한 코드 예제는 이 책의 깃허브 페이지(https://github.com/skku-ai-textbook/aitextbook/blob/main/notebooks/CH07_Github.ipynb)에서 확인할 수 있다.

그림 7-1 실습 코드가 탑재된 깃허브 페이지

7.1 판다스

7.1.1 판다스 사용할 준비하기

파이썬에서 데이터를 다루는 데 사용하는 판다스^{pandas}는 기존에 있는 데이터를 쉽게 불러올 수 있다. 이는 데이터를 정제하고 다른 데이터와 병합하는 등 인공지능 학습에 적합한 데이터를 만들어 내는 데 주로 사용되는 라이브러리이다. 판다스를 사용하려면 판다스 라이브러리를 파이썬으로 불러들여야 하는데, 라이브러리는 이미 만들어진 파이썬 함수의 집합이라고 할 수 있다. 특정 기능을 수행하는 함수들을 모아 둬 필요한 경우 편리하게 사용할 수 있다.

코드 예제 7-1은 판다스 라이브러리를 코랩으로 불러오는 코드 예제이다. import pandas as pd는 pandas라는 라이브러리를 pd라는 축약어로 불러오라는 의미이다. 이 명령어를 실행하면 컴퓨터에서 마이크로소프트 워드를 실행시키는 것처럼 판다스 라이브러리의 다양한 기능들을 사용할 수 있게 된다.

코드 예제 7-1 판다스 불러오기

```
import pandas as pd
```

> **팁** | import는 모듈을 불러오는 명령어이고, as는 이를 축약어로 사용하겠다고 정의하는 것이다.

7.1.2 데이터 시리즈

우선 판다스의 기본 단위 중 하나인 데이터 시리즈는 하나의 데이터 유형(예: int, str, float, bool)으로 이뤄진 값들이 나열된 형태로 구성된다. 그런데 시리즈와 이전 장에서 살펴본 리스트의 차이점은 무엇일까? 코드 예제의 수는 임의로 만들어졌기 때문에 추후 코드 실행 결과가 책에 제시돼 있는 것과 조금 다를 수 있다.

코드 예제 7-2 데이터 시리즈로 만들 리스트 만들기

```
import random

list_korean = [random.randint(50, 100) for x in range(10)] # 국어 시험 성적
list_math = [random.randint(50, 100) for x in range(10)] # 수학 시험 성적

print("10명의 학생의 국어 점수 {} \n10명의 학생의 수학 점수 {}".format(list_korean, list_
math))
```

10명의 학생의 국어 점수 [57, 72, 99, 80, 93, 63, 85, 61, 99, 97]
10명의 학생의 수학 점수 [97, 68, 79, 81, 67, 99, 84, 76, 83, 68]

리스트를 시리즈 형태로 바꾸려면 pd.Series()를 사용해야 한다. 코드 예제 7-3에 사용한 pd.Series()는 일련의 데이터를 데이터 시리즈로 바꿔주는 명령어이다.

```
# pd.Series를 사용해 리스트를 시리즈로 변경
series_korean = pd.Series(list_korean)
series_math = pd.Series(list_math)

print("국어점수 시리즈:\n", series_korean)
print("수학점수 시리즈:\n", series_math)
```

```
국어점수 시리즈:
 0    57
1    72
2    99
...
...
9    97
dtype: int64
수학점수 시리즈:
 0    97
1    68
2    79
...
...
9    68
dtype: int64
```

데이터를 데이터 시리즈로 바꾸면 0부터 시작하는 인덱스가 함께 생성된다. 이 인덱스는 각 데이터의 위치를 나타낸다. 이를 활용해 문자열이나 리스트처럼 데이터 시리즈 또한 인덱싱과 슬라이싱을 할 수 있다. 다시 말해 기존의 문자열이나 리스트처럼 [시작:끝:간격] 형태로 데이터 부분을 가져올 수 있다. 코드 예제 7-4처럼 [::-1]을 사용하면 마지막 인덱스부터 역순으로 데이터 시리즈를 출력하게 된다.

```
print(series_korean[::-1])
```

```
9    97
8    99
...
```

```
   ...
0     57
dtype: int64
```

7.1.3 데이터 시리즈의 특성

그렇다면 리스트 대신 시리즈를 사용하는 이유는 무엇일까? 이는 시리즈라는 데이터 저장 형태가 인공지능 프로젝트를 수행하는 데 더 효율적이기 때문이다. 예를 들어보겠다. 10명의 학생이 국어와 수학 시험을 치렀고, 각 학생들의 점수를 리스트에 저장했다고 해보자. 이미 5장에서 살펴본 것처럼 리스트를 활용한 연산은 무척 제한적이다. 먼저 두 리스트를 더하게 되면 두 리스트를 합친 결과를 반환한다. 길이가 10인 리스트 두 개를 더하면 길이가 20인 리스트가 탄생하는 것이다. 두 개 이상의 리스트를 사용해 각 리스트 안의 같은 위치에 대응하는 요소들끼리 계산을 하려면 복잡한 과정을 거쳐야 한다. 만약 학생들의 점수가 같은 순서로 저장돼 있다면 같은 위치에 있는 학생들의 평균을 계산할 때 각각의 리스트의 데이터 평균을 구하고 이를 다시 리스트화해야 한다는 불편함이 있다. 코드 예제 7-5는 리스트 컴프리헨션을 사용해 두 리스트에서 각 학생들의 평균을 내는 코드이다.

코드 예제 7-5 두 리스트의 평균 내기

```
list_average = [(int(list_korean[i])+int(list_math[i]))/2 for i in range(0, 10)]

print(list_average)
```

```
[77.0, 70.0, 89.0, 80.5, 80.0, 81.0, 84.5, 68.5, 91.0, 82.5]
```

반면 데이터 시리즈는 같은 위치에 있는 데이터를 연산할 수 있다. 같은 길이를 가진 시리즈라면 같은 위치에 있는 데이터를 연산한다. 코드 예제 7-6 결과에서 볼 수 있는 것처럼 두 시리즈의 첫 번째 값의 합이 두 시리즈를 합한 값의 첫 번째 값에 해당된다. 길이가 10인 데이터 시리즈를 더하면 길이가 10인 데이터 시리즈가 생성

된다.

```
# 두 시리즈 더하기
print("데이터의 개수: %d" %len(series_korean+series_math))

print((series_korean+series_math)/2)
```

데이터의 개수: 10

```
0    77.0
1    70.0
…
…
9    82.5
dtype: float64
```

또한 코드 예제 7-7처럼 두 데이터의 값을 비교하면 참과 거짓을 의미하는 논리 값을 반환한다. 이를 활용하면 코드 예제 7-8의 결과에서 볼 수 있는 것처럼 국어 점수를 수학 점수보다 높게 받은 조건을 만족하는 학생들의 데이터만 뽑아낼 수도 있다.

```
series_korean>series_math
```

```
0    False
1    True
2    True
…
…
9    True
dtype: bool
```

190

```
series_korean[series_korean>series_math]
```

```
1    72
2    99
4    93
6    85
8    99
9    97
dtype: int64
```

그렇다면 길이가 다른 두 데이터 시리즈를 연산하면 어떤 결과가 나올까? 두 시리즈의 길이가 다르면 코드 예제 7-9처럼 연산의 결괏값이 NaN으로 출력된다. NaN은 Not a Number의 줄임말이며 이는 데이터가 비어 있음을 의미한다. 한 데이터 시리즈의 길이가 다른 데이터 시리즈보다 길어지면 해당 구간에는 대응하는 값이 없기 때문이다. 코드 예제 7-9는 길이가 다른 두 데이터를 더하면 어떤 결과가 나타나는지를 보여준다. 코드 예제 7-9의 결과에서 볼 수 있는 것처럼 길이가 다르기 때문에 새로운 데이터 시리즈의 마지막 값으로 NaN이 반환된 것을 알 수 있다.

```
series_english = pd.Series([random.randint(50,100) for x in range(11)])
print(series_korean+series_english )
```

```
0     152.0
1     142.0
2     163.0
…
…
9     163.0
10     NaN
dtype: float64
```

7.2 데이터프레임

7.2.1 데이터프레임 만들기

앞에서 살펴본 데이터 시리즈가 하나의 데이터 유형으로 이뤄진 데이터들이었다면 데이터프레임은 이런 데이터 시리즈의 모음이라고 할 수 있다. 학생들의 국어, 영어, 수학 점수가 있다고 할 때 여러 개의 독립적인 데이터 시리즈나 리스트를 사용하는 것이 아니라 하나의 데이터프레임으로 저장할 수 있다. 아래의 표에서 알 수 있듯이 데이터프레임은 여러 데이터 시리즈의 모음이기 때문에 마치 하나의 리스트에 여러 리스트를 함께 저장할 수 있었던 것처럼 여러 데이터 시리즈를 하나의 변수에 저장할 수 있다. 지금까지 살펴본 데이터 유형들이 각각의 위치 정보만을 인덱스의 형태로 갖고 있었다면, 데이터프레임은 위치에 대한 인덱스(행, row)와 각 데이터 유형에 대한 인덱스(열, column)도 함께 갖고 있다. 일반적으로 마이크로소프트 엑셀 프로그램에서 데이터를 저장하는 방법을 생각하면 파이썬에서 데이터프레임을 이해하기 쉽다.

인덱스	이름	국어	영어	수학
0	학생1	90	80	60
1	학생2	75	90	55
2	학생3	80	70	45
…	…	…	…	…
n	학생n	90	85	100

데이터프레임을 만들 때는 판다스의 DataFrame()을 사용한다. 이를 사용하면 여러 개의 데이터를 하나로 객체화할 수 있다. 여러 가지 데이터 형태를 하나의 데이터프레임으로 만들 때는 딕셔너리의 형식을 사용하면 편리하다. 코드 예제 7-10에서 볼 수 있는 것처럼 딕셔너리의 키:값의 형식을 사용해 각 데이터 열들의 이름을 정해 줄 수 있기 때문이다. 결과를 살펴보면 series_korean이라는 데이터 시리즈가 df라는

데이터프레임의 Korean이라는 열에, series_math라는 데이터 시리즈 또한 df라는 데이터프레임의 Math라는 열에 저장된 것을 확인할 수 있다.

코드 예제 7-10 데이터프레임 만들기

```
df = pd.DataFrame({'Korean':series_korean, 'Math':series_math})
print(df)
```

```
   Korean  Math
0      57    97
1      72    68
2      99    79
...
...
9      97    68
```

코드 예제 7-10에서 확인한 것처럼 합치려는 데이터 시리즈의 길이가 서로 다르면 데이터가 부족한 곳은 NaN 형태로 저장된다. 코드 예제 7-11은 길이가 다른 두데이터를 합쳐 데이터프레임을 만드는 코드이다.

코드 예제 7-11 길이가 다른 시리즈를 사용해 데이터프레임 만들기

```
df2 = pd.DataFrame({'Korean':series_korean, 'Math':series_math, 'English':series_
english})
print(df2)
```

```
    Korean  Math  English
0     57.0  97.0       95
1     72.0  68.0       70
2     99.0  79.0       64
...
...
9     97.0  68.0       66
10     NaN   NaN       89
```

7.2.2 데이터프레임 인덱싱하기

딕셔너리처럼 위치 정보가 저장되지 않는 데이터 유형을 제외하고, 지금까지 살펴본 데이터 자료 유형들은 데이터의 위치를 인덱싱에 활용할 수 있었다. 즉 리스트나 문자열의 어디에 위치하는가를 활용해 인덱싱을 했던 것이다. 리스트나 문자열의 첫 번째 요소는 0이고 마지막 요소가 -1인 것처럼 말이다.

7.2.2.1 위치 정보로 인덱싱하기

위치 정보를 활용해 데이터프레임을 다룰 때는 .iloc을 사용해야 한다. 리스트에서 인덱싱할 때는 list[0]의 형식처럼 대괄호 안에 출력하고자 하는 위치를 지정했지만 데이터프레임은 .iloc을 사용한다. 우리가 지금까지 배운 형태와 비슷하게 인덱싱과 슬라이싱이 가능하다. 코드 예제 7-12는 .iloc을 사용해 데이터프레임을 인덱싱한 예제이다.

코드 예제 7-12 .iloc을 사용해 데이터프레임 출력하기

```
print(df2.iloc[0:10:2])
```

```
   Korean  Math  English
0    57.0  97.0       95
2    99.0  79.0       64
4    93.0  67.0       75
6    85.0  84.0       96
8    99.0  83.0       57
```

7.2.2.2 특정 열을 사용해 인덱스로 지정

판다스를 활용해 만든 데이터프레임은 데이터의 위치가 아닌 각 데이터의 특성을 인덱스로 활용할 수 있다. 예를 들어 학생들의 이름, 반, 국어 · 수학 · 영어 성적이 저장돼 있다고 가정해 보자. 코드 예제 7-13은 한 반 학생의 데이터를 만드는 코드이다.

```python
# 이름과 반 만들기
name    = pd.Series(["학생_"+str(x) for x in range(1, 12)])
classes = pd.Series(['1반' if i<=5 else "2반" for i in range(1, 12)])

# 데이터프레임 만들기
df4 = pd.DataFrame({'Name':name, 'Class':classes,
                    'Korean':series_korean, 'Math':series_math, 'English':series_
english})

print(df4)
```

```
     Name   Class  Korean  Math  English
0    학생_1    1반    57.0   97.0      95
1    학생_2    1반    72.0   68.0      70
2    학생_3    1반    99.0   79.0      64
...

...
9    학생_10   2반    97.0   68.0      66
10   학생_11   2반    NaN    NaN       89
```

여기서 학생들의 이름을 인덱스로 사용할 수 있다. 특정 열column을 인덱스로 지정하려면 판다스의 .set_index()를 사용해 데이터프레임.set_index('인덱스로 사용할 열')의 형식으로 지정한다. 앞의 데이터에서 Name열을 인덱스로 지정하려면 df4.set_index('Name')의 형식으로 지정한다.

```python
df4.set_index('Name')
```

이때 인덱스를 만드는 데 사용된 열은 데이터프레임에 열로 존재하지 않는다. 이를 코드 예제 7-15처럼 데이터프레임 열들의 리스트를 반환하는 .columns를 사용해 확인해 보도록 하겠다.

```
df4.columns
```

```
Index(['Class', 'Korean', 'Math', 'English'], dtype='object')
```

인덱스를 지정한 이후 특정 인덱스를 선택해 출력하려면 .loc을 사용한다. .loc은 .iloc과 다르게 인덱스의 명칭을 받아 출력한다. 코드 예제 7-16은 .loc을 사용해 인덱싱을 한 코드 예제이다.

코드 예제 7-16 .loc을 사용해 인덱싱하기

```
df4.loc['학생_1']
```

```
Class         1반
Korean      57.0
Math        97.0
English       95
Name: 학생_1, dtype: object
```

만약 데이터프레임의 데이터 중 인덱스에 해당하는 여러 데이터를 불러오려면 어떻게 해야 할까? 호출할 인덱스를 대괄호 안에 넣어서 불러오면 된다. 이때 대괄호를 이중으로 사용하지 않으면 에러가 발생하기 때문에 주의해야 한다. 코드 예제 7-17의 결과에서 볼 수 있는 것처럼 여러 열을 인덱싱하려면 데이터프레임.loc[[인덱스1, 인덱스2, … 인덱스n]]의 형식을 사용해야 한다.

코드 예제 7-17 여러 인덱스 출력하기

```
Print(df4.loc[['학생_1','학생_2','학생_3']])
```

	Class	Korean	Math	English
Name				
학생_1	1반	57.0	97.0	95
학생_2	1반	72.0	68.0	70
학생_3	1반	99.0	79.0	64

7.2.2.3 여러 인덱스 지정하기

데이터에 따라 여러 인덱스를 사용하는 경우도 있다. 예를 들어 앞의 데이터에서 학생들이 속해 있는 반과 학생들의 이름을 사용하면 데이터를 좀 더 효율적으로 분류할 수 있다. 여러 종류의 인덱스를 사용해 데이터프레임을 구조화해 관리할 수 있다는 것이다. 이때 여러 데이터가 공통적으로 갖고 있는 데이터를 상위 인덱스로 사용하는 것이 데이터를 관리하는 데 더 효과적이다. 학생들의 데이터의 경우에는 학생들이 속한 반을 상위 인덱스로 활용하는 것이다. 여러 인덱스를 만들려면 다음과 같은 형식으로 인덱스를 지정한다.

데이터프레임.set_index(['상위 인덱스로 사용할 열', '하위 인덱스로 활용할 열'])

코드 예제 7-18, 7-19에서 살펴볼 수 있는 것처럼 Class와 Name 순으로 많은 데이터에 공통적으로 들어 있는 변수를 활용해 인덱스를 만드는 것이 데이터의 구조를 유기적으로 구성하는 데 효과적이다.

코드 예제 7-18 여러 인덱스 지정하기 예 1

```
df4 = df4.reset_index() # 인덱스를 열로 다시 변경하는 코드
df4.set_index(['Class','Name'])
```

Class	Name	index	Korean	Math	English
1반	학생_1	0	57.0	97.0	95
	학생_2	1	72.0	68.0	70
	학생_3	2	99.0	79.0	64
	학생_4	3	80.0	81.0	86
	학생_5	4	93.0	67.0	75
2반	학생_6	5	63.0	99.0	60
	학생_7	6	85.0	84.0	96
	학생_8	7	61.0	76.0	89
	학생_9	8	99.0	83.0	57
	학생_10	9	97.0	68.0	66
	학생_11	10	NaN	NaN	89

```
df4 = df4.reset_index()
df4.set_index(['Name','Class'])
```

Name	Class	level_0	index	Korean	Math	English
학생_1	1반	0	0	57.0	97.0	95
학생_2	1반	1	1	72.0	68.0	70
학생_3	1반	2	2	99.0	79.0	64
학생_4	1반	3	3	80.0	81.0	86
학생_5	1반	4	4	93.0	67.0	75
학생_6	2반	5	5	63.0	99.0	60
학생_7	2반	6	6	85.0	84.0	96
학생_8	2반	7	7	61.0	76.0	89
학생_9	2반	8	8	99.0	83.0	57
학생_10	2반	9	9	97.0	68.0	66
학생_11	2반	10	10	NaN	NaN	89

> **팁** 설정된 인덱스를 제거하고 인덱스를 다시 데이터프레임의 열로 사용하려면 .reset_index()를 사용하면 된다. 변경된 데이터프레임을 다시 변수 형태로 저장하지 않으면 변경된 내용이 반영되지 않는다.

여러 인덱스를 사용한 경우에도, .loc을 사용해서 데이터를 호출할 수 있으며 상위 구조의 인덱스를 만족하는 모든 데이터가 출력된다. 만약 반(Class) / 학생 이름(Name) 순으로 인덱스가 설정돼 있다면 df4.loc['학생_1']과 같이 하부 구조인 학생 이름만 사용해 데이터를 인덱싱하면 에러가 발생한다.

```
df4 = df4.set_index(['Class','Name'])
df4.loc['1반']
```

Name	level_0	index	Korean	Math	English
학생_1	0	0	57.0	97.0	95
학생_2	1	1	72.0	68.0	70
학생_3	2	2	99.0	79.0	64
학생_4	3	3	80.0	81.0	86
학생_5	4	4	93.0	67.0	75

두 개의 인덱스를 사용한 경우에는 .loc을 중첩하면 해당 데이터를 출력할 수 있다. 이는 .loc[인덱스1]을 만족한 데이터프레임 중에서 .loc[인덱스2]를 만족하는 데이터를 출력하는 것으로 이해하면 된다. 코드 예제 7-21은 .loc을 중첩해 특정 인덱스에 해당하는 데이터를 출력하는 코드이다.

코드 예제 7-21 .loc을 중첩해 인덱싱하기

```
df4.loc['1반'].loc['학생_1']
```

```
level_0     0.0
index       0.0
Korean     57.0
Math       97.0
English    95.0
Name: 학생_1, dtype: float64
```

위계적인 구조로 인덱스를 사용하면 같은 번호를 가진 학생이 1반에도 있고 2반에도 있을 때 학생들을 좀 더 쉽게 구분할 수 있다는 장점이 있다. 코드 예제 7-22를 살펴보도록 하겠다. 1반과 2반에 5명의 학생이 있고 각기 1~5의 번호를 부여받았다고 해보자. 이런 경우에 반과 학생 번호라는 위계적 인덱스를 사용해 데이터프레임의 데이터를 구분하면 반별로 해당 학생들의 성적을 효율적으로 관리할 수 있다.

코드 예제 7-22 위계적인 인덱스를 활용하면 좋은 데이터프레임의 예

```
# 1~5번까지 학생 번호가 두 번 반복된 리스트 만들기
name2 = ['학생_'+str(x) for x in range(1, 6)] # 1~5번까지 학생 번호를 만들기
name2.extend(name2)

# 새로운 데이터프레임
df5 = pd.DataFrame({'class':classes[0:10],
                    "name":name2, "Math":series_math})
df5.set_index(['class','name'])
```

		Math
class	name	
1반	학생_1	97
	학생_2	68
	학생_3	79
	학생_4	81
	학생_5	67
2반	학생_1	99
	학생_2	84
	학생_3	76
	학생_4	83
	학생_5	68

7.2.2.4 열을 인덱싱하기

지금까지 데이터프레임에서 행row을 활용해 데이터를 출력했다. 그렇다면 데이터프레임의 특정 열column을 선택하고 활용해 데이터를 출력해 보겠다. 특성을 선택하는 것은 인덱스를 사용하는 방법과 동일하다. 다만 열의 위치를 입력하는 것이 아니라 데이터프레임['호출할 열']의 형식으로 출력하고자 하는 열의 이름을 직접 입력해야 한다. 코드 예제 7-23은 데이터프레임의 특정 열을 출력하는 코드이다.

코드 예제 7-23 열 인덱싱하기

```
df4['Math']
```

```
Class   Name
1반     학생_1      97.0
        학생_2      68.0
        학생_3      79.0
        학생_4      81.0
        학생_5      67.0
2반     학생_6      99.0
        학생_7      84.0
        학생_8      76.0
        학생_9      83.0
        학생_10     68.0
        학생_11     NaN
Name: Math, dtype: float64
```

하나 이상의 열을 출력하고자 하는 경우에는 대괄호([ ])를 중첩해 데이터를 출력해야 한다. 데이터프레임[['열1','열2',…,'열n']]의 형식이다.

코드 예제 7-24 두 개 이상의 열 출력하기

```
df4[['Math','English']]
```

Class	Name	Math	English
1반	학생_1	97.0	95
	학생_2	68.0	70
	학생_3	79.0	64
	학생_4	81.0	86
	학생_5	67.0	75
2반	학생_6	99.0	60
	학생_7	84.0	96
	학생_8	76.0	89
	학생_9	83.0	57
	학생_10	68.0	66
	학생_11	NaN	89

앞서 잠깐 살펴봤듯이 특정 데이터프레임에 어떤 열들이 들어 있는지를 확인할 때는 .columns를 사용한다. .columns를 사용하면 데이터프레임의 위치 정보를 이용해 인덱싱을 할 수 있다. 이는 정확히 .columns에서 반환된 리스트에 인덱싱을 함으로써 특정 열의 값이 반환되기 때문이다. 예를 들어 df4.columns[1]은 .columns의 두 번째 요소인 Math를 반환한다. 이는 df4['Math']를 사용하는 것과 같은 결과를 보여준다.

.columns와 인덱싱을 함께 사용하면 여러 열을 한번에 인덱싱할 수 있다는 장점이 있다. 코드 예제 7-25를 살펴보면 df4[['Korean', 'Math']]와 df4[df4.columns[0:2]]는 같은 결과를 보여준다. 즉 .columns를 사용하면 열이 많은 데이터를 효율적으로 인덱싱할 수 있게 도와준다.

코드 예제 7-25 .columns를 사용해 여러 열을 인덱싱하기

```
df4[df4.columns[0:2]]
```

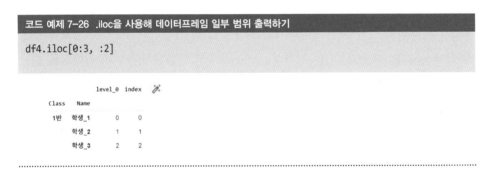

		level_0	index
Class	Name		
1반	학생_1	0	0
	학생_2	1	1
	학생_3	2	2
	학생_4	3	3
	학생_5	4	4
2반	학생_6	5	5
	학생_7	6	6
	학생_8	7	7
	학생_9	8	8
	학생_10	9	9
	학생_11	10	10

7.2.2.5 범위를 지정해 인덱싱하기

.iloc을 사용하면 데이터프레임의 일정 범위를 지정할 수도 있다. 이를 통해 특정 범위 안에 있는 데이터만 선택적으로 관리할 수 있다. 이는 코드 예제 7-26처럼 데이터프레임.iloc[시작 행:끝 행, 시작 열:끝 열]의 형식으로 사용한다.

코드 예제 7-26 .iloc을 사용해 데이터프레임 일부 범위 출력하기

```
df4.iloc[0:3, :2]
```

		level_0	index
Class	Name		
1반	학생_1	0	0
	학생_2	1	1
	학생_3	2	2

7.3 외부 데이터 관리하기

7.3.1 데이터 불러오기

데이터를 저장하는 파일에는 csv$^{comma\ separated\ values}$, tsv, json, sav, dat, excel, sas, xml 등 다양한 형식이 존재한다. 판다스를 활용하면 외부에 저장돼 있는 데이터를 파이썬으로 불러올 수 있다. 여기서는 먼저 데이터를 저장하는 데 많이 사용되는 csv 파일을 파이썬에서 어떻게 불러오는지 또 그 파일을 전처리하고 정제하는 과정을 살펴보도록 하겠다.

csv 파일이란 쉼표를 사용해 데이터의 필드를 구별하는 파일을 가리킨다. 여기서 필드란 각각의 데이터 항목을 말한다. 표 7-1의 데이터 테이블은 각 학생들의 중간고사 점수를 기록한 것이다. 학생 한 명의 중간고사 점수가 한 줄 한 칸에 저장돼 있다. 총 세 개의 시험을 봤기 때문에 학생의 이름과 국어, 영어, 수학 점수가 기록돼 있는 것이다.

표 7-1 임의로 만들어진 학생 시험 성적

이름	국어	영어	수학
학생1	90	80	60
학생2	70	65	55
학생3	80	70	45
…	…	…	…
학생n	60	65	70

여기서 데이터가 저장되는 열을 필드라고 한다. csv는 이 필드에 들어갈 값들을 쉼표(,)를 사용해 구분해 준다. 표의 데이터를 csv 파일을 읽을 수 있는 문서편집기로 열어보면 다음과 같은 형식으로 저장돼 있다.

이름,국어,영어,수학

학생A,90,80,60

학생B,70,65,55

학생C,30,70,45

한 학생의 중간고사 데이터를 한 행에 저장하고 국영수에 해당하는 데이터를 쉼표(,)로 구분해 파이썬이나 엑셀, R과 같은 데이터 분석 패키지에서 사용할 수 있다. 보통은 첫 줄이나 csv 파일 특정 부분에 각 필드의 이름을 적어 각 데이터가 어떤 의미를 지니는지에 대한 정보를 전달한다.

7.3.1.1 read_csv

파이썬에서 csv 파일을 읽어오는 방법은 여러 가지가 있지만 파이썬에서 데이터 관리 및 정제를 하는 데 주로 사용하는 판다스 라이브러리의 read.csv를 사용하면 가장 편리하다. .read_csv()를 사용해 데이터를 불러오려면 파일이 저장돼 있는 폴더의 경로(예: /gdrive/My Drive/SKKU_AI)와 파일 이름을 정확히 알 필요가 있다. 만약 코랩에서 read_csv()를 사용해 파일을 불러올 때 경로를 지정하지 않는다면 코랩이 기본적으로 사용하는 content 폴더에서 데이터를 불러오려고 한다. 이 폴더는 3장에서 살펴봤던 방법으로 업로드한 파일이 저장되는 기본 폴더이다.

.read_csv()는 온라인 공간의 데이터를 불러올 수도 있다. 코드 예제 7-27은 이책의 온라인 github에 저장돼 있는 데이터를 가져와서 살펴보도록 하겠다.

코드 예제 7-27 온라인 공간에 있는 데이터 불러오기

```
df = pd.read_csv("https://raw.githubusercontent.com/skku-ai-textbook/aitextbook/main/
data/CH07-data1.csv")
```

7.3.1.2 데이터프레임 저장하기

지금까지는 데이터프레임을 새로 만들거나 특정 데이터셋의 일부분만을 따로 분리해 새로운 데이터프레임을 만들었다. 새로 작업한 데이터프레임은 파일로 저장하고 이를 필요할 때만 불러낼 수도 있다. 예를 들어 설명해 보겠다. 이전에 사용한 데이터셋의 일정 부분을 추출했다고 가정해 보자. 이 데이터를 추후 다시 활용하려면 외부 파일로 저장해야 한다. 이를 위해 .to_csv()를 활용하면 해당 데이터를 csv 파일로 저장할 수 있다.

데이터를 csv 형태로 저장하려면 코드 예제 7-28과 같은 형식을 사용해야 한다. 이때 인덱스를 지정하지 않으려면 index=False라는 아규먼트를 사용하면 된다. 또한 쉼표(,)가 아닌 다른 형식으로 각 열 또는 필드를 구분하려면(예: 탭(\t)) sep="\t" 아규먼트를 사용해야 한다.

```
df4.to_csv("CH07-save_test1.csv", index=False)
```

특별히 저장할 경로를 지정하지 않은 파일은 구글 코랩에 기본적으로 설정된 폴더에 저장된다. 여기서는 /content 폴더가 기본적으로 설정돼 있기 때문에 CH07-save_test1.csv 파일은 해당 폴더에 저장된다.

> 팁 구글 코랩에 기본적으로 위치한 폴더를 알아보려면 !pwd라는 명령어를, 해당 폴더에 있는 파일의 목록을 살펴보려면 !ls를 사용해야 한다. 구글 코랩에 저장되는 파일은 일정 시간 후 삭제되므로 반드시 본인의 컴퓨터에 다운로드해야 한다. 만약 3장에서 살펴본 것처럼 구글 코랩에 구글 드라이브를 연결했다면 구글 드라이브에 저장할 수 있다.

7.4 데이터프레임 살펴보기

7.4.1 데이터 특성 확인하기

인공지능을 만들기 위해 외부에 저장돼 있는 데이터를 불러왔다고 가정해 보자. 먼저 데이터셋이 어떤 구조로 구성돼 있는지를 확인해야 한다. 코드 예제 7-27에서 불러온 데이터셋을 살펴보도록 하겠다. 먼저 해당 데이터셋이 몇 개의 행과 열로 구성돼 있는지 확인할 필요가 있다. 코드 예제 7-29에서 볼 수 있는 것처럼 판다스의 .shape를 사용하면 데이터프레임의 행×열 구조를 확인할 수 있다. (982, 8)은 해당 데이터가 982개의 행과 8개의 열로 구성돼 있다는 것이다.

```
df.shape
```

```
(982, 8)
```

이후 판다스의 .head()와 .tail()을 사용해 제대로 데이터셋을 불러왔는지 확인할 필요가 있다. .head()와 .tail() 모두 괄호 안에 원하는 숫자를 넣으면 .head()는 제일 첫 행부터 n개의 데이터를, .tail()은 제일 마지막 행부터 n개의 데이터를 출력한다. 코드 예제 7-30, 7-31은 해당 데이터의 가장 첫 n행과 가장 마지막 n행을 살펴보는 코드이다. 이때 .head()와 .tail()의 괄호 안에 아무런 아규먼트도 넣지 않으면 기본적으로 다섯 행을 출력한다.

코드 예제 7-30 .head()를 사용해 첫 n행 출력하기

```
df.head(5)
```

	관객	전체스크린수	전체영화상영횟수	평균개봉기간	최고점유율	점유율편차	관객수	스크린수
0	25385.74	5150.0	24524.0	14.3	44.8	14.356235	NaN	5069.0
1	20000.84	5102.0	23140.0	15.3	45.9	14.655629	20136.84	5072.0
2	NaN	4998.0	22674.0	NaN	44.8	NaN	6750.60	4880.0
3	7943.88	5014.0	23420.0	9.0	45.2	13.582996	8034.88	4995.0
4	2578.85	2542.0	11050.0	14.3	48.1	14.340928	2661.85	2572.0

코드 예제 7-31 .tail()를 사용해 마지막 n행 출력하기

```
df.tail()
```

	관객	전체스크린수	전체영화상영횟수	평균개봉기간	최고점유율	점유율편차	관객수	스크린수
977	1387.39	4297.0	NaN	335.4	60.2	18.971174	1466.39	4348.0
978	1170.01	4315.0	11601.0	342.4	50.2	14.952893	1256.01	NaN
979	NaN	3539.0	8264.0	13.4	42.7	14.714301	492.86	3485.0
980	1583.68	4559.0	13619.0	15.3	24.7	8.392331	NaN	4505.0
981	617.16	4070.0	NaN	16.9	26.4	8.728115	656.16	NaN

.dtypes를 사용하면 각 행들이 어떤 형식으로 저장돼 있는지를 확인할 수 있다. 때로는 숫자열이 문자열로 인식돼 있는 경우가 있는데, 이는 분석 시에 오류를 유발할 수 있다. 따라서 각 데이터가 제대로 된 형식으로 저장돼 있는지를 확인할 필요가 있다. 코드 예제 7-32의 결과에서 볼 수 있는 것처럼 해당 데이터는 관객, 전체 스크린 수, 전체 영화 상영횟수 등의 행들로 이뤄져 있다.

```
df.dtypes
```

```
관객              float64
전체스크린수         float64
전체영화상영횟수       float64
평균개봉기간         float64
최고점유율          float64
점유율편차          float64
관객수            float64
스크린수           float64
dtype: object
```

필요한 경우 판다스를 사용해 데이터의 특정 값을 기준으로 데이터프레임을 정렬할 수 있다. 예를 들어 학생들의 중간고사 데이터가 있을 때 특정 과목의 성적에 따라 석차를 매긴다거나 영화의 흥행 순위 데이터에서 관객 수에 따라 영화 순위를 정할 수 있다. 판다스에서 데이터를 정렬하려면 .sort_values() 메서드를 사용한다. 데이터프레임.sort_values(by=정리하는 데 사용하려는 열)의 형식이다.

코드 예제 7-33의 실행 결과를 살펴보면 숫자로 구성된 인덱스가 기존의 데이터프레임과 다르게 순서대로 정리돼 있지 않은 것을 확인할 수 있다. 이는 데이터프레임 자체가 관객 수를 기준으로 오름차순으로 정렬돼 있기 때문이다. 물론 정렬한 데이터프레임을 새로운 데이터프레임으로 저장하지 않으면 기존의 데이터프레임은 그대로 유지된다.

```
df.sort_values(by="관객").head(5)
```

	관객	전체스크린수	전체영화상영횟수	평균개봉기간	최고점유율	점유율편차	관객수	스크린수
940	104.37	1500.0	2628.0	230.1	16.7	4.848092	229.37	1452.0
939	108.88	NaN	3013.0	135.2	13.0	3.740469	181.88	1753.0
942	136.44	1710.0	2978.0	1467.6	13.2	3.327595	227.44	1694.0
945	169.42	1929.0	2852.0	1699.7	NaN	4.256446	234.42	1932.0
936	199.95	1813.0	3385.0	NaN	17.6	4.534816	292.95	1887.0

그렇다면 데이터셋을 특정 데이터를 기준으로 내림차순으로 정렬하려면 어떻게 해야 할까? 이는 .sort_values()에 ascending=False라는 아규먼트를 사용하면 가능하다. ascending은 '오르다'를 의미하므로 이 아규먼트 값에 False를 대입하면 특정 데이터를 기준으로 내림차순으로 정렬한다. 코드 예제 7-34는 앞의 데이터를 관객 기준으로 내림차순으로 정렬한 결과이다.

코드 예제 7-34 .sort_values()를 사용해 내림차순으로 정렬하기

```
df.sort_values(by="관객", ascending=False).head(5)
```

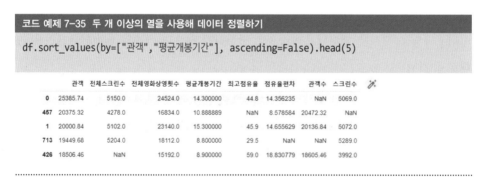

	관객	전체스크린수	전체영화상영횟수	평균개봉기간	최고점유율	점유율편차	관객수	스크린수	
0	25385.74	5150.0	24524.0	14.300000	44.8	14.356235	NaN	5069.0	
457	20375.32	4278.0	16834.0	10.888889	NaN	8.578584	20472.32	NaN	
1	20000.84	5102.0	23140.0	15.300000	45.9	14.655629	20136.84	5072.0	
713	19449.68	5204.0	18112.0	8.800000	29.5	NaN	NaN	5289.0	
426	18506.46	NaN	15192.0	8.900000	59.0	18.830779	18605.46	3992.0	

데이터프레임의 여러 열을 기준으로 정렬을 하려면 by 아규먼트에 여러 열을 입력하면 된다. 이때 처음 열(코드 예제의 경우 관객)을 기준으로 정렬하고, 처음 열의 데이터 값이 같으면 두 번째 열을 기준으로 정렬한다. 코드 예제 7-35는 두 변수 열을 사용해 데이터를 정리한 결과를 보여주고 있다.

코드 예제 7-35 두 개 이상의 열을 사용해 데이터 정렬하기

```
df.sort_values(by=["관객","평균개봉기간"], ascending=False).head(5)
```

	관객	전체스크린수	전체영화상영횟수	평균개봉기간	최고점유율	점유율편차	관객수	스크린수	
0	25385.74	5150.0	24524.0	14.300000	44.8	14.356235	NaN	5069.0	
457	20375.32	4278.0	16834.0	10.888889	NaN	8.578584	20472.32	NaN	
1	20000.84	5102.0	23140.0	15.300000	45.9	14.655629	20136.84	5072.0	
713	19449.68	5204.0	18112.0	8.800000	29.5	NaN	NaN	5289.0	
426	18506.46	NaN	15192.0	8.900000	59.0	18.830779	18605.46	3992.0	

7.4.2 데이터프레임의 연산

이미 데이터 시리즈에서 살펴본 것처럼 데이터프레임 안에 존재하는 열끼리의 연산이 가능하다. 서로 연산한 값은 새로운 열로 저장해 다른 목적으로 활용할 수 있다. 새로운 열을 만들려면 데이터프레임['새로운 열'] = 데이터프레임의 각 열을 이용한 연산 형식을 사용해야 한다.

코드 예제 7-36을 예로 들어 보겠다. 만약 스크린당 관객 수를 구하고자 한다면 df['관객'] / df['전체스크린수']의 형식을 사용한다. 이 경우 각 행에 있는 관객 데이터를 전체 스크린 수로 나누게 된다. 이를 새로운 열(변수)로 저장하려면 코드 예제 7-31처럼 df['새로운 열']에 계산 결과를 저장하면 된다. 여기서는 지면을 줄이려고 데이터프레임의 첫 행만 출력했다.

코드 예제 7-36 새로운 변수 열 만들기

```
df['스크린당_관객수'] = df['관객'] / df['전체스크린수']
df.head(1)
```

	관객	전체스크린수	전체영화상영횟수	평균개봉기간	최고점유율	점유율편차	관객수	스크린수	스크린당_관객수
0	25385.74	5150.0	24524.0	14.3	44.8	14.356235	NaN	5069.0	4.92927

같은 방식으로 특정 데이터에 비교연산자를 사용한 결과를 새로운 열로 저장할 수 있다. 코드 예제 7-37의 코드를 실행하면 관객이 1,000보다 크다라는 조건을 만족하는 경우에는 True, 1,000보다 작은 경우에는 False 형태로 새로운 데이터를 반환하게 된다.

코드 예제 7-37 논리형식을 사용해 새로운 변수 열 만들기

```
df['관객1000이상'] = df['관객']>=1000
df.head(1)
```

	관객	전체스크린수	전체영화상영횟수	평균개봉기간	최고점유율	점유율편차	관객수	스크린수	스크린당_관객수	관객1000이상
0	25385.74	5150.0	24524.0	14.3	44.8	14.356235	NaN	5069.0	4.92927	True

파이썬의 명령어 lambda를 사용하면 코드 예제 7-38처럼 데이터프레임의 각 행에 리스트 컴프리헨션이나 딕셔너리 컴프리헨션과 같은 작업을 수행할 수 있다. 코드 예제 7-38에서 볼 수 있는 것처럼 데이터프레임의 특정 행을 선택한 후 .apply()를 사용하면 해당 행(df['스크린수']를 람다에서 x로 취급하게 된다. 즉 매 행에 존재하는 전체 스크린 수 데이터를 취해 문자열로 만든 후 앞에서 네 개의 문자만을 취하게 되는 코드이다) 즉 lambda x: str(x)[0:4] 첫 번째 행의 전체 스크린 수 값 5150.0을 x로 받아 이를 '5150.0'이라는 문자열로 바꾼 후 이 중 첫 네 개의 문자만 반환하게 된다. .apply()를 사용하면 해당 작업을 데이터프레임의 모든 행에 적용할 수 있다.

코드 예제 7-38 lambda를 적용해 새로운 변수 열 만들기

```
df['스크린수-4'] = df['스크린수'].apply(lambda x: str(x)[0:4])
df.head(1)
```

	관객	전체스크린수	전체영화상영횟수	평균개봉기간	최고점유율	점유율편차	관객수	스크린수	스크린당_관객수	관객1000이상	스크린수-4
0	25385.74	5150.0	24524.0	14.3	44.8	14.356235	NaN	5069.0	4.92927	True	5069

> **팁** 람다(lambda)는 익명 함수라고도 불리는 파이썬 명령어이다. lambda를 사용하면 특정 작업을 반복하는 함수를 만들 수 있다. 코드 예제 7-38처럼 어느 시점에서 일회적으로 특정 작업을 반복적으로 수행하는 것처럼 람다 함수를 만들어 사용하면 편리하다.

7.4.3 조건에 맞는 데이터만 가져오기

학생들의 중간고사를 기록한 데이터가 있다고 해보자. 판다스를 사용해 중간고사 평균이 70점을 넘은 학생들만 출력하고자 한다면 어떻게 해야 할까? 데이터프레임에서 특정 조건을 만족하는 사례만을 선택하려면 데이터프레임[조건]의 형식을 사용한다(예: df[df['관객']>1000]). 코드 예제 7-39는 데이터프레임에서 관객이 20,000명을 초과한 데이터만을 추출하는 코드이다. 이 경우에서 볼 수 있듯이 df[df['관객']>20000]을 사용하면 원하는 결과를 얻을 수 있다.

```
df[df['관객']>20000]
```

	관객	전체스크린수	전체영화상영횟수	평균개봉기간	최고점유율	점유율편차	관객수	스크린수	
0	25385.74	5150.0	24524.0	14.300000	44.8	14.356235	NaN	5069.0	
1	20000.84	5102.0	23140.0	15.300000	45.9	14.655629	20136.84	5072.0	
457	20375.32	4278.0	16834.0	10.888889	NaN	8.578584	20472.32	NaN	

이처럼 특정 조건을 만족하는 데이터를 추출할 수 있는 것은 df['관객']>20000이
라는 코드를 실행하면 코드 예제 7-40처럼 해당 조건이 맞는 참과 거짓의 논리 값
을 반환하기 때문이다. 이를 데이터셋에 적용하면 True인 행만 출력된다.

```
df['관객']>10000
```

```
0       True
1       True
2       False
…
…
980     False
981     False
Name: 관객, Length: 982, dtype: bool
```

두 가지 이상의 조건을 만족하는 데이터를 출력하기 위해서는 코드 예제 7-41처
럼 데이터프레임[조건1 & 조건2]]의 형식을 사용하면 된다.

```
df[(df['관객']>2000) & (df['평균개봉기간']<13)]
```

	관객	전체스크린수	전체영화상영횟수	평균개봉기간	최고점유율	점유율편차	관객수	스크린수	
3	7943.88	5014.0	23420.0	9.0	45.2	13.582996	8034.88	4995.0	
6	3301.92	2183.0	10768.0	12.8	36.0	11.539156	3387.92	2150.0	
30	3323.77	2079.0	10967.0	12.1	22.5	6.289851	3425.77	2132.0	
32	8808.34	2687.0	12281.0	11.9	66.0	NaN	8865.34	2651.0	
35	3475.69	2317.0	11133.0	12.9	48.2	15.663493	3620.69	2304.0	
...									
905	8561.74	6201.0	19435.0	8.5	59.7	18.173207	8682.74	6258.0	
906	3637.36	5523.0	17588.0	8.3	32.9	NaN	3708.36	NaN	
907	8851.19	NaN	NaN	10.5	43.2	14.583491	8894.19	5854.0	
908	2391.06	5462.0	16894.0	12.9	NaN	10.689372	2474.06	5410.0	
911	14363.87	5640.0	20416.0	10.8	55.7	17.279432	14478.87	5635.0	

297 rows × 8 columns

코드 예제 7-42는 특정 조건에 부합하는 데이터프레임에서 또다시 조건을 만족하는 일부의 데이터만을 취사 선택하는 코드이다. 이렇게 여러 조건에 만족하는 데이터 중 또 다른 조건에 맞는 데이터를 선택하는 것을 체인 인덱싱이라고 한다.

코드 예제 7-42 체인 인덱싱으로 데이터 선택하기

```
df[df['관객']>2500][['관객', '최고점유율']]
```

	관객	최고점유율	
0	25385.74	44.8	
1	20000.84	45.9	
3	7943.88	45.2	
4	2578.85	48.1	
6	3301.92	36.0	
...			
925	2852.92	32.7	
965	4743.69	NaN	
969	3131.41	68.4	
970	7221.12	78.4	
971	3074.20	NaN	

626 rows × 2 columns

7.5 데이터 합치기

인공지능 개발 시 필요에 따라 여러 데이터셋을 함께 활용하는 경우도 있다. 예를 들어 서울시 공유자전거 '따릉이'의 수요를 예측하는 인공지능을 만든다고 가정해 보

자. 자전거의 수요는 자전거 대여소의 위치나 시간, 휴일 여부 등 시간과 장소 데이터도 중요하지만 그날의 기상 상황에 따라 달라질 수 있다. 따라서 각 시간대별 공유 자전거의 수요를 저장하고 있는 데이터셋 외에도 해당 시간 및 일자별 날씨 정보를 담고 있는 기상청 데이터 또한 특정 일자의 자전거 수요를 예측하는 데 무척이나 중요하다. 만약 이 두 개의 데이터를 활용하고자 한다면 독립적으로 존재하는 데이터 셋을 하나의 데이터셋으로 만들 필요가 있다.

판다스를 활용해 개별 데이터셋을 합치려면 먼저 합치고자 하는 데이터셋들이 어떤 형태로 존재하는지 생각해 봐야 한다. 먼저 매일매일 새로 업데이트되는 기상청의 일기예보 데이터처럼 데이터가 같은 형식으로 반복적으로 존재하는 경우가 있다. 반면 일자별 자전거 수요와 해당 날짜의 기상 상황을 담고 있는 데이터셋처럼 특정 기준을 공유하는 두 가지의 데이터셋을 합치는 경우가 존재한다.

전자의 경우 데이터셋이 같은 기준으로 반복된다는 점에서 새로운 데이터를 기존의 데이터 하단에 추가하면 된다. 이는 데이터 사례 수가 늘어나는 것이라고 할 수 있다. 그다음은 공통으로 존재하는 변수나 인덱스를 기준으로 두 데이터를 합치는 과정으로 변수가 추가되는 것으로 생각하면 이해하기 쉽다.

7.5.1 .append()를 사용해 반복되는 데이터 합치기

다음 두 데이터를 예로 들어 반복되는 데이터를 합치는 실습을 해보도록 하겠다. 이 두 데이터셋은 두 분반으로 나눠진 인공지능개론 수업의 중간고사 시험 성적 데이터이다. 두 분반의 학생들이 중간고사 시험을 봤기 때문에 총 두 개의 독립적인 데이터셋이 존재한다. 이 데이터를 하나로 모아 전체 학생들의 평균을 내보려고 한다. 각각의 데이터셋이 분반/학번/중간고사 성적이라는 세 개의 변수로 구성돼 있다고 하면 .append()를 사용해 첫 번째 분반의 데이터에 두 번째 분반의 데이터를 합칠 수 있다. 이는 두 데이터에 존재하는 변수들이 동일하기 때문이다. 코드 예제 7-43은 .append() 실습을 위해 필요한 데이터를 불러오는 코드이다.

```
df1 = pd.read_csv("https://raw.githubusercontent.com/skku-ai-textbook/
  aitextbook/main/data/CH07-mid1.csv")
df2 = pd.read_csv("https://raw.githubusercontent.com/skku-ai-textbook/
  aitextbook/main/data/CH07-mid2.csv")

print(df1.head(3))
print(df2.head(3))
```

```
   class  student_id  midterm
0  분반1     20203782       87
1  분반1     20203920       75
2  분반1     20206801       87
   class  student_id  midterm
0  분반2     20206084       91
1  분반2     20209003       95
2  분반2     20203515       74
```

판다스의 .append()는 앞에서 분반의 예를 든 것처럼 반복되는 데이터를 하나의 데이터셋으로 합치는 데 사용된다. 코드 예제 7-44는 .append()를 사용한 코드이다. 코드 예제 7-44의 결과에서 볼 수 있는 것처럼 두 개의 데이터프레임이 합쳐진 것을 확인할 수 있다.

```
df1.append(df2)
```

	class	student_id	midterm
0	분반1	20203782	87
1	분반1	20203920	75
2	분반1	20206801	87
3	분반1	20205210	86
4	분반1	20206442	96
...	...	...	...
46	분반2	20200618	78
47	분반2	20202893	84
48	분반2	20203054	81
49	분반2	20204498	93
50	분반2	20200733	81

100 rows × 3 columns

7.5.2 .merge()를 사용해 독립적인 두 데이터 합치기

시간이 지나 두 수업의 학생들이 기말고사를 봤다고 해보자. 기말고사의 데이터를 중간고사의 데이터와 합쳐 실제로 학생의 최종 성적을 내려고 한다. 기말고사 데이터는 분반, 학번, 기말고사 점수의 세 가지 변수로 이뤄져 있다. 이 데이터를 앞에서 만들어 놓은 중간고사 데이터와 병합하려면 개별 학생을 기준으로 데이터를 합쳐야 한다. 이를 통해 각 분반의 학생이 인공지능개론의 중간고사, 기말고사 성적을 기록한 데이터셋이 생성된다. 코드 예제 7-45는 실습에 활용하고자 하는 데이터프레임을 불러오는 코드이다.

코드 예제 7-45 실습에 필요한 데이터 불러오기

```python
df3 = pd.read_csv("https://raw.githubusercontent.com/skku-ai-textbook/
  aitextbook/main/data/CH07-final.csv")
print(df3.head(3))
```

```
   class  student_id  final
0  분반1    20203782      93
1  분반1    20203920      75
2  분반1    20206801      75
```

판다스의 .merge()를 사용하면 두 독립적인 데이터셋을 합칠 수 있다. 이때 중요한 것은 두 데이터셋을 합치는 기준이 되는 공통적인 특성이 있어야 하는데 그 기준이 되는 특성을 키^{key}라고 부른다. merge()는 필요한 경우 여러 개의 열을 기준으로 데이터를 합칠 수도 있다. 특히 지금 갖고 있는 데이터셋은 'class'와 'student_id'가 공통으로 존재하기 때문에 이 두 개의 데이터를 기준으로 데이터셋을 합칠 수 있다. .merge()를 사용해서 데이터를 합칠 때 pd.merge(데이터셋1, 데이터셋2, how="방식", on=['키가 되는 열1', '키가 되는 열2'])의 형식을 사용한다. 이때 merge()에 어떤 기준으로 데이터를 합치는가에 따라 새로 만들어지는 데이터가 달라지게 된다. how에 사용되는 인자는 다음과 같다.

- how='left': 먼저 투입되는 데이터셋 기준으로 데이터를 병합한다.

- how='right': 나중에 투입되는 데이터셋 기준으로 데이터를 병합한다.

- how='inner': 두 데이터셋에 모두 존재하는 데이터만 병합한다.

- how='outer': 모든 데이터를 병합한다.

코드 예제 7-46 .merge()를 사용해 데이터 합치기

```
df4 = pd.merge(df, df3, how="left", on=['class',"student_id"])
df4.head(5)
```

	class	student_id	midterm	final	
0	분반1	20203782	87	93	
1	분반1	20203920	75	75	
2	분반1	20206801	87	75	
3	분반1	20205210	86	95	
4	분반1	20206442	96	93	

how 아규먼트는 두 데이터셋을 합치는 기준을 결정한다. 특정 데이터가 존재하지 않는다면 어느 데이터셋을 기준으로 새로운 데이터셋을 병합할지를 결정하게 된다. 예를 들어 코드 예제 7-46에서 사용한 how='left'의 경우 두 데이터 중 공통적으로 존재하는 데이터가 없으면 먼저 투입된 데이터를 기준으로 데이터가 생성된다.

코드 예제 7-47~7-50은 데이터 중 일부를 사용해 .merge()의 how 아규먼트의 사용에 따라 결과가 어떻게 변하는지를 보여준다. 코드 예제 7-47 먼저 투입된 df를 기준으로 두 번째 투입된 df3에 해당 데이터가 있으면 데이터를 합치고, 없으면 결측값인 NaN(Not a Number)으로 남겨두게 된다.

코드 예제 7-47 .merge와 how='left'를 사용해 데이터 합치기

```
pd.merge(df.iloc[0:6], df3.iloc[3:9], how="left",
  on=['class',"student_id"])
```

	class	student_id	midterm	final
0	분반1	20203782	87	NaN
1	분반1	20203920	75	NaN
2	분반1	20206801	87	NaN
3	분반1	20205210	86	95.0
4	분반1	20206442	96	93.0
5	분반1	20203445	73	101.0

216

코드 예제 7-48은 두 번째 투입되는 데이터를 기준으로 데이터를 병합한다. 코드 예제 7-48의 결과에서 볼 수 있는 것처럼 두 번째 데이터를 기준으로 첫 번째 데이터가 있으면 데이터를 합치고, 데이터가 없으면 결측값인 NaN으로 남겨두게 된다.

코드 예제 7-48 .merge와 how='right'를 사용해 데이터 합치기

```
pd.merge(df.iloc[0:6], df3.iloc[3:9], how="right",
  on=['class',"student_id"])
```

	class	student_id	midterm	final
0	분반1	20205210	86.0	95
1	분반1	20206442	96.0	93
2	분반1	20203445	73.0	101
3	분반1	20201775	NaN	97
4	분반1	20201114	NaN	101
5	분반1	20207143	NaN	93

코드 예제 7-49는 how='inner'를 통해 데이터를 합친다. 이 경우 두 데이터프레임에 모두 존재하는 데이터만 병합해 새로운 데이터프레임을 만들게 된다.

코드 예제 7-49 .merge와 how='inner'를 사용해 데이터 합치기

```
pd.merge(df.iloc[0:6], df3.iloc[3:9], how="inner",
  on=['class',"student_id"])
```

	class	student_id	midterm	final
0	분반1	20205210	86	95
1	분반1	20206442	96	93
2	분반1	20203445	73	101

코드 예제 7-50은 how='outer'를 사용해 새로운 데이터프레임을 만드는 코드이다. 코드 예제 7-50의 결과에서 볼 수 있는 것처럼 두 데이터프레임에 존재하는 모든 데이터를 병합해 새로운 데이터를 만들게 된다.

코드 예제 7-50 .merge와 how='outer'를 사용해 데이터 합치기

```
pd.merge(df.iloc[0:6], df3.iloc[3:9], how="outer",
  on=['class',"student_id"])
```

	class	student_id	midterm	final	
0	분반1	20203782	87.0	NaN	
1	분반1	20203920	75.0	NaN	
2	분반1	20206801	87.0	NaN	
3	분반1	20205210	86.0	95.0	
4	분반1	20206442	96.0	93.0	
5	분반1	20203445	73.0	101.0	
6	분반1	20201775	NaN	97.0	
7	분반1	20201114	NaN	101.0	
8	분반1	20207143	NaN	93.0	

7.6 탐색적 데이터 분석 및 처리

7.6.1 데이터프레임에 대한 기본 정보 살펴보기

지금까지는 데이터를 살펴볼 때는 `.shape`, `.dtypes`, `len()` 등을 사용해 데이터의 전체 구조를 살펴보거나 `.head()`나 `.tail()` 등으로 데이터의 일부분을 살펴봤다. 이 경우 실제 데이터의 전체적인 구조를 파악할 수는 있으나 데이터 값의 범위를 알 수없다.

메서드	용도
.info()	기본적인 데이터 구조 파악
dtype	데이터프레임의 각 열 데이터 유형 출력
.astype()	특정 열의 데이터 유형 변경

코드 예제 7-51은 이 실습에서 필요한 데이터를 불러오는 코드이다.

코드 예제 7-51 실습 데이터 불러오기

```
df = pd.read_csv("https://raw.githubusercontent.com/skku-ai-textbook/
  aitextbook/main/data/CH07_weather1.csv")
```

데이터셋의 기본적인 정보를 찾아보려면 `.info()`를 사용하면 된다. `.info()`는 데이터의 이름(column)과 결측값이 아닌 데이터의 개수(Non-Null Count), 데이터의 타입(Dtype)을 반환한다. 코드 예제 7-52와 7-53은 각각 .info()와 .dtypes를 사용해 데이터프레임 정보를 보는 코드이다.

코드 예제 7-52 .info()를 사용해 데이터프레임 정보 보기

```
df.info()
```

```
<class 'pandas.core.frame.DataFrame'>
RangeIndex: 100 entries, 0 to 99
Data columns (total 3 columns):
 #   Column   Non-Null Count  Dtype
---  ------   --------------  -----
 0   날짜        100 non-null    object
 1   강수량       100 non-null    float64
 2   평균 기온     100 non-null    float64
dtypes: float64(2), object(1)
memory usage: 2.5+ KB
```

코드 예제 7-53 .dtypes를 사용해 데이터프레임 정보 보기

```
df.dtypes
```

```
날짜          object
강수량         float64
평균 기온       float64
dtype: object
```

데이터를 불러오면 경우에 따라 특정 데이터의 유형이 잘못 저장돼 있을 수도 있다. 이 경우 .astype()을 사용해 특정 열의 데이터 유형을 변경할 수 있다. 코드 예제 7-54는 .astype()을 사용해 데이터의 유형을 변경했다. df['평균 기온2'] = df['평균 기온'].astype('str')은 실수형으로 저장된 평균 기온 열을 문자열로 변경해 평균 기온 2라는 변수로 저장한 것이다. 이때 df.describe()를 사용해 데이터프레임을 살펴보면 문자열 형태로 저장된 평균 기온 2의 특성은 표시되지 않는다. 이는 '평균 기온2' 열에 저장된 데이터가 숫자처럼 보인다고 하더라도 문자열로 취급되고 있기 때문

이다.

```
df['강수량2'] = df['강수량'].astype('str')
df['평균 기온2'] = df['평균 기온'].astype('str')
df.info()
```

```
<class 'pandas.core.frame.DataFrame'>
RangeIndex: 100 entries, 0 to 99
Data columns (total 5 columns):
 #   Column   Non-Null Count  Dtype
---  ------   --------------  -----
 0   날짜   100 non-null   object
 1   강수량 100 non-null   float64
 2   평균 기온 100 non-null         float64
 3   강수량2   100 non-null         object
 4   평균 기온2100 non-null         object
dtypes: float64(2), object(3)
memory usage: 4.0+ KB
```

7.6.2 데이터 탐색적 분석하기

판다스를 활용해 데이터프레임의 전반적인 특성을 살펴보려면 .describe()를 사용한다. .describe()는 정수int, 실수float 형태로 돼 있는 데이터프레임 행의 정보를 보여준다. .describe()를 사용하면 각 데이터의 기술 통계Descriptive Statistics를 알아 볼 수 있다. 이때 표시되는 정보는 평균, 표준편차, 최솟값, 25%, 50%, 75% 위치에 있는 데이터의 값, 최댓값이다. .describe()를 통해 알 수 있는 정보를 사용해 데이터의 전반적인 특성을 파악할 수 있다. 추후 8장에서 살펴볼 데이터 시각화를 함께 사용하면 인공지능을 만드는 데 기초적으로 수행해야 할 탐색적 분석EDA, Exploratory Data Analysis을 실시할 수 있다. .describe()를 사용하면 다음 표와 같은 해당 특성에 대한 여러 가지 정보를 얻을 수 있다.

정보	의미
count	실측값: NaN이 아닌 데이터의 개수
mean	평균: 데이터의 산술적 중앙값
std	표준편차: 각 데이터가 평균으로부터 떨어져 있는 일반적인 거리
min	최솟값: 데이터 중 제일 작은 값
25%	데이터를 크기 순으로 세워 25% 지점에 위치한 값
50%	데이터를 크기 순으로 세워 50% 지점에 위치한 값
75%	데이터를 크기 순으로 세워 75% 지점에 위치한 값
max	최댓값: 데이터 중 가장 큰 값

코드 예제 7-55 .describe()를 사용해 데이터프레임의 기술 통계 분석

```
df.describe()
```

	강수량	평균기온
count	100.000000	100.000000
mean	2.562000	10.496000
std	6.894263	9.477106
min	-4.600000	-7.300000
25%	0.000000	2.400000
50%	0.100000	10.200000
75%	2.100000	19.325000
max	51.400000	25.800000

　지금까지는 .describe()를 사용해 데이터프레임에 있는 여러 열의 정보를 알아봤다. 하지만 경우에 따라 해당 열의 특정 정보만 필요한 경우도 있다. 예를 들어 어떤 열의 평균값을 출력하거나 계산하는 데 사용하려면 해당 값을 호출해야 하기 때문이다. 이런 경우 판다스를 활용하면 한 열의 특성 정보만을 알아볼 수 있다. 하나의 특성을 분석할 경우 데이터프레임['열'].정보()의 형식으로 데이터의 정보를 알아볼 수 있다(예: df['강수량'].mean()).

정보	의미
count()	실측값: NaN이 아닌 데이터의 개수
mean()	평균: 데이터의 산술적 중앙값
sum()	합: 모든 데이터의 합
std()	표준편차: 각 데이터가 평균으로부터 떨어져 있는 일반적인 거리
min()	최솟값: 데이터 중 제일 작은 값
max()	최댓값: 데이터 중 제일 큰 값
median()	중앙값: 테이터 크기 순으로 중간에 위치한 값
quantile(n)	분위값: 데이터 크기 순으로 n%에 위치한 값

코드 예제 7-56은 판다스를 이용해 데이터프레임의 정보를 얻는 코드이다.

코드 예제 7-56 판다스를 이용한 데이터 정보 보기

```
print(df['강수량'].count()) # 실측값
print(df['강수량'].mean()) # 평균
print(df['강수량'].sum()) # 합
print(df['강수량'].std()) # 표준편차
print(df['강수량'].min()) # 최솟값
print(df['강수량'].max()) # 최댓값
print(df['강수량'].median()) # 중앙값
print(df['강수량'].quantile(.25)) # 25%에 위치한 값
print(df['강수량'].quantile(.75)) # 75%에 위치한 값
```

```
100
2.5619999999999994
256.19999999999993
6.8942631692200935
-4.6
51.4
0.1
0.0
2.1
```

그렇다면 왜 .describe()를 사용하지 않고 개별적으로 .mean()이나 .count()를

사용해 데이터의 특성을 파악하는 것일까? 이는 이를 개별값으로 사용해 실제 데이터 분석을 실시할 수 있기 때문이다. 예를 들어 각 개별 데이터를 평균을 중심으로 정규화하는 z 변환 $z=\frac{x-\mu}{\sigma}$을 사용하려면 각 데이터의 평균과 표준편차를 알아야 할 필요가 있다. 코드 예제 7-57은 데이터프레임에서 특정 변수의 정보를 활용해 정규화를 실시한 예제이다.

df['평균 기온'] - df['평균 기온'].mean() / df['평균 기온'].std()는 평균 기온 값을 평균 기온의 평균과 평균 기온의 표준편차로 나눈 것이다. .mean()과 .std()를 사용해 계산한 결과로 새로운 변수가 생성된 것을 확인할 수 있다.

코드 예제 7-57 데이터프레임의 정보를 사용해 정규화하기

```
df['평균 기온z값'] = (df['평균 기온'] - df['평균 기온'].mean()) / df['평균 기온'].std()
df.head()
```

	날짜	강수량	평균기온	강수량2	평균기온2	평균기온z값
0	2010-01-01	-0.0	-4.9	-0.0	-4.9	-1.624547
1	2010-01-03	0.0	-2.9	0.0	-2.9	-1.413512
2	2010-01-06	0.3	-7.3	0.3	-7.3	-1.877788
3	2010-01-07	0.0	-6.7	0.0	-6.7	-1.814478
4	2010-01-09	0.1	-3.1	0.1	-3.1	-1.434615

7.6.3 열에 대한 여러 정보를 한번에 보기

그렇다면 데이터프레임의 열에 대한 여러 정보를 뽑아내려면 어떻게 해야 할까? 이때는 판다스의 .agg()를 사용하면 된다. .agg()에 알고자 하는 정보를 데이터프레임['변수'].agg(['정보1', '정보2'...'정보n'])의 형식으로 적으면 된다. .agg()의 결괏값은 인덱싱도 가능하기 때문에 필요한 경우 계산에 활용할 수 있다. 코드 예제 7-58은 데이터프레임 열의 평균과 표준편차를 함께 구하는 코드이다.

코드 예제 7-58 여러 정보 구하기

```
# 평균과 표준편차 구하기
print(df['강수량'].agg(['mean', 'std']))
# 평균과 표준편차 인덱싱
```

```
print(df['강수량'].agg(['mean', 'std'])[0])
print(df['강수량'].agg(['mean', 'std'])[1])
```

```
mean     2.562000
std      6.894263
Name: 강수량, dtype: float64
2.5619999999999994
6.8942631692200935
```

두 개 이상의 열의 정보를 알려면 df[['강수량','평균 기온']].agg(['mean', 'std', 'median'])의 형식으로 정보를 알고자 하는 열들을 지정하고 구하려는 정보를 입력하면 된다. 코드 예제 7-59는 데이터프레임의 여러 열에 대한 정보를 얻기 위한 코드이다.

코드 예제 7-59 여러 변수로부터 정보 추출하기

```
df[['강수량','평균 기온']].agg(['mean', 'std','median'])
```

	강수량	평균기온
mean	2.562000	10.496000
std	6.894263	9.477106
median	0.100000	10.200000

여러 변수를 선택해 각 열별로 다른 정보를 알고 싶다면 코드 예제 7-60처럼 딕셔너리에 구하려는 열:[알려는 정보1, 알려는 정보2]의 형식으로 코드를 구성하면 된다. 이 경우 각 열별로 다른 정보를 알아낼 수 있다.

코드 예제 7-60 여러 변수를 선택해 변수별로 각기 다른 정보 선택하기

```
df.agg({'강수량':['sum','mean','std'], '평균 기온':['min','max']})
```

	강수량	평균기온
sum	256.200000	NaN
mean	2.562000	NaN
std	6.894263	NaN
min	NaN	-7.3
max	NaN	25.8

기본적으로 판다스의 .agg()는 각각의 열을 기준으로 정보를 추출한다. 하지만 .agg()에 axis='columns'를 사용하면 열이 아닌 행을 기준으로 정보를 뽑아 올 수 있다. 예를 들어 학생들의 과제 점수를 기록한 데이터가 있다고 해보자. 총 4개의 과제 점수 중 가장 점수가 낮은 값이나 평균값을 구해야 한다. 이때 .agg()를 사용하면 쉽게 해결할 수 있다. 코드 예제 7-61은 한 행의 강수량과 평균 기온 중 큰 값을 선택해 새로운 데이터로 저장하는 코드이다.

코드 예제 7-61 행을 기준으로 정보 추출하기

```
df['큰값'] = df[['강수량','평균 기온']].agg(['max'], axis='columns')
df.head()
```

	날짜	강수량	평균기온	강수량2	평균기온2	평균기온z값	큰값
0	2010-01-01	-0.0	-4.9	-0.0	-4.9	-1.624547	-0.0
1	2010-01-03	0.0	-2.9	0.0	-2.9	-1.413512	0.0
2	2010-01-06	0.3	-7.3	0.3	-7.3	-1.877788	0.3
3	2010-01-07	0.0	-6.7	0.0	-6.7	-1.814478	0.0
4	2010-01-09	0.1	-3.1	0.1	-3.1	-1.434615	0.1

7.7 명목 변수를 사용해서 그룹별로 기술 통계치 출력하기

7.7.1 명목 변수란?

지금까지 우리가 살펴본 변수 형태는 숫자여서 산술적인 계산이 가능했다. 하지만 때로는 특정 범주category 지칭을 위해 숫자나 특정 문자열을 사용해 정보를 처리하기도 한다.

예를 들어 많은 연구자들이 남자나 여자를 표기할 때 M이나 F를 쓰지만 때에 따라 남자를 (0), 여자를 (1)로 치환해 사용하기도 한다. 최종학력을 표시하는 경우에도 초졸, 중졸, 고졸, 대졸을 사용하는 경우도 있으나 각각의 명목을 숫자로 치환해 0, 1, 2, 3을 사용해 각각 초졸, 중졸, 고졸, 대졸을 의미하는 것으로 사용하기도 한다.

또 다른 예로 냉장고(0), TV(1), 전화기(2), 청소기(3), 컴퓨터(4), DVD플레이어

(5), 스마트폰(6) 등으로 가전제품 판매점에서 판매된 전자제품의 코드가 있다고 해보자. 여기서 숫자는 특정 대상을 지칭하는 것일 뿐 크기나 평균, 수치적인 의미가 존재하지 않는다. 이렇게 숫자나 문자열로 특정 정보나 명목을 지칭하는 경우를 명목 변수라고 한다.

먼저 명목 변수에 대해서 살펴보려고 지금까지 사용한 날씨 데이터의 날짜를 바꿔보도록 하겠다. 코드 예제 7-62는 데이터프레임에 존재하는 데이터에서 명목 변수를 만들어 내는 코드이다. 먼저 현재 데이터셋의 날짜 특성이 object로 인식돼 있기 때문에 판다스의 to_datetime을 사용해 해당 변수를 파이썬이 날짜로 인식하도록 변경했다. 그런 다음 datetime 모듈을 사용해 날짜 변수에서 해당 일자의 연도와 달, 요일을 새로운 변수로 만든다. 코드 예제 7-62의 결과에서 확인할 수 있는 것처럼 object였던 날짜 특성은 datetime 형식으로 변경되고 새로운 년, 월, 요일의 변수가 추가된 것을 확인할 수 있다.

코드 예제 7-62 날짜 데이터를 명목 변수로 바꾸기

```
# 날짜 정보를 활용하기 위한 모듈 불러오기
import datetime as dt

# 날짜 형식으로 변경
df['날짜'] = pd.to_datetime(df['날짜'])

# 날짜 데이터에서 필요한 값 추출
df["년"] = df["날짜"].dt.year # 연도 추출
df["월"] = df["날짜"].dt.month # 해당 달 추출
df["요일"] = df["날짜"].dt.dayofweek # 요일 추출


df.info()
```

```
<class 'pandas.core.frame.DataFrame'>
RangeIndex: 100 entries, 0 to 99
Data columns (total 10 columns):
 #   Column       Non-Null Count   Dtype
---  ------       --------------   -----
 0   날짜          100 non-null     datetime64[ns]
 1   강수량         100 non-null     float64
 2   평균 기온       100 non-null     float64
```

3	강수량2	100 non-null	object
4	평균 기온2	100 non-null	object
5	평균 기온z값	100 non-null	float64
6	큰값	100 non-null	float64
7	년	100 non-null	int64
8	월	100 non-null	int64
9	요일	100 non-null	int64

```
dtypes: datetime64[ns](1), float64(4), int64(3), object(2)
memory usage: 7.9+ KB
```

> **팁** datetime 모듈에서 .year, .month, .dayofweek는 각각 날짜 변수로부터 연도, 달, 요일을 추출하는 메서드이다.

판다스에서 명목 변수로 이뤄진 열로부터는 다음 표와 같은 정보를 추출할 수 있다.

정보	의미
.count()	결측값을 제외한 개수
.unique()	변수 안에 하나 이상 존재하는 모든 명목
.value_counts()	각 명목별 개수

코드 예제 7-63은 각 데이터의 고유 값을 추출하는 코드이다. 먼저 실습에 사용하고 있는 데이터셋은 2010년의 날씨만을 저장하고 있으므로 월과 요일의 고유 값에는 무엇이 있는지 .unique()를 사용해 알아봤다. 월은 1월부터 7월까지 존재하고, 요일은 월요일(0)에서부터 일요일(6)까지 존재하는 것으로 나타났다.

코드 예제 7-63 데이터별 고유 값 추출하기

```
print(df['월'].unique())
print(df['요일'].unique())

[1 2 3 4 5 6 7]
[4 6 2 3 5 0 1]
```

코드 예제 7-64는 .value_counts()를 사용해 각 명목 변수의 명목별 빈도를 보여준다. 예를 들어 df['월'].value_counts()를 사용하면 데이터프레임의 '월' 열이 각 월별로 빈도가 얼마나 되는지를 확인할 수 있다.

코드 예제 7-64 명목별 개수 확인하기

```
df['월'].value_counts()
```

```
5    17
1    16
6    16
2    15
3    15
4    14
7     7
Name: 월, dtype: int64
```

7.7.2 명목 변수를 사용해 데이터 나눠 보기

명목 변수를 사용하면 데이터를 여러 그룹으로 나눠 볼 수 있다. 명목 변수는 숫자별로 다른 그룹을 나타내기 때문에 판다스의 .groupby()를 사용해 그룹별 데이터의 정보를 살펴보거나 열별로 새로운 데이터를 만들 수 있다. 또한 명목 변수를 사용해 각기 다른 그룹으로 새로운 데이터셋을 만들 수 있고, 그룹 간의 평균 차이를 비교해 볼 수도 있다.

.groupby()는 두 가지 형식으로 사용할 수 있다. 살펴보고자 하는 데이터를 선택해 그룹으로 나누거나 그룹으로 나눈 상태에서 살펴보고자 하는 데이터를 선택하는 것이다. 두 방식 모두 차이가 없으나 전자의 경우 그룹으로 나누려고 하는 데이터를 함께 선택해야 한다는 점에 유의해야 한다.

7.7.2.1 그룹화할 변수를 먼저 선택한 후 그룹화하는 경우

코드 예제 7-65는 월별 강수량의 평균과 표준편차를 출력하는 코드이다. 그룹으로 나눌 명목 변수와 함께 명목별로 특성을 살펴볼 열 또한 함께 선택해야 한다. 그런 다음 .groupby()를 사용해 열을 각 명목별로 나눈 후 .agg()를 사용해 정보를 출력한다.

코드 예제 7-65 열을 선택한 후 그룹화하기

```
df[['강수량','월']].groupby(['월']).agg(['mean','std'])
```

월	강수량 mean	std
1	0.900000	2.749545
2	3.853333	9.308204
3	3.193333	4.688507
4	1.985714	4.221530
5	4.005882	12.349214
6	1.881250	3.611134
7	1.442857	3.478916

이때 주의해야 할 점은 .groupby()를 데이터 선택 후에 사용하려면 그룹을 나누는 기준이 되는 열이 반드시 데이터셋에 포함돼 있어야 한다는 것이다. df[['강수량','평균 기온','월']]을 사용하면 여기에 명시된 세 가지 열만으로 구성된 데이터셋을 만들어 내는 것과 같은 의미를 지니기 때문이다. 만약 .groupby()에 선택하지 않은 다른 열을 사용하면 에러가 발생한다. 새로 만들어진 데이터셋에는 해당 열이 존재하지 않기 때문이다. 즉 df[['강수량']]을 입력한 순간 강수량 열만 선택되고 그룹화에 사용할 변수는 해당 데이터셋에 존재하지 않는다. 코드 예제 7-66은 .groupby()에 사용하려는 열이 새로운 데이터프레임에 없을 때 발생하는 에러를 보여준다.

코드 예제 7-66 .groupby()에서 에러가 발생하는 경우

```
df[['강수량']].groupby(['월']).agg(['mean','std'])
```

```
-----------------------------------------------------------------------
KeyError                                  Traceback (most recent call last)
<ipython-input-116-b8a2aa74fa7d> in <module>()
      1 # 선택하는 변수에 그룹 변수가 포함돼 있지 않으면 에러가 발생
----> 2 df[['강수량']].groupby(['월']).agg(['mean','std'])
```

```
2 frames
/usr/local/lib/python3.7/dist-packages/pandas/core/groupby/grouper.py in get_
grouper(obj, key, axis, level, sort, observed, mutated, validate, dropna)
    784                in_axis, name, level, gpr = False, None, gpr, None
    785            else:
--> 786                raise KeyError(gpr)
    787        elif isinstance(gpr, Grouper) and gpr.key is not None:
    788            # Add key to exclusions

KeyError: '월'
```

7.7.2.2 그룹화를 한 후 데이터를 나누는 경우

.groupby()를 먼저 사용하는 경우 그룹으로 나눈 후 데이터의 특성을 표시하기 때문에 좀 더 직관적으로 대상의 특성을 파악할 수 있다. 단 이때 df.groupby('그룹변수')라는 코드만을 사용하면 판다스가 어떤 명령을 수행해야 하는지 명확하지 않기 때문에 결과가 반환되지 않는다. 먼저 .groupby()를 이용해 그룹화한 후 데이터셋의 정보를 출력하는 것과 같은 방법을 사용하면 데이터의 특성을 그룹에 따라 출력할 수 있다. 이는 데이터프레임.groupby("그룹변수")[["변수1",….."변수n"]].agg(['정보1',..,'정보n']의 형식을 사용해야 한다.

코드 예제 7-67 그룹화를 한 후 정보 추출하기

```
df.groupby('월')['강수량'].agg(['mean','std'])
```

	mean	std
월		
1	0.900000	2.749545
2	3.853333	9.308204
3	3.193333	4.688507
4	1.985714	4.221530
5	4.005882	12.349214
6	1.881250	3.611134
7	1.442857	3.478916

코드 예제 7-68은 .groupby()를 사용해 각 그룹의 정보로 새로운 데이터프레임을 만든 코드이다. 코드 예제 7-68의 결과에서 볼 수 있는 것처럼 .groupby()와 .agg()를 함께 활용하면 각 월별의 특성을 새로운 데이터프레임으로 만들 수 있다.

코드 예제 7-68 그룹화 후 새로운 데이터 만들기

```
df_agg = df.groupby('월')[['강수량']].agg(['count', 'mean','std','max','min'])
print(type(df_agg))
df_agg.head()
```

```
<class 'pandas.core.frame.DataFrame'>
```

	강수량				
	count	mean	std	max	min
월					
1	16	0.900000	2.749545	10.8	-0.0
2	15	3.853333	9.308204	33.4	-0.1
3	15	3.193333	4.688507	18.8	0.0
4	14	1.985714	4.221530	15.8	0.0
5	17	4.005882	12.349214	51.4	0.0

7.8 요약

7장에서는 파이썬에서 데이터 처리 시 가장 많이 사용되는 라이브러리인 판다스 사용법을 실습했다. 판다스는 데이터를 불러오고 저장하는 것뿐만 아니라 데이터프레임을 사용해 데이터를 정리, 가공하는 데도 편리하게 사용할 수 있다. 또한 판다스를 사용해 데이터의 기초적인 통계를 분석할 수 있다는 점에서 인공지능 개발에 가장 유용하게 사용되는 모듈이다. 7장의 내용을 요약하면 다음과 같다.

- 판다스는 파이썬에서 데이터를 다루는 데 사용되는 라이브러리이다. 파이썬에서 판다스를 사용하려면 판다스 라이브러리를 import 명령어로 불러와야 한다.
- 데이터 시리즈는 리스트와 비슷한 형태를 하고 있으나 리스트와 달리 다른 시리즈와 연산이 가능하다.
- 데이터 시리즈 또한 다른 데이터 유형과 유사하게 인덱싱과 슬라이싱이 가능

하다.

- 길이가 다른 두 시리즈를 더하면 길이가 차이 나는 만큼 빈칸이 생성된다.
- 데이터프레임은 여러 데이터 시리즈의 모음으로 여러 행과 열로 구성된다.
- 여러 리스트와 데이터 시리즈를 데이터프레임으로 만들 수 있는데 이때 딕셔너리의 형식을 사용하면 편리하다.
- 데이터프레임에서 인덱스를 사용해 데이터를 출력하려면 .iloc과 .loc을 사용한다.
- 리스트나 데이터 시리즈와 달리 데이터프레임은 데이터프레임 안의 하나 이상의 데이터를 인덱스로 지정해서 사용할 수 있다.
- 데이터프레임에서 여러 인덱스를 출력하려면 대괄호를 중복해서 사용해야 한다.
- 데이터프레임에서 특정 시리즈를 호출하려면 데이터프레임['호출할 열']의 형식을 사용해야 한다.
- 파이썬에서 외부의 데이터를 불러오려면 파이썬의 .read_csv 등 해당 파일 포맷에 적절한 함수를 사용해야 한다.
- csv란 데이터의 구분을 쉼표(콤마)로 구분한 파일을 가리킨다. 이때 콤마로 구분된 각 데이터가 하나의 변수가 된다.
- 파이썬의 데이터를 파일로 저장하려면 to_csv()를 사용해야 한다.
- 불러온 데이터프레임을 확인하려면 .head()와 .tail()을 사용한다. 이 둘은 각각 데이터프레임의 처음과 끝 n행을 출력한다.
- 데이터프레임에 .dtypes나 .info()를 사용하면 데이터의 형식을 알 수 있다.
- 데이터프레임 안에서 데이터 연산이 가능하고 이를 새로운 변수로 만들 수 있다.
- .apply()와 lambda를 사용하면 각 변수에 수행하는 특정 작업을 데이터프레임 전체에 적용할 수 있다.
- 데이터프레임에 조건문을 사용하면 참/거짓으로 이뤄진 데이터 시리즈를 반환한다. 이를 활용하면 특정 조건을 만족하는 데이터만을 추출할 수 있다.

- 데이터프레임에서 특정 데이터를 선택한 후 다시 새로운 조건을 적용해 데이터 일부만을 출력하는 작업을 체인 인덱싱이라고 부른다.

- 판다스의 .append()와 .merge()를 사용하면 여러 데이터셋을 함께 합칠 수 있다. 전자는 같은 변수를 공유하는 두 데이터셋을 합치는 데 사용하고, 후자는 특정 기준을 공유하는 독립적인 두 데이터를 합치는 데 사용한다.

- .merge()를 사용해 두 데이터를 합치는 경우 how 인자를 어떻게 사용하는지의 여부가 최종적으로 생성되는 데이터프레임의 결과물에 영향을 미친다.

- 데이터프레임의 기본적인 속성을 파악하려면 .info(), .dtypes 등을 사용한다. 이때 데이터프레임의 특성을 변환하려면 .astype()을 사용한다.

- .describe()를 사용하면 데이터프레임의 기술 통계치를 구할 수 있다.

- .agg()는 여러 변수의 다양한 통계치를 구하는 데 활용할 수 있다.

- .agg()에 axis='columns'라는 아규먼트를 사용하면 열이 아닌 행을 기준으로 결괏값을 출력한다.

- 명목 변수란 숫자나 문자열을 사용해 다양한 그룹을 나타내는 변수를 가리킨다. 숫자로 만들어진 명목 변수는 산술적인 계산이 가능하나 실질적인 의미가 없다는 점에 주의해야 한다.

- 명목 변수와 .groupby()를 활용하면 데이터 속에 존재하는 그룹별 차이를 비교할 수 있다.

1. 판다스를 사용해 다음 csv 파일을 불러와라.

   "https://raw.githubusercontent.com/skku-ai-textbook/aitextbook/
     main/data/practice4a.csv"

2. 판다스를 사용해 연습문제 1번에서 불러온 데이터의 기술 통계를 출력해라.

3. 판다스를 사용해 연습문제 1번에서 audiCnt의 z 변화를 실시해라.
   z 분포는 $z = \dfrac{x - \mu}{\sigma}$의 공식을 사용해 구한다.

4. 판다스를 사용해 연습문제 3번에서 만든 변수의 평균과 표준편차를 구해라. 이때 rankOldAndNew를 New와 Old에 따라 연습문제 3번에서 만든 변수가 어떻게 달라지는지 구해라.

5. 판다스를 사용해 다음 csv 파일을 불러와서 이를 연습문제 1번의 데이터와 합쳐라.

   "https://raw.githubusercontent.com/skku-ai-textbook/aitextbook/
     main/data/practice4b.csv"

6. 판다스를 사용해 다음 두 csv 파일을 불러와서 해당 데이터를 병합해라.

   # 데이터 1
   "https://raw.githubusercontent.com/skku-ai-textbook/aitextbook/
     main/data/practice4c.csv"
   # 데이터 2
   "https://raw.githubusercontent.com/skku-ai-textbook/aitextbook/

main/data/practice4d.csv"

....

7. 연습문제 6번에서 병합한 데이터를 사용해 rankOldAndNew의 두 명목에 따라
   salesShare와 audiCnt의 평균과 표준편차가 어떻게 달라지는지 보여줘라.

08
데이터 시각화 실습

8장에서는 인공지능 개발에 앞서 데이터에 대한 이해를 도와주는 데이터 시각화를 실습한다. 또한 데이터의 분포를 시각적으로 살펴볼 수 있는 분포도 및 박스플롯 시각화 실습과 함께 두 변수 간의 관계를 시각적으로 표현하는 산점도와 히트맵을 실습하겠다. 그리고 텍스트 데이터의 가장 기본적인 시각화 방법인 워드클라우드를 실습한다. 8장은 다음과 같은 내용을 다룬다.

이 장에서 다루는 내용
- 데이터 시각화의 기본 개념
- 분포도의 개념과 시각화 방법
- 박스플롯의 개념과 시각화 방법
- 산점도의 개념과 시각화 방법
- 히트맵의 개념과 시각화 방법
- 구글 코랩에서 한글 폰트 설치 및 한글 텍스트 시각화 방법
- 워드클라우드의 개념과 시각화 방법

목차

8.7. 요약

8장의 실습에 필요한 코드 예제는 이 책의 깃허브 페이지(https://github.com/skku-ai-textbook/aitextbook/blob/main/notebooks/CH08_Github.ipynb)에서 확인할 수 있다.

그림 8-1 실습 코드가 탑재된 깃허브 페이지

8.1 데이터 시각화

8.1.1 시각화를 위해서 사용한 seaborn 모듈

seaborn은 matplotlib과 함께 파이썬에서 주로 사용되는 데이터 시각화 라이브러리이다. seaborn은 matplotlib에 비해 상대적으로 문법이 간단하고 좀 더 복잡한 시각화를 할 수 있다. 특히 seaborn 라이브러리를 사용해 여러 통계적인 계산을 할 수 있다는 점에서 유용하다. seaborn은 matplotlib 기반으로 동작하기 때문에 matplotlib의 많은 기능들을 함께 사용할 수 있으며 seaborn 모듈은 판다스와 함께 사용하기 편하도록 개발됐다. 이런 이점이 있기 때문에 이 책에서는 데이터 시각화에 seaborn 라이브러리를 활용할 것이다. 코드 예제 8-1은 실습에 필요한 모듈을 불러오는 코드이다.

```
# 필요한 라이브러리 불러오기
import pandas as pd

# 데이터 시각화에 필요한 라이브러리들
import matplotlib.pyplot as plt
import seaborn as sns
```

8.1.2 간단한 선 그래프 그리기

seaborn을 사용해 데이터 시각화의 가장 기본인 선 그래프를 그려보겠다. 선 그래프는 x값의 변화에 따라 y값의 변화를 표현하려고 두 데이터의 관계를 선으로 표현하는 시각화 방법이다. seaborn에서 선 그래프를 그릴 때 .lineplot()을 사용한다. seaborn의 .lineplot()을 사용하려면 x와 y에 대응하는 두 데이터 시리즈가 필요하다.

시각화를 위해 특정 데이터를 가장 효율적으로 시각화할 수 있는 시각화 방식을 선택하는 것도 중요하지만 사용하려는 시각화에서 요구하는 데이터를 갖고 있는지를 파악하는 것도 중요하다. 예를 들어 선 그래프 시각화를 위해서는 (x_1, y_1), (x_2, y_2), $\cdots$ (x_n, y_n)처럼 x좌표와 y좌표 쌍으로 이뤄진 데이터가 있어야 한다. $y = x^3$의 관계가 있는 데이터를 선 그래프를 사용해 시각화한다고 해보자. 이 경우에는 (1, 1) (2, 8), (3, 27) ... (n, n^3)과 같은 데이터 쌍이 필요하다.

코드 예제 8-2는 간단한 선 그래프를 그리는 코드이다. 여기서 sns는 이 노트북에서 사용하는 seaborn의 축약어로 seaborn을 다른 형태로 불러왔다면 이에 해당하는 축약어를 사용해야 한다.

> 팁   seaborn의 .lineplot()에 대해 좀 더 자세히 알고 싶다면 .lineplot()의 레퍼런스를 참조해야 한다(https://seaborn.pydata.org/generated/seaborn.lineplot.html).

```
# 데이터 만들기
x = [x for x in range(1, 11)] # 1부터 10까지의 리스트
y = [y**3 for y in range(1, 11)] # 1부 10까지의 3자승 값을 저장한 리스트

# 선 그래프 그리기
sns.lineplot(x=x, y=y)
```

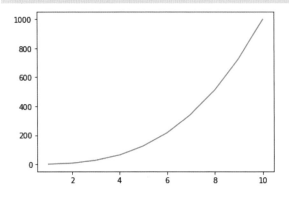

seaborn 라이브러리를 사용하면 시각화한 그래프에 좀 더 자세한 정보를 표시할 수 있다. 예를 들어 만들어진 그래프에 .title()을 사용하면 시각화한 그래프에 제목을 붙일 수 있다. 코드 예제 8-3은 .title()을 사용해 그래프에 제목을 추가하는 코드이다.

```
sns.lineplot(x=x, y=y) # 각 좌표를 잇는 선 그래프
sns.scatterplot(x, y) # 각 좌표에 점을 표시하는 산점도 그리기

plt.title('Test') # 이미지 제목 설정
plt.xlabel('X-axis') # x축 제목 설정
```

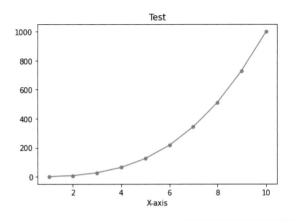

seaborn을 판다스와 통합할 수 있기 때문에 판다스의 데이터프레임 또한 데이터 시각화에 사용할 수 있으며 seaborn의 데이터에 x, y로 사용될 데이터 열을 직접 입력할 수도 있다. 필요한 경우 데이터로 사용할 데이터프레임을 지정하고, 해당 데이터프레임에서 x, y좌표로 사용될 변수를 지정할 수도 있는데 sns.lineplot(x='x로 사용할 열', y='y로 사용할 열', data=데이터프레임)의 형식을 사용해야 한다. 이 경우 data 아규먼트에 사용할 데이터프레임을 지정해 줘야 한다. 코드 예제 8-4는 데이터프레임을 사용해 시각화하는 코드이다.

코드 예제 8-4 데이터프레임을 사용해 시각화하기

```
# 데이터프레임 만들기
df0 = pd.DataFrame({'x':x, 'y':y})

# 데이터프레임을 사용해 선 그래프 그리기
sns.lineplot(x='x', y='y', data=df0)
plt.title('Test Plot')
```

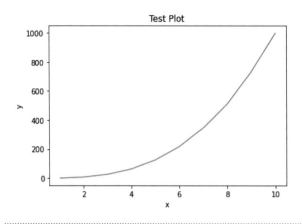

하나의 이미지에 그래프를 두 개 이상 표시하고 싶으면 어떻게 해야 할까? 이미 만들어진 그래프에 새로운 그래프를 중첩해 표현할 수 있다. 예를 들어 두 선 그래프를 사용해 두 추세를 함께 보여주고 싶다고 해보자. 이 경우 .lineplot()을 두 번 사용하면 같은 두 그래프가 함께 표시된다. 만약 두 그래프를 독립적으로 시각화하려면 후반부에 나오는 여러 그래프를 표시하는 방법을 살펴보면 된다. 코드 예제 8-5는 두 개의 선 그래프를 하나의 이미지에 시각화하는 코드이다.

코드 예제 8-5 두 선 그래프 그리기

```python
# 데이터프레임 만들기
df0 = pd.DataFrame({'x':x, 'y':y})
df1 = pd.DataFrame({"x":[x for x in range(1, 11)],
                    "y":[x**2 for x in range(1, 11)]})

# 선 그래프 그리기
sns.lineplot(data=df0, x='x', y='y')
sns.lineplot(data=df1, x='x', y='y')

# 정보 표시
plt.title('title') # 제목
plt.legend(['power**3', 'power**2']) # 범례
```

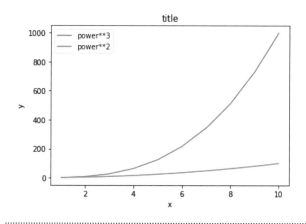

8.2 분포도를 사용해 데이터 분포 보기

데이터의 분포를 시각화하는 이유는 특정 데이터가 어떤 형태를 갖고 있는지를 살펴보기 위함이다. 물론 탐색적 분석 과정에서 변수의 기술 통계(예: 평균, 표준편차)를 살펴봄으로써 데이터의 전반적인 특성을 파악할 수 있다. 하지만 때로는 수치 정보보다는 시각화를 통해 데이터의 형태를 살펴보는 것이 효율적인 경우도 있다. 예를 들어 그림 8-2는 평균이 유사하지만 데이터 분포 형태가 다른 두 변수를 보여주고 있다. 이처럼 시각화를 통해 데이터를 살펴보는 것이 좀 더 직관적으로 데이터를 이해하는 데 유리하다. 데이터가 어떤 형태를 취하고 있는지에 따라 사용할 수 있는 통계 유형이 달라질 수 있고, 경우에 따라 분석에 앞서 수행해야 할 전처리 방식이 달라질 수 있다. 따라서 각각의 데이터가 어떤 분포를 보이는지를 살펴보는 탐색적 분석에서는 데이터 시각화가 중요한 역할을 한다.

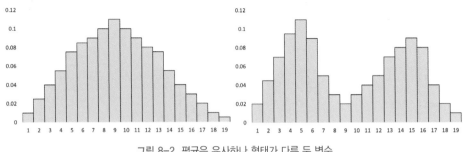

그림 8-2 평균은 유사하나 형태가 다른 두 변수

여기서는 데이터의 분포를 살펴보는 가장 기본적인 시각화 방법인 히스토그램 histogram 을 실습하도록 하겠다. 히스토그램이란 도수 분포표라고도 불리며 데이터를 일정 범위로 나눠 해당 범위에 있는 데이터의 수를 막대의 길이로 표현한 시각화 방법이다.

코드 예제 8-6은 실습에 필요한 데이터를 불러오는 코드이다. 데이터의 분포를 표현하는 히스토그램 시각화를 위해 seaborn 라이브러리에서 기본적으로 제공하는 tips 데이터셋을 사용하도록 하겠다. seaborn의 기본적인 데이터를 파이썬으로 불러올 때는 .load_dataset()을 사용해야 한다.

코드 예제 8-6 실습에 필요한 데이터 불러오기

```
# 데이터 불러오기
df = sns.load_dataset('tips')
print("데이터는 총 {}개의 열과 {}개의 행으로 이뤄져 있다.".format(*df.shape))
```

데이터는 총 244개의 열과 7개의 행으로 이뤄져 있다.

실습에 사용하는 tips 데이터는 미국의 한 레스토랑에 온 손님들이 지불한 식사 비용과 팁의 금액을 기록해 둔 것이다. 두 변수와 더불어 식사비를 지불한 사람의 성별, 흡연자 여부, 식사 날짜와 시간, 일행의 수까지의 데이터가 함께 저장돼 있다. tips 데이터의 구성은 표 8-1에 나타나 있다.

표 8-1 tips 데이터셋

변수명	설명	보기
total_bill	총 식사 비용	실수형
tip	총 팁의 비용	실수형
sex	계산한 사람의 성별	범주형
smoker	흡연 여부	범주형
day	해당 날짜의 요일	범주형
time	해당 식사 시간	범주형
size	일행의 크기	정수형

> **팁**   tips 데이터 외에도 seaborn에는 기본적으로 여러 데이터셋이 탑재돼 있다(https://github.com/mwaskom/seaborn-data).

8.2.1 변수 하나의 분포도 시각화하기

seaborn의 .histplot()은 데이터의 분포를 시각화하는 그래프이다. .histplot()은 데이터의 전반적인 형태를 시각적으로 볼 수 있다는 장점이 있다. 코드 예제 8-7은 실습에서 사용하는 데이터 중 total_bill의 분포도를 시각화하는 코드이다. 기본적으로 .histplot()은 sns.histplot(x=데이터 시리즈)와 같은 형식으로 사용한다. 코드 예제 8-7에서 .plt.figure()는 이미지를 표시하는 캔버스의 다양한 설정을 변경하는 코드이다. 이 중 figsize 아규먼트를 사용하면 해당 이미지의 사이즈를 정할 수 있다. 이때 이미지의 사이즈를 변경하려면 (가로, 세로)의 크기를 입력해야 한다. 이때 이미지의 크기는 인치[inch]를 기준으로 지정된다.

코드 예제 8-7 하나의 변수를 분포도로 시각화하기

```
# 이미지 사이즈 정하기(가로, 세로)
plt.figure(figsize=(5,5))
```

```
# 분포도 시각화
sns.histplot(x=df['total_bill'])
```

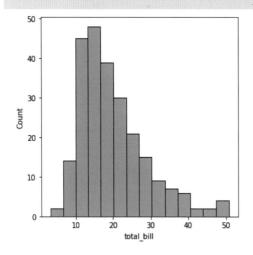

.histplot() 분포도의 x축은 데이터의 값을 나타낸다. 막대 그래프의 y축은 데이터의 해당 범위에 있는 데이터의 빈도 수를 나타낸다. 다시 말해 막대 그래프의 높이는 어느 구간에 얼마나 많은 데이터가 존재하는지를 나타낸다. 이때 막대의 높이가 높을수록 데이터가 해당 구간에 많이 존재한다는 것을 알 수 있다.

.histplot()은 전체 식사 비용과 같은 연속형 데이터만이 아니라 성별(남녀)이나 흡연 유무 등의 명목형 데이터도 시각화할 수 있다. 이때 가로축은 변수 속에 들어 있는 범주 값을, 세로축은 각 범주의 빈도를 나타낸다. 코드 예제 8-8은 명목 변수를 분포도로 시각화한 그래프이다.

코드 예제 8-8 명목 변수를 분포도로 시각화하기

```
sns.histplot(x=df['sex'])
```

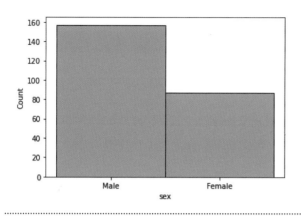

....

8.2.2 여러 데이터의 분포도를 시각화하기

지금까지는 하나의 데이터를 하나의 그래프로 시각화했다. 하지만 때에 따라서 여러 데이터를 한번에 시각화해 각각의 데이터를 비교할 필요도 있다. matplotlib 라이브러리의 .subplots()를 사용하면 여러 그래프를 하나의 이미지에 출력할 수 있다. 분포도만이 아니라 다양한 그래프를 한 화면에 출력하는 경우에도 이 코드를 사용하기 때문에 .subplots()를 사용하는 방법을 숙지해 둘 필요가 있다. 이를 위해서는 코드 예제 8-9처럼 시각화할 그래프의 위치를 정해야 한다.

코드 예제 8-9 여러 그래프를 출력하기 위한 설정

```
figure, axs = plt.subplots(nrows=행, ncols=열)
figure.set_size_inches(가로,세로)
```
....

여러 그래프를 한번에 출력하려면 매 그래프마다 그래프의 위치를 지정할 필요가 있다. 예를 들어 한 열에 세 개의 그래프를 시각화하는 경우(ncols=3) 각 그래프의 위치는 표 8-2처럼 왼쪽에서부터 0, 1, 2 순으로 설정된다.

표 8-2 하나의 행에 여러 그래프를 시각화하는 경우

그래프 1	그래프 2	그래프 3
0	1	2

코드 예제 8-10은 세 변수의 분포도를 함께 시각화하는 코드이다. 코드 예제 8-10에서 볼 수 있는 것처럼 각 변수의 위치를 0, 1, 2로 지정해 그래프의 위치를 변경할 수 있다.

코드 예제 8-10 세 변수의 분포도를 한번에 시각화하기

```python
# 세 개의 그래프를 하나의 캔버스에 표시
figure, axs = plt.subplots(ncols=3) # 세 개의 그래프를 표시
figure.set_size_inches(15,5) # 전체 캔버스 크기 조정

# 그래프의 위치 지정
sns.histplot(x=df['total_bill'], ax=axs[0]) # 첫 번째 이미지
sns.histplot(x=df['tip'], ax=axs[1]) # 두 번째 이미지
sns.histplot(x=df['size'], ax=axs[2]) # 세 번째 이미지
```

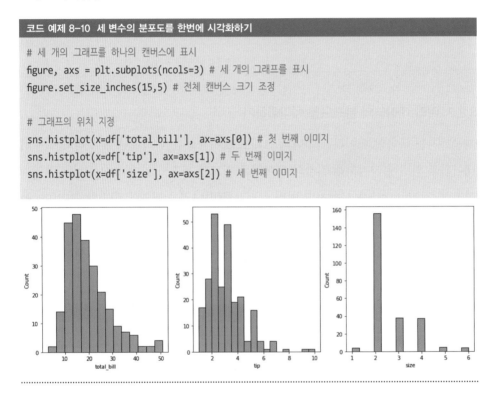

코드 예제 8-11은 여러 분포도를 두 줄에 걸쳐 시각화하는 코드이다. 이 경우 sns.histplot(x=데이터, ax=axs[행, 열])의 형식으로 그래프의 위치를 지정해야 한다. 표 8-3은 네 개의 그래프를 두 줄에 시각화할 때 각 이미지의 위치를 어떻게 지정해야 하는지를 보여주고 있다.

표 8-3 여러 이미지의 위치를 지정하기

그래프	그래프 1	그래프 2
위치	0,0	0,1
그래프	그래프 3	그래프 4
위치	1,0	1,1

코드 예제 8-11 네 변수의 분포도를 함께 시각화하기

```
# 네 개의 이미지를 하나의 캔버스에 표시
figure, axs = plt.subplots(nrows=2, ncols=2) # 네 개의 그래프를 표시
figure.set_size_inches(10,10) # 캔버스 크기 조정


# 그래프 시각화[행, 열]
sns.histplot(x=df['total_bill'], ax=axs[0,0])
sns.histplot(x=df['tip'], ax=axs[0,1])
sns.histplot(x=df['size'], ax=axs[1,0])
sns.histplot(x=df['day'], ax=axs[1,1])
```

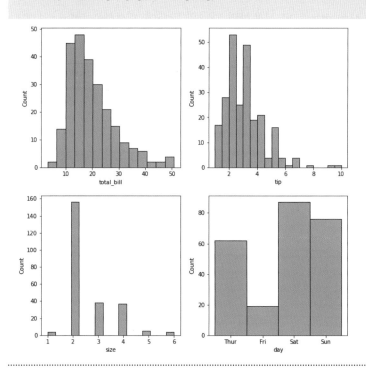

8.2.3 막대의 크기 조절

.histplot()은 시각화를 위해 다양한 옵션들을 활용할 수 있다. 그중에서 가장 중요한 것은 데이터의 빈도를 표현하는 막대^{bins}와 관련된 것이다. 하나의 막대에 표시할 데이터의 범위를 어떻게 나누는지에 따라 시각화를 통해 표시되는 정보가 달라지기 때문이다. 즉 데이터를 범위로 나눠 그 해당 범위에 있는 데이터의 개수를 막대의 높이로 표시하기 때문에 범위를 어떻게 정하는가에 따라 데이터의 분포에 대한 정보를 왜곡할 수도 있다. 하나의 막대에 표시하는 데이터의 범위가 지나치게 크면 전달하는 정보의 양이 줄어들고, 데이터의 범위가 지나치게 작으면 데이터의 전체적인 분포를 시각화하기 어렵다.

> **팁** │ seaborn 라이브러리의 분포도에 대해 좀 더 자세히 알고자 한다면 분포도의 레퍼런스를 참조해야
> 한다(https://seaborn.pydata.org/generated/seaborn.histplot.html).

.histplot()에 bins=숫자 아규먼트를 사용하면 데이터의 범위를 표현할 막대의 개수를 정할 수 있고, binwidth=숫자를 사용하면 하나의 막대에 표시하는 데이터의 범위를 정할 수 있다. 코드 예제 8-12는 같은 total_bill 데이터를 막대의 크기를 달리해 시각화한 것이다. 막대의 수가 지나치게 적으면(bins=2) 정확한 정보를 전달할 수 없고, 막대의 수가 지나치게 많은 경우(bins=1000) 해당 데이터를 제대로 표현하지 못한다.

코드 예제 8-12 막대의 수를 변경해 분포도 시각화하기

```python
# 시각화를 위한 정보
figure, axs = plt.subplots(nrows=2, ncols=2)
figure.set_size_inches(10,10)

# 막대의 개수를 변경해 분포도 시각화
sns.histplot(x=df['total_bill'], bins=2, ax=axs[0,0])
sns.histplot(x=df['total_bill'], bins=20, ax=axs[0,1])
sns.histplot(x=df['total_bill'], bins=50, ax=axs[1,0])
sns.histplot(x=df['total_bill'], bins=1000, ax=axs[1,1])
```

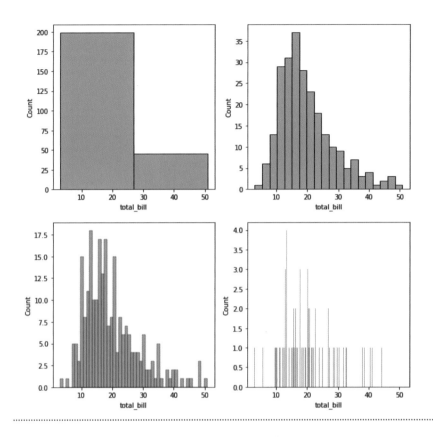

　.histplot()의 binwidth 아규먼트는 하나의 막대에 표시하는 데이터의 범위를 지정하는 아규먼트이다. 코드 예제 8-13처럼 같은 데이터를 .histplot()을 사용해 시각화를 하더라도 막대의 크기에 따라 데이터의 모양이 다르게 보일 수 있다. 따라서 데이터의 성향에 맞는 적절한 선택이 필요하다.

코드 예제 8-13 막대의 크기를 변경해 분포도 시각화하기

```
# 시각화를 위한 정보
figure, axs = plt.subplots(nrows=2, ncols=2)
figure.set_size_inches(10,10)

# 막대의 크기를 변경해 분포도 시각화
sns.histplot(x=df['total_bill'], binwidth=20, ax=axs[0,0])
sns.histplot(x=df['total_bill'], binwidth=2.5, ax=axs[0,1])
sns.histplot(x=df['total_bill'], binwidth=1, ax=axs[1,0])
```

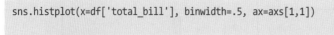

```
sns.histplot(x=df['total_bill'], binwidth=.5, ax=axs[1,1])
```

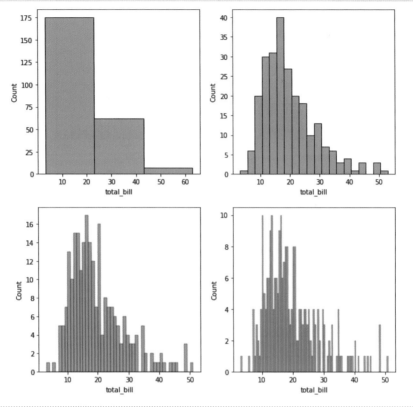

8.2.4 명목 변수를 사용해 하나의 분포도에 다른 그룹을 시각화하기

지금까지 하나의 시각화 이미지에 변수 안의 모든 데이터를 시각화했다. 하지만 tips 데이터의 특성에서도 알 수 있듯이 같은 데이터라도 어떤 그룹에 속해 있는가에 따라 데이터의 분포가 다를 가능성이 있다. 예를 들어 성별에 따라 전체 식사 비용 (total_bill)을 지불한 액수가 다르거나 봉사료(tip)를 지불한 액수가 다를 수 있다. 같은 맥락에서 흡연 여부(smoker)에 따라 해당 데이터가 서로 다른 분포를 보일 수도 있다. 이렇게 명목 변수 또는 그룹 변수를 사용해 어떤 특성의 분포가 같은지의 여부를 시각화할 때 .histplot()의 hue 아규먼트를 사용한다.

hue를 사용해 그룹에 해당하는 hue=df['sex']의 형식으로 그룹을 지정하면 성별에 따라 표시하고자 하는 변수의 분포가 다른 색깔로 표시된다(예: sns.histplot(x=분포를 살펴볼 특성, hue=그룹 변수). 코드 예제 8-14는 성별(sex), 흡연 여부(smoker), 식사 시간(time), 요일(day)에 따라 지불한 식사 비용이 달라지는지를 시각화하는 코드이다.

코드 예제 8-14 그룹에 따른 분포 차이 비교

```
# 시각화를 위한 정보
figure, axs = plt.subplots(nrows=2, ncols=2)
figure.set_size_inches(10,10)

# 명목 변수를 사용해 그룹에 따른 분포 차이 비교
sns.histplot(x='total_bill', hue='sex', data=df, ax=axs[0,0])
sns.histplot(x=df['total_bill'], hue=df['smoker'], ax=axs[0,1])
sns.histplot(x=df['total_bill'], hue=df['time'], ax=axs[1,0])
sns.histplot(x=df['total_bill'], hue=df['day'], ax=axs[1,1])
```

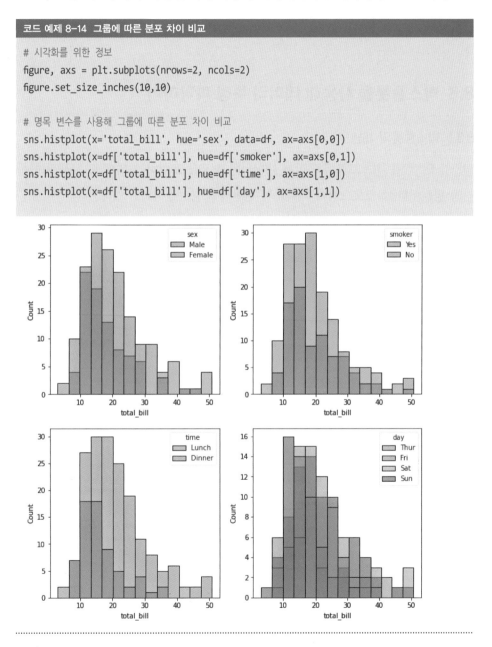

8.3 박스플롯을 사용해 데이터 특성 파악하기

8.3.1 박스플롯의 개념

박스플롯^{boxplot}은 히스토그램과 함께 데이터의 분포를 표현하는 데 주로 사용되는 시각화 방식이다. 히스토그램이 데이터의 전반적인 모양을 알 수 있다는 점에서 유용하다면, 박스플롯은 중앙값, 대부분의 데이터가 모여 있는 범위(25%~75% 사이) 그리고 이상치의 존재 여부를 쉽게 알 수 있다는 점에서 유용하다.

　그림 8-3은 박스플롯 시각화의 예이다. 먼저 데이터의 25%~75% 범위를 상자 모양으로 표현하고, 데이터의 중앙값을 상자 안에 표시한다. 그래프 양 끝의 수염은 각각 25%와 75% 위치에 있는 데이터부터 상자 크기의 1.5배 정도 되는 위치에 그려 일반적인 데이터의 범위를 보여준다. 이 영역 밖의 데이터는 극단치로 처리되고 박스플롯에서는 점으로 표시된다.

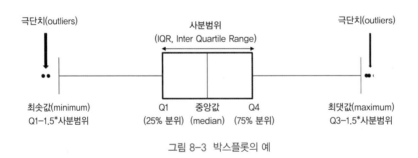

그림 8-3 박스플롯의 예

8.3.2 박스플롯 시각화

시각화를 위해 사용할 데이터는 seaborn의 tips 데이터를 사용하겠다. 실습을 하려면 먼저 코드 예제 8-6을 실행해 데이터를 불러와야 한다. 박스플롯은 코드 예제 8-15처럼 sns.boxplot()의 형식으로 사용된다. 이때 박스플롯의 x 또는 y 아규먼트를 사용해 실수, 정수의 분포를 시각화한다. 같은 변수라도 x나 y 아규먼트를 사용해 어떻게 시각화하는가에 따라 박스플롯의 방향이 달라진다. x 아규먼트에 데이터를 입력하면 x축을 중심으로 데이터의 범위를 표현하고, y 아규먼트를 사용해 데이터를 입력하면 y축을 기준으로 세로 형태로 박스플롯이 만들어진다.

코드 예제 8-15 박스플롯 그리기

```
# 캔버스 설정
figure, axs = plt.subplots(ncols=2) #
figure.set_size_inches(10,5)

# 박스플롯
ax0 = sns.boxplot(x=df["total_bill"], ax=axs[0]) # 첫 번째 이미지
ax1 = sns.boxplot(y=df["total_bill"], ax=axs[1]) # 두 번째 이미지

# 이미지 정보 표시
ax0.set(title='Box Plot', xlabel='X Axis: Total_bill')
ax1.set(title='Box Plot', ylabel='Y Axis: Total_bill')
```

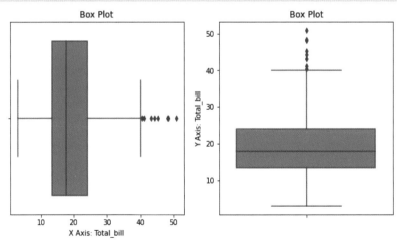

박스플롯에 나타나는 수치는 코드 예제 8-16을 통해 쉽게 확인할 수 있다. 판다스의 .quantile()을 이용하면 25%(.25), 50%(.5), 75%(.75)에 위치하는 데이터의 값을 구할 수 있다. 이를 사용해 사분범위IQR, Inter Quartile Range, 즉 25%와 75% 사이의 범위를 구할 수 있다. 또한 이 값을 이용해 박스플롯의 수염 위치 25% - (1.5 * IQR)과 75% + (1.5 * IQR)을 구할 수 있다. 이 수염의 값을 기준으로 최댓값이나 최솟값보다 작으면 극단치로 간주된다. 이 두 수치를 이용하면 하나의 데이터에 극단치가 얼마나 존재하는지를 알 수 있다.

코드 예제 8-16 박스플롯에 표시되는 정보 계산

```
# Q1, Median, Q3 값
a,b,c = df['total_bill'].quantile([.25, .5, .75])
iqr = c - a # IQR 계산
min = a-1.5*iqr # 최솟값
max = c+1.5*iqr # 최댓값
out1 = len(df[df['total_bill']<min]) # 이상치
out2 = len(df[df['total_bill']>max]) # 이상치

print('Total Bill:\n중앙값: {0:8.3f},\nQ1: {1:8.3f}\nQ3: {2:8.3f}\nIQR:
{3:8.3f}\n' 'Minimum: {4:8.3f}\nMaximum: {5:8.3f}\nMinimum보다 작은 이상치:
{6}개\nMaximum보다 큰 이상치: {7}개'.format(b, a, c, iqr, min, max, out1,
out2))
```

```
Total Bill:
중앙값:    17.795,
Q1:    13.348
Q3:    24.127
IQR:    10.780
Minimum:    -2.822
Maximum:    40.297
Minimum보다 작은 이상치: 0개
Maximum보다 큰 이상치: 9개
```

8.3.3 명목 변수를 사용해 그룹별로 박스플롯 시각화하기

히스트플롯(.histplot())을 사용한 분포도에서 hue 아규먼트를 사용해 그룹 분포를 비교할 수 있었던 것처럼 박스플롯 x와 y 아규먼트를 사용해 데이터의 분포를 그룹별로 비교할 수 있다(예: sns.boxplot(x='x축 기준, y='y축 기준', data='데이터셋')). 여기서 박스플롯의 order 아규먼트를 사용하면 x축에 표시될 그룹의 순서를 변경시킬 수 있다. 이때 전체 그룹 중 일부만을 선택해 시각화할 수도 있다. 이 경우 sns.boxplot(x='day', y="total_bill", data=tips, order=['그룹1','그룹2','그룹3'])의 형식을 사용한다. 코드 예제 8-17의 두 번째 이미지는 order=['Female','Male']을 사용해 Male, Female순이었던 시각화 이미지의 순서를 변경했다.

코드 예제 8-17 그룹별 박스플롯 시각화하기

```
# 캔버스 설정
figure, axs = plt.subplots(ncols=2)
figure.set_size_inches(10,5)

# 박스플롯 시각화
# 성별 차이에 따른 total bill의 분포
ax0 = sns.boxplot(x="sex", y='total_bill', data=df, ax=axs[0])
# 성별 차이에 따른 total bill의 분포
ax1 = sns.boxplot(x="sex", y='total_bill', data=df, order=['Female','Male'],
ax=axs[1])

# 이미지 정보 표시
ax0.set(title='Box Plot without order change', xlabel='Sex',
  ylabel='Total Bill')
ax1.set(title='Box Plot with order change', xlabel='Sex',
  ylabel='Total Bill')
```

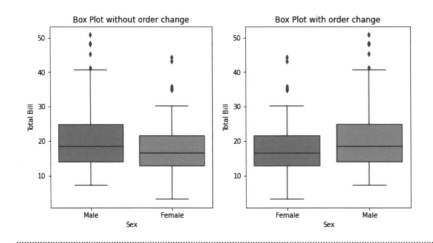

또한 .boxplot()의 order 아규먼트를 사용하면 박스플롯에 특정 그룹만을 선택해 시각화할 수도 있다. 코드 예제 8-18의 두 번째 그래프는 데이터 안에 존재하는 그룹 데이터 중의 일부만 선택해 시각화한 예를 보여주고 있다.

코드 예제 8-18 그룹 중 일부를 제외하고 박스플롯 시각화하기

```python
# 캔버스 설정
figure, axs = plt.subplots(ncols=2)
figure.set_size_inches(10,5)

# 전체 데이터 박스플롯 그리기
ax0 = sns.boxplot(x='day', y="total_bill", data=df, ax=axs[0])

# 데이터 중 일부만 박스플롯 그리기
ax1 = sns.boxplot(x='day', y="total_bill", data=df, order=['Thur','Fri','Sat'],
ax=axs[1])

# 이미지 정보 표시
ax0.set(title='Box Plot with every case', xlabel='Sex',
  ylabel='Total Bill')
ax1.set(title='Box Plot without some cases ', xlabel='Sex',
  ylabel='Total Bill')
```

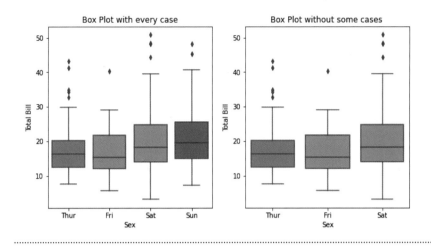

8.3.4 여러 그룹의 분포 살펴보기

박스플롯의 x와 y 외에 하나의 그룹을 더 추가해 두 개의 그룹이 어떤 데이터의 분포와 어떤 관계가 있는지를 살펴보려면 hue 아규먼트를 사용하면 된다. 이때 hue에 사용되는 변수는 그룹 변수여야 한다. 코드 예제 8-19는 시간대별 전체 금액이 여성과 남성 간에 차이가 있는지를 보여주는 박스플롯 그래프이다. 두 번째 그래프처럼 order를 사용하면 그룹 변수가 표시되는 위치 또한 변경할 수 있다.

코드 예제 8-19 두 개 이상의 그룹을 박스플롯으로 시각화하기

```
# 캔버스 설정
figure, axs = plt.subplots(ncols=2)
figure.set_size_inches(10,5)

# 두 개의 그룹을 함께 사용해 시각화
ax = sns.boxplot(x="time", y="total_bill", hue='sex', data=df, ax=axs[0])

# 시간 그룹 순서 변경
ax1 = sns.boxplot(x="time", y="total_bill", hue='sex', data=df,
order=['Dinner','Lunch'], ax=axs[1])
```

```
# 이미지 정보 표시
ax.set(title='Boxplot', xlabel='Time', ylabel='Total_Bill')
ax1.set(title='Boxplot', xlabel='Time', ylabel='Total_Bill')
```

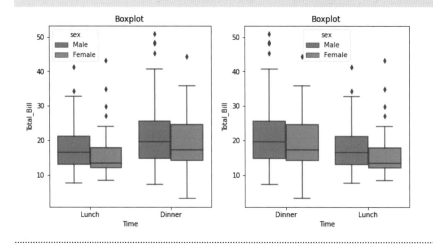

8.4 두 변수의 관계를 산점도를 사용해 시각화하기

8.4.1 산점도 그리기

산점도 Scatter Plot는 두 개의 연속 데이터 간의 관계를 살펴보는 데 유용한 시각화 방식이다. 예를 들어 지금까지 사용한 tips 데이터의 total_bill과 tip 두 변을 각각 x 및 y 좌표로 지정해 각 데이터의 위치를 점으로 표기하는데 이 점들의 모이는 양상을 통해 두 변수의 관계를 살펴볼 수 있다. 특히 또 다른 변수를 함께 사용하면 데이터셋의 변수 간의 관계를 좀 더 시각화할 수 있다. 산점도 그래프는 sns.scatterplot(x='변수1', y='변수2', data='데이터셋')의 형식으로 두 연속 변수 x와 y를 표시한다. 코드 예제 8-20은 두 변수 간의 관계를 산점도 그래프로 시각화한 것이다. 실습에 필요한 데이터는 코드 예제 8-6을 실행해 tips 데이터를 불러와야 한다.

```
# 이미지 설정
plt.figure(figsize=(5,5))

# 두 변수 간의 산점도 그래프 시각화
ax = sns.scatterplot(x='tip', y='total_bill', data=df)

# 이미지 정보 표시
ax.set(xlabel='tip', ylabel='total bill', title='Scatter Plot')
```

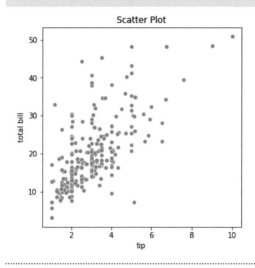

8.4.2 그룹에 따라 산점도를 다르게 시각화하기

산점도의 hue 아규먼트를 변경시키면 산점도에 시각화되는 두 특성의 관계가 그룹 별에 따라 어떻게 달라지는지 살펴볼 수 있다. 코드 예제 8-21은 hue='sex'를 추가 해 식사 비용과 봉사료의 관계를 시각화한 산점도 그래프에 식사값을 지불한 사람의 성별을 함께 표시함으로써 각 변수 간의 관계를 좀 더 쉽게 살펴볼 수 있다. hue 아규 먼트는 색깔을 변화시키지만 style 아규먼트를 사용하면 그룹에 따라 다양한 마커를 사용해 데이터가 어느 그룹에 속한 것인지를 표현한다.

```
# 캔버스 설정
figure, axs = plt.subplots(ncols=2)
figure.set_size_inches(10,5)

# 산점도 그리기(sex에 따라 다른 색으로 표시)
ax = sns.scatterplot(x='tip', y='total_bill', data=df, hue='sex', ax=axs[0])
ax.set(xlabel='tip', ylabel='total_bill', title='scatter plot')

# 산점도 그리기(sex에 따라 다른 마크 사용)
ax1 = sns.scatterplot(x='tip', y='total_bill', data=df, style='sex', ax=axs[1])
ax1.set(xlabel='tip', ylabel='total_bill', title='scatter plot')
```

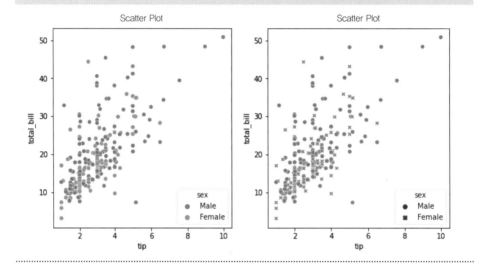

hue와 style을 복합적으로 사용하면 두 변수와 또 다른 명목 변수의 관계를 시각화할 수 있다. 코드 예제 8-22는 식사 비용과 봉사료의 관계에서 계산하는 사람의 성별(색)과 식사를 한 시간(표식)이 식사 비용과 지불한 봉사료와 어떤 관계가 있는지를 시각화하고 있다.

```
# 이미지 설정
plt.figure(figsize=(5,5))
```

```
# hue와 style을 동시에 사용해 데이터 구별하기
ax = sns.scatterplot(x='tip', y='total_bill', data=df, hue='sex', style='time')
ax.set(xlabel='tip', ylabel='total_bill', title='scatter plot')
```

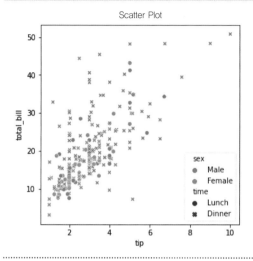

8.4.3 데이터별 크기 조절

hue와 style 아규먼트는 그룹 변수를 이용해 산점도의 그룹 소속 여부를 표시하지만 실수나 정수로 돼 있는 연속 변수를 사용해 각 데이터의 크기 정보를 표시할 수 있다. 예를 들어 국가의 GDP와 기대수명의 관계를 표시한 산점도에 각 국가의 인구수를 사용해 각 국가의 크기를 점의 크기로 변환해 사용할 수 있다.

이 책에서 실습에 사용하고 있는 seaborn의 tips 데이터는 식사 인원 수를 기록한 변수(size)를 함께 사용해 일행 수에 따라 해당 데이터의 점 크기를 변화시킬 수 있다. 코드 예제 8-23은 size 아규먼트를 추가해 점의 크기를 시각화하는 코드이다.

코드 예제 8-23 size를 사용해 점의 크기 조절

```
# 이미지 설정
plt.figure(figsize=(5,5))
```

```
# size 아규먼트로 점의 크기 변경
ax = sns.scatterplot(data=df, x="tip", y="total_bill", size="size")
ax.set(xlabel='tip', ylabel='total bill', title='scatter plot')
```

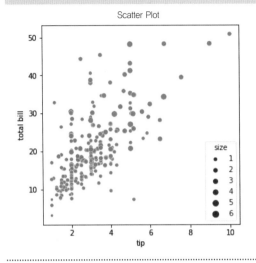

8.5 히트맵을 사용해 두 변수의 빈도 구하기

8.5.1 히트맵의 개념과 실습 데이터

히트맵heatmap은 열을 뜻하는 히트heat와 지도를 뜻하는 맵map의 합성어로 두 변수의 빈도와 밀도를 색의 변화를 통해 보여주는 시각화 방법이다. 두 변수의 관계를 시각화하는 데 사용되기도 하고, 아이트래킹eyetracking 장비를 사용해 측정한 시선의 위치를 분석해 사이트 이용자가 주로 어느 곳에 주목하는지 살펴보는 데 사용하기도 한다. 또한 축구 경기처럼 운동장 안에서 선수가 경기 중 어느 곳에 주로 있었는지를 파악하는 데 쓰일 수도 있다. 즉 시간이나 공간을 기준으로 축적된 데이터가 어디에 주로 분포돼 있는지를 파악하는 데 유용한 시각화 방법이다.

지금까지 우리가 사용한 seaborn의 .heatmap()을 사용하면 데이터를 히트맵으로 시각화할 수 있다. 여기서는 서울시 공공자전거 대여 현황 데이터를 기반으로 가공한 데이터를 활용해 2021년 1월 한 달 동안 주로 어느 요일, 어느 시간대에 자전거가 주로 이용됐는지를 시각화해 보도록 하겠다. 코드 예제 8-24는 실습에 필요한 데이터를 불러오는 코드이다.

코드 예제 8-24 실습 데이터 불러오기

```
bike_raw = pd.read_csv("https://raw.githubusercontent.com/skku-ai-textbook/aitextbook/
main/data/CH08-Bike_rental_raw1.csv")
print("데이터는 총 {}개의 행과 {}열로 이뤄져 있다".format(*bike_raw.shape))
bike_raw.info()
```

데이터는 총 168개의 열과 3행으로 이뤄져 있다

```
<class 'pandas.core.frame.DataFrame'>
RangeIndex: 168 entries, 0 to 167
Data columns (total 3 columns):
 #   Column       Non-Null Count  Dtype
---  ------       --------------  -----
 0   day_of_week  168 non-null    int64
 1   hour         168 non-null    int64
 2   bike_rent    168 non-null    int64
dtypes: int64(3)
memory usage: 4.1 KB
```

해당 데이터는 총 168개의 행과 3개의 열로 이뤄져 있다. 실습 데이터 정보는 표 8-4와 같다.

표 8-4 실습 데이터 정보

변수명	설명	비고
day_of_week	주중 요일	0(월요일)~6(일요일)
hour	하루 중 시간	0~23
Bike_rent	서울의 모든 자전거 대여소에서 대여된 자전거 대수	

8.5.2 피벗테이블 만들기

seaborn.heatmap()은 히트맵에 시각화하려는 두 축(예: 요일과 시간)을 기준으로 데이터가 얼마나 많이 분포하고 있는지를 기록한 데이터가 필요하다. 이렇게 두 데이터 축을 기준으로 데이터의 분포를 표현하는 방식을 피벗테이블^{Pivot Table}이라고 한다. 히트맵을 시각화하려면 현재의 데이터를 피벗테이블로 만들 필요가 있다.

표 8-5는 실제로 히트맵을 만드는 데 필요한 피벗테이블의 예시이다. 해당 표에서 볼 수 있듯이 피벗테이블의 각 행은 히트맵의 세로축이고, 피벗테이블의 각 열은 히트맵의 가로축이 된다. 즉 d요일 h시에 자전거 대여가 얼마나 많은지를 표시하게 된다.

표 8-5 히트맵을 만드는 데 필요한 데이터

	0	1	2	...	23
월요일	1	23	42	...	23
화요일	45	33	22	...	1
...	...	...	...	...	...
일요일	1	45	454	...	3

파이썬에서 데이터프레임을 사용해 피벗테이블을 만들려면 .pivot()을 사용하면 된다. 이때 코드 예제 8-25처럼 세로축과 가로축으로 사용할 기준이 되는 변수와 데이터의 분포를 표시한 데이터가 필요하다. 여기서는 요일과 시간대별로 자전거 대여량 표시를 위해 피벗테이블을 만든다. 코드의 실행 결과 요일과 시간대별로 공공자전거 대여량을 집계한 데이터로 변경된 것을 확인할 수 있다.

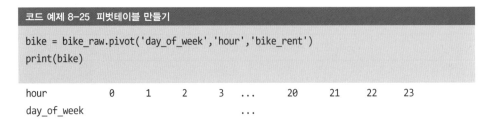

```
코드 예제 8-25  피벗테이블 만들기

bike = bike_raw.pivot('day_of_week','hour','bike_rent')
print(bike)


hour           0     1     2     3   ...    20    21    22    23
day_of_week                              ...
```

```
0       21419   16041    9752    6989   ...  128637  120732   61891   36122
1       31725   24719   15777   11780   ...   89938   90083   48754   31409
2       28764   22452   15308   10988   ...  124650  126534   67841   43129
3       37464   27468   19243   14203   ...   57274   55174   28840   21952
4       23160   20625   14147   11320   ...  115082  117650   65799   44880
5       45108   36191   27288   17678   ...  119676  127951   73416   49777
6       41797   32436   23579   15256   ...  150784  138530   79033   51432

[7 rows x 24 columns]
```

8.5.3 히트맵 만들기

seaborn의 .heatmap()으로 완성된 피벗테이블을 사용하면 히트맵을 만들 수 있다.
코드 예제 8-26처럼 sns.heatmap(피벗테이블)의 형식을 사용하면 된다.

코드 예제 8-26 피벗테이블을 사용해 히트맵 시각화하기

```
# 이미지 설정
plt.figure(figsize=(10,7))

# 히트맵 만들기
ax = sns.heatmap(bike)

# 이미지 정보 표시
ax.set(title="Bike Demand Heatmap", # 제목
       ylabel='Day of Week', xlabel="Hour", # x축 y축의 제목 표시
       yticklabels=['Mon','Tue','Wed','Thr','Fri','Sat','Sun']) # y축 이름 변경


plt.show()
```

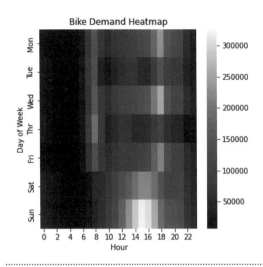

Bike Demand Heatmap

.heatmap()에 다양한 아규먼트가 있으나 데이터 시각화 과정에서 가장 중요한 부분은 표시되는 데이터의 색을 변경하는 것이다. .heatmap()을 사용해 히트맵에 표시되는 색을 변경하려면 cmap 아규먼트를 사용하면 된다. 이때 색 표시는 matplotlib의 컬러맵에 나타난 색분포를 활용하면 된다. matplotlib의 컬러맵은 해당 레퍼런스에서 확인할 수 있다(https://matplotlib.org/stable/tutorials/colors/colormaps.html). 코드 예제 8-27은 다양한 색 패턴을 사용해 히트맵의 색 패턴을 변경하는 코드이다.

코드 예제 8-27 히트맵의 색 패턴 변경

```
# 캔버스 설정
fig = plt.figure()
fig.set_size_inches(10,10)

# 히트맵 색 변경을 위해 반복문 설정
for i, colors in enumerate(['PuRd','Greys','Reds','PuBuGn']): # 표시할 색

    # 이미지 위치 설정: 2x2 이미지 중 왼쪽 위에서부터 i+1번째에 이미지 출력
    axs = fig.add_subplot(2,2,i+1)
    sns.heatmap(bike, ax=axs, cmap=colors).set(title="cmap: {}".format(colors))
fig.show()
```

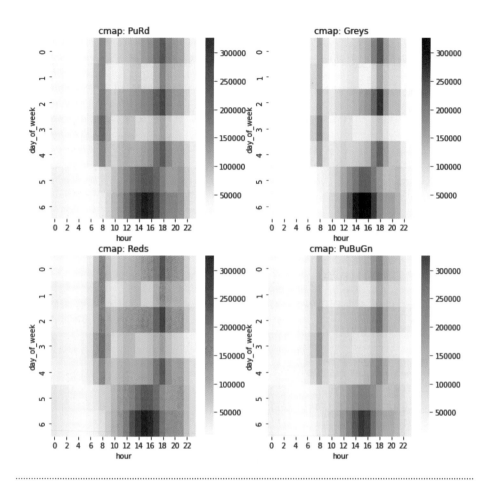

이 외에도 .heatmap()의 다양한 아규먼트를 사용해 데이터에 맞는 시각화 방법을 사용할 수 있다. 예를 들어 linewidth의 경우 히트맵의 경계선의 굵기 변경이 가능하다. seaborn의 .heatmap()이 제공하는 다양한 아규먼트를 살펴보려면 .heatmap 레퍼런스를 살펴보길 바란다(https://seaborn.pydata.org/generated/seaborn.heatmap.html).

> 팁 | 코드 예제 8-27의 .add_subplot()은 .add_subplot(nrows, ncols, index)의 형식으로 사용되는데 여기서 index는 제일 왼쪽 상단의 그래프부터 오른쪽으로 순차적으로 1씩 증가하게 된다.

8.6 워드클라우드로 단어 빈도 시각화하기

워드클라우드란 텍스트 데이터를 입력받아 데이터 속의 분포를 보여주는 시각화 기법이다. 이때 텍스트 데이터에 단어 수가 많을수록 해당 단어를 더욱 크게 표현함으로써 텍스트 데이터 내의 단어 분포를 알아보기 쉽게 시각화할 수 있다.

8.6.1 분석 준비하기

8.6.1.1 한글 폰트 설치하기

구글 코랩에서 데이터를 시각화할 때 그래프에 한글을 표시하려면 코드 예제 8-28 처럼 한글 글꼴을 설치한 후 런타임을 재시작해야 한다. 또한 코드 예제 8-29처럼 파이썬의 시각화 라이브러리인 matplotlib.font_manager를 사용해 글꼴 리스트를 재정비해야 한글을 표기할 수 있다.

코드 예제 8-28 한글 나눔 폰트 설치

```
# 설치가능한 패키지 리스트 업데이트 후 한글 나눔 폰트 설치 (설치 후 재시작이 필요)
!apt-get update -qq
!apt-get install fonts-nanum* -qq
```

```
Selecting previously unselected package fonts-nanum.
(Reading database ... 155113 files and directories currently installed.)
Preparing to unpack .../fonts-nanum_20170925-1_all.deb ...
Unpacking fonts-nanum (20170925-1) ...
Selecting previously unselected package fonts-nanum-eco.
Preparing to unpack .../fonts-nanum-eco_1.000-6_all.deb ...
Unpacking fonts-nanum-eco (1.000-6) ...
Selecting previously unselected package fonts-nanum-extra.
Preparing to unpack .../fonts-nanum-extra_20170925-1_all.deb ...
Unpacking fonts-nanum-extra (20170925-1) ...
Selecting previously unselected package fonts-nanum-coding.
Preparing to unpack .../fonts-nanum-coding_2.5-1_all.deb ...
Unpacking fonts-nanum-coding (2.5-1) ...
Setting up fonts-nanum-extra (20170925-1) ...
Setting up fonts-nanum (20170925-1) ...
Setting up fonts-nanum-coding (2.5-1) ...
```

```
Setting up fonts-nanum-eco (1.000-6) ...
Processing triggers for fontconfig (2.12.6-0ubuntu2) ...
```

코드 예제 8-29 한글 글꼴 리스트 재정비

```python
import matplotlib.font_manager as fm
import matplotlib
fm._rebuild()
sys_font=fm.findSystemFonts()
```

8.6.1.2 실습 데이터 불러오기

워드클라우드 실습을 위해 인터넷 공간의 데이터를 불러오도록 하겠다. 이 데이터는 한국언론진흥재단(https://www.kpf.or.kr/front/user/main.do)의 뉴스 검색 서비스 빅카인즈(https://www.bigkinds.or.kr/)에서 2021년 1월부터 4월까지 국내 중앙일간지의 사설 제목과 사설 내용의 키워드를 저장하고 있다. 여기서 키워드는 빅카인즈의 인공지능 시스템이 기사를 분석해 의미 있는 단어들을 출력한 것이다.

일반적으로 파이썬을 사용해 한국어 텍스트를 분석할 경우에 먼저 형태소 분석기를 사용해 텍스트를 전처리해야 한다. 이때 konlp, pykomoran, soylnp 등의 형태소 분석기를 사용하면 편리하다. 텍스트 전처리는 워드클라우드를 효과적으로 시각화하는 데 중요하다. 뿐만 아니라 향후 인공지능을 활용해 텍스트 분석이나 자연어 처리 시스템을 만드는 데 있어서 시스템 전체의 성능을 좌우하는 중요한 역할을 한다. 다만 여기서는 우선 텍스트 데이터의 빈도를 출력하는 워드클라우드 시각화 방법 실습을 위해 이미 전처리된 데이터를 사용하겠다. 코드 예제 8-30은 실습에 필요한 데이터를 불러오는 코드이다.

```
# 데이터 불러오기
df = pd.read_csv("https://raw.githubusercontent.com/skku-ai-textbook/
  aitextbook/main/data/CH08-word_cloud.txt", sep="\t", encoding="utf-16")
print("데이터는 {}행과 {}열로 이뤄져 있다.".format(*df.shape))
```

데이터는 5행과 2608열로 이뤄져 있다.

> **팁** 형태소 분석기를 사용한 텍스트 전처리 방법은 16장에 소개돼 있다.

데이터는 표 8-6에 제시된 것과 같이 총 다섯 개의 변수로 이뤄져 있다. 코드 예제 8-31은 불러온 데이터의 첫 다섯 행을 출력한 결과이다.

```
df.head()
```

	id	date	newsorg	title	keywords
0	1.100701e+06	20210430	세계일보	[사설] 한 미 정상회담서 북핵공조 동 맹복원에 성과 내야	정상회담,북핵공조,동맹복원,내야,문재인,대통령, 백악관,미국,대통령,정상회담,정상회담...
1	1.100101e+06	20210430	경향신문	[사설] 131번째 노동절, 코로나 해고 자와 노동 홀대의 아픔 새겨야	131번,노동절,코로나,해고자,노동,홀대,아픔,131 번,노동절,하루,아시아나항공,하...
2	1.101001e+06	20210430	한겨레	[사설] "목숨 걸고 싸우겠다"는 김기 현, 과거 회귀는 말아야	목숨,김기현,과거,회귀,2년,국회,국민의힘,원내대 표,의원,김기현,울산,남구,선출,원...
3	1.101001e+06	20210430	한겨레	[사설] 빚더미 자영업자, '손실보상' 5 월엔 반드시 입법해야	빚더미,자영업자,손실보상,5월,입법,코로나19,확 산,사회,거리,다중,이용,시설,집합...
4	1.101001e+06	20210430	한겨레	[사설] 문 대통령 지지율 29%, '민생 하방' 외엔 길이 없다	지지율,문재인,대통령,지지도,국정,수행,29%,한국 결합,조사,취임,최저치,수치,일주...

표 8-6 실습 데이터 설명

변수명	설명	비고
id	사설의 고유 식별번호	실수형
date	사설이 실린 날짜	정수형
newsorg	사설이 게재된 언론사	문자열
title	사설 제목	문자열
keywords	사설에서 추출된 키워드	문자열

8.6.2 데이터 전처리

텍스트를 워드클라우드로 만들고, 이를 시각화하려면 wordcloud라는 모듈로 워드클라우드 객체를 생성한 후 matplotlib을 사용해 시각화해야 한다. 이때 wordcloud 모듈을 활용해 워드클라우드를 만들려면 {"단어":빈도}의 쌍으로 구성된 딕셔너리 데이터가 필요하다. 따라서 현재 데이터프레임 형태로 돼 있는 키워드 데이터를 딕셔너리로 바꿔야 한다.

코드 예제 8-32는 데이터프레임 속의 문자를 하나의 문자열로 만드는 코드로 판다스 .sum()을 사용해 데이터프레임 형태로 저장된 keywords를 하나의 문자열로 만든다. .sum()은 데이터프레임 keywords의 각 열이 문자열이기 때문에 해당 열의 모든 텍스트를 합친 결과를 문자열(string) 형태로 반환한다.

코드 예제 8-32 데이터프레임의 데이터를 문자열로 바꾸기

```
# 데이터프레임을 하나의 문자열로 만들기
string_of_keywords = df['keywords'].sum()


# 첫 30자 표기
print(string_of_keywords[0:30])
```

정상회담,북핵공조,동맹복원,내야,문재인,대통령,백악관,

코드 예제 8-33은 코드 예제 8-32에서 만들어진 데이터를 리스트화 하는 작업을 수행한다. 먼저 .split()을 사용해 하나의 문자열로 저장된 키워드 뭉치를 리스트 형태로 만들어 준다. 리스트로 만들어 주는 이유는 {키워드1:빈도1, 키워드2:빈도2, …, 키워드n:빈도n}의 형식으로 만드는 데 사용하는 Counter() 함수가 리스트 형식으로 돼 있는 텍스트를 요구하기 때문이다.

코드 예제 8-33 .split()을 이용한 리스트 만들기

```
list_of_keywords =string_of_keywords.split(",")
print(list_of_keywords[0:10])
```

['정상회담', '북핵공조', '동맹복원', '내야', '문재인', '대통령', '백악관', '미국', '대통령', '정상회담']

코드 예제 8-34는 코드 예제 8-33에서 만들어진 리스트를 딕셔너리 형태로 만드는 코드이다. 이를 위해 collections의 Counter() 함수를 사용해 리스트 형태로 저장돼 있는 키워드들의 빈도 수를 계산한다. 코드 예제 8-35는 실제로 만들어진 리스트에 .count()를 사용해 해당 단어들의 빈도를 확인한 것이다. 해당 코드의 결과는 Counter() 함수로 센 단어의 빈도와 동일한 것을 확인할 수 있다.

코드 예제 8-34 단어:빈도 형태의 딕셔너리 만들기

```
# 필요한 함수 블러오기
from collections import Counter

# 단어:빈도의 딕셔너리 만들기
counts = Counter(list_of_keywords)
print(counts)
```

Counter({'정부': 4762, '대통령': 3767, '국민': 2975, '백신': 2692, '수사' :2456, …, "긴급현장대응팀":1}

코드 예제 8-35 .count()를 사용해 단어 빈도 수 계산

```
list_of_keywords.count('정부')
```

4762

8.6.3 단어 빈도 수 시각화하기

{"단어1":빈도수1, "단어2":빈도수2, ... "단어n":빈도수n}의 형식으로 구성된 데이터를 워드클라우드로 시각화하려면 wordcloud 모듈의 WordCloud() 함수와 matplotlib 모듈의 .pyplot이 필요하다. 코드 예제 8-36은 필요한 모듈을 불러오는 코드이다.

코드 예제 8-36 워드클라우드 시각화에 필요한 모듈 불러오기

```
# 필요한 모듈 불러오기
from wordcloud import WordCloud
```

```
import matplotlib.pyplot as plt
```

코드 예제 8-37은 단어 빈도 수 시각화를 위해 워드클라우드를 만들 객체를 선언하는 코드이다. 이 객체에 어떤 설정을 하는지에 따라 최종적으로 시각화되는 워드클라우드의 형태가 변하게 된다. 코드 예제 8-37은 만들어진 객체에 실제 데이터를 투입해 워드클라우드를 만들어 준다. 이때 필요한 데이터는 {"단어1":빈도수1, "단어2": 빈도수2, ... "단어n":빈도수n} 형식의 딕셔너리이며, 해당 형식의 딕셔너리를 워드클라우드로 시각화하는 데는 .generate_from_frequencies()를 사용해야 한다. 코드 예제 8-36의 결과물이 딕셔너리 형태를 한 객체이기 때문에 dict(counts)를 사용해 해당 객체를 딕셔너리로 변경한다.

코드 예제 8-37 워드클라우드 만들기

```
# 워드클라우드 객체 선언 및 사용할 폰트 지정
wc1 = WordCloud(font_path="/usr/share/fonts/truetype/nanum/NanumGothic.ttf",
                background_color="white", max_font_size=60)

# 단어 빈도 수를 활용해 워드클라우드 만들기
cloud1 = wc1.generate_from_frequencies(dict(counts))
```

코드 예제 8-38은 만들어진 워드클라우드를 시각화하는 코드이다. .axis('off')는 세로축과 가로축의 경계선을 없앤다. 만약 해당 코드를 사용하지 않으면 워드클라우드가 네모난 박스 안에 표시된다. 코드 예제 8-37에서 만들어진 워드클라우드 이미지를 .imshow()로 시각화하고 .show()를 사용해 전체 캔버스를 출력하는 기능을 수행한다.

코드 예제 8-38 워드클라우드 시각화

```
# 시각화 이미지 크기 설정
plt.figure(figsize=(8, 8))
plt.axis('off') # 워드클라우드의 경계선 없애기
plt.imshow(cloud1) # 시각화할 워드클라우드 객체
plt.show() # 이미지 표시
```

8.6.4 워드클라우드 조정하기

코드 예제 8-39는 워드클라우드의 배경색을 변경하는 코드이다. 이를 위해 wc2에 background_color="black" 아규먼트를 지정한 후 새로운 워드클라우드를 만들어 봤다. 이때 기존의 워드클라우드와 비교를 위해 새로 변경된 워드클라우드를 양옆에 배치한다. .add_subplot()을 사용해 두 워드클라우드 이미지를 배치할 수 있다.

코드 예제 8-39 워드클라우드 배경색 변경하기

```python
# 배경색을 변경해 워드클라우드 시각화
wc2 = WordCloud(font_path="/usr/share/fonts/truetype/nanum/NanumGothic.ttf",
                background_color="black", max_font_size=60)
cloud2 = wc2.generate_from_frequencies(dict(counts))

# 여러 개의 워드클라우드 시각화
# 캔버스 설정
fig = plt.figure()
fig.set_size_inches(15,10) # 캔버스의 크기 조정

 # 반복문을 사용해 워드클라우드 시각화
for i, wc in enumerate([cloud1, cloud2]):
  ax1 = fig.add_subplot(1,2,i+1)
  ax1.axis('off')
  ax1.imshow(wc)
```

```
# 시각화
fig.show()
```

코드 예제 8-40은 워드클라우드의 max_font_size의 효과를 살펴보는 코드이다. 해당 아규먼트를 변경하면 가장 빈도 수가 많은 글자가 얼마나 크게 시각화되는지를 조절할 수 있다. 코드 예제 8-40의 결과에서 확인할 수 있는 것처럼 사이즈에 따라 같은 데이터도 다른 의미를 내포하는 것처럼 조절할 수 있다. 따라서 텍스트 데이터를 어떻게 시각화하는 것이 맞는지에 대해 고민할 필요가 있다.

코드 예제 8-40 max_font_size 아규먼트를 변경해 워드클라우드 시각화

```
# 캔버스 설정
fig = plt.figure()
fig.set_size_inches(15,10)

# 총 네 개의 워드클라우드 생성
for i in range(4):

    # 매번 max_font_size를 달리해 새로운 워드클라우드 이미지 만들기
    wc = WordCloud(font_path="/usr/share/fonts/truetype/nanum/NanumGothic.ttf",
                background_color="white", max_font_size=120/(i+1))
    cloud = wc.generate_from_frequencies(dict(counts))

    ax1 = fig.add_subplot(2,2,i+1) # 새로 만든 이미지를 i+1번 인덱스에 배치

    ax1.axis('off')
    ax1.imshow(cloud)

    # 제목 변경
    ax1.set(title='Max Font Size= {}'.format(120/(i+1)))
```

이 책에서 살펴본 예시 외에도 wordcloud 모듈을 사용해 다양한 텍스트 시각화를 할 수 있다. 워드클라우드 모듈에 대한 자세한 사항은 wordcloud 모듈의 레퍼런스 웹페이지를 참고하길 바란다(https://amueller.github.io/word_cloud/).

8.7 요약

8장에서는 인공지능 개발에서 기초 단계 중 하나인 데이터 시각화를 배웠다. 개별 변수의 분포도를 살펴보는 것부터 시작해 명목 변수를 투입해 그룹별 분포에 차이가 있는지를 분석하는 방법을 실습했고, 산점도와 히트맵을 사용해 두 변수의 관계를 분석할 수 있음을 이해했다. 또한 비구조적 데이터의 하나인 텍스트를 분석할 수 있도록 텍스트를 준비하고 이를 시각화하는 방법도 살펴봤다. 8장의 내용을 요약하면 다음과 같다.

- seaborn은 matplotlib과 함께 파이썬에서 시각화를 위해 가장 많이 사용되

는 모듈이다.

- 데이터를 시각화할 경우에는 특정 시각화 방식이 어떤 데이터 형식을 필요로 하는지 알아야 한다.

- `.lineplot()`은 선 그래프를 그리는 데 사용한다. x와 y의 쌍을 이룬 데이터가 필요하다.

- 히스토그램이란 도수 분포표라고도 불리며 데이터를 일정 범위로 나눠 해당 범위에 있는 데이터 수를 막대 길이로 표현한 시각화 방식이다.

- `.histplot()`을 사용하면 숫자로 이뤄진 연속 변수의 분포를 살펴볼 수 있다. 또한 명목 변수의 명목별 개수를 시각화할 수 있다.

- matplotlib의 `.subplots()`를 사용하면 seaborn으로 만든 여러 개의 그래프를 동시에 시각화할 수 있다.

- `.histplot()`의 막대 수나 막대 크기를 조절해 시각화 방식을 변경할 수 있다. 이때 적절한 수의 막대를 사용해야 시각화하고자 하는 데이터의 분포를 제대로 표현할 수 있다.

- `.histplot()`을 사용해 하나의 변수가 그룹에 따라 어떻게 분포가 달라지는지 시각화할 수 있다.

- 박스플롯은 상자와 수염, 점으로 데이터의 분포를 표시하는 시각화 방식이다. 박스플롯의 상자는 사분범위를, 수염은 각각 최솟값과 최댓값의 위치를 의미한다. 박스플롯은 점을 사용해 극단치를 표기한다.

- 박스플롯과 최대 두 개까지의 명목 변수를 사용해 그룹에 따른 분포를 비교할 수 있다.

- `.scatterplot()`을 사용해 만드는 산점도는 두 연속 변수 간의 관계를 시각화하는 데 유용하다. 변수 x와 y의 관계를 그래프에 점을 찍어 표현한다.

- 산점도에서 hue와 style 아규먼트를 사용해 그룹별로 두 변수의 관계가 어떻게 달라지는지 확인할 수 있다. size 아규먼트는 해당 점의 크기를 변화시킨다.

- 히트맵은 두 변수의 관계를 색의 변화를 통해 보여주는 시각화 방법이다. 파이썬에서 히트맵은 `.heatmap()`을 사용해 그리는데 해당 그래프는 주어진 영

역에서 어느 곳의 빈도가 가장 높은지를 살펴보는 데 유용하다.

- 히트맵은 시각화하려는 두 축을 기준으로 데이터가 얼마나 많이 분포하는지를 기록한 데이터가 필요하다. 판다스의 .pivot()을 사용하면 데이터를 피벗 테이블로 만들 수 있다.

- 워드클라우드는 텍스트 데이터의 빈도를 시각화하는 방식이다. 워드클라우드를 사용하면 분석하려는 텍스트에 어떤 단어들이 가장 빈번하게 등장하는지를 쉽게 살펴볼 수 있다.

- 파이썬에서 한글 워드클라우드를 만들려면 코랩에 한글 폰트를 설치해야 한다.

- 파이썬에서 워드클라우드는 wordcloud 패키지를 사용하는데, 이를 위해 텍스트를 {단어:빈도}의 쌍으로 만들어 줄 필요가 있다.

연습문제를 풀기 위해 다음 csv 파일을 불러오자.

"https://raw.githubusercontent.com/skku-ai-textbook/aitextbook/
main/data/practice5.csv"

1. 불러온 데이터프레임에서 RM과 MEDV 두 변수를 선택해 다음 예제와 같은 분포
   도를 그려라.

문제 출력 예시

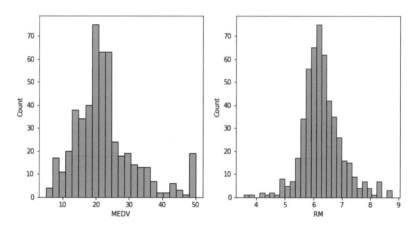

2. 다음 코드를 실행해 평균 범죄율이 평균 이상과 이하인 지역을 구분하는 변수를
   만들어라. 새로 만든 변수를 사용해 다음 예시와 같이 평균 범죄율의 차이에 따라
   'MEDV'와 'RM'의 분포도를 시각화해라.

[코드]

```
import numpy as np

# 평균보다 높은 경우 1, 그렇지 않으면 0
df['CRIM_ABV'] = np.where(df['CRIM']>=df['CRIM'].mean(),1,0)
```

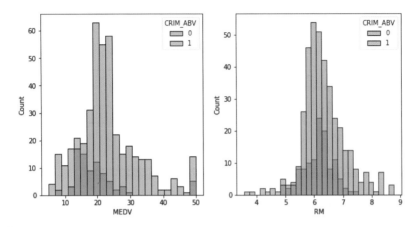

3. 연습문제 2번에서 생성한 명목 변수를 사용해 다음과 같이 MEDV 변수를 박스플롯으로 시각화해라. 이때 'CRIM_ABV'의 순서를 1부터 0 순으로 바꿔라. 또한 문제 출력 예시에 표시된 것처럼 시각화된 이미지에 표시된 정보를 변경해라.

문제 출력 예시

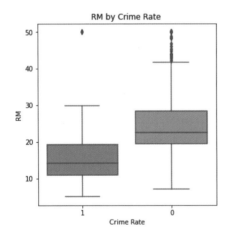

4. 연습문제 3번에서 시각화한 이미지에 AGE를 기준으로 AGE의 평균 이상과 이하의 차이가 MEDV 차이의 분포와 어떤 관련이 있는지 시각화해라.

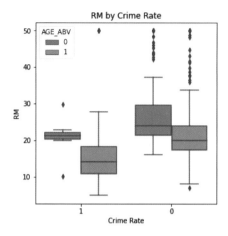

5. 문제 출력 예시와 같이 RM과 MEDV의 관계를 표현하는 산점도를 그려라. 이때 AGE 평균 기준으로 평균 이상과 이하가 어떤 관계 차이가 있는지 색을 변화시켜 시각화해라.

문제 출력 예시

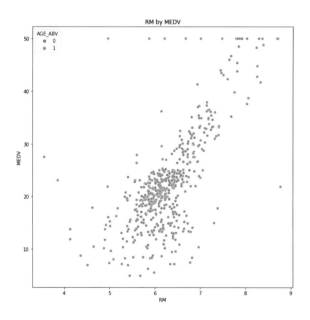

6. 문제 출력 예시와 같이 RM과 MEDV의 관계를 표현하는 산점도를 그려라. 이때 AGE를 사용해 각 점의 크기가 AGE에 따라 달라지도록 시각화해라. 연습문제 5번과 비교해 세 변수 간의 관계를 시각화하는 데 어떤 방법이 더 적절한지 논의해라.

문제 출력 예시

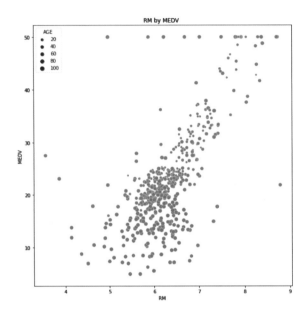

7. 다음 코드를 실행시켜 seaborn에 기본적으로 탑재된 "flights" 데이터셋을 불러와라. 해당 데이터의 연도(year)와 달(month)을 사용해 히트맵을 그릴 수 있는 피벗테이블을 만들어라.

[코드]

```
flight = sns.load_dataset("flights")
flight.head()
```

8. 연습문제 7번에서 만든 피벗테이블을 사용해 문제 출력 예시와 같이 연도(year)와 달(month)별 승객 수를 시각화해라.

문제 출력 예시

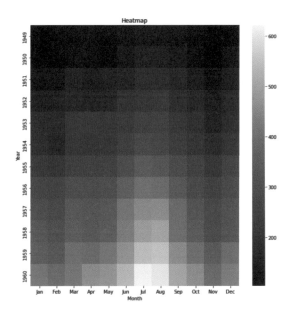

9. 언론진흥재단의 빅카인즈를 이용해 관심 있는 신문기사를 수집해라. 8장에 나와있는 워드클라우드를 생성해라.

10. 연습문제 9번에서 만든 워드클라우드의 배경색을 검은색으로 변경해라. 워드클라우드의 `max_font_size` 아규먼트를 200과 50으로 하는 워드클라우드를 각각 만들어라. 두 워드클라우드의 차이를 비교하고, 어느 쪽이 해당 텍스트를 이해하는 데 적절한지 논의해라.

09
인공지능 개발 파이프라인

9장에서는 인공지능 개발 과정을 개략적으로 살펴본다. 세부적으로는 인공지능 학습에 필요한 데이터 수집부터 전처리, 학습 및 평가가 어떤 과정을 통해 이뤄지는지를 살펴보겠다. 9장는 다음과 같은 내용을 다룬다.

이 장에서 다루는 내용

- 인공지능 개발 워크플로
- 데이터 처리 과정의 개괄적 이해
- 모델링과 학습 과정의 개념
- 모델 평가의 개념

목차

9.1 인공지능 개발 워크플로

지금까지 우리는 인공지능이 무엇인지 개략적으로 살펴보고 인공지능을 만드는 데 필요한 프로그래밍 언어인 파이썬의 사용법에 대해서 살펴봤다. 9장에서는 인공지능을 만드는 전반적인 과정을 개괄적으로 살펴보도록 하겠다. 그림 9-1은 인공지능 개발에 필요한 주요 단계를 도식적으로 표현한 것이다. 먼저 인공지능으로 해결할 수 있는 문제인지를 인식하는 과정에서부터 데이터를 수집하는 단계를 거친다. 인공지능 개발에 필요한 데이터를 확보한 후 이 데이터를 사용해 인공지능 모델을 학습하고 모델의 성능을 평가한다. 이런 과정을 거쳐 완성된 모델을 배포하는 것으로 개발을 완료하게 된다. 9장에서는 이런 인공지능 개발 과정의 각 단계를 개략적으로 살펴보고, 각 단계에서 고려해야 할 문제들을 논의하겠다.

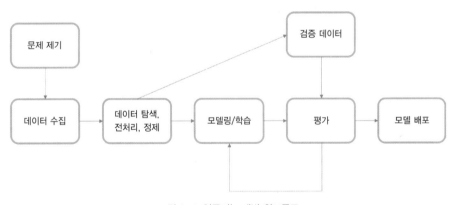

그림 9-1 인공지능 개발 워크플로

9.2 문제 제기

인공지능 시스템을 개발하려면 인공지능을 통해 어떤 문제를 해결하고자 하는지 분명히 할 필요가 있다. 해결하려는 문제가 인공지능을 사용해야 해결할 수 있는 문제인지 또는 개발하는 것이 더 효율적인 문제인지를 명확히 해야 한다. 어떤 문제들은 인공지능을 통해 해결하는 것이 불가능하기도 하고, 인공지능을 개발하는 것이 오히려 더 많은 시간과 비용이 소요되기도 한다.

앞선 장에서 우리가 개발하려는 것은 인간처럼 자아를 갖고 창조적인 사고와 행동을 하는 강한 인공지능이 아니라고 이야기했다. 그렇기 때문에 인간의 창의성을 바탕으로 새로움을 창조하는 행위가 요구되는 문제 해결이 가능한 인공지능을 개발하는 것은 무척이나 어려운 일이다. 물론 최근의 인공지능은 스스로 소설을 쓰거나 작곡을 하는 등 지금까지 인간의 영역으로 여겨졌던 몇몇 분야에서 창의적인 행위를 하기도 한다. 다만 이런 창의성을 발휘하는 인공지능은 기존의 데이터를 바탕으로 새로운 패턴을 도출해 낸다는 점에서 진정한 의미의 창조가 맞는지에 대해 고민해 볼 필요가 있다. 또한 한 분야에서 창조적 행위를 하는 인공지능이 다른 분야에서는 창조적 행위로 이어지지 않는다는 점에서 인공지능과 인간의 창의적 행위가 구별된다고 할 수 있다.

인공지능을 창작 행위에 사용한 예를 다음 기사를 통해 살펴보자.

1. 전승진, "소설을 쓰는 AI(인공지능) 작가", 「AI타임스」, 2019. 12. 12, http://www.aitimes.com/news/articleView.html?idxno=123372
2. 정한영, "인공지능이 단 몇 분 만에 맞춤형 음악 작곡한다", 「AI타임스」, 2019. 01. 28, http://www.aitimes.kr/news/articleView.html?idxno=13274

이 책에서 다루고 있는 인공지능은 특정 영역에서 전문적인 역할을 하는 약한 인공지능이다. 이런 인공지능은 특수한 목적 해결을 위해 만들어진다고 할 수 있다. 예를 들어 편의점에서 어떤 물건을 언제, 얼마나 주문해야 재고 관리를 잘할 수 있을까 하는 문제부터 상품이 어느 시간에 또는 어느 날짜에 많이 팔리는지 예측하는 인공지능을 만들어 볼 수 있다. 이런 인공지능을 만든다면 유통기한이 지나 폐기해야 하는 삼각김밥이나 도시락 등 음식물의 효율적인 재고 관리에 도움을 줄 것으로 기대할 수 있다.

편의점의 효율적인 관리를 위해 판매할 상품을 얼마나 발주해야 하는지 예측할 필요가 있다고 해보자. 이때 편의점에 오래 근무한 직원의 경험은 해당 제품을 얼마나 많이 그리고 얼마나 자주 발주해야 하는지를 판단하는 데 중요한 근거가 될 수 있다. 즉 오랜 경험에 근거해 특정 제품의 판매량을 유사하게 예측할 가능성이 있다. 하지만 고려해야 하는 제품의 수가 많거나 같은 직원이 여러 개의 점포를 함께 운영한다면 어떨까? 어느 상품을 얼마나, 언제, 어느 시점에 주문해야 할지 고민해야 하는 경우의 수와 처리해야 하는 데이터가 많아진다면 사람의 능력으로 해결할 수 없는 상황에 다다를 가능성이 있다. 따라서 앞으로 우리가 배울 알고리듬을 사용한 인공지능 시스템을 개발하면 인간의 인지적, 경험적 한계를 넘어서 우리가 미처 파악하지 못한 다양한 패턴을 발견할 수도 있다.

인공지능 개발은 지금 해결하려는 문제가 인공지능을 사용해서 해결할 문제인가를 파악하는 것에서부터 시작한다. 즉 개발자 스스로 어떤 문제를 해결할 것인가에 대해 충분한 답이 존재하는 경우 인공지능 시스템 개발에 필요한 다양한 단계를 수월하게 거칠 수 있다. 그렇다면 어떤 문제 해결을 위해 인공지능 시스템을 개발해야 할까? 이에 대한 답을 위해서는 인공지능이 주로 어떤 목적을 위해서 만들어지는 것인지 생각해 볼 필요가 있다.

일반적으로 인공지능 모델은 크게 예측, 분류, 그룹화 등의 목적으로 사용된다. 먼저 인공지능 모델은 복잡한 사회 현상을 예측하는 목적으로 개발된다. 예를 들어 앞으로 한 시간 후 대한민국에서 소비하는 전력량이 얼마나 될지에 대한 예측을 해볼 수 있다. 전력 소비량을 얼마나 정확하게 예측하는지에 따라 예비전력을 얼마나 준비해야 하는지, 전력 생산량을 높일 경우 전기 생산단가가 더 비싼 발전기를 돌려야 하는지 등의 여부를 판단하는 근거가 될 수 있다. 인공지능 모델을 활용하면 다양한 요인들을 고려해 앞으로 전력 소비량이 얼마나 될 것인지 예측하는 데도 활용할 수 있다. 또한 향후 주가를 예측하는 데 사용할 수 있다. 빅데이터와 인공지능 알고리듬을 활용해 주가 예측 인공지능 모델을 만들고 이를 주식매매에 활용할 수 있기 때문이다. 이처럼 많은 인공지능 모델들이 특정 조건 및 정보들을 활용해 수치로 측정할 수 있는 어떤 대상의 향후 전망을 예측하는 문제 해결을 위해 개발되고 있다.

다음으로 인공지능 모델은 다양한 자료를 특정 목적에 맞게 분류하는 작업을 수행한다. 예를 들어 엑스레이 사진이나 CT 사진을 사용해 특정 질병의 유무를 판단하는 인공지능 모델이 있다고 가정해 보자. 이는 CT 사진을 활용해 질병의 유무를 분류하는 목적을 수행한다고 할 수 있다. 즉 질병 유무를 정확히 분류하는 인공지능 모델을 만든다면 수많은 생명을 살리는 데 기여할 수 있다. 또 사진 속의 물체가 사람인지 아닌지를 분류하는 인공지능 모델은 컴퓨터를 사용해 자동적으로 이미지의 맥락을 파악해 광고와 같은 메시지 전략을 짜는 데 활용할 수도 있다. 책이나 필기된 글자를 자동적으로 인식하는 인공지능은 오래된 책이나 서신의 디지털화 작업 등에 활용돼 작업 시간 및 효율을 증가시킬 수 있다. 또한 사람의 음성을 텍스트로 정확히 분류하는 기술로 자막을 자동으로 만들 수 있기 때문에 번역 작업에 필요한 인력을 줄일 수 있다. 다시 말해 어떤 대상이 갖고 있는 특징들을 사용해 이를 상황에 맞게 자동적으로 분류하는 목적을 수행하는 데 인공지능을 개발하기도 한다.

마지막으로 정확한 구조를 모르는 데이터를 자동적으로 그룹화할 목적으로 인공지능 모델을 만들기도 한다. 11장에서 더 자세히 다루겠지만 그룹화를 목적으로 하는 인공지능 모델은 데이터를 어떻게 분류해야 하는지에 대한 뚜렷한 정답이 없을 때 주로 사용된다. 예를 들어 수십만 건에 달하는 다양한 문서들이 있다고 가정해 보자. 이는 어떤 방식으로 분류해야 맞는 것일까? 사람들이 모든 문서들을 일일이 살펴보려면 수많은 인력이 필요한 큰 프로젝트가 될 것이다. 또한 이 프로젝트에 참여한 많은 사람들이 모두 같은 기준으로 분류 작업을 한 것인지 알 수 없다. 특정 분류 체계를 사용하기로 했다고 하더라도 모든 문서가 이미 만들어진 분류 체계로 명확하게 나뉠 수 있을지가 불분명할 수 있다. 예를 들어 새로운 장르의 문학 작품이 등장했다면 기존의 체계를 사용해 분류하는 것이 비효율적일 수 있기 때문이다. 이런 경우 인공지능 알고리듬을 활용하면 대량의 데이터를 자동적으로 분류할 수 있을 것이다.

9.3 데이터 파악

현재 직면하고 있는 문제를 인공지능을 통해 해결해야 한다면 그다음 단계는 인공지능 개발에 필요한 데이터에 대해 고민해야 한다. 이때 인공지능을 개발하고자 하는 목적과 사용하고자 하는 알고리듬에 따라 필요한 데이터의 구조가 서로 부합한지를 판단해야 한다. 실제로 자신이 사용하려는 알고리듬에 어떤 데이터가 필요한지를 잘 알고 있어야 수월하게 인공지능을 만들 수 있다.

가장 먼저 확인할 것은 개발하고자 하는 인공지능 모델을 학습시키는 데 필요한 데이터를 갖고 있는지 또는 쉽게 구할 수 있는 것인지다. 예측이나 분류 알고리듬의 경우 인공지능 모델의 학습을 가이드할 예측이나 분류 대상에 대한 실제 데이터가 필요하다. 즉 예측이나 분류할 대상의 실제 값이 데이터에 저장돼 있어야 한다. 반면 그룹화를 위해 인공지능 모델을 학습시키는 경우에는 예측이나 분류 모델의 학습과 달리 실제 대상이 어떤 그룹에 속하는지의 여부를 저장하고 있는 데이터가 필요 없다. 그룹화 모델의 목적 자체가 각 데이터가 컴퓨터를 사용해 데이터를 그룹으로 나누는 것이기 때문이다.

인공지능을 학습시킬 데이터를 이미 보유하고 있다고 가정해 보자. 이 경우 이미 갖고 있는 데이터를 자세히 살펴볼 필요가 있다. 데이터의 특성에 따라 인공지능 학습에 사용해야 할 알고리듬이 달라지기 때문이다. 데이터의 상황에 따라 추가적인 데이터 정제 작업이 필요할 수도 있다. 예를 들어 예측 대상이나 예측에 사용하려는 특성들에 결측값이 존재한다면 어떻게 처리해야 할까? 또한 어떤 데이터의 경우 '숫자'로 저장돼 있으나 각 숫자가 특정 범주^{category}를 가리키는 명목 변수로 저장돼 있을 수도 있다. 이 경우 데이터를 실제 인공지능 개발에 사용할 수 있게 변환해 주는 작업이 필요하다. 다시 말해 인공지능 학습을 위해 만드는 데이터가 어떤 데이터인지 정확하게 파악하고 있어야 실제 인공지능 개발을 수월하게 진행할 수 있다.

만약 인공지능을 만드는 데 필요한 데이터가 확보돼 있지 않다면 어떻게 해야 할까? 이 경우 공공데이터포털(https://www.data.go.kr/)이나 캐글(https://www.kaggle.com/)과 같은 데이터 공유 플랫폼 등에서 인공지능에 적합한 데이터를 구하거나 인공지능 개발을 위해 스스로 데이터를 만들어야 한다. 때로는 여러 데이터를 합쳐서 개발 목적에 맞는 데이터를 만들어야 할 수도 있다. 또한 데이터가 존재한다 하더라도 인공지능 학습에 필요한 몇 가지 조건이 충족되지 않는 경우에는 필요한 데이터를 생성해야 한다.

만약 전력 사용량을 예측하는 인공지능을 만든다고 해보자. 이 모델을 만들려면 예측 대상, 즉 실제 전력 사용량 데이터가 필요하다. 뿐만 아니라 이를 예측하는 데 사용되는 다양한 정보가 포함된 데이터가 있어야 전력 사용량을 예측하는 패턴을 살펴볼 수 있다. 즉 예측 대상의 실제 정보와 그 값을 예측하는 데 사용하는 특성들이 함께 있어야 인공지능 모델을 학습시킬 수 있다. 분류 모델의 경우도 마찬가지다. CT 이미지와 X-Ray 이미지에 나타나 있는 특징으로 특정 질병 유무를 판독하는 인공지능 모델 또한 판독하려는 이미지와 그 이미지가 실제로 질병이 있는 사람의 것인지 아닌지의 여부를 포함한 데이터가 필요하다.

또 다른 예를 통해 생각해 보자. 네이버나 다음의 뉴스 기사에 달린 수많은 댓글 데이터를 갖고 악플 분류 인공지능 모델을 만든다고 가정해 보자. 개발자가 악플을 분류해 내는 인공지능 모델을 만들고자 한다면 어떤 댓글이 악플인지 아닌지를 컴퓨터에게 알려줄 수 있어야 한다. 즉 인공지능 모델 학습 이전에 사람들이 특정 댓글이 악플인지 아닌지를 분류하는 작업을 해야 한다. 이때 어떤 댓글이 악플인지 아닌지를 기록한 정보를 레이블^{label}이라고 한다. 만약 댓글의 레이블이 존재하지 않아서 각 댓글이 실제 악플인지의 여부를 사람들이 직접 기록하는 작업을 어노테이션^{annotation}이라고 한다. 이 과정을 통해 어떤 댓글이 악플이고 일반적인 댓글인지 분류돼 있다면 인공지능 알고리듬을 사용해 악플로 분류된 댓글들이 어떤 특성을 갖고 있는지 분석해 볼 수 있다.

9.4 데이터 전처리 및 정제

앞서 잠깐 언급한 것처럼 인공지능 모델을 만들기 위한 데이터가 확보되면 인공지능 학습을 위한 전처리 작업이 필요하다. 주어진 데이터를 어떻게 처리하는가에 따라 인공지능 모델의 학습 결과가 달라질 수 있기 때문이다. 해외 저명 경제지 「포브스^{Forbes}」에 실린 기사에 따르면 인공지능이나 데이터과학 프로젝트를 수행하는 연구자나 개발자들이 전체 모델 개발 시간의 약 80%를 데이터를 준비하고 정제하는 데이터 전처리에 사용한다고 한다(「포브스」, 2016. 3. 28). 이는 데이터를 어떻게 정제하고 변환하는가에 따라 인공지능 모델의 성능에 절대적인 영향을 미치기 때문이다. 즉 좋은 인공지능 모델을 만들려면 인공지능 개발에 사용하는 데이터를 전처리하는데 많은 노력을 기울여야 한다.

데이터의 형태와 조건에 따라 각각 다른 전처리 과정이 필요하다. 하지만 일반적으로 몇 가지 방식의 전처리 과정이 필요하다고 할 수 있다. 먼저 데이터 전처리 중 중요한 부분이 결측값의 처리라고 할 수 있다. 결측값이란 데이터의 일부가 존재하지 않는 것을 의미한다. 예를 들어 편의점 상품 발주량을 예측하는 인공지능을 만들려고 서울 시내 편의점 상품 매출 기록들을 수집 중이라고 가정해 보자. 이 과정에서 몇몇 편의점 실수로 어느 시간대의 판매량이 입력되지 않았다면 이들 편의점의 특정 시간대의 데이터가 누락돼 있을 것이다.

이처럼 인공지능 모델 학습에 사용되는 데이터 중 어떤 이유에서든 데이터가 제대로 저장돼 있지 않거나 측정돼 있지 않은 부분을 결측값이라고 한다. 이런 결측값을 어떻게 처리하는지가 학습 모델의 성능에 영향을 줄 수 있다. 결측값이 발생하는 것은 다양한 요인들이 있는데 만약 결측값이 임의적으로 존재하는 것이 아니라 어느 특정 원인에 의해 존재한다면 인공지능을 통한 예측이나 분류가 정확하게 이뤄지지 않을 가능성이 있다.

그렇다면 결측값을 어떻게 처리해야 할까? 가장 손쉽게 결측값을 처리하는 방법은 결측값이 존재하는 사례들을 제거하는 것이다. 다만 결측값에 근거해 사례를 삭제하는 방법은 결측값이 있는 사례가 많거나 결측값 생성에 영향을 주는 특정 요인이 존재한다면 데이터셋의 대표성에 영향을 줄 수 있다. 이런 단점의 극복을 위해 알고리듬을 통해 각 결측값의 값을 추정하는 방법도 있다. 그림 9-2는 실제 파이썬 데이터에 결측값이 어떻게 표기되는지를 보여주고 있다.

	audicnt	scrncnt	showcnt	avgrels	maxshare	maxsharesd	audi_show	audi_scrn	missing
0	25385.74	5150.0	24524.0	14.3	44.8	14.356235	NaN	5069.0	1
1	20000.84	5102.0	23140.0	15.3	45.9	14.655629	20136.84	5072.0	0
2	NaN	4998.0	22674.0	NaN	44.8	NaN	6750.60	4880.0	3
3	7943.88	5014.0	23420.0	9.0	45.2	13.582996	8034.88	4995.0	0
4	2578.85	2542.0	11050.0	14.3	48.1	14.340928	2661.85	2572.0	0

그림 9-2 파이썬 실제 결측값의 예

데이터셋 내에 있는 결측값을 찾아 처리하는 것만큼이나 이상치가 존재하는지를 확인하는 것도 중요하다. 특히 데이터를 생성하거나 처리하는 과정에서 에러가 발생할 수 있기 때문에 실제로 인공지능 모델을 학습하기 전에 탐색적 분석을 통해 데이터가 정상적인지 살펴볼 필요가 있다. 예를 들어 인공지능 학습을 위해 두 개의 데이터셋을 사용한다고 해보자. 이 데이터셋들을 합치는 과정에서 데이터를 저장하는 방식이 달라 에러가 생길 수도 있다. 우리나라는 '천' 단위를 구분하는 데 쉼표를 사용하지만, 독일은 마침표를 사용한다. 즉 같은 천을 표기하더라도 한국에서 만들어진 데이터는 1,000으로, 독일에서 만들어진 데이터는 1.000으로 저장돼 있을 가능성이 있다. 이 경우 두 데이터셋이 갖고 있는 형식적 차이를 감안하지 않으면 독일 데이터에 비해 한국 데이터가 수천 배 큰것으로 오해할 수도 있다. 뿐만 아니라 평균에서 극단적으로 많이 떨어져 있는 극단치^{outlier}가 존재하는 경우 머신러닝 및 인공지능 학습에 영향을 미칠 수 있다. 하지만 이런 극단치가 실제 값이라고 하더라도 과연 그 실제 값이 제대로 측정된 것인지 아니면 그 값들을 포함시켜 인공지능 모델을 학습시킬 것인지에 대해 결정할 필요성이 있다.

결측값 및 이상치 등을 처리하는 데도 인공지능 개발에 사용하는 데이터를 목적에 맞게 변화시켜야 하는 경우가 있다. 범주형category이나 문자열string 형태로 저장된 데이터를 분석할 수 있는 형태로 변경하는 경우가 이에 해당한다. 다시 말해 인공지능 개발 목적에 따라 변수를 적절히 변환하는 리코딩recoding을 실시해 사용하려는 인공지능 학습 알고리듬의 형식과 목적에 맞게 원데이터를 변환시켜 줄 필요성이 있다. 예를 들어 온라인 쇼핑 사이트에서 추천 시스템을 만들려고 인공지능 모델을 개발한다고 가정해 보자. 인공지능을 만드는 데 사용한 데이터를 살펴보니 수천 명의 고객들이 수많은 물품을 각각 몇 개씩 구매했는지 저장하고 있는 것으로 나타났다. 이때 각 물건의 구매자를 예측하기 위한 인공지능을 만든다면 물품을 몇 개씩 주문했는지에 대한 데이터보다 해당 웹사이트에서 상품을 주문한 이력이 있는지의 유무가 더 중요할 수도 있다. 이 경우 물건을 하나 이상 주문한 이력이 있는 고객은 주문 횟수와 상관없이 주문자로 변환하는 것이 때로 인공지능을 개발하는 데 효과적일 수 있다.

데이터 전처리 과정은 원자료를 인공지능 모델 학습을 위해 변환하고 정제하는 준비 단계를 가리킨다. 데이터 전처리와 정제를 어떻게 하는가에 따라 학습된 인공지능 모델의 성능과 대표성에 영향을 줄 수 있기 때문에 무척이나 중요하다고 할 수 있다.

9.5 모델 학습, 검증, 평가

데이터의 전처리가 완료되면 본격적으로 인공지능 모델을 학습시켜야 한다. 모델 학습이란 데이터 속에 존재하는 다양한 특성feature들을 사용해 데이터 속에 존재하는 규칙을 찾는 과정을 의미한다. 그런 다음 학습된 인공지능 모델이 제대로 목적을 수행하는가를 평가하고 검증하는 과정이 뒤따른다. 즉 인공지능 모델의 목적이 어떤 수치를 예측하는 것이라면 인공지능 모델이 예측한 수치가 실제 값과 얼마나 차이가 있는지를 평가해 필요한 경우 만들어진 모델을 수정하는 과정을 거쳐 인공지능 모델을 완성하게 된다.

추후 11장에서 좀 더 자세히 이야기하겠지만 인공지능 모델의 학습은 크게 지도 Supervised 학습과 비지도 Unsupervised 학습의 형태로 나눌 수 있다. 지도 학습과 비지도 학습은 결국 인공지능 모델 학습에 학습을 가이드하고 모델의 성능을 평가할 수 있는 지표의 존재 여부에 따라 나눌 수 있다. 다시 말해 지도 학습은 알고리듬에 학습을 가이드할 수 있는 객관적인 지표 Ground Truth 가 존재하는 반면 비지도 학습은 데이터 내에 객관적인 지표가 없기 때문에 알고리듬을 사용해 데이터 내에 존재하는 패턴을 찾아내게 된다.

모델 평가는 학습된 모델의 정확도를 평가하는 단계를 가리킨다. 데이터를 사용해 학습된 모델이 실제로 얼마나 제대로 성능을 내는지 알아보는 것이 매우 중요하다고 할 수 있다. 모델 평가의 결과가 모델의 성능 향상을 위해 다시 학습을 해야 할지를 판단하는 근거가 되기 때문이다.

인공지능 학습 과정이 차이가 있는 것처럼 학습된 인공지능 모델의 평가도 또한 학습 방법에 따라 다른 방법을 사용한다. 지도 학습의 경우 예측된 값을 비교할 수 있는 객관적인 수치가 존재한다. 따라서 인공지능의 데이터 분류가 실제로 정확한지 살펴볼 수 있는 데이터와 학습한 모델의 결과가 실제와 얼마나 유사한지가 모델 평가 지표로 사용된다. 반면 비지도 학습의 경우 도출된 결과를 객관적으로 평가할 수 있는 방법이 존재하지 않는다. 예를 들어 영화 플랫폼의 고객 데이터를 바탕으로 고객의 유형을 분류하는 알고리듬을 만들었다고 가정해 보자. 알고리듬을 사용해 고객을 네 개의 그룹으로 나눴다. 실제 고객들이 네 가지 유형으로 구성됐는지를 알 수 있는 평가 지표가 존재하지 않는다. 비지도 학습에 사용한 알고리듬이 데이터 내의 패턴을 사용해 고객을 네 개의 그룹으로 구분했기 때문이다. 따라서 비지도 학습을 사용한 인공지능 모델의 경우 조금씩 다른 다양한 모델들을 만들어 그중 어느 모델이 데이터셋이 가장 적합한지를 판단하는 과정을 거치게 된다. 다만 이 경우 어떤 모델이 다른 모델에 비해 상대적으로 그 데이터셋을 잘 구분했다는 것이지 실제로 그 모델이 현실을 잘 반영하고 있다는 것은 아니다.

그림 9-3 지도 학습(좌)과 비지도 학습(우)의 차이

9.6 요약

9장에서는 인공지능 시스템의 개발 과정에서 필요한 다양한 단계를 살펴봤다. 먼저 당면한 문제가 인공지능을 사용해 해결해야 하는 문제인지 생각해 볼 필요가 있다. 만약 인공지능으로 해결할 문제라면 모델 개발에 필요한 데이터를 확보해야 한다. 그리고 확보된 데이터를 인공지능 개발에 사용할 수 있게 전처리 과정을 거쳐야 한다. 다음으로 알고리듬을 사용해 인공지능을 학습시키고, 학습된 인공지능이 소기의 목적을 잘 해결하는지 평가하는 과정을 거친다. 9장의 내용을 요약하면 다음과 같다.

- 인공지능 개발을 통해 해결하려는 문제를 명확히 할 필요가 있다.
- 인공지능이 점점 발선하고 있으나 삭곡이나 저술과 같이 인간 고유의 창의성이 요구되는 문제를 해결하기에는 아직까지 인공지능이 적합하지 않다.
- 일반적으로 인공지능은 예측, 분류, 그룹화 등의 목적을 위해 사용된다.
- 예측을 위한 인공지능은 특정 조건 및 정보들을 활용해 어떤 대상의 수치를 예측하는 데 사용된다. 분류를 위한 인공지능은 대상의 특징들을 사용해 이를

상황에 맞게 분류하는 목적을 수행한다. 그룹화는 인공지능을 사용해 특정 대상을 몇 개의 집단으로 자동적으로 나누는 데 사용된다.

- 데이터 수집 및 파악은 인공지능 개발의 두 번째 단계로 실제 인공지능 개발을 위한 데이터 준비 단계이다.

- 특정 데이터가 어떤 대상인지를 표시하고 있는 정보를 레이블이라고 부른다. 예를 들어 특정 댓글이 악플인지의 여부를 표기하는 있는 정보가 레이블이라고 할 수 있다.

- 어노테이션이란 레이블이 없는 데이터에 레이블을 부여하는 작업을 가리킨다.

- 데이터 전처리와 정제는 인공지능 개발을 위해서 수집한 데이터를 처리하는 작업 전반을 가리킨다.

- 일반적으로 인공지능 개발에 투입되는 시간의 약 80%가 전처리 작업에 소요된다.

- 결측값이란 어떤 이유에서든 데이터의 특정 부분에 데이터가 존재하지 않는 상황을 가리킨다.

- 결측값 처리 시 해당 데이터를 삭제하거나 결측값을 특정 값으로 치환한다. 또한 결측값 추정 알고리듬을 사용해 해당 결측값을 예측하기도 한다.

- 모델 학습은 인공지능을 만드는 데 사용되는 다양한 변수와 예측이나 분류의 대상이 되는 변수와의 패턴을 파악하는 과정을 의미한다.

- 모델 학습 과정을 지도하는 특정 정답의 유무에 따라 지도 학습과 비지도 학습으로 나눠진다.

- 지도 학습은 학습된 모델의 성능을 객관적으로 평가할 수 있는 기준이 있는 경우에 수행된다. 주로 예측 문제와 분류 문제 해결을 위한 모델을 만드는 데 사용된다.

- 비지도 학습은 모델의 성능을 평가하는 절대적인 기준 없이 컴퓨터 스스로 데이터 내에서 패턴을 찾도록 하는 인공지능 개발 방식을 가리킨다.

10

데이터 수집/이해/처리

10장에서는 인공지능 개발에 필수적인 데이터에 관해서 다룬다. 데이터의 개념부터 데이터 수집 과정에 대해 설명하고 인공지능 개발에 앞서 실시하는 탐색적 분석을 실시한다. 또한 데이터를 인공지능 개발에 적합하도록 처리하는 데이터 전처리에 관한 전반적인 과정들을 살펴본다. 10장은 다음과 같은 내용을 다룬다.

이 장에서 다루는 내용

- 데이터의 개념과 종류
- 데이터 수집과 탐색적 분석의 개념
- 데이터 전처리 방법
- 결측값 및 이상치 처리
- 데이터 정제 방법

목차

10장의 실습에 필요한 코드 예제는 이 책의 깃허브 페이지(https://github.com/skku-ai-textbook/aitextbook/blob/main/notebooks/CH10_Github.ipynb)에서 확인할 수 있다.

그림 10-1 실습 코드가 탑재된 깃허브 페이지

10.1 데이터란 무엇인가?

데이터는 인공지능 개발 과정에서 인공지능 모델을 만드는 데 필수적으로 필요한 재료라고 할 수 있다. 즉 어떤 목적 수행을 위해 인공지능을 개발하려고 하더라도 인공지능을 학습시키는 데 필요한 데이터가 없다면 인공지능 개발은 처음부터 시작할 수 없다는 것이다. 뿐만 아니라 인공지능 모델을 학습시킨다는 것이 결국 데이터에 존재하는 각 변수 간의 관계를 컴퓨터를 통해 추정해 나가는 과정이라는 점에서 어떤 데이터를 확보하고 또 이 데이터를 어떻게 처리하는가에 따라 인공지능 모델의 성능에 매우 중요한 영향을 끼치게 된다. 실제로 많은 개발자들을 대상으로 한 설문조사에서 인공지능 개발 시간의 약 80% 정도를 데이터 전처리 과정에 할애한다고 응답했다. 이는 데이터를 확보하고 준비하는 것이 인공지능 개발에서 가장 중요한 단계라는 것을 보여주고 있다.

그렇다면 여기서 이야기하는 데이터는 무엇일까? 넓은 의미에서의 데이터란 어떤 특정 목적에 따라 모아진 자료라고 할 수 있다. 이런 자료들은 목적에 따라 가공하거나 변환하면 정보로 변환된다. 즉 자료들이 실제로 의미 있게 사용되려면 목적에 부합하는 형태로 가공되고 사용돼야 한다. 일반적으로 우리가 인공지능 시스템 개발에서 이야기하는 데이터는 결국 인공지능 시스템을 만드는 학습 과정에 사용되는 컴퓨터가 처리할 수 있도록 처리된 정보들의 집합을 의미한다. 즉 수집된 원자료를 인공지능 개발에 적합하게 변화시키는 과정을 거칠 필요가 있음을 의미한다.

10.1.1 구조화된 데이터와 비구조화된 데이터

일반적으로 데이터는 구조화된 데이터(정형 데이터)와 비구조화된 데이터(비정형 데이터)로 나눌 수 있다. 조금 생소한 개념이지만 구조화된 데이터는 데이터가 특정한 규칙에 따라 저장된 형태를 의미한다. 예를 들어 설문조사를 실시했다고 가정해 보자. 이때 한 응답자가 설문의 각 문항에 대해 답한 내용들을 엑셀 파일의 한 행에 기록했다. 그리고 다른 응답자들로부터 새로운 응답을 얻을 때마다 같은 방법으로 기록했다. 특히 설문 문항이 1부터 5까지의 응답만을 요구하고 각각의 응답이 의미하는 바가 정해져 있다고 해보자. 특정 데이터가 이렇게 같은 규칙으로 저장돼 있을 때 이런 데이터를 정형 데이터 또는 구조화된 데이터라고 한다. 구조화된 데이터는 미리 정해진 규칙에 따라 데이터가 저장되기 때문에 데이터 간의 관계를 파악하는 데 유리하다는 특징을 갖고 있다.

비구조화된 데이터는 미리 정해진 규칙에 따라 저장되거나 분류돼 있지 않은 데이터를 의미한다. 예를 들어 뉴스 기사와 그 기사에 달린 댓글을 분석해 특정 회사의 주가지수 변동을 예측하는 인공지능을 만들 계획이라고 가정해 보자. 이때 뉴스 기사의 본문이나 댓글들처럼 텍스트화돼 있는 데이터들은 비구조화된 데이터의 한 종류라고 할 수 있다. 기사에 대한 댓글 반응을 하나의 문서로 가져왔을 때 여기에 저장된 데이터들이 미리 정한 규칙에 따라 저장돼 있지 않기 때문이다. 즉 일반적으로 데이터베이스 형태로 저장돼 있지 않은 텍스트, 이미지, 음성 등의 자료를 비정형 데이터 또는 비구조화된 데이터라고 한다.

이런 형태의 데이터들을 인공지능을 만들 때 어떻게 처리하는지가 인공지능 모델의 성공적인 개발에 중요한 역할을 한다. 이 과정에서 주의해야 할 점이 있다. 먼저 구조화된 데이터는 결측값과 이상치가 존재할 수 있기 때문에 실제 인공지능 시스템 개발 과정에서 데이터를 살펴보는 과정이 필요하다. 그리고 데이터가 미리 정해진 규칙 형태로 저장돼 있지 않은 비구조화된 데이터는 이를 인공지능 모델의 학습을 위해 필요한 형태로 정제하는 과정이 필수적이라고 할 수 있다. 데이터 자체를 실제로 인공지능 알고리듬이 처리할 수 있는 형태로 정제할 필요가 있기 때문이다. 예를 들어 신문기사, 댓글 등의 텍스트 데이터의 경우 전처리 과정에서 오타를 수정하거나 약어를 바꾸는 등 텍스트를 인공지능 개발에 적합하도록 변화하는 작업을 수행해야 인공지능 모델을 효율적으로 만들 수 있다.

13장, 14장, 15장에서 각각 다루는 예측, 분석, 군집화를 위한 인공지능은 주로 구조화된 데이터만을 사용한다. 따라서 10장에서는 주로 구조화된 데이터의 전처리를 어떻게 실시하는지를 살펴보도록 하겠다. 비구조화된 데이터의 전처리 방법은 텍스트를 자동으로 분류하는 인공지능을 만드는 16장에서 좀 더 자세히 다루도록 하겠다.

10.2 데이터 수집

당신이 편의점 프랜차이즈에서 제품들을 발주하는 MD^{Merchandising Director}라고 가정해 보자. 제품의 재고 관리를 효율적으로 하려고 인공지능 알고리듬을 만들어 상품별 판매량의 예측 모델을 만들기로 결정했다. 이때 가장 먼저 해야 할 일은 무엇일까?

인공지능을 개발하기로 했다면 가장 먼저 해야 할 일은 인공지능을 학습시키기 위한 데이터가 충분히 확보돼 있는가를 질문해야 한다. 결국 인공지능은 인공지능 알고리듬을 사용해 데이터 속에 존재하는 일정한 규칙을 파악하는 모델을 만드는 것이기 때문이다. 즉 현재 갖고 있거나 당장 접근할 수 있는 데이터가 인공지능을 만들고 검증 및 평가를 진행하는 데 적절한 것인지를 생각해 볼 필요가 있다.

앞서 이야기한 MD의 경우를 생각해 보자. 어떤 물건이 언제, 얼마나, 어디서 폐기되는지 또는 반품될 것인지를 예측하기 위한 인공지능 시스템을 만든다고 해보자. 실제 편의점의 물건 판매량 데이터와 물건을 폐기하거나 반품하는 데이터는 확보된 상태이다. 각 편의점별로 수집된 데이터가 편의점 프랜차이즈의 본사에 직접 보고되고 있기 때문이다. 이 경우 실제로 인공지능 모델을 학습시키는 데 필요한 데이터를 보유하고 있기 때문에 상대적으로 인공지능 시스템을 개발할 준비가 일정 부분 끝났다고 할 수 있다. 현재 보유하고 있는 데이터를 학습에 사용할 수 있도록 가공하기만 하면 된다.

하지만 경우에 따라 인공지능 개발에 필요한 데이터를 확보하지 못하는 경우도 있다. 예를 들어 인터넷 채팅에 나타난 감정 상태를 분석하는 인공지능을 만든다고 해보자. 이 경우 사람들의 감정이 나타난 채팅 데이터를 확보할 필요가 있다. 하지만 일반적인 연구자라면 사생활 침해 문제 등의 윤리적인 문제로 데이터를 구하기 어렵다. 따라서 공개된 데이터가 있는지 찾아봐야 한다. 예를 들어 국립국어원이 한국어 인공지능 시스템 개발에 도움을 주려고 만든 말뭉치(https://corpus.korean.go.kr/) 서비스는 신문기사, 뉴스 스크립트, 메신저 대화 등의 말뭉치들을 제공한다. 정부에서 생산되는 다양한 데이터도 데이터 포털(data.go.kr)을 통해 접근할 수 있다. 정부기관이나 정부 출연기관뿐만 아니라 사기업들도 인공지능 및 데이터 과학 서비스 개발에 도움을 주려고 자신들이 축적한 데이터를 제공하기도 한다. 예를 들어 SK 텔레콤에서는 SK데이터 허브(http://www.bigdatahub.co.kr/index.do)를 통해 TMAP과 이동전화 통화 데이터를 일부 가공해 제공하고 있다.

때로는 다른 개발자들이나 연구자들이 구축해 둔 데이터가 없다면 연구자 스스로 데이터를 확보해야 할 수도 있다. 즉 인공지능 시스템 구축에 필요한 데이터를 스스로 수집해야 하는 것이다. 예를 들어 정치, 경제에 관련된 신문기사와 그 기사에 달린 댓글을 분석해 주가 변화를 예측하는 인공지능을 만들기로 했다고 가정해 보자. 분명 댓글과 주가 변화 예측은 인공지능을 통해 해결할 수 있는 문제이지만 인공지능을 개발하려는 개발자가 해당 인공지능을 개발하는 데 필요한 데이터를 갖고 있지 않을 수도 있다. 실제로 포털 사이트나 언론사에 근무해 데이터베이스에 접근할 수 있는 경우가 아니면 기사와 댓글을 분석하는 인공지능을 만들기 위해 직접 해당 데이터를 확보해야 한다. 네이버나 다음과 같은 인터넷 포털 사이트에서 기사와 댓글을 스크랩해야 한다는 것이다. 웹 크롤링^{Web Crawling} 또는 웹 스크래핑^{Web Scraping}이라고 불리는 이 작업은 디지털 공간에 존재하는 데이터들을 프로그래밍을 통해 직접 수집하는 방법으로 기존에 없는 데이터를 스스로 만들어 냈기 때문에 상대적으로 자신이 원하는 데이터를 많이 갖고 있을 수 있다. 뿐만 아니라 특정 인공지능 시스템 개발을 위해 직접 수집하는 데이터이기 때문에 상대적으로 해결하고자 하는 문제에 직접적으로 연관되는 사례(관측값)들이 많다.

인공지능 학습에 필요한 데이터가 확보됐다고 하더라도 실제로 인공지능 시스템을 만들기 전까지는 다양한 데이터 처리 과정을 거친다. 특히 지도 학습 방법을 활용하는 예측 모델과 분류 모델의 경우에는 실제 인공지능 알고리듬의 학습 과정을 가이드하는 '기준'이 필요하다. 편의점의 특정 상품 판매량과 같이 실제로 값이 주어져 있는 경우도 있지만 학습에 사용할 데이터에 따라 개발자 스스로 정답을 정해 줘야 하는 경우도 있다.

예를 들어 악플 분류를 수월하게 하기 위한 인공지능을 개발하는 경우를 생각해 보자. 인공지능 모델 학습을 위해 뉴스에 달린 댓글을 수집했다. 이때 수집된 각 댓글들이 악플인지 아닌지를 어떻게 알 수 있을까? 물론 실제로 사람들이 댓글을 읽어 본다면 그 댓글이 악플인지 아닌지를 쉽게 구별할 수 있다. 하지만 악플 분류 인공지능 모델을 학습시키려면 컴퓨터에게 어떤 댓글들이 악플인지에 대해 알려줘야 할 필요가 있다. 이를 구분해 놓은 데이터가 없다면 수집한 댓글의 일부를 사람들이 직접 읽어보고 그 댓글이 악플인지 아닌지의 여부를 표시해 주는 과정이 필요하다. 이렇게 각각의 댓글이 악플인지 아닌지의 여부를 컴퓨터가 알 수 있게 표시한 데이터를 레이블label이라고 한다. 이 레이블을 사람들이 직접 붙이는 과정을 어노테이션annotation이라고 한다.

10.2.1 탐색적 데이터 분석

앞서 살펴봤듯이 인공지능 시스템을 개발하려면 해당 알고리듬과 인공지능에 부합하는 데이터가 필요하다. 하지만 데이터가 존재하더라도 바로 인공지능 학습을 실시할 수 있는 것은 아니다. 데이터를 인공지능 개발에 적합한 형태로 변환하거나 데이터 속에 존재하는 다양한 잡음을 제거할 필요가 있다. 다시 말해 학습에 사용되는 데이터에 결측값이나 이상치는 없는지 또 적절한 처리 과정을 적용해 데이터를 정제할 필요가 있는지의 여부를 살펴봐야 한다.

이처럼 탐색적 데이터 분석은 데이터셋을 활용해 본격적으로 인공지능 모델을 학습하거나 데이터과학 분석을 하기에 앞서 데이터의 특성을 이해하는 과정으로 탐색적 데이터 분석을 통해 인공지능 개발에 활용하려는 데이터를 좀 더 자세히 살펴볼 수 있다. 이 과정에서 결측값이나 이상치 등 인공지능 모델 학습에 영향을 미칠 수 있는 요소들을 찾아낸다.

탐색적 데이터 분석은 데이터셋의 전반적인 특성을 알아보는 것부터 시작해 각 특성의 특징을 파악하는 단계를 거친다. 이는 데이터를 인공지능 개발에 적합하게 변환하는 전처리 및 데이터 정제 과정을 효과적으로 수행하는 데 도움을 주기 때문에 인공지능 개발에 필수적인 수행 단계라고 할 수 있다. 7장에서 '판다스'를 다루면서 전반적인 탐색적 분석에 대해 설명했다. 또한 8장에서 '데이터 시각화 실습'을 통해 데이터를 시각적으로 파악하는 방법을 살펴봤다.

인공지능 개발 시 사용하는 데이터를 인공지능에 맞게 처리하는 일련의 과정을 데이터 전처리라고 부른다. 데이터 전처리를 어떻게 하는가에 따라 학습 결과가 달라질 수 있기 때문에 데이터 전처리 및 정제 과정에 많은 노력을 기울일 필요가 있다. 여기서는 데이터 전처리 과정에서 고려해야 할 점들을 살펴보도록 하겠다. 특히 결측값과 이상치가 존재하는지를 살펴보고 이를 처리하는 방법에 대해서 실습할 것이다.

10.3 데이터 전처리 실습

10.3.1 결측값 처리

결측값이란 사용하고자 하는 데이터셋에 수치나 값이 기록되지 않은 경우를 의미하는데, 다양한 요인으로 결측값이 생성될 수 있다. 예를 들어 편의점에서 상품 재고를 관리하는 데이터가 있다고 해보자. 이때 특정 점포의 매니저가 실수로 재고를 입력하지 않았다면 해당 기간의 데이터는 존재하지 않을 것이다. 또 센서를 사용해 전국 주요 도시의 풍속과 풍향을 10분 간격으로 측정하는 데이터가 있다고 해보자. 이 중 몇몇 도시에 정전이 일어나 한 시간 정도 센서가 작동하지 않았다면 이 기간 해당 도시의 풍속 및 풍향 데이터는 존재하지 않을 것이다. 이처럼 다양한 원인으로 데이터에 존재하는 관측값의 전부(예: 실수로 재고를 입력하지 않은 경우) 또는 일부(예: 정전에 따른 몇몇 도시의 센서 고장)가 존재하지 않을 때 이 값들을 가리켜 결측값이라고 한다. 인공지능 개발뿐만 아니라 데이터과학, 통계 등의 학문 영역에서도 결측값을 어떻게 해결하는지가 매우 중요하다고 할 수 있다. 결측값을 어떻게 처리하는가에 따라 모델의 성능이 달라질 수 있기 때문이다.

결측값을 처리하는 방법에는 크게 세 가지가 있다. 첫째, 결측값이 있는 관측값을 제거하는 방법이다. 예를 들어 특정 상품의 편의점 판매량을 예측하는 모델을 개발하고 있을 때 어느 시점의 판매량이 누락돼 있다면 해당 시간의 판매량을 모두 제거하는 방법이다. 둘째, 각각의 결측값을 다른 값으로 치환하는 방법이다. 다시 편의점의 예를 살펴보자. 판매량을 입력하는 100개의 편의점 중 하나의 POS^{Point Of Sale} 기계가 고장 나서 2월 중 며칠의 데이터가 누락됐다고 해보자. 물론 결측값이 존재하는 시기의 데이터를 삭제하는 간단한 방법도 있지만 결측값들을 해당 편의점의 평균 판매량으로 치환하는 경우도 있다. 이런 경우 결측값을 평균값으로 치환한 데이터가 존재하기 때문에 데이터를 버리지 않고도 실제 분석을 실시할 수 있다. 셋째, 다양한 알고리듬을 사용해 결측값을 예측하는 방법이다. 알고리듬을 사용해 결측값을 예측하기 때문에 평균값과 같은 특정 값을 사용해 결측값을 치환하는 것과 조금 다르다고 할 수 있다.

이 세 방법 중 결측값을 제거하는 것이 가장 단순하게 해결할 수 있는 방법이다. 하지만 데이터를 수집하는 비용이 많이 들거나 데이터 자체가 희귀한 경우에는 결측값 때문에 데이터를 삭제하는 것보다 존재하는 데이터의 일부라도 활용하는 것이 효율적일 수 있다. 또한 데이터의 결측값이 생성되는 원인에 일정한 패턴이 존재한다면 결측값을 배제하고 인공지능 시스템을 만드는 것이 일반화 가능성을 낮출 수 있다. 예를 들어 선거 기간에 투표를 예측하는 인공지능 알고리듬을 만든다고 가정해보자. 2016년 미국 대선에서 당시 공화당 후보 지지자들이 트럼프를 지지한다고 밝히기를 꺼려 했던 샤이 트럼프 현상을 기억해 보자. 해당 선거에 출마한 특정 정당의 지지자들 중 많은 사람들이 투표의향을 밝히지 않고 여론조사를 끊어버렸다. 이 경우 이들의 응답을 결측값으로 처리한다면 왜곡된 데이터를 사용해 인공지능을 학습시키는 것이라고 할 수 있다. 이 데이터를 사용해 학습된 인공지능 모델이 적절한 성능을 낸다고 하더라도 인공지능을 현실에 적용하면 잘못된 결과를 도출하는 상황이 나타날 수 있다. 이때는 알고리듬을 사용해 결측값을 추정하는 것이 학습된 알고리듬을 통해 현실을 좀 더 제대로 예측하거나 분류할 가능성이 있다.

하지만 결측값 추정 알고리듬을 사용해 결측값을 예측하는 것은 데이터 분석에 대한 심도 깊은 이해와 통계 및 연구 방법론에 대한 배경지식이 필요하다. 따라서 이 책에서는 상대적으로 사용하기 편리한 두 방식(결측값 제거, 결측값 치환)을 중심으로 살펴보도록 하겠다.

10.3.2 결측값 처리 실습

여기서는 결측값을 처리하고 치환하는 데이터 전처리 실습을 수행하겠다. 코드 예제 10-1은 결측값 처리 실습을 위해 필요한 모듈과 데이터를 불러오는 코드이다.

코드 예제 10-1 실습에 필요한 모듈 불러오기

```python
# 필요한 모듈 불러오기
import pandas as pd

# 데이터셋 불러오기
df = pd.read_csv("https://raw.githubusercontent.com/skku-ai-textbook/aitextbook/
  main/data/CH09-data.csv", sep="\t", index_col=None)

print("데이터셋은 총 {}개의 행과 {}개의 열로 이뤄져 있다".format(*df.shape))
```

데이터셋은 총 982개의 행과 8개의 열로 이뤄져 있다.

10.3.2.1 결측값 개수 구하기

코드 예제 10-2는 데이터프레임의 결측값 여부를 판단하는 코드이다. 판다스의 .isnull()은 데이터프레임의 각 값이 결측값인지 아닌지를 판단해 준다.

코드 예제 10-2 데이터의 결측값 여부 파악

```python
df.isnull()
```

	audicnt	scrncnt	showcnt	avgrels	maxshare	maxsharesd	audi_show	audi_scrn
0	False	False	False	False	False	False	True	False
1	False	False	False	False	False	False	False	False
2	True	False	False	True	False	True	False	False
3	False	False	False	False	False	False	False	False
4	False	False	False	False	False	False	False	False
...	...	...	...	...	...	...	...	...
977	False	False	True	False	False	False	False	False
978	False	False	False	False	False	False	False	True
979	True	False	False	False	False	False	False	False
980	False	False	False	False	False	False	True	False
981	False	False	True	False	False	False	False	True

982 rows × 8 columns

코드 예제 10-3은 데이터의 각 변수(열)마다 결측값이 몇 개 있는지를 확인하는 코드이다. .isnull()과 .sum(axis=0)을 함께 활용하면 각 변수마다 몇 개의 결측값이 존재하는지를 알 수 있다. 해당 결과는 각 변수의 .count() 값과 전체 데이터 개수의 차와 동일하다.

코드 예제 10-3 각 변수별 결측값 파악하기

```
df.isnull().sum(axis=0)


audicnt       103
scrncnt        95
showcnt        95
avgrels        97
maxshare      112
maxsharesd    113
audi_show      85
audi_scrn      98
dtype: int64
```

코드 예제 10-4는 각 행마다 몇 개의 결측값이 존재하는지를 확인하는 코드이다. 판다스의 .isnull()과 .sum(axis=1)을 사용하면 각 행별로 몇 개의 결측값이 있는지를 확인할 수 있다. 이때 axis=1 아규먼트는 행을 기준으로 합을 구하라는 의미이다. 이는 결측값이 특정 개수보다 많은 데이터를 제외하는 데 활용할 수 있다. 코드 예제 10-4의 결과에서 확인할 수 있는 것처럼 각 행별로 결측값의 개수가 새로운 변수 형태로 만들어진 것을 확인할 수 있다.

코드 예제 10-4 행을 기준으로 결측값 파악하기

```
# 각 행별 결측값 개수 구하기
df['missing'] = df.isnull().sum(axis=1)

# 첫 다섯 행 출력
df.head(5)
```

	audicnt	scrncnt	showcnt	avgrels	maxshare	maxsharesd	audi_show	audi_scrn	missing	🖊
0	25385.74	5150.0	24524.0	14.3	44.8	14.356235	NaN	5069.0	1	
1	20000.84	5102.0	23140.0	15.3	45.9	14.655629	20136.84	5072.0	0	
2	NaN	4998.0	22674.0	NaN	44.8	NaN	6750.60	4880.0	3	
3	7943.88	5014.0	23420.0	9.0	45.2	13.582996	8034.88	4995.0	0	
4	2578.85	2542.0	11050.0	14.3	48.1	14.340928	2661.85	2572.0	0	

이때 데이터프레임과 조건문을 함께 활용하면 결측값이 n개 이상인 데이터만을 선택할 수도 있다. 코드 예제 10-5는 코드 예제 10-4에서 만들어진 새로운 변수를 사용해 결측값이 두 개 이하인 데이터만을 선별하는 코드이다.

코드 예제 10-5 결측값이 두 개 이하인 데이터만 선택하기

```
df[df['missing']<=2].head()
```

	audicnt	scrncnt	showcnt	avgrels	maxshare	maxsharesd	audi_show	audi_scrn	missing	🖊
0	25385.74	5150.0	24524.0	14.3	44.8	14.356235	NaN	5069.0	1	
1	20000.84	5102.0	23140.0	15.3	45.9	14.655629	20136.84	5072.0	0	
3	7943.88	5014.0	23420.0	9.0	45.2	13.582996	8034.88	4995.0	0	
4	2578.85	2542.0	11050.0	14.3	48.1	14.340928	2661.85	2572.0	0	
5	2478.01	2224.0	9979.0	16.3	NaN	15.475676	2598.01	2205.0	1	

팁	코드 예제 10-5에서 .head()를 추가한 것은 지면 절약을 위해 결측값이 제거된 데이터프레임 중 첫 다섯 행만을 출력하기 위함이다. 이후 데이터프레임이 나오는 코드들도 지면 절약을 위해 .head()를 사용하겠다.

10.3.2.2 결측값 삭제

결측값이 n개 이상인 행들을 인공지능 학습에서 제거하려면 위에서 잠깐 살펴본 것처럼 결측값 개수 특성을 새로 만들어 제거한다. 이 외에도 판다스에서 제공하는 .dropna() 기능을 사용해도 같은 결과를 얻을 수 있다. .dropna()는 특정 특성들을 선택해 이 특성들에 결측값이 존재하면 삭제하도록 지정할 수 있다는 점에서 결측값 개수를 활용하는 것보다 훨씬 효율적이라고 할 수 있다.

```
# 결측값이 하나라도 있는 행 삭제
df.dropna().head()
```

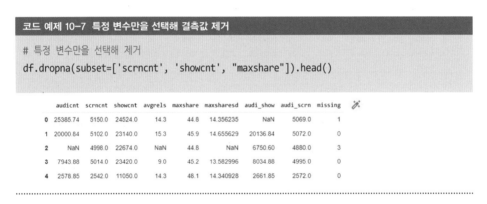

	audicnt	scrncnt	showcnt	avgrels	maxshare	maxsharesd	audi_show	audi_scrn	missing	
1	20000.84	5102.0	23140.0	15.3	45.9	14.655629	20136.84	5072.0	0	
3	7943.88	5014.0	23420.0	9.0	45.2	13.582996	8034.88	4995.0	0	
4	2578.85	2542.0	11050.0	14.3	48.1	14.340928	2661.85	2572.0	0	
6	3301.92	2183.0	10768.0	12.8	36.0	11.539156	3387.92	2150.0	0	
7	3281.59	2400.0	11304.0	17.2	39.4	13.991839	3328.59	2421.0	0	

.dropna()를 사용하면 특정 변수만 선별해서 해당 변수에 결측값이 포함돼 있을 때 데이터를 제거할 수 있다. 코드 예제 10-7은 특정 변수에 결측값이 있는 경우 데이터를 제거하는 코드이다. 해당 코드에서 볼 수 있는 것처럼 subset 아규먼트에 특정 변수를 추가하면 이 변수에 결측값이 있는 경우에만 데이터가 제거된다.

코드 예제 10-7 특정 변수만을 선택해 결측값 제거

```
# 특정 변수만을 선택해 제거
df.dropna(subset=['scrncnt', 'showcnt', "maxshare"]).head()
```

	audicnt	scrncnt	showcnt	avgrels	maxshare	maxsharesd	audi_show	audi_scrn	missing	
0	25385.74	5150.0	24524.0	14.3	44.8	14.356235	NaN	5069.0	1	
1	20000.84	5102.0	23140.0	15.3	45.9	14.655629	20136.84	5072.0	0	
2	NaN	4998.0	22674.0	NaN	44.8	NaN	6750.60	4880.0	3	
3	7943.88	5014.0	23420.0	9.0	45.2	13.582996	8034.88	4995.0	0	
4	2578.85	2542.0	11050.0	14.3	48.1	14.340928	2661.85	2572.0	0	

10.3.2.3 결측값 치환

데이터셋에 있는 결측값을 처리하는 데 주로 사용되는 또 다른 방법으로는 누락된 값을 특정 값으로 치환하는 방법이 있다. 결측값을 0이나 해당 특성의 평균값으로 치환하는 것이다. 결측값을 다른 값으로 치환할 경우 해당 데이터를 인공지능 모델 학습에 사용할 수 있다. 하지만 이 경우 새로운 값을 데이터셋에 추가하는 것이기 때문에 추가된 정보에 의해 인공지능 학습의 결과가 바뀔 수 있다는 사실을 주지해야 한다.

예를 들어 청소년들에게 가정환경에 대한 설문조사를 했다고 가정해 보자. 설문 문항 중 차량 소유 대수에 대한 문항이 있을 경우 결측값을 0으로 치환하면 응답을 하지 않은 청소년들을 차량 비소유로 분류하게 된다. 또 다른 예로 몸무게를 묻는 설문 문항에 대답하지 않은 사람들이 있다고 해보자. 이때 해당 질문에 응답이 누락돼 있어 결측값을 0으로 치환하면 사람들을 몸무게가 없는 것으로 분류하게 된다. 두 경우 모두 존재하지 않는 데이터에 새로운 정보를 제공함으로써 인공지능 학습에 활용하는 것이지만 몸무게를 0으로 치환하는 경우 데이터를 왜곡할 가능성이 존재한다. 즉 결측값 치환 과정에서 어떤 선택을 하는가에 따라 인공지능 학습의 결과가 영향을 받을 수 있다는 점에서 어떤 값을 사용할 것인지에 대한 고민이 필요하다.

코드 예제 10-8은 판다스의 .fillna()를 사용해 일괄적으로 결측값을 치환하는 코드이다. 이 코드를 사용하면 데이터셋의 모든 결측값을 괄호 안에 넣은 값으로 대체한다. 코드 예제 10-8의 결과를 살펴보면 모든 결측값이 0으로 대체된 것을 확인할 수 있다.

코드 예제 10-8 .fillna()를 사용한 결측값 치환

```
# 결측값을 0으로 치환
df.fillna(0).head()
```

	audicnt	scrncnt	showcnt	avgrels	maxshare	maxsharesd	audi_show	audi_scrn	missing
0	25385.74	5150.0	24524.0	14.3	44.8	14.356235	0.00	5069.0	1
1	20000.84	5102.0	23140.0	15.3	45.9	14.655629	20136.84	5072.0	0
2	0.00	4998.0	22674.0	0.0	44.8	0.000000	6750.60	4880.0	3
3	7943.88	5014.0	23420.0	9.0	45.2	13.582996	8034.88	4995.0	0
4	2578.85	2542.0	11050.0	14.3	48.1	14.340928	2661.85	2572.0	0

코드 예제 10-9는 변수별로 다른 값을 사용해 결측값을 치환하는 코드이다. 각 변수별로 다른 값을 사용하려면 {'변수이름':치환값}의 형식으로 돼 있는 딕셔너리를 만들어 .fillna()에 투입하면 된다.

```
# 특성마다 각기 다른 값으로 변경
values = {'audicnt': df['audicnt'].mean(), 'scrncnt': df['scrncnt'].mean()}
df.fillna(value=values).head()
```

	audicnt	scrncnt	showcnt	avgrels	maxshare	maxsharesd	audi_show	audi_scrn	missing	🪄
0	25385.740000	5150.0	24524.0	14.3	44.8	14.356235	NaN	5069.0	1	
1	20000.840000	5102.0	23140.0	15.3	45.9	14.655629	20136.84	5072.0	0	
2	5120.512048	4998.0	22674.0	NaN	44.8	NaN	6750.60	4880.0	3	
3	7943.880000	5014.0	23420.0	9.0	45.2	13.582996	8034.88	4995.0	0	
4	2578.850000	2542.0	11050.0	14.3	48.1	14.340928	2661.85	2572.0	0	

10.3.3 이상치 처리 실습

데이터셋에 특정 값이 누락돼 있는 결측값과 달리 이상치는 데이터는 존재하나 그 값이 제대로 입력돼 있지 않은 경우를 의미한다. 예를 들어 0부터 1값만 존재해야 하는 특정 변수에 범위를 넘어선 값이 입력돼 있는 경우 이상치라고 할 수 있다. 설문조사의 응답 범위가 1에서 5까지이지만 이를 넘어선 데이터가 입력돼 있는 경우도 이에 해당된다. 소득 수준을 묻는 질문에 상식적으로 지나치게 큰 숫자가 입력돼 있는 것도 마찬가지이다.

데이터 속에 이상치가 존재하는 이유는 여러 가지가 있다. 실제로 데이터를 입력하는 과정에서 오류가 생기거나 파일 형식이 잘못 저장돼 데이터를 불러오는 과정에서 오류가 생길 수도 있다. 만약 "csv" 파일 중 하나의 행에 변수 간의 구분을 의미하는 ","이 추가돼 있다면 데이터를 불러오는 과정에서 오류가 발생할 수 있다. 그렇기 때문에 어떤 오류가 발생했는지에 따라 이상치를 처리하는 방식이 달라질 수 있다. 여기서는 실습을 통해 이상치가 어떤 형태로 나타날 수 있는지를 살펴보고 이를 해결하는 방법 또한 알아보도록 하겠다.

```
# 결측값을 제외함
df = df.dropna()
print("데이터셋은 총 {}개의 데이터와 {}의 컬럼으로 이뤄져 있다."\
  .format(*df.shape))
```

데이터셋은 총 421개의 데이터와 8의 컬럼으로 이뤄져 있다.

경우에 따라서는 데이터 자체를 살펴보는 것만으로도 이상치의 유무를 알 수 있다. 예를 들어 데이터셋에 강수량을 측정한 특성이 있다면 해당 특성이 비가 내리는 양을 의미하는 것인 만큼 음의 값을 가질 수 없다는 것을 알고 있다. 따라서 이 데이터 값은 문제가 있는 것으로 확인할 수 있다. 실제 현실에서 관측될 수 없는 값인 것이다. 이처럼 각 특성의 특징을 알고 있으면 단순히 기술 통계를 보는 것만으로도 그 데이터에 이상치가 존재함을 알 수 있다. 하지만 이 실습에서 사용하는 데이터는 육안으로 이상치를 확인하기가 어렵다.

데이터 시각화 실습 때 살펴본 박스플롯을 사용하면 이상치의 존재 여부를 편리하게 확인할 수 있다. 박스플롯은 데이터의 분포를 나타내는 시각화 방식인데 박스플롯 수염의 범위를 벗어나는 값들은 데이터의 중심 부분에서 먼 극단치라고 할 수 있다. 물론 중심에서 크게 벗어난 극단치라고 해서 모든 데이터가 이상치에 해당하는 것은 아니다. 다시 한 번 강수량의 예를 들어 생각해 보자. 우리나라의 경우 장마 기간 중 며칠은 비가 극단적으로 많이 온다. 우리가 살펴보는 데이터 또한 흥행 돌풍을 일으킨 블록버스터가 여러 편 개봉한 날이라면 일반적인 날에 비해서 상대적으로 관객 수 등의 특성이 높을 수 있다. 따라서 박스플롯에 나타난 이상치 또는 극단치들이 실제로 의미가 있는지에 대한 여부는 실제 인공지능을 만드는 데 사용하는 데이터의 특성을 고려해야 할 필요가 있다.

각각의 데이터마다 이상치와 극단치를 파악하고 판단하는 방법이 다르다는 점에서 올바른 인공지능 모델을 만들려면 사용하려는 데이터의 특성을 먼저 파악해야 한다. 또한 해당 영역에 대한 지식이 있어야 데이터의 극단치가 갖는 의미를 정확히 파악할 수 있다. 코드 예제 10-11은 데이터셋의 박스플롯을 사용해 모든 변수의 분포를 시각화하는 코드이다.

```
# 시각화에 필요한 모듈 불러오기
import matplotlib as mpl
import matplotlib.pyplot as plt
import seaborn as sns

# 캔버스 설정
figure, axs = plt.subplots(nrows=3, ncols=3)
figure.set_size_inches(18,10)

# 데이터 내의 모든 변수 시각화
for i, col in enumerate(df.columns):
    sns.boxplot(data=df, y=col, ax=axs[i//3, i%3])
```

이상치와 극단치 제거를 위해 박스플롯을 기준으로 극단에 해당하는 데이터를 선택해 보자. 이를 위해서는 먼저 해당 데이터의 이상치 여부를 판단해야 한다. 이상치는 데이터의 특성을 간주해 논리적으로 판단하는 법과, 박스플롯에 표시된 이상치를 제거하는 방법이 있다. 예를 들어 음의 값을 가질 수 없는 관객 데이터가 특정 오류(예: 입력 실수) 음의 값으로 저장돼 있다면 양의 수로 바꿔줄 수 있을 것이다. 하지만 오류의 원인이 정확하게 파악되지 않는다면 이상치와 극단치를 제거하는 것이 인공지능 모델의 성능을 높일 수 있는 방안이 될 수 있다.

먼저 특정 데이터의 경우 논리적으로 말이 되지 않을 때 이상치로 판단할 수 있다. 예를 들어 앞서 이야기한 것처럼 강수량 데이터에 존재하는 모든 데이터는 음의 값을 가질 수 없다. 이 경우 음의 값을 가진 모든 데이터를 이상치로 판단할 수 있다. 실수로 데이터가 잘못 기록될 수 있기 때문에 데이터를 수정하면 된다.

다음으로 박스플롯의 점으로 표기된 부분에서 이상치를 제거하려면 각 데이터마다 이상치를 실제 계산해야 할 필요가 있다. 박스플롯에서 이상치는 데이터를 크기 순으로 배열할 때 수염의 바깥 부분, 즉 25%에서 사분범위^{Inter Quartile Range} 크기보다 1.5배 정도 작거나 75%에서 사분범위의 크기보다 1.5배 큰 경우를 의미한다.

박스플롯을 활용해 이상치를 판단하는 데는 판다스의 .quartile()을 활용하면 된다. 먼저 각 데이터를 크기 순으로 배열해 25%와 75% 위치에 있는 데이터를 알아본다. 여기서 두 데이터의 크기 차이가 사분범위이며, 25%와 75% 위치에서 이 사분범위보다 1.5배 작거나 큰 수들은 이상치로 간주된다. 코드 예제 10-12는 박스플롯의 값을 근거로 avgrels 변수의 극단치를 파악하는 코드이다.

코드 예제 10-12 박스플롯을 근거로 극단치 계산

```
# 25%, 75% 사분범위 계산
iq1 = df['avgrels'].quantile(.25)
iq2 = df['avgrels'].quantile(.75)
iqr = iq2-iq1

# 극단치 판단
out1 = iq1 - (1.5*iqr)
out2 = iq2 + (1.5*iqr)

# 출력
print("25% 위치에 있는 데이터: {:8.3f}, 75% 위치에 있는 데이터: {:8.3f}, IQR:
  {:8.3f}".format(iq1, iq2, iqr))
print("{:8.3f}보다 작거나, {:8.3f}보다 큰 데이터는 이상치로 판단된다"
  .format(out1, out2))
```

25% 위치에 있는 데이터: 11.000, 75% 위치에 있는 데이터: 18.800, IQR: 7.800

박스플롯을 기준으로 극단치를 파악했기 때문에 실제 데이터에서 이를 기준으로 데이터를 선택하면 극단치가 제거된다. 코드 예제 10-13은 이 극단치를 사용해 데이터를 제거하는 코드이다. 코드를 실행한 후 avgrels의 극단치가 제거돼 데이터 수가 줄어든 것을 확인할 수 있다.

코드 예제 10-13 극단치 제거

```
df = df[(df['avgrels']>=out1) & (df['avgrels']<=out2)]
print("데이터셋은 총 {}개의 데이터와 {}의 컬럼으로 이뤄져 있다."
  .format(*df.shape))
```

데이터셋은 총 353개의 데이터와 8의 컬럼으로 이뤄져 있다.

10.4 데이터 정제

데이터 전처리를 통해 결측값 및 이상치를 적절히 해결한 이후에도 경우에 따라 데이터를 인공지능 개발에 적합하게 변경해야 할 필요가 있다. 예를 들어 개가 찍혀 있는 이미지를 보고 개가 강아지인지, 성견인지를 분류해 내는 인공지능 알고리듬을 만든다고 해보자. 앞서 말한 바와 같이 이런 분류 모델을 만들어 내려면 사진 속에 있는 '개'가 '강아지'인지, '강아지가 아닌'지를 컴퓨터에게 알려주는 레이블이 필요하다. 하지만 개발에 사용하려는 데이터에 '강아지'와 '성견'을 구별하는 레이블이 존재하지 않는다면 어떻게 해야 할까?

물론 사람들이 이미지의 일부를 실제로 분석해서 '강아지'와 '성견'을 구분하는 레이블을 생성하는 방법도 있다. 하지만 데이터에 해당 개가 태어난 '생년월일'이 적혀 있다고 한다면 이 데이터를 사용해 우리가 원하는 것과 비슷한 결과를 얻을 것으로 기대해 볼 수 있을 것이다. 즉 특정 시점을 결정해서 태어난지 n개월이 지나지 않은 개들을 강아지로 정의하고, 그것보다 큰 개를 성견으로 정의하면 데이터를 바꾸는 것만으로도 어노테이션을 한 것과 유사한 결과를 기대해 볼 수 있는 것이다.

따라서 때로는 현재 갖고 있는 데이터를 조금 정제해서 원하는 목적을 수행할 수 있는지를 살펴볼 필요가 있다. 특히 인공지능 알고리듬에 따라 각각 요구되는 데이터의 형식과 종류가 다르다. 그러므로 사용하고자 하는 데이터가 어떤 데이터를 필요하는지에 따라 데이터를 변화시킬 필요가 있다.

10.4.1 기존의 데이터를 사용해 새로운 데이터로 변환

인공지능 시스템을 개발하는 경우 때에 따라 기존에 존재하는 데이터셋 중 몇몇 특성들을 변환해야 할 필요가 있다. 예를 들어 정확한 영화 관객 수를 예측하고자 하는 것이 아니라 평균보다 관객이 많이 든 날들을 분류하려면 평균을 기준으로 영화 관객 수를 0과 1로 만들어진 새로운 변수로 만들면 된다.

코드 예제 10-14는 특정 변수를 선택해 명목 변수로 만드는 코드 예제이다. 특정 숫자를 기준으로 새로운 데이터를 만들 때는 numpy의 .where()를 사용한다. 측정된 관객 수가 평균보다 높은 경우는 1로, 그렇지 않은 경우는 0으로 리코딩하면 원하는 결과를 얻을 수 있다.

코드 예제 10-14 명목 변수로 만들기

```
# 필요한 모듈 불러오기
import numpy as np

# 명목 변수로 변환
df['binary_class'] = np.where(df['audicnt'] > df['audicnt'].mean(), 1, 0)
df.head()
```

numpy.where()를 중복으로 사용하면 특성의 특정 조건에 맞춰 여러 범주를 갖는 특성으로 변화시킬 수 있다. 이는 numpy.where()가 조건에 맞는 경우에는 A값을, 그렇지 않은 경우에는 B값으로 변환하는 구조를 갖고 있기 때문이다. 다시 말해 numpy.where()를 중복으로 사용하면 먼저 조건 .quantile(.75)보다 크다는 조건을 만족하는 경우에는 3을 반환하고, 그렇지 않은 경우를 대상으로 다시 조건을 판단해

.mean()보다 큰 경우를 만족하는 경우에는 2를 반환한다. 이 조건을 다시 만족하지 못하는 경우 또다시 .quantile(.25) 조건의 만족 여부를 파악해 만족하는 경우는 1, 그렇지 않은 경우는 최종적으로 0을 반환하도록 만들 수 있다.

코드 예제 10-15 명목이 여러 개인 변수 만들기

```
# 명목이 세 개인 변수로 변환
df['multi_class'] = np.where(df['audicnt'] > df['audicnt'].quantile(.75), 3,
np.where(df['audicnt'] >= df['audicnt'].mean(), 2,
    np.where(df['audicnt'] >= df['audicnt'].quantile(.25), 1, 0)))
df.head()
```

코드 예제 10-16은 코드 예제 10-14, 10-15에서 만들어진 명목 변수의 각 명목이 몇 개인지 보여준다.

코드 예제 10-16 만들어진 변수 살펴보기

```
# 명목을 두 개로 나눈 변수
print(df['binary_class'].value_counts())
# 네 개의 명목으로 나눈 변수
print(df['multi_class'].value_counts())
```

```
0    217
1    136
Name: binary_class, dtype: int64
1    129
3     88
0     88
2     48
Name: multi_class, dtype: int64
```

10.4.2 데이터 리코딩

경우에 따라서는 갖고 있는 데이터의 값들을 변경해 분석에 용이하게 만들 필요가 있다. 14장에서 실시할 신문 열독자 분류 인공지능 시스템을 만들 경우 사용할 데이터 또한 분석에 적절하도록 데이터를 변경해야 한다.

14장의 실습에서 분류하려는 신문기사 열독자는 newspaper 변수에 저장돼 있다. 이 문항은 설문 응답자에게 __귀하께서는 신문기사(유료 신문, 무료 신문, 인터넷 신문, 포털을 통한 기사 구독 모두 포함)를 읽고 있습니까?__라는 질문에 (1) 예, (2) 아니요로 응답하도록 했다. 이때 신문 열독자와 비구독자를 1과 2로 저장했다고 하더라도 그룹을 나누는 데는 큰 문제가 없다. 하지만 신문 열독자를 1로, 비구독자를 0으로 변경하는 것이 결과의 해석을 용이하게 하는 데 도움이 된다. 또한 이 데이터에서 스마트폰 보유 대수를 기록하고 있는 smartphone 변수는 스마트폰 자체가 없는 경우 결측값이 아니라 빈칸으로 저장돼 있고, 소유 유무가 아니라 소유 대수를 의미하는 숫자로 저장돼 있다. 다음에서 확인할 수 있지만 두 개 이상의 스마트폰을 가진 사람들의 숫자가 상대적으로 적으므로 하나의 카테고리로 놔두는 것보다 데이터를 변경해 스마트폰 소유 여부로 변경하는 것이 효율적일 수 있다. 코드 예제 10-17은 실습에 필요한 데이터를 불러오는 코드이다.

코드 예제 10-17 실습에 필요한 데이터 불러오기

```
# 데이터 불러오기
df3 = pd.read_csv("https://raw.githubusercontent.com/skku-ai-textbook/aitextbook/
   main/data/CH09-data3.csv")
print("데이터셋은 총 {}개의 행과 {}개의 열로 이뤄져 있다.".format(*df.shape))
```

데이터셋은 총 982개의 행과 9개의 열로 이뤄져 있다.

앞서 잠깐 언급한 것처럼 14장에서 분류하려고 하는 신문구독 여부(newspaper) 특성은 신문 열독자(1)와 비구독자(2)로 저장돼 있다. 코드 예제 10-18은 해당 변수의 명목이 각각 몇 개인지를 출력하는 코드이다.

코드 예제 10-18 변수의 명목 개수 확인하기

```
# 데이터의 각 값 출력하기
df3['newspaper'].value_counts()
```

1   2667

```
2    2333
Name: newspaper, dtype: int64
```

이 데이터를 비구독자(0)와 구독자(1)로 변경하면 인공지능 시스템을 만들고 데이터를 해석하는 과정에서 좀 더 직관적으로 의미를 받아들일 수 있다. 데이터프레임의 값을 변경시킬 때는 판다스의 .replace()를 사용해야 한다. 이처럼 인공지능 개발 과정에서 필요에 따라 데이터 값을 변경하는 것을 리코딩^{recoding}이라고 부른다. 데이터프레임의 경우 .replace()를 사용해 특정 특성의 변수를 변경할 수 있다. 이때 .replace()는 df['변수'].replace({원래 값:변경할 값})의 형식으로 사용한다. 코드 예제 10-19는 변수를 리코딩하는 코드이다.

코드 예제 10-19 변수 리코딩

```
# 변수 리코딩
df3['newspaper']=df3['newspaper'].replace({1:1, 2:0})
df3['newspaper'].value_counts()
```

```
1    2667
0    2333
Name: newspaper, dtype: int64
```

신문 열독자 여부를 가리는 데이터의 경우 데이터 해석의 용이성을 위해 데이터를 변경했다. 데이터셋에 존재하는 또 다른 특성인 스마트폰 보유 대수(smartphone)의 경우도 분석의 용이성을 위해 데이터를 변경할 필요가 있다. 코드 예제 10-20은 해당 변수의 각 명목의 개수를 보여준다. 코드 예제 10-20의 결과에서 볼 수 있는 것처럼 스마트폰이 없는 경우는 0, 스마트폰을 하나 갖고 있거나 두 개 갖고 있는 경우는 각각 1과 2의 값을 받았다. 뿐만 아니라, 빈칸(' ')으로 지정된 명목 또한 204명 정도 존재하는 것으로 나타났다. 코드 예제 10-20은 해당 변수의 각 명목이 얼마나 존재하는지 살펴보는 코드이다.

```
# 데이터 값의 사례 수 보기
df3['smartphone'].value_counts()
```

```
1    4278
0     509
      204
2       9
Name: smartphone, dtype: int64
```

이 데이터를 사용해 만들고자 하는 인공지능에 스마트폰의 소유 대수 자체가 중요한 특성이 아니라고 해보자. 이 경우 스마트폰 소유 여부만으로 데이터를 나누는 것이 데이터를 좀 더 효율적으로 활용할 수 있다. 이 데이터를 어떻게 처리하는지의 여부는 시스템을 개발하는 상황적 맥락을 고려해야 하지만 이 책에서는 소수만 존재하는 스마트폰 다수 보유자를 스마트폰 보유자로 합쳐서 리코딩을 하도록 하겠다. 코드 예제 10-21처럼 .replace()를 사용해 여러 데이터를 변경하려면 딕셔너리 형태로 .replace()를 사용해야 한다.

코드 예제 10-21 데이터 리코딩

```
# 데이터 변환
df3['smartphone'] = df3['smartphone'].replace({' ':0, '0':0, '1':1, '2':1})
df3['smartphone'].value_counts()
```

```
1    4287
0     713
Name: smartphone, dtype: int64
```

10.4.3 원-핫-인코딩

날짜나 요일 등 범주형 데이터를 숫자를 사용해 기록해서 명목이 여러 개가 존재하는 변수들이 있다. 이런 경우 원-핫-인코딩^{one-hot-encoding}을 사용해 인공지능 개발에 적합한 데이터로 변환시키기도 한다. 원-핫-인코딩은 텍스트나 숫자로 된 범주형 데이터의 개별 범주를 하나의 열로 바꾸는 작업을 가리킨다.

예를 들어 어떤 데이터셋에 한 가전제품에 대한 변수가 있다고 해보자. 이 변수는 TV는 1, 휴대전화는 2, 냉장고는 3, 공기청정기는 4 등 여러 가지 가전제품과 그 제품에 맞는 코드를 기록하고 있다. 즉 범주형 데이터를 기록할 때 정해져 있는 코드를 사용해 데이터를 기록하는 것이다. 이때 이렇게 만들어진 특성을 변환하지 않고 그대로 인공지능 학습에 사용하면 인공지능 알고리듬에게 정확한 정보를 제공하지 못할 가능성이 존재한다. 이 특성의 숫자를 실제의 숫자로 받아들여 숫자의 크기에 따라 데이터의 패턴을 찾으려고 할 것이기 때문이다. 이 경우 각 숫자가 지칭하고 있는 대상을 직접적으로 학습에 사용하려면 더미 코딩Dummy Coding 또는 원-핫-인코딩이라고 불리는 데이터 변환 작업을 해야 할 필요가 있다.

원-핫-인코딩의 동작방식을 표 10-1을 통해 살펴보도록 하겠다. 어떤 데이터가 TV는 1, 휴대전화는 2, 냉장고는 3, 공기청정기는 4의 형식으로 저장하고 있다고 해보자. 표에서 보여주는 바와 같이 이 변수에 원-핫-인코딩을 사용해 데이터를 변환시키면 다중 클래스로 이뤄진 범주형 데이터를 0과 1로 이뤄진 여러 개의 데이터로 표현할 수 있다. 즉 TV의 경우 TV에 해당하는 열만 1의 값을 갖고 나머지 값은 0으로 처리함으로써 다른 클래스와 구별할 수 있다. 다른 명목들도 해당 명목만 1을 표시하고 나머지는 모두 0으로 처리하게 된다. 이때 각 특성의 값을 표현하는 데 필요한 열들의 개수는 해당 특성이 사용하는 범주 K개만큼 필요하다. 표 10-1은 원-핫-인코딩의 데이터 표현 형식을 표로 나타낸 것이다.

표 10-1 원-핫-인코딩의 예

원데이터	TV	휴대전화	냉장고	공기청정기
TV	1	0	0	0
휴대전화	0	1	0	0
냉장고	0	0	1	0
공기청정기	0	0	0	1

원-핫-인코딩 실습을 위해 13장에서 사용할 데이터를 원-핫-인코딩을 사용해 정제해 보도록 하겠다. 이 데이터는 2010년부터 2020년까지의 대한민국 박스오피스 데이터를 가공해 만들었다. 데이터의 자세한 설명은 추후 13장에서 할 것이다. 여기서는 데이터 속에 있는 날짜(date) 특성을 원-핫-인코딩으로 변환해 추후 분석에 활용할 수 있도록 할 계획이다. 코드 예제 10-22는 원-핫-인코딩 실습을 위해 필요한 데이터를 불러오는 코드이다.

코드 예제 10-22 실습에 필요한 데이터 불러오기

```
raw = pd.read_csv("https://raw.githubusercontent.com/skku-ai-textbook/
    aitextbook/main/data/CH09-data2.csv")
print("데이터셋은 총 {}개의 행과 {}개의 열로 이뤄져 있다."
    .format(*raw.shape))
```

데이터셋은 총 3926개의 행과 8개의 열로 이뤄져 있다.

코드 예제 10-23은 코드 예제 10-22에서 불러온 데이터 중 날짜 관련 데이터에서 연도, 달, 요일을 추출하는 코드이다. 코드 예제 10-23의 실행 결과에서 확인할 수 있는 것처럼 날짜 데이터로부터 연도와 달, 요일이 각각 변수로 추출됐다.

코드 예제 10-23 날짜 데이터에서 연도, 달, 요일 추출하기

```
# 날짜 데이터를 시간 데이터로 변환
raw['date'] = pd.to_datetime(raw['date'])

raw["year"] = raw["date"].dt.year # 연도 추출
raw['month'] = raw["date"].dt.month_name() # 달 추출
raw["day"] = raw["date"].dt.day_name() # 요일 추출

raw.head()
```

	date	audiCnt	scrnCnt	showCnt	avgRels	maxShare	rain	temp	year	month	day
0	2010-01-01	6492.235	12785	61400	13.3	44.9	0.0	-4.9	2010	January	Friday
1	2010-01-02	2538.574	5150	24524	14.3	44.8	0.8	-0.1	2010	January	Saturday
2	2010-01-03	2000.084	5102	23140	15.3	45.9	0.0	-2.9	2010	January	Sunday
3	2010-01-04	668.868	4810	21522	12.0	53.4	5.9	-1.8	2010	January	Monday
4	2010-01-05	650.058	4768	21196	16.0	51.3	0.7	-5.2	2010	January	Tuesday

코드 예제 10-24는 달 데이터에서 원-핫-인코딩을 수행한다. 판다스의 .get_dummies()는 범주 변수를 입력받아 변수 안의 범주 수만큼의 열을 돌려준다. .get_dummies()는 코드 예제 10-24처럼 .get_dummies(변수)의 형식으로 사용한다. 코드 예제 10-24의 결과에서 확인할 수 있는 것처럼 1월부터 12월까지 총 12개의 변수가 만들어졌다. 개별 데이터가 해당하는 열은 1, 나머지 열은 모두 0이 할당된 것을 확인할 수 있다. 지면 절약을 위해 .head()를 사용해 결과를 출력했다.

코드 예제 10-24 원-핫-인코딩

```
pd.get_dummies(raw['month']).head()
```

	April	August	December	February	January	July	June	March	May	November	October	September	
0	0	0	0	0	1	0	0	0	0	0	0	0	
1	0	0	0	0	1	0	0	0	0	0	0	0	
2	0	0	0	0	1	0	0	0	0	0	0	0	
3	0	0	0	0	1	0	0	0	0	0	0	0	
4	0	0	0	0	1	0	0	0	0	0	0	0	

원-핫-인코딩을 실제 분석에 사용할 때는 원래 데이터와 병합해야 한다. 이를 위해 7장에서 살펴봤던 것처럼 판다스의 .merge()를 사용해 원-핫-인코딩으로 생성된 데이터프레임을 기존 데이터와 합칠 필요가 있다. 코드 예제 10-25는 기존 데이터와 새로 생성된 데이터를 합치는 코드이다. 두 데이터 모두 공통적으로 존재하는 특성이 없기 때문에 인덱스를 기준으로 데이터를 합치게 된다. .merge()를 사용해 인덱스를 기준으로 데이터프레임을 병합할 때는 left_index=True, right_index=True 아규먼트를 추가해야 한다. 마찬가지로 연도와 요일을 포함한 변인들을 원-핫-인코딩을 사용해 기존 데이터에 추가하면 14장을 분석할 준비가 끝난다.

코드 예제 10-25 기존 데이터와 합치기

```
# 기존 데이터셋과의 병합
raw = raw.merge(pd.get_dummies(raw['month']), left_index=True,
  right_index=True)
print(raw)
```

date	audiCnt	scrnCnt	showCnt	...	May	November	October	September

```
0     2010-01-01  6492.235   12785   61400  ...   0      0      0      0
1     2010-01-02  2538.574    5150   24524  ...   0      0      0      0
2     2010-01-03  2000.084    5102   23140  ...   0      0      0      0
3     2010-01-04   668.868    4810   21522  ...   0      0      0      0
4     2010-01-05   650.058    4768   21196  ...   0      0      0      0
...          ...       ...     ...     ...  ... ...    ...    ...    ...
3921  2020-09-26   158.368    4559   13619  ...   0      0      0      1
3922  2020-09-27   144.412    4548   13420  ...   0      0      0      1
3923  2020-09-28    61.716    4070   10768  ...   0      0      0      1
3924  2020-09-29   242.082    4636   14686  ...   0      0      0      1
3925  2020-09-30   318.894    5183   16480  ...   0      0      0      1

[3926 rows x 23 columns]
```

10.5 요약

10장에서는 인공지능 개발에 가장 필수적이라고 할 수 있는 데이터를 수집하고 준비하는 다양한 과정들을 다뤄봤다. 특히 모델 성능에 영향을 줄 수 있는 결측값과 이상치를 처리하는 데이터 전처리 과정을 실습했다. 또한 실제 데이터를 인공지능 개발에 필요한 형태로 변경하는 데이터 정제 과정을 살펴봄으로써 인공지능 개발에서 데이터 전처리와 정제가 어떤 기능을 수행하는지를 알아봤다. 10장의 내용을 요약하면 다음과 같다.

- 인공지능을 학습하는 것은 인공지능 학습에 사용하는 데이터 속의 패턴을 찾는 과정이라고 할 수 있다.
- 인공지능 개발에 소요되는 시간의 약 80%가 데이터를 준비하는 데 사용된다.
- 넓은 의미에서 데이터는 어떤 특정 목적에 따라 모아진 자료라고 할 수 있다. 인공지능 개발에서 데이터란 학습 과정에 사용되는 컴퓨터가 처리할 수 있는 정보의 집합이라고 할 수 있다.
- 일반적으로 데이터는 구조화된 데이터와 비구조화된 데이터로 나눌 수 있다.
- 구조화된 데이터는 특정 규칙에 따라 저장된 데이터를 의미하며, 비구조화된

데이터는 미리 정해진 규칙에 따라 저장되거나 분류되지 않은 데이터를 의미
한다.

- 인공지능 개발을 위해 필요한 데이터가 없다면 다른 사람이 특정 목적으로 수
집한 데이터를 확보하거나 개발자 스스로 필요한 데이터를 직접 생산하거나
수집해야 한다.

- 인공지능의 목적에 따라 데이터 확보 후 실제 인공지능 학습을 가이드할 수
있는 기준이 존재하는지를 확인해야 한다. 기준이 존재하지 않는다면 학습에
필요한 기준을 만드는 어노테이션 작업을 해야 한다.

- 탐색적 데이터 분석은 본격적으로 인공지능을 개발하기 전에 데이터 자체를
이해하는 과정을 가리킨다. 탐색적 데이터 분석은 데이터 전처리와 정제 과정
을 효과적으로 수행하는 데 도움을 준다.

- 데이터 전처리란 데이터를 실제 인공지능 개발에 사용할 수 있는 형태로 변환
하거나 데이터에 존재하는 다양한 잡음을 제거하는 일련의 과정을 가리킨다.

- 결측값은 다양한 이유로 특정 데이터의 일부가 저장되지 않은 경우를 의미한다.

- 결측값을 처리하는 방법은 크게 세 가지로 나눌 수 있다. 이는 결측값 제거,
결측값 치환, 결측값을 추정하는 방법이다. 이 세 가지 방법 모두 각기 장단점
이 있다.

- 판다스의 .isnull()을 사용하면 데이터의 각 행이나 열의 결측값 여부를 확인
할 수 있다.

- 판다스의 .dropna()를 사용하면 데이터프레임의 열 중 일부 또는 전부 중 결
측값이 존재하는 행들을 제거할 수 있다.

- .fillna()를 사용하면 데이터프레임의 결측값을 특정 값으로 치환할 수 있다.

- 이상치란 데이터에 존재하는 값이 제대로 입력되지 않은 것을 의미한다. 이상
치를 판단하려면 데이터의 특성을 이해할 필요가 있다.

- 극단치란 데이터의 중심에서 크게 벗어난 데이터를 의미하며 모든 극단치가
이상치는 아니다.

- 박스플롯을 사용해 변수를 시각화하면 쉽게 극단치 존재 여부를 확인할 수

있다.

- numpy의 where()를 사용하면 연속 변수를 여러 개의 명목으로 이뤄진 변수로 변환할 수 있다.

- .replace()를 사용하면 데이터의 특정 값을 변경할 수 있다. 이때 변수의 값을 변화시키는 것을 변수 리코딩이라고 부른다.

- 원-핫-인코딩은 텍스트나 숫자로 된 명목형 데이터를 인공지능 개발에 사용할 수 있도록 데이터를 정제하는 과정에서 사용된다.

- 판다스의 .get_dummies()를 사용하면 원-핫-인코딩을 수행할 수 있다. 이때 명목 변수가 포함하고 있는 명목 개수만큼의 더미 변수가 생성된다.

11

모델과 학습

11장에서는 인공지능 개발에서 모델이 무엇인지를 살펴본다. 또한 인공지능 개발에서 학습의 의미를 살펴보고 인공지능의 학습 종류에 대해서 이해한다. 11장은 다음과 같은 내용을 다룬다.

이 장에서 다루는 내용

- 인공지능 모델의 개념
- 지도 학습의 개념 및 사례
- 비지도 학습의 개념 및 사례
- 지도 학습과 비지도 학습의 차이
- 강화학습의 개념

목차

11.1 모델이란?

인공지능 시스템에서 이야기하는 모델^{Model}이란 무엇일까? 인공지능에서의 모델은 예측 또는 분류하려는 대상과 다양한 변수 간의 관계를 수식을 통해 보여주는 것이라고 할 수 있다. 따라서 인공지능 모델을 만들려면 데이터를 사용해 변수 간의 관계를 파악하는 학습 과정을 필수적으로 거치게 된다. 다시 말해 모델은 변수 간의 관계 패턴을 수식이나 알고리듬으로 묘사한 것이다. 호빵 판매량을 예측하는 인공지능 모델을 만든다고 가정해 보자. 이 인공지능을 만들려면 호빵 판매량에 미치는 다양한 요인들을 생각해 봐야 한다. 특히 시간과 날씨에 따라 호빵 판매량이 달라질 것이라고 예측해 볼 수 있다. 출출한 퇴근 시간이나 추운 겨울에 호빵이 많이 팔릴 것이기 때문이다. 이때 호빵 판매량 예측 모델은 시간과 날씨라는 두 특성과 호빵 판매량이라는 대상의 상호관계를 수학적 공식이나 통계적 방식으로 표현한 것을 의미한다.

실제로 이렇게 시간, 날씨, 호빵의 판매량을 보여주는 간단한 모델에서부터 다양한 사회적 지표들을 활용해 어떤 종목의 주가를 예측하거나 사진 속 인물의 생김새 등의 특성을 활용해 성별을 분류하는 복잡한 모델 또한 존재한다. 즉 예측 모델에서 예측하려는 특성(예: 호빵 가격)과 예측하는 데 사용하는 특성들^{Features}(또는 변수들^{Variables})이 많아지고 또 이 특성들 간의 복합적인 관계를 고려할수록 모델이 복잡해질 수 있다. 결국 인공지능 모델이란 인공지능 시스템을 통해 수행하려는 다양한 작업에서 어떤 특성들이 예측 또는 분류하고자 하는 대상과 어떻게 연결이 돼 있는가에 관한 규칙을 표현한 것이라고 할 수 있다.

인공지능 모델은 '인공지능 알고리듬'을 사용해 데이터를 학습해 만들어 낸다. 인공지능 모델의 학습은 결국 데이터 간의 규칙적인 관계를 찾아내는 과정을 의미한다. 인공지능 학습은 같은 목적을 수행한다고 하더라도 어떤 알고리듬을 사용하는지에 따라 조금씩 다른 방식으로 학습을 진행하게 된다. 11장에서는 개별 알고리듬의 차이보다는 인공지능 학습이 무엇이고 인공지능 학습에는 어떤 방법이 있는지를 개념적으로 알아보도록 하겠다.

11.2 인공지능에서 학습이란?

여기서는 인공지능 개발 과정에서 '학습'이 무엇이고, 인공지능의 학습 과정과 인간이 지식을 습득하고 배워가는 과정이 어떻게 다른지 알아보도록 하겠다.

사람들은 직·간접적인 경험을 통해 정보를 습득하고 지식을 축적한다. 예를 들어 뜨거운 물건을 만져서 화상을 입은 경험이 있다고 해보자. 이 경험을 통해 우리는 뜨거운 물건을 맨손으로 만지면 안 된다는 것을 배우게 된다. 이처럼 직접 경험한 두 사실 간의 인과관계를 추론해 지식을 축적하고 이를 바탕으로 이후의 행동을 결정하게 된다. 즉 실제 경험을 통해 얻은 지식을 바탕으로 어떤 행동이 일으킬 수 있는 결과를 예측하는 것이다.

물건이나 동물을 인식하게 되는 과정도 비슷하다. 우리는 어떻게 어느 특정 동물이 '개'라는 것을 알게 될까? 먼저 '개'라는 동물이 어떤 특징을 갖고 있는지 생각해보자. 네 개의 발을 갖고 있고 털이 복슬복슬하고 더우면 혀를 내밀고 숨을 쉰다. 이 외에도 '개'라는 동물은 다양한 특성을 갖고 있다. 그런데 단순히 '털'이 있고 네 발 달린 짐승이라면 '개'와 '고양이'는 어떻게 구별할까? 개와 고양이는 내는 소리가 다르니 소리를 들어보면 알 수 있지 않을까? 맞다. 소리 외에도 '개'라고 불리는 동물들과 '고양이'라고 불리는 동물들이 갖고 있는 특성이 다르기 때문에 어떤 동물이 '개'인지 '고양이'인지 구별할 수 있다.

이처럼 어떤 물체나 동물을 다른 것과 구별하고 하나의 범주^{category}로 묶어서 어떤 대상으로 인식하게 되는 과정 또한 학습이라고 할 수 있다. 이 과정에서 특정 물건의 생김새나 행동, 냄새 등 다양한 특성들이 사용된다. 실제 아이들이 '개'라는 동물에 대해서 배울 때 '개'라고 분류되는 다양한 종류의 동물들에 반복적으로 노출돼 개가 갖는 공통점을 인식하게 된다. 잘 생각해 보면 '개'라고 부르는 다양한 종류의 생물들이 공유하는 일정한 특성들이 있다. 실제 '개'로 분류되는 모든 동물이 '개'에 해당하는 모든 종류의 특성들을 갖고 있는 것은 아니다. 그림 11-1처럼 개들은 저마다 조금씩 다른 특징을 갖고 있다. 어떤 개들은 털이 곱슬이고, 어떤 개들은 털이 직모이다. 개들의 색들도 저마다 조금씩 다르다. 이처럼 조금씩 특성이 다르기는 하지만 동물의 한 종으로서 '개'를 정의할 수 있는 대표적인 특성들을 지니고 있는 동물을 '개'라고 부를 수 있는 것이다.

그림 11-1 다양한 개들의 이미지(출처: Hanna Lim on Unsplash)

인공지능 학습도 이와 비슷한 과정을 거친다. 우리가 "뜨거운 것을 만지면 화상을 입는다."라는 과거의 경험을 바탕으로 새로운 지식을 습득하는 것처럼 인공지능 또한 데이터를 바탕으로 대상 간의 관계를 알아낼 수 있다. 아이들이 '개'라는 동물을 인식하는 것처럼 개라는 동물의 특성을 인식해 개를 다른 동물들과 구별할 수 있다. 물론 인공지능과 컴퓨터가 인간처럼 통합적^{holistic} 사고를 한다고 이야기하는 것이 아니다. 실제로 컴퓨터 비전^{Computer Vision} 기술을 사용해 '개'를 구별하는 모델이 치와와와 블루베리 머핀의 유사한 특성 때문에 양쪽을 구별하지 못하는 해프닝도 있었다 (Lee, 2019). 인공지능 모델이 치와와가 갖고 있는 특성(검은 두 눈과 코)을 사용해 이미지 속의 개를 인식할 때 블루베리가 박혀 있는 머핀들이 개와 유사하게 보인다는 것이다.

그림 11-2 머핀과 치와와

　여기서 강조하는 것은 인공지능이나 머신러닝을 통해 인공지능을 만들 때는 인간의 학습 과정과 유사하게 데이터가 필요하다는 점이다. 다만 컴퓨터는 인간보다 대량의 정보를 기억할 수 있다는 점과 복잡한 계산을 빠르게 수행할 수 있다는 장점이 있다. 따라서 컴퓨터는 인간처럼 기존의 지식을 바탕으로 유사한 것에서 새로운 지식을 만들어 내는 창의적인 학습을 할 수는 없어도 수많은 데이터를 바탕으로 인간이 발견하지 못하는 패턴을 찾아낼 수 있다. 뿐만 아니라 편견, 지식과 경험의 차이에서 비롯되는 여러 가지 오류에서 자유롭지 못한 인간의 학습 과정과 달리 컴퓨터의 학습 과정에는 '인간의 인식 시스템'이 개입할 여지가 상대적으로 적다고 할 수 있다. 또한 학습된 모델을 새로 업데이트하는 것이 인간에 비해 비교적 쉽다.

> 팁　물론 인간의 편견이 인공지능 학습에 개입하지 않는 것은 아니다. 학습에 사용되는 데이터에 인간의 편향이 개입할 수 있기 때문이다. 이와 관련된 내용은 이 책의 2장(인공지능과 윤리)에서 더 자세히 다루고 있다.

　인공지능에서 학습이란 무엇을 의미하는 것일까? 앞서 이야기한 것처럼 학습은 컴퓨터 프로그램에게 데이터 속의 패턴을 찾아내도록 하는 과정을 의미한다. 이 학습 과정에서 주어진 상황과 역할에 맞는 다양한 알고리듬을 사용하게 된다. 예를 들어 호빵 판매량을 예측하는 인공지능 모델을 만든다고 가정해 보자. 실제로 시간대별, 날씨별로 호빵이 팔리는 정도를 기록해 놓은 데이터가 있다면 컴퓨터로 하여금 해당 데이터를 사용해 시간과 날씨에 따라 호빵 판매량의 관계를 살펴보도록 하는 일련의 과정을 학습이라고 할 수 있다. 다시 말해 인공지능을 만드는 데 필수적인 '학습'이라는 것은 알고리듬을 사용해 데이터의 특정 패턴을 찾아내는 과정이다(예: 시간과 날씨와 호빵 판매량의 관계).

이처럼 알고리듬을 사용해 데이터 속의 패턴을 찾는 과정에서 컴퓨터에게 해결하려는 문제의 답을 알려주고 학습을 유도하는 것을 '지도 학습Supervised Learning'이라고 한다. 반면 데이터 그 자체만을 사용해 컴퓨터 스스로 패턴을 파악하도록 하는 학습 방법을 '비지도 학습Unsupervised Learning'이라고 한다. 요즘 각광을 받고 있는 '강화학습 Reinforcement Learning'은 문제에 대한 답을 제공해 주지 않는다는 점에서는 '비지도 학습'과 비슷하지만, 컴퓨터가 찾아낸 결과가 효율적인지 아닌지에 대한 피드백을 제공해 모델의 성능을 향상하도록 한다는 점에서는 '지도 학습'과 비슷하다고 할 수 있다. 11장에서는 머신러닝과 인공지능 모델을 만드는 과정에서 주된 학습 방법이라고 할 수 있는 '지도 학습'과 '비지도 학습' 및 '강화학습'을 중점으로 살펴보겠다.

11.3 지도 학습

지도 학습은 정확히 무엇을 의미하는 것일까? 앞서 잠깐 언급한 것처럼 지도 학습 또는 교사학습은 컴퓨터에게 해결하려는 문제의 정답을 미리 알려주고 패턴을 찾는 학습 방법을 의미한다. 다시 말해 알고리듬을 사용해 모델을 만드는 과정에서 실체적 진실Ground Truth 또는 객관적 지표가 있어 학습된 모델의 성능을 평가할 수 있는 경우를 지칭한다. 여기서 실체적 진실은 거창한 것을 의미하는 것이 아니다. 예를 들어 호빵 판매량 예측 인공지능의 경우 특정 시간에 팔린 호빵의 판매량이 지도 학습에서 의미하는 실체적 진실이라고 할 수 있다. 이런 실제 값이 향후 알고리듬을 사용해 학습된 인공지능 모델이 예측한 결과와 얼마나 차이가 나는지를 비교해 학습된 인공지능 모델의 성능을 평가한다. 즉 우리가 특정 시간과 평균 기온에 얼마나 호빵을 많이 판매했는지를 알고 있기 때문에 호빵 판매량 예측 모델의 예측이 얼마나 정확한지를 평가할 수 있는 것이다.

지도 학습은 주로 예측과 분류를 하기 위한 인공지능을 만드는 데 사용된다. 인공지능 학습을 위해 사용하는 데이터에 예측이나 분류하려는 대상의 관측값(답)이 있기 때문에 실제로 얼마나 정확하게 예측 또는 분류했는지를 알 수 있기 때문이다. 좀 더 이해가 쉽도록 몇 가지 예를 들어 보겠다.

예1) 지도 학습 알고리듬을 사용해 계절과 시간에 따라 전력 사용량 예측하기

여름철이 되면 종종 전력 사용량이 한계에 달해 정전사고가 날 수 있다는 뉴스를 보게 된다. 실제 대한민국 전체 사용 전력량이 생산된 전력량에 비해 많다면 정전을 겪게 될 위험이 있다. 이를 대비해 예비전력을 저장하고 있다. 다만 필요한 예비전력 생산을 위해 발전소를 가동할 필요가 있는데 사용하는 연료에 따라 연료 원가가 다르기 때문에 필요한 경우에만 전력 생산 단가가 비싼 발전소를 가동하는 것이 효율적이다. 그렇다면 인공지능을 사용해 국내 전력 사용량을 예측할 수 있다면 언제, 어떻게, 얼마만큼의 전력을 생산할 필요가 있는지를 결정하는 데 도움을 줄 수 있지 않을까? 이미 기존에 시간, 계절, 지역별 전력 사용량을 기록해 둔 데이터가 있기 때문에 이를 활용하면 특정 시기에 우리나라의 총 전력 소비량이 얼마나 될지 예측해 볼 수 있을 것이다. 이 예측 결과를 바탕으로 언제, 어느 경우에 예비전력 비축을 위해 발전소를 가동해야 할지 결정하는 데 도움을 줄 수 있다.

예2) 지도 학습을 사용해 상품을 가장 많이 살 확률이 높은 고객 분류하기

인터넷에 상품이나 물건 판매를 위해 광고를 게재하는 데는 많은 비용이 발생한다. 특히 실제로 물건을 구매할 의사가 없거나 판매하려는 서비스에 관심이 없는 사람들에게 광고를 보여주는 것은 비효율적이다. 그렇기 때문에 광고하는 상품에 흥미를 가질 만한 사람들을 판단하는 인공지능을 만들면 상품 광고에 소비되는 비용을 절약할 수 있을 것이다. 물론 실제로 어떤 특성을 지닌 이용자가 판매하려는 상품에 보인 흥미도를 측정한 데이터가 있다면 이상적일 것이다. 하지만 그런 데이터가 없다고 하더라도 광고를 게재할 홈페이지나 웹 서비스의 고객 데이터와 실제 판매하려는 상품과 유사한 범주의 광고를 클릭한 경험이 있는 사용자를 기록한 데이터가 존재한다면 광고에 관심이 있을 것 같은 이용자와 그렇지 않은 이용자를 분류하는 인공지능을 만들 수 있다. 이때 인공지능 모델을 학습시키려면 이용자 개인의 특성과 광고 '클릭' 여부를 기록한 데이터가 필요하다. 즉 이용자의 특성과 상품 광고 클릭 여부의 관계를 사용해 어떤 특성을 가진 이용자들이 광고하려는 상품에 관심이 많은지 찾아낼 수 있으므로 이 이용자들을 '잠재고객'으로 분류해 볼 수 있다.

11.4 비지도 학습

비지도 학습 또는 비교사학습은 인공지능 모델을 만드는 또 다른 학습 방법이다. 지도 학습이 인공지능에게 해결하려고 하는 문제의 정답을 제공한 후 데이터 속에서 정답과 관계된 패턴을 찾아내게 하는 학습 방법이라면, 비지도 학습은 해결하려는 문제의 정답이 존재하지 않는 경우에 사용하는 인공지능 모델 학습 방법이다. 여기서 정답이란 알고리듬을 사용해 데이터를 분류하거나 그룹화하는 과정에서 가이드로 사용되는 이정표를 의미한다(예: 전력 사용량, 광고 클릭 여부). 지도 학습과 달리 실제 현실 세계에 정해진 정답Ground Truth이 없기 때문에 학습을 통해 만들어진 모델의 결과 해석에 연구자의 주관이 개입해야 한다. 즉 정답이 없는 상황에서 데이터가 갖고 있는 특성들을 사용해 유사한 것끼리 묶거나 분류하기 때문에 그룹화 결과를 연구자나 개발자가 어떻게 해석하느냐가 중요해질 수 있다.

비지도 학습의 이런 특성 때문에 비지도 학습 알고리듬을 방대한 데이터를 계산하기 쉽거나 이해하기 쉬운 형태로 변환하는 데 많이 사용한다. 예를 들어 인터넷 쇼핑몰의 고객 데이터를 갖고 고객별 맞춤 상품 추천 인공지능 시스템을 만든다고 가정해 보자. 이때 고객별로 적게는 수십 개부터 많게는 수십만 개의 다양한 데이터를 갖게 된다. 이런 고객 정보 원시데이터Raw Data를 저장하고 활용하려면 방대한 양의 컴퓨터 자원이 필요하다. 비지도 학습 알고리듬 중 하나인 주성분 분석Principal Component Analysis이나 이와 유사한 알고리듬을 사용하면 고객 데이터 정보를 축소해 저장할 수 있다. 즉 비지도 학습을 사용해 데이터의 차원을 축소함으로써 수많은 특성들을 단순화해 데이터를 저장하는 데 필요한 저장공간을 절약하거나 계산에 필요한 컴퓨터 자원을 줄일 수 있다.

비지도 학습 알고리듬을 사용하면 데이터의 다양한 특성들을 사용해 잠재된 연관 관계를 찾아내는 그룹화를 실시할 수 있다. 예를 들어 온라인 사이트에서 다양한 고객의 수요를 만족시키려고 고객들을 몇 그룹으로 나눈다고 해보자. 이때 온라인 사이트가 갖고 있는 고객 정보, 즉 접속 시간, 구매 여부, 주로 클릭하는 광고 등을 사용해 이 온라인 사이트 이용자를 비슷한 유형의 여러 그룹으로 나눌 수 있다. 15장에서 다루고 있는 K-평균 군집화^{K-means Clustering}는 데이터를 개발자나 분석가가 지정한 K 그룹의 형태로 자동적으로 그룹화할 수 있도록 도와준다. 또한 16장에서 다루고 있는 토픽 모델링^{Topic Modeling}은 문서로 된 데이터를 쉽게 유형화할 수 있다. 다음 예를 통해 비지도 학습을 언제 사용해야 하는지 살펴보겠다.

예1) 시청 데이터를 바탕으로 한 시청자 그룹화

주로 영어 학습 동영상을 제공하는 동영상 스트리밍 플랫폼을 운영하고 있다고 가정해 보자. 이 사이트를 이용하는 사용자들을 위해 많은 영어 학습 스트리밍 서비스를 제공하고 있다. 각 사용자의 영어 학습 능력 데이터와 각 사용자의 동영상 시청 정보를 기록한 데이터가 확보돼 있다. 이때 사용자들이 플랫폼을 지속적으로 사용하도록 유도하려면 사용자 수준과 취향에 맞게 서비스를 제공할 필요가 있다. 특히 영어 수준과 시청 데이터를 활용해 수준과 취향이 유사한 이용자 그룹을 파악하면 이 그룹의 흥미에 맞는 서비스를 제공할 수 있고 동영상 플랫폼의 지속적인 성장을 기대할 수 있다.

예를 들어 고객의 수준과 시청 형태를 활용해 다양한 그룹으로 나눠 각 그룹의 니즈에 맞는 차별화된 서비스를 제공한다면 사용자의 만족도를 높일 것으로 기대할 수 있다. 같은 영어 학습 프로그램을 시청하더라도 시청 시간대에 따라 또는 주로 시청하는 동영상의 길이(1분 내외 또는 10분 이상 등)에 따라 각기 다른 그룹을 형성할 수 있다. 즉 출퇴근 시간이나 자투리 시간을 활용해 회화실력을 향상시키려고 짧은 동영상을 주로 시청하는 고객들과 토익 점수 향상을 목적으로 학업 시간 중에 긴 동영상을 보는 고객들이 원하는 바가 다를 수 있기 때문이다. 이때 비지도 학습 알고리듬을 사용해 고객 정보와 시청 형태를 바탕으로 유사한 특성을 보이는 고객들을 그룹화할 수 있을 것이다. 이처럼 인공지능의 결과를 활용한다면 해당 영어 학습 플랫폼이 어떤 고객들에게 어떤 형태의 서비스를 제공할 것인지에 대한 판단을 하는 데 도움이 될 것이다.

예2) 음식점 리뷰 댓글을 자동적으로 분류하기

음식 배달 서비스나 온라인 쇼핑 사이트 등에서 음식이나 상품에 대한 리뷰는 상품이나 서비스에 대해 다른 소비자들의 의견을 형성하는 데 영향을 미친다. 경우에 따라서는 상품과 서비스가 갖고 있는 문제점을 개선하는 데 중요한 역할을 한다. 따라서 고객들의 의견을 정확히 파악하고 분류하는 것이 성공적인 사업과 서비스를 유지하는 데 중요하다. 물론 고객의 리뷰가 수백여 개에 불과하면 인공지능을 활용하지 않더라도 충분히 사람들의 의견을 살펴볼 수 있다. 그러나 사람들이 일일이 수많은 리뷰를 읽고 분석할 수 없기 때문에 인공지능을 활용해 유사한 리뷰를 분류할 수 있다면 고객이 어떤 의견을 갖고 있는지 좀 더 효율적으로 파악할 수 있을 것이다.

비지도 학습 알고리듬 중 하나인 토픽 모델링^{Topic Modeling}은 리뷰와 같은 텍스트 데이터를 자동으로 그룹화해 주는 알고리듬이다. 특히 단어들이 사용되는 패턴을 활용해 데이터를 자동적으로 분류할 수 있다. 이런 과정을 통해 고객들의 리뷰를 유사한 내용끼리 그룹화해 살펴볼 수 있고, 특정 리뷰들에 공통적으로 나타나는 주제가 무엇인지 파악해 상품 및 서비스를 개선하는 데 직·간접적인 도움을 줄 수 있을 것으로 기대된다.

비지도 학습은 데이터의 구조를 정확하게 알고 있지 않더라도 방대한 양의 데이터를 분석하고 그룹화할 수 있다는 장점이 있다. 특히 데이터가 지니고 있는 특성을 활용해 데이터에 잠재된 규칙을 찾으려고 한다는 점에서 탐색적 분석에 적합한 인공지능 학습 방법이다. 실제로 학습을 가이드하는 실체적 진실이 학습 과정에 필요하지 않으므로 비지도 학습 알고리듬을 적용하기가 상대적으로 수월하다. 그러나 학습 과정에서 학습이 적절하게 완료됐는지 평가를 하는 기준이 명확하지 않다는 점과 인공지능을 통해 그룹화된 개별 클러스터가 어떤 의미를 공유하는지 분석해야 한다는 점에서 지도 학습과 다르게 개발자 및 연구자의 주관적인 해석이 필요하다.

인공지능을 효율적으로 활용하려면 지도 학습과 비지도 학습의 차이점을 명확하게 알고 있을 필요가 있다. 특히 지도 학습의 주된 용도 중 하나인 분류와 비지도 학습의 주된 목적인 그룹화는 데이터를 분류한다는 점에서 개념적으로 서로 유사하다. 그중 데이터를 여러 개의 대상으로 분류하는 멀티 클래스^{Multi-class Classification} 모델의 경우 데이터를 여러 집단 또는 객체로 나눈다는 점에서 비지도 학습 알고리듬의 결과물과 유사하게 보일 수 있다. 하지만 이미 분류할 대상이 어느 범주에 속하는지에 대한 정답을 컴퓨터에게 제공하는 지도 학습과 달리 비지도 학습은 컴퓨터 스스로 데이터를 구별하도록 한다는 차이점이 존재한다. 즉 비지도 학습 알고리듬은 데이터속에 있는 암묵적 규칙을 찾아내는 것 자체가 목적이라고 할 수 있다.

11.5 강화학습

이 책에서는 직접적으로 다루지 않지만 강화학습 또한 인공지능을 만드는 데 주로 사용되는 학습 방법이다. 인공지능을 만드는 과정에서 학습이란 인공지능 알고리듬을 데이터에 적용해 데이터의 특성 간에 있는 일정한 규칙을 찾아내는 과정이라고 정의할 수 있다. 지도 학습과 비지도 학습을 가르는 기준이 실제 인공지능 학습 과정을 가이드하는 '정답' 여부였다는 것을 기억하자. 강화학습 또한 인공지능 모델의 학습 과정에서 알고리듬에 정답을 제공하는 방식이 차이가 있다는 점에서 다른 학습 방법과 구별된다. 강화학습은 인공지능이 만들어 낸 결과물에 대해 보상^{reward}과 처벌을 통해 컴퓨터 스스로 모델을 최적화하도록 '강화^{reinforcement}'하는 학습 과정을 거치게 된다. 따라서 지금까지 살펴본 지도 학습이나 비지도 학습 알고리듬과는 모델 학습 방식이 조금 다르다고 할 수 있다.

그렇다면 보상을 제공해 준다는 것은 어떤 의미일까? 강화학습이 사용된 인공지능의 사례를 보면 이해하기가 좀 더 쉬울 것이다. 몇 년 전 이세돌 9단과의 바둑 대결에서 승리한 '알파고' 또한 강화학습 방법을 활용해 바둑 실력을 늘렸다고 한다. 바둑이나 체스같이 결과적으로 '승'과 '패'가 갈리는 경기에서 강화학습 방법을 사용해 인공지능 모델을 만들 수 있다. 바둑이라는 특정 경기의 규칙을 알려주고 '승'과

'패'라는 보상을 학습의 결과물에 제공하면 기계 스스로 어떻게 하면 경기에서 승리할 수 있을지에 대한 방법들을 학습해 나간다고 한다. 즉 수백, 수천 번의 경기를 통해 스스로 이기는 방법을 습득한다는 것이다. 알파고의 사례에서 살펴보면 '강화학습'이란 인공지능에게 바둑에 대한 기초지식을 가르쳐 준 상태에서 바둑을 실제로 두도록 한다. 그리고 경기 결과에 따라 승패(보상)를 경험하게 함으로써 어떤 수(행동)를 두는 것이 보상(승리)으로 이어질 것인지 인공지능 스스로 성능을 향상시켜 가는 모델 학습 과정을 가리킨다고 할 수 있다.

실제 강화학습을 적용해 컴퓨터에게 컴퓨터 시뮬레이션 공간 안에서 자동차를 주차하는 방법을 가르치는 또 다른 사례를 들어보겠다(Samuel Arzt, 2019). 그림 11-3은 강화학습을 통해 컴퓨터 스스로 주차하는 방법을 시연하는 유튜브 동영상이다. 이 사례에서는 자동차가 매번 임의의 공간에 놓이는데 이때 컴퓨터에게 임의로 특정한 행동을 하도록 한다. 주차장 안에서 스스로 운전을 하게 하는 것이다. 이때 컴퓨터가 실시한 행동의 결과에 따라 보상과 처벌을 준다. 컴퓨터가 빨간색으로 지정된 주차공간에 가까이 다가가고, 실제 아무런 충돌 없이 주차에 성공했을 때 보상을 준다. 반면 가로등이나 다른 차에 충돌하거나 지정된 주차공간에서 멀어지는 경우 해당 행동에 대한 처벌을 받게 된다.

물론 동영상의 초반에서 볼 수 있듯이 처음에는 컴퓨터가 주차장에서 멀어지거나 다른 물체를 건드리는 등 실제 우리가 원하는 행동과 전혀 다른 행동을 보이게 된다. 하지만 이런 보상과 처벌이 20,000회 이상 반복된 후 주차에 성공하게 된다. 이후에도 수업이 시행착오를 반복하지만 이런 학습이 30만 회 이상 반복되면 어느 장소에 자동차가 생성된다고 하더라도 큰 문제 없이 주차를 하는 모습을 보인다. 다시 말해 강화학습은 컴퓨터에게 특정 명령을 내려주지 않는다고 하더라도 성공적인 주차와 그렇지 않은 주차에 대한 피드백을 통해 컴퓨터 스스로 어떻게 해동해야 할 것인지에 대해 스스로 습득하게 하는 것을 의미한다. 이 학습과정은 Samuel Arzt의 유튜브 채널에서 시청할 수 있다(https://www.youtube.com/watch?v=VMp6pq6_QjI). 그림 11-3의 QR 코드를 통해 해당 동영상을 시청할 수 있다.

그림 11-3 강화학습 사례 예(출처: Samuel Arzt Youtube 채널)

11.6 요약

11장에서는 인공지능 모델을 만드는 데 사용되는 지도 학습, 비지도 학습, 강화학습의 세 가지 방법을 살펴봤다. 이 세 가지 학습 방법은 모두 각기 다른 목적을 수행하는 인공지능 서비스를 개발하는 데 적합하다고 할 수 있다. 예를 들어 인공지능을 사용해 상품 추천 시스템을 만든다고 생각해 보자. 이때 어떤 학습 방법을 사용하는지에 따라 인공지능 모델을 만드는 과정과 방식이 다를 것이다.

먼저 지도 학습을 사용해 인공지능 모델을 만들 경우에는 기존의 상품 구매 데이터가 필요할 것이다. 즉 기존 고객들의 상품 구매 행동을 기록한 데이터를 사용해 고객이 특정 상품에 관심이 있을지 없을지 예측해 볼 수 있다. 이때 실제 특정 상품의 구매 여부에 해당하는 데이터가 있어야 한다. 반면 비지도 학습은 실제 고객의 구매 행위를 기록한 데이터가 없다고 하더라도 고객의 특성을 기록한 데이터셋이 있다면 비슷한 취향을 가진 고객들을 그룹화할 수 있다. 물론 특정 그룹에 속한 고객이 어떤 상품에 관심을 갖고 있는지, 왜 특정 유형의 고객들이 한 그룹에 속하게 됐는지는 시스템을 개발하는 개발자 또는 시스템을 기획한 기획자가 직접 해석해야 할 필요가 있다. 마지막으로 강화학습을 사용해 시스템을 개발하는 경우에는 실제 여러 상품을 추천해 주고 고객이 실제 구매나 클릭을 하는지의 여부를 보상체계로 활용해 어떤 상황에서 추천 시스템이 잘 동작되는지를 살펴볼 수 있다. 다만 이렇게 강화학습 방식을 사용해 고객 추천 시스템을 개발하는 경우 어떤 고객에게 어떤 상품이 적절한지를 알아내는 데 수많은 시행착오를 거칠 수도 있다는 점을 고려해야 한다.

11장에서는 인공지능을 개발하는 과정에서 궁극적으로 목표로 하는 모델 구축에 대해서 살펴봤다. 인공지능 모델의 의미와 모델의 구축 과정에 대한 세 가지 다른 접근 방식을 개념적으로 살펴봤다. 이 장의 내용을 요약하면 다음과 같다.

- 모델은 예측 또는 분류하려는 대상과 다양한 변수 간의 관계를 수식을 통해 보여준다.
- 모델 구축은 변수들이 예측 또는 분류하려는 대상과 어떻게 연결이 돼 있는가에 관한 규칙을 표현한 것이다.
- 직·간접적인 경험을 통해 정보를 습득하는 인간처럼 컴퓨터도 데이터를 사용해 데이터 안의 특정 패턴을 학습한다.
- 컴퓨터의 경우 데이터에 존재하는 유사한 패턴을 찾아내 학습하기 때문에 치와와나 머핀의 예처럼 사람이 보기에 전혀 다른 물건들도 같은 것이라고 인식할 수 있는 오류가 발생할 가능성이 있다.
- 데이터의 편향성에 관한 문제를 제외한다면 컴퓨터의 경우 인간이 가진 편견이나 지식, 경험 차이에서 비롯되는 여러 가지 오류에서 상대적으로 자유로울 수 있다.
- 컴퓨터에게 데이터를 학습시키는 방법으로는 크게 지도 학습, 비지도 학습, 강화학습이 있다. 이 세 가지 학습 방법들은 컴퓨터에게 학습 결과에 대한 피드백을 어떻게 주는지에 대한 차이로 구분한다.
- 지도 학습은 컴퓨터에게 데이터를 통해 찾으려고 하는 결괏값을 미리 알려주고 패턴을 찾는 학습 방법을 의미한다. 주로 예측 문제와 분류 문제를 해결하기 위한 인공지능을 만드는 데 사용된다.
- 비지도 학습은 지도 학습과 달리 컴퓨터 스스로 데이터 속의 패턴을 사용해 데이터를 구분하는 학습 방법이다. 비지도 학습은 주로 구조가 알려지지 않은

데이터를 알고리듬으로 유형화하는 목적으로 사용된다.

- 비지도 학습은 인공지능 학습의 참과 그름을 구별하는 정답을 제공하지 않는다.

- 비지도 학습은 지도 학습에 비해 모델 학습과 평가 과정에서 연구자나 개발자의 주관이 상대적으로 개입할 가능성이 높다.

- 강화학습은 컴퓨터 스스로 패턴을 찾아내고 이것이 정답인지에 대한 피드백을 제공함으로써 컴퓨터에게 특정 행동을 습득하는 학습 방법을 의미한다.

- 강화학습은 묵시적인 명령을 제공하지 않지만 컴퓨터의 행동에 대한 보상과 처벌이라는 피드백을 통해 목적하는 행동을 습득하게 하는 인공지능 학습 방법이다.

12

모델 검증 및 평가

12장에서는 모델 검증과 평가의 개념을 살펴본다. 또한 실습을 통해 모델을 검증하지 않으면 발생할 수 있는 문제점에는 어떤 것들이 있는지를 알아본다. 그리고 지도학습과 비지도 학습에서 모델 평가가 어떻게 이뤄지는지에 대해서 살펴보겠다. 12장에서는 다음과 같은 내용을 다룬다.

이 장에서 다루는 내용

- 모델 평가의 개념
- 과소적합과 과대적합의 개념
- 모델 검증과 평가 실습
- K-겹 교차 검증 개념과 실습
- 학습 방법별 모델 평가 방식의 이해

목차

12장의 실습에 필요한 코드 예제는 이 책의 깃허브 페이지(https://github.com/ skku-ai-textbook/aitextbook/blob/main/notebooks/CH12_Github.ipynb)에서 확인할 수 있다.

그림 12-1 실습 코드가 탑재된 깃허브 페이지

12.1 모델을 왜 평가하나?

앞선 장에서 인공지능 모델을 데이터 속 특성(변수)들 간의 관계 패턴을 수식이나 알고리듬으로 묘사한 것으로 정의했다. 즉 어떤 특정 일자의 시간과 기온을 사용해 붕어빵의 판매 예측을 하는 모델을 만든다면 이 모델은 각각의 변수들이 실제 판매량과 어떤 관계가 있는지를 수식을 사용해 표현하는 것이라고 할 수 있다. 학습은 알고리듬을 사용해 이런 인공지능 모델을 만드는 과정이다.

그렇다면 데이터를 사용해 이런 모델을 학습했다는 것이 실제 인공지능 시스템 개발의 끝이라고 할 수 있을까? 만약 같은 목적을 위해 비슷하지만 조금 다른 모델을 만들었다면 두 모델 중 어떤 모델이 나은 것인지 어떻게 알 수 있을까? 9장에서 살펴본 것처럼 인공지능 개발은 데이터 수집과 모델 학습, 모델 평가 및 검증의 과정을 거친다. 학습이란 인공지능 알고리듬을 사용해 데이터 속에 존재하는 규칙을 찾는 과정이다. 이때 학습된 모델이 실제로 얼마나 좋은 결과를 도출하는지 살펴볼 필요가 있다. 예측 모델이라면 예측을 잘하는지, 분류 모델이라면 실제 데이터를 잘 분류하는지를 살펴봐야 한다.

12장에서는 모델을 '왜' 평가해야 하는지, 또 모델을 평가한다면 어떤 점을 신경써야 하는지 살펴보겠다. 예를 들어 사진 속 인물의 성별을 자동으로 분류하는 인공지능을 만든다고 해보자. 인공지능 학습을 위해 사용한 데이터 속 여성들이 우연히 모두 긴머리를 하고 있고 귀걸이를 착용하고 있다. 그리고 학습에 사용된 데이터 속 남성들은 모두 짧은 머리를 하고 있다. 이때 학습된 패턴으로 사용된 데이터 속 사람들의 성별을 분류하는 데는 큰 문제가 없을 것이다. 하지만 이 인공지능이 학습에 사용되지 않은 새로운 이미지 파일을 분석할 때도 같은 결과를 도출할까?

남성들 역시 긴머리를 하기도 하고 때로는 귀걸이도 착용한다. 여성들도 짧은 머리를 하거나 귀걸이를 착용하지 않기도 한다. 만약 인공지능 모델을 사용해 분류하려는 이미지 속 남성이 긴머리를 하거나 귀걸이를 하고 있다면 이 인공지능 모델은 그런 남성을 어떤 성별로 구분할까? 짧은 머리를 하고 귀걸이를 하지 않은 여성이 이미지에 포함돼 있다면 이 인공지능은 이미지 속 여성을 남성이라고 판단할까? 아니면 여성으로 판단할까? 여기서 제시한 사례는 데이터를 사용해 만든 모델을 검증해 학습된 모델이 실제 현실 세계에서 목적을 잘 달성하는지를 살펴볼 필요가 있음을 보여준다.

이처럼 학습된 모델을 실제로 사용했을 때 원하는 결과를 얻을 수 있는지 인공지능 모델을 본격적으로 사용하기 전에 만들어진 모델의 성능을 평가할 필요가 있다. 다만 모델의 학습 과정에 어떤 학습 방법을 사용했는지에 따라 모델의 평가 방식이 조금 달라진다.

12.1.1 지도 학습을 사용해 학습한 모델의 평가

11장에서 우리는 시간과 날씨를 이용해 호빵 판매량을 예측하는 인공지능에 대해서 생각해 봤다. 매시간마다 판매량을 기록해 둔 데이터가 존재하고, 기상청에서 매시간 기온을 기록한 데이터를 확보했다고 해보자. 이런 데이터를 이용해 시간과 평균 기온으로 호빵 판매량의 관계를 예측하는 인공지능을 학습시켰다. 그렇다면 이 인공지능 모델의 성능을 어떻게 평가해야 할까?

호빵 판매량 예측 모델의 성능을 평가하려면 학습을 통해 만든 모델의 예측 결과를 실제 판매량과 비교해 볼 필요가 있다. 다시 말해 예측된 판매량과 실제 판매량이 얼마나 차이가 나는지를 분석하면 예측 모델의 성능을 알 수 있기 때문이다. 이때 판매량과 예측량의 차이가 작으면 작을수록 좋은 예측 모델이라고 할 수 있다.

또 다른 인공지능 모델을 생각해 보자. 고양이 이미지를 분류할 수 있는 인공지능 모델을 만들었다고 하자. 이때 만들어진 인공지능이 이미지 속 고양이를 정확히 분류했는지를 평가할 필요가 있다. 또한 고양이가 아닌 이미지를 고양이가 아닌 것으로 정확히 분류한 것인지의 여부도 중요하다. 이처럼 인공지능 모델의 분류 결과가 실제의 결과에 비춰 얼마나 정확한지를 판단해 인공지능의 성능을 평가하게 된다.

모델의 성능 평가가 중요한 이유는 그 결과에 따라 모델을 수정해야 할 것인지, 모델 성능 향상을 위해 새로운 특성을 다시 추가해 학습을 해야 할 것인지 등의 여부를 판단하는 근거가 되기 때문이다. 호빵 판매량 예측 모델을 생각해 보자. 시간과 평균 기온을 사용한 인공지능이 실제 호빵 판매량을 제대로 예측하지 못했다면 어떻게 해야 할까? 데이터의 다른 특성들을 함께 고려해 새로운 모델을 학습시켜 볼 수 있다. 시간과 기온 외에도 해당 날짜의 요일이나 강수량 또는 거리 통행량 등의 새로운 환경적 요인들을 추가해 인공지능 모델을 다시 학습할 필요가 있다. 이처럼 다양한 특성을 고려해 판매량을 예측한다면 시간과 기온만 고려한 예측 모델에 비해 호빵 판매량을 좀 더 정확하게 예측할 것이라고 기대해 볼 수 있다.

12.1.2 비지도 학습을 사용해 학습한 모델의 평가

지금까지는 지도 학습으로 학습된 인공지능의 평가를 어떻게 하는지를 살펴봤다. 지도 학습의 경우 인공지능의 예측 여부를 객관적으로 알 수 있는 실제 값이 존재하기 때문에 학습된 모델의 성능을 평가할 수 있다. 그렇다면 비지도 학습의 경우 어떤 과정을 통해 모델의 성능을 평가하게 될까? 비지도 학습은 지도 학습 모델과 다른 방식으로 모델을 평가한다. 비지도 학습 알고리듬을 사용해 학습된 모델이 실제로 '참' 값인지 알 수 있는 방법이 없기 때문이다.

비지도 학습에서의 모델 평가는 여러 모델을 만들어 그중 최적의 모델을 찾는 과정이라고 할 수 있다. 예를 들어 두 개의 특성을 사용해 데이터를 K개의 그룹으로 나누는 여러 모델을 만들었다고 해보자. 이때 데이터를 세 개의 그룹으로 나눈 모델이 데이터를 네 개 또는 그 이상으로 그룹화한 모델에 비해 평가 지표가 가장 좋게 나타난다면 K값이 3으로 다른 인공지능 모델에 비해 성능이 뛰어난 것으로 평가할 수 있다. 즉 비지도 학습을 사용한 인공지능 모델의 평가는 여러 모델들 중 어느 모델이 최적의 모델인지를 파악하는 기준으로 사용된다.

모델 평가를 통해 인공지능 모델이 수행하고자 하는 목표를 실제로 수행하는지, 얼마나 효율적으로 달성하고 있는지를 알 수 있기 때문이다. 따라서 모델의 성능을 평가하고 검증하는 것이 인공지능 개발 과정에서 무척이나 중요한 단계라고 할 수 있다. 특히 바뀌는 사회 환경 등 다양한 요인 때문에 학습된 인공지능 모델의 수정이 필요할 수 있다는 점에서 인공지능 모델의 평가는 인공지능 모델의 개선 과정에서 필수불가결한 요소라고 할 수 있다. 예를 들어 판매하는 제품을 예측하는 인공지능 모델의 경우 새로운 경쟁 제품이 등장한다면 이런 요인을 반영한 새로운 인공지능 모델을 개발해야 할 필요가 있다.

12.2 과소적합과 과대적합 문제

앞서 살펴본 것처럼 인공지능 모델의 평가는 학습된 모델이 새로운 데이터를 얼마나 제대로 예측하고 분류하는지를 살펴보는 것이다. 이 평가 과정에서 두 가지 측면을 고려해야 할 필요가 있다. 과대적합^{Overfitting}과 과소적합^{Underfitting}이다. 과대적합과 과소적합 모두 인공지능이 새로운 데이터를 제대로 예측하거나 분류하지 못하는 상황을 의미한다. 하지만 이 두 현상은 모두 다른 원인에서 기인한다.

지도 학습을 사용한 인공지능 모델은 학습된 모델을 사용해 새로운 데이터를 예측하거나 분류하려는 목적으로 만든다. 즉 학습한 패턴의 일반화^{generalization}가 인공지능을 만드는 주된 목표라고 할 수 있다. 일반화란 학습에 사용된 데이터 외에 새로운 데이터가 주어졌을 때 인공지능 모델이 수행하고자 하는 목표를 제대로 수행하는 것을 의미한다. 예를 들어 2018년부터 2019년까지의 시간대와 요일, 그리고 날씨 및 온도 등의 특성을 사용해 편의점에서 호빵이 얼마나 많이 팔리는지를 예측하는 인공지능 모델이 있다고 해보자. 기존의 데이터를 사용해 학습한 모델이 2020년 어느 날의 호빵 판매량을 제대로 예측할 수 있다면 이 모델이 일반화가 잘 됐다고 할 수 있다. 다시 말해 일반화가 됐다는 것은 학습된 모델이 새로운 데이터 또한 잘 분류하고 예측하게 됨을 의미한다.

인공지능 모델이 새로운 데이터를 제대로 예측하거나 분류하지 못하면 어떻게 해야 할까? 인공지능이 제대로 성능을 내지 못하는 것은 두 가지 이유를 꼽을 수 있다. 학습된 모델이 지나치게 적은 데이터를 사용하거나 특성을 잘못 사용해 예측과 분류에 사용되는 특성과 예측 대상 간의 특정한 관계를 찾아내지 못할 때이다. 이처럼 인공지능 학습에 사용한 데이터조차 제대로 예측하거나 분류하지 못하는 경우를 과소적합이라고 한다.

앞서 사용한 호빵 판매량 예측 모델의 예를 들어보자. 2015년부터 2018년까지의 데이터를 사용해 인공지능에게 판매량을 예측하는 모델을 학습시킬 때 단순히 팔린 시간대와 판매량의 관계만을 상정했다고 가정해보자. 분명 시간대와 판매량이 어느 정도 관계가 있을 수 있겠지만 학습에 사용된 데이터에 계절에 대한 정보가 포함돼 있지 않기 때문에 계절과 날씨 등의 영향을 전혀 고려하지 못한다고 할 수 있다. 시간만을 사용한 모델은 향후 호빵 판매량을 제대로 예측해 내지 못할 수 있고, 학습에 사용된 데이터조차 제대로 예측해 내지 못할 가능성이 있다. 같은 시간대라도 계절에 따라 판매량에 차이가 날 수 있기 때문이다.

다시 말해 인공지능이 데이터에서 찾아내려고 하는 규칙을 지나치게 단순할 것이라고 상정한다면 과소적합이 발생해 학습에 사용된 데이터조차 제대로 예측하지 못하는 상황이 벌어진다. 과소적합이 일으키는 문제 해결을 위해 인공지능 학습 과정에서 충분히 많은 특성을 추가해 인공지능을 학습시킬 필요가 있다. 새로운 데이터를 제대로 예측해 내기 이전에 학습에 사용되는 데이터에서도 적절한 성능을 보여야하기 때문이다.

다른 하나는 과대적합을 들 수 있다. 과대적합은 과소적합과 마찬가지로 인공지능 모델이 일반화되지 않았음을 의미한다. 이는 과소적합과 다르게 학습에 사용된 데이터에 지나치게 맞춰져 있는 상태를 가리킨다. 학습을 통해 만들어진 인공지능 모델이 데이터로부터 규칙을 뽑아내 새로운 데이터를 예측하는 데 좋은 성능을 발휘하는 것이 아니라 학습에 사용된 데이터만을 제대로 예측하는 상태를 의미한다. 학습에 사용된 데이터에 너무 최적화돼 있어 학습 데이터 외에 다른 데이터를 제대로 예측하지 못하게 된다.

과대적합은 아주 많은 특성을 사용해 예측하고 분류하려는 대상과 예측에 사용하려는 특성 간의 관계를 지나치게 복잡할 것으로 상정해 학습된 상태를 말한다. 이는 주로 학습에 사용된 데이터의 특수성을 반영하는 상황이라고 할 수 있다. 인공지능이 데이터를 통해 체계적인 규칙을 찾아내는 일반화가 목적이라는 점에서 학습에 사용된 특정 데이터만을 잘 예측하고 분류하는 것은 좋은 인공지능이라고 할 수 없다. 과대적합을 해결하려면 인공지능 모델 학습에 사용되는 특성의 개수를 줄이거나 주성분 분석Principal Component Analysis 등의 비지도 학습 알고리듬을 먼저 사용해 복잡한 데이터를 좀 더 처리하기 쉽게 변환시킨 후 학습을 수행해야 한다.

물론 이 장에서는 과대적합 및 과소적합의 개념을 이해하기 쉽게 설명하려고 지나치게 단순화한 경향이 있다. 과소적합 및 과대적합 모두 인공지능이 새로운 데이터에 동작하지 않는 경우라는 점에서 나타나는 양상은 비슷하지만 두 현상의 원인이 다르다는 점을 항상 주지할 필요가 있다.

12.3 모델 검증과 평가 실습

12.3.1 과소적합 및 과대적합 실습 준비

이제 지금까지 모델 평가에서 설명한 개념들을 실제 파이썬에서 구현해 보도록 하겠다. 먼저 과소적합과 과대적합의 문제점이 어떻게 나타나는지 보여준 후 실습에 앞서 모델을 평가하는 방식에 대해서 간단히 다룰 예정이다. 이 실습 코드들은 인공지능 개발을 위한 패키지 sklearn의 과소적합 및 과대적합과 관련된 부분을 바탕으로 수정된 내용이다(Scikit Learn, n.d.). 코드 예제 12-1은 실습에 필요한 모듈을 불러오는 코드이다. 12장에 나오는 코드 설명은 13장에서 자세히 다루고 있다.

코드 예제 12-1 필요한 모듈 불러오기

```
# 필요한 모듈 불러오기
import numpy as np
import pandas as pd

# 시각화에 필요한 모듈 불러오기
import matplotlib as mpl
import matplotlib.pyplot as plt
import seaborn as sns
```

과소적합 및 과대적합의 문제를 보여주려고 코드 예제 12-2를 실행해 이미 만들어진 데이터를 불러온다. 데이터셋은 총 16개의 변수로 이뤄져 있다. 먼저 x1의 데이터셋은 임의로 만들어진 60개의 데이터이다. 임의로 정규 분포의 값에서 총 60개의 수를 뽑아낸 것이다. y는 x1의 각 값에 1.7 * 3.14를 곱한 후 각 값의 코사인을 취

한 값에 임의의 에러 값을 추가한 것이다. x1의 실제 값에 코사인 값을 취했기 때문에 x1의 선형이 아닌 코사인 분포를 따르는 비선형적 관계를 상정할 수 있다. 이때 각 값에 임의의 에러를 추가해 x1과 y의 값이 특정 함수의 값을 100% 따르지 않도록 조정했다. x1과 y의 관계는 다음과 같다.

$$Y = \cos(x^* 1.7^* \pi) + \epsilon$$

코드 예제 12-2를 사용해 불러온 데이터에는 x1과 y 외에도 총 14개의 데이터가 있다(|x2, x3, ... x15|). 각 항은 x1의 원 값에 제곱, 세제곱, …, 15제곱 항을 추가한 것이다. 즉 x15의 경우 x1의 원 데이터 값을 15제곱한 것이다.

코드 예제 12-2 실습에 사용할 데이터 불러오기

```
# 데이터셋 불러오기
df = pd.read_csv("https://raw.githubusercontent.com/skku-ai-textbook/aitextbook/main/
data/CH11_X15.csv", sep="\t", index_col=None)

print("데이터셋은 총 {}개의 행과 {} 개의 열로 이뤄져 있다".format(*df.shape))

print(df.head(5))
```

데이터셋은 총 60개의 행과 16 개의 열로 이뤄져 있다

	y	x1	x2	...	x13	x14	x15
0	1.329230	0.000244	5.975186e-08	...	1.112459e-47	2.719317e-51	6.647151e-55
1	0.606966	0.010496	1.101604e-04	...	1.875705e-26	1.968690e-28	2.066283e-30
2	0.605073	0.022601	5.107831e-04	...	4.013629e-22	9.071005e-24	2.050094e-25
3	0.669930	0.024876	6.188219e-04	...	1.396938e-21	3.475041e-23	8.644558e-25
4	0.300294	0.071632	5.131087e-03	...	1.307257e-15	9.364091e-17	6.707648e-18

12.3.2 회귀분석 학습 및 평가

코드 예제 12-3은 실습에 필요한 모듈을 불러오는 코드이다.

```
# 모델 학습에 필요한 모듈 불러오기
import sklearn
from sklearn.linear_model import LinearRegression
```

추후 예측 모델을 살펴볼 13장에서 좀 더 자세히 다룰 예정이지만 sklearn의 LinearRegression()을 사용하면 예측 모델을 학습시킬 수 있다. 이때 모델을 먼저 만들겠다고 선언을 하고 .fit()을 사용해 예측할 변수와 예측에 사용될 변수를 지정하면 된다. 코드 예제 12-4는 과소적합과 과대적합 실습을 위해 세 개의 모델을 학습시키는 코드이다. 세 개의 모델이 각각 한 개의 변, 다섯 개의 변수 그리고 열다섯 개의 변수를 사용해 모델을 학습한다.

```
# 학습에 사용할 변수 설정
col_list1 = ['x1']
col_list2 = ['x'+str(x) for x in range(1,6,1)]
col_list3 = ['x'+str(x) for x in range(1,16,1)]


# 세 개의 모델 선언
lm1 = LinearRegression()
lm5 = LinearRegression()
lm15 = LinearRegression()

# 모델 학습
lm1.fit(df[col_list1], df['y']) # 변수 한 개
lm5.fit(df[col_list2], df['y']) # 변수 다섯 개
lm15.fit(df[col_list3], df['y']) # 변수 열다섯 개
```

추후 좀 더 자세히 살펴보겠지만 만들어진 모델에 새로운 데이터를 투입해 각 모델의 예측값을 구할 수 있다. 지도 학습 알고리듬을 사용해 예측 모델을 만드는 경우 이런 예측값과 실제 결괏값이 얼마나 차이 나는가에 따라 모델 성능을 평가한다. 즉 모델이 예측한 값과 실제 값의 차이가 작을수록 더 좋은 모델이다. 예측된 값과 실제

값 비교를 위해 학습된 모델에 predict()를 사용해 실제 값을 예측해 보도록 하겠다. 코드 12-5는 학습된 모델을 사용해 Y값을 예측하는 코드이다.

코드 예제 12-5 학습된 모델을 사용해 Y값 예측

```
# 모델을 사용해 Y값 예측
lm_pred1 = lm1.predict(X=df[col_list1])
lm_pred5 = lm5.predict(X=df[col_list2])
lm_pred15 = lm15.predict(X=df[col_list3])
```

코드 예제 12-6은 코드 예제 12-5에서 예측한 결과가 실제 결과와 얼마나 차이가 나는지를 시각화해 보여주는 코드이다. 예측된 모델과 실제 값이 얼마나 차이 나는 지를 통해 모델의 성능을 평가한다. 코드 예제 12-6에서 사용된 코드들의 자세한 설명은 본격적으로 회귀분석을 다루는 13장에서 살펴보도록 하겠다.

코드 예제 12-6 과소적합과 과대적합 시각화

```
# 이미지 설정
plt.figure(figsize=(18, 6))

#
m_list = ['lm_pred1', 'lm_pred5', 'lm_pred15'] # 사용할 모델 리스트
degree = ['Underfitting','Balance', 'Overfitting'] # 시각화의 제목을 바꾸기 위한 리스트

transform = lambda x: np.cos(1.7 * np.pi * x) # 데이터를 변화시키기 위한 람다 함수

# 각 모델 성능 평가
for i, figure in enumerate(m_list):

    # 모델 평가 수치 계산(MSE/R^2)
    score = np.sqrt(sklearn.metrics.mean_squared_error(df['y'],
  eval(m_list[i])))
    r2_score = np.sqrt(sklearn.metrics.r2_score(df['y'], eval(m_list[i])))

    # 그래프 위치 지정
    ax = plt.subplot(1, 4, i+1)

    # 0부터 1까지 60개의 x 생성
```

```
x = np.linspace(0, 1, 60)

# 모델이 예측한 값
sns.lineplot(x=x, y=eval(figure), label='estimated model')

# 실제 데이터
sns.lineplot(x=x, y=transform(df['x1']), label='real function')

# 데이터 산점도
sns.scatterplot(x=df['x1'], y=df['y'], label='data')

# 이미지 정보 표시
plt.setp(ax, xticks=(), yticks=()) # x와 y축 틱 없애기
ax.set(title = "{degree} \n model evaluation \n R2:{r2_score:8.3f}
    RMSE:{score:8.3f}".format(degree=degree[i], r2_score=r2_score,
    score=score), ylabel="Y", xlabel="X")



plt.show()
```

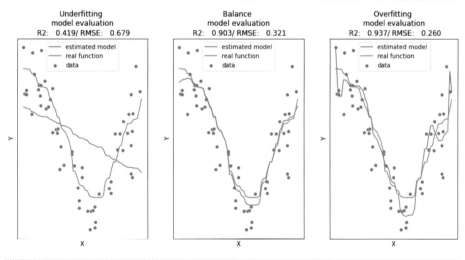

추후 예측 모델의 평가 부분에서 좀 더 자세히 다룰 예정이지만 결과를 간단히 설명하도록 하겠다. 여기서는 R^2과 RMSE 지표를 사용해 모델 성능을 비교했다. R^2의 경우는 클수록, RMSE의 경우는 작을수록 모델의 성능이 높다고 할 수 있다. 분석 결

과에서도 알 수 있듯이 예측하고자 하는 Y와 예측에 사용되는 특성인 X가 단순 선형 관계가 있다고 가정한 모델이 가장 적합치가 낮았고, Y와 X가 15차 제곱 관계가 있다고 가정한 모델이 가장 예측치가 높은 것으로 나타났다.

그렇다면 X가 15차 제곱 항과 관계가 있다고 본 모델의 성능이 가장 높다고 판단할 수 있을까? 여기에 제시된 결과만을 갖고 판단하면 그렇다. 다만 모델의 평가를 위해 교차 검증을 사용하지 않았기 때문에 실제로 만들어진 모델이 학습에 사용되지 않은 새로운 데이터를 제대로 예측할 것인지가 의문이다. 즉 실제 모델 학습 데이터 외에 다른 데이터 또한 예측할 수 있는지를 살펴봐야 한다. 이처럼 인공지능 모델이 일반화 가능성이 있는지를 판단하려면 교차 검증을 실시할 필요가 있다.

12.4 교차 검증

12.4.1 교차 검증의 개념

교차 검증Cross Validation이란 과대적합 및 과소적합을 방지하려고 인공지능 개발에서 주로 사용하는 테크닉이다. 인공지능 모델 학습에 사용되는 데이터셋을 학습 데이터셋과 검증 데이터셋으로 나누는 평가 방식이다. 이때 학습 데이터셋을 사용해 인공지능을 학습시키고 이를 검증 데이터로 평가해 인공지능의 성능을 평가한다. 즉 인공지능 개발의 주된 목적이라고 할 수 있는 일반화를 위해 필수적인 테크닉이라고 할 수 있다. 다시 말해 인공지능 개발 과정에서 교차 검증은 결국 학습에 사용하지 않은 데이터를 학습된 모델을 사용해 예측하거나 분류함으로써 모델이 예측한 결과가 실제의 결과와 얼마나 유사한지를 살펴보는 작업이다. 인공지능이 예측한 결과가 실제 결과와 유사하면 유사할수록 좋은 모델이라고 평가한다.

인공지능 성능의 평가를 위해 학습에 사용되지 않은 데이터를 사용해야 한다면 학습에 사용된 데이터 외에 평가를 위해 새로운 데이터를 수집하는 것이 더 적절하지 않을까? 물론 성능 평가를 위해 새로운 데이터를 수집하는 것이 이상적이다. 하지만 평가를 위해 매번 새로운 데이터를 수집하는 것은 상대적으로 비효율적이라고 할 수 있다. 데이터 수집은 시간과 자원이 많이 든다. 예를 들어 인터넷 사이트에서 상품 추천 알고리듬의 효과를 평가하려면 추천 상품을 실제로 구매하는지 아닌지의 여부를 살펴봐야 한다. 그렇기 때문에 모델 평가를 위해 새로운 데이터를 수집한다면 이때 사용되는 기회 비용이 크다고 할 수 있다.

교차 검증은 이런 문제점들을 해결하기 위한 테크닉이라고 할 수 있다. 인공지능 학습 이전에 데이터셋을 학습 데이터와 검증 데이터로 분리해 마치 새로운 데이터를 사용해 학습된 데이터의 성능을 평가하는 것과 유사한 효과를 가져온다. 학습 데이터만을 사용해 모델을 학습하고 검증 데이터를 사용해 모델을 평가하는 것이다. 이는 새로운 데이터를 수집하지 않고도 마치 새로운 데이터를 사용해 평가하는 형식으로 인공지능 모델을 학습시킬 수 있다는 장점이 있다.

다시 말해 인공지능 모델을 학습시키기 전에 데이터를 학습 데이터셋과 검증 데이터셋으로 분리해 학습 또는 훈련^{Training} 데이터셋을 모델 학습에 사용하고 검증^{Validation, Test} 데이터셋을 학습된 모델 평가에 사용하는 것이다. 이는 논리적으로 새로운 데이터를 사용해 모델을 평가하는 것과 유사한 결과를 얻을 수 있다. 학습된 모델의 평가에 학습 과정에서 사용되지 않은 데이터를 사용함으로써 모델의 일반화를 달성하는 데 도움을 줄 수 있다.

> **팁** 교차 검증을 위해 데이터셋을 나누는 데 정해진 룰은 없지만 일반적으로 훈련 데이터를 70~80% 정도로, 검증 데이터를 20~30% 정도로 나눈다. 좀 더 엄밀하게 접근하는 경우 학습, 검증, 테스트 셋으로 나눠 모델을 평가한다. 이는 학습된 모델의 평가 결과에 따라 모델을 다시 학습시키는 과정을 거쳐서 모델을 발전시켜 나가기 때문이다. 이 과정에서 테스트 데이터를 사용해 최종 모델을 다시 한 번 평가해 학습된 인공지능 모델의 일반화를 담보하기 위함이다.

12.4.2 K-겹 교차 검증

교차 검증은 학습된 모델을 새로운 데이터에 적용해 보는 평가를 진행해 인공지능 모델의 일반화를 담보하려고 실시한다. 이때 데이터셋을 학습 데이터셋과 검증 데이터셋으로 나눴다 하더라도 학습 데이터셋과 검증 데이터셋을 반복적으로 사용해 모델을 수정하면 결국 모델이 주어진 학습 데이터와 검증 데이터에만 잘 동작하는 과대적합 문제가 발생할 수 있다.

이런 문제 해결을 위해 K-겹 교차 검증^{K-fold Cross Validation}을 사용해 모델의 성능을 평가하기도 한다. 지금까지 이야기한 교차 검증은 데이터셋을 하나의 학습 데이터와 하나의 검증 데이터로 나눠 학습과 검증을 실시했다. 반면 K-겹 교차 검증은 데이터를 K개의 하부 데이터로 나눠 학습 및 검증을 반복적으로 실시하는 검증 방식이다. 즉 K-1개의 그룹을 사용해 모델을 학습시키고, 나머지 한 개의 데이터를 사용해 모델을 검증하는 과정을 반복하게 된다. 이때 모든 그룹에 각각 학습 데이터와 검증 데이터가 포함되기 때문에 일반적인 교차 검증에 비해 상대적으로 일반화의 가능성을 증가시킬 수 있다.

예들 들어 데이터를 다섯 개의 데이터 그룹으로 나누는 5-겹 교차 검증을 실시했다고 가정해 보자. 그림 12-2처럼 데이터 그룹 1, 2, 3, 4를 활용해 인공지능 모델을 학습하고 데이터 그룹 5를 학습된 인공지능 모델 평가에 사용한다. 이후 데이터 그룹 1, 2, 3, 5를 사용해 다시 인공지능 모델을 학습시키고 데이터 그룹 4를 사용해 모델의 성능을 평가한다. 이런 과정을 반복해 모든 그룹이 학습 및 검증 데이터에 포함된 후 평가된 평가지수들의 평균을 사용해 최종적인 평가를 실시하게 된다. 다시 말해 학습과 평가를 총 K번만큼 반복함으로써 인공지능 모델의 일반화 가능성을 증가시키는 학습 방법이라고 할 수 있다.

원 데이터				

훈련 데이터	훈련 데이터	훈련 데이터	훈련 데이터	검증 데이터
훈련 데이터	훈련 데이터	훈련 데이터	검증 데이터	훈련 데이터
훈련 데이터	훈련 데이터	검증 데이터	훈련 데이터	훈련 데이터
훈련 데이터	검증 데이터	훈련 데이터	훈련 데이터	훈련 데이터
검증 데이터	훈련 데이터	훈련 데이터	훈련 데이터	훈련 데이터

그림 12-2 K-겹 교차 검증 도식화

12.4.3 K-겹 교차 검증 실습

교차 검증은 모델 학습에 사용된 데이터 외에 새로운 데이터를 사용해 모델의 성능을 평가하는 방식이라고 할 수 있다. 실제 교차 검증은 인공지능 모델을 학습하는 각 챕터에서 실시하고, 12장에서는 K-겹 교차 검증을 실시해 교차 검증이 필요한 이유를 보여주도록 하겠다.

앞서 언급한 것처럼 K-겹 교차 검증은 데이터를 K개의 작은 그룹으로 나눠 한 개의 데이터를 검증 데이터셋으로, 나머지 네 개의 데이터를 학습 데이터셋으로 사용하는 것을 K번 반복해 모델 성능을 평가한다. 이때 모든 그룹이 검증 및 훈련 데이터셋에 포함되기 때문에 모델의 성능을 테스트하는 데 주로 사용되는 방법이라고 할 수 있다. 코드 예제 12-7은 K-겹 교차 검증을 사용하려고 sklearn.model_selection의 cross_val_score()를 불러온다.

코드 예제 12-7 K-겹 교차 검증에 필요한 모듈 불러오기

```
from sklearn.model_selection import cross_val_score
```

코드 예제 12-8은 cross_val_score()를 사용해 K-겹 교차 검증을 실시하는 코드이다. 여기서는 코드 예제 12-4에서 학습한 세 개의 모델을 K-겹 교차 검증을 사용해 평가하도록 하겠다. 이 실습에서는 모델과 예측에 사용하려는 특성 외에도 평가 방식 및 K값을 정해 줘야 할 필요가 있다. cross_val_score()는 cross_val_score(모델, 예측변수, 예측하려는 변수, 모델 평가치, 그룹 수)의 형식을 요구한다. 여기서는 총 cv=5를 지정해 총 다섯 개의 하위 데이터로 나눠 평가를 실시했다.

코드 예제 12-8 K-겹 교차 검증 실습

```
# 모델 선언
lm_model = LinearRegression()

# 코드 예제 12-4에서 생성한 변수 리스트
col_list = ['col_list1','col_list2','col_list3']

# 모델 학습을 위한 반복문
```

```
for i, col in enumerate(col_list):

    # K-겹 검증을 위한 설정
    cv_scores = cross_val_score(lm_model, df[eval(col_list[i])], df['y'],
                                scoring="neg_root_mean_squared_error", cv=5)

    # 평가 결과를 score에 저장
    score = np.sqrt(sklearn.metrics.mean_squared_error(df['y'],
eval(m_list[i])))

    # 각 모델별 평가 결과 출력
    print("{degree:15} 모델 평가  | 평가 값 : {nmrse1:8.3f} | K-교차 검증 :
{nmrse2:8.3f}".format(degree=degree[i], nmrse1=score ,
nmrse2=-1*cv_scores.mean()))
```

```
Underfitting    모델 평가  | 평가 값 :    0.679 | K-교차 검증 :    0.986
Balance         모델 평가  | 평가 값 :    0.321 | K-교차 검증 :    0.846
Overfitting     모델 평가  | 평가 값 :    0.260 | K-교차 검증 : 1957.209
```

코드 예제 12-6의 결과를 다시 보면 K-겹 교차 검증을 실시하기 전에는 과대적합 모델의 성능이 가장 좋았다. 하지만 코드 예제 12-8의 결과에서 확인할 수 있는 것처럼 K-겹 교차 검증 후 예측에 변수를 다섯 개 사용한 밸런스 모델의 평가 값이 가장 높은 것으로 나타났다. 이는 데이터에 비해 지나치게 복잡한 모델을 선정하는 경우 모델이 학습에 사용하는 데이터만을 잘 예측하는 과대적합 현상이 나타날 수 있음을 보여주는 것이다.

12.5 모델 평가

11장에서 살펴본 것처럼 인공지능 모델의 학습 방법은 크게 지도 학습과 비지도 학습의 두 가지 형태로 나눠 볼 수 있다. 전자의 경우 인공지능 모델을 통해 예측하고 분류하려는 대상에 대한 정보를 갖고 있기 때문에 이런 실제 데이터 값을 갖고 인공지능 학습을 가이드할 수 있다. 반면 후자의 경우 데이터를 축소하거나 분류하는 과정에 참고할 수 있는 정답이 데이터에 존재하지 않는다. 때문에 지도 학습과 비지도 학습의 모델 평가 방법에 차이가 있다. 여기서는 지도 학습과 비지도 학습 모델의 평가 방식을 간단하게 설명해 보도록 하겠다.

12.5.1 예측 모델

지도 학습을 사용한 인공지능 모델의 주된 목적 중 하나가 데이터셋 속에 있는 특성들을 사용해 특정 수치를 예측하는 것이다. 호빵 판매량이나 영화 관객 수, 자동차 판매량 등 연속적인 숫자로 된 값을 예측하는 모델이다. 이 경우 다양한 특성과 예측 대상 간의 관계를 학습한 인공지능 모델이 실제 데이터 값을 얼마나 잘 예측하는가에 따라 모델의 성능을 평가하게 된다. 모델을 검증 데이터에 적용해 모델의 예측값과 실제 값의 차이를 살펴보고 이 차이가 평균적으로 얼마나 작은지에 따라 모델의 성능을 평가하게 된다. 예를 들어 어느 지역의 호빵 판매량을 예측하는 두 개의 다른 인공지능 모델을 학습시켰다고 해보자. 이 모델 중 어느 모델의 성능이 더 뛰어난 지를 알려면 각 모델을 사용해 예측한 호빵 판매량과 실제 호빵 판매량의 차이를 계산해 어느 모델이 예측값과 실제 값의 차이가 작은지를 살펴보면 된다.

물론 인공지능 모델의 예측값과 실제 값의 차이를 평가하는 데는 여러 가지 방식이 있다. 이때 어떤 평가 지표를 사용하는가에 따라 모델 성능 평가의 결과가 바뀔 수도 있기 때문에 각 평가 방식의 특성을 잘 이해해야 한다. 13장에서 회귀분석 모델을 사용해 한국 영화 일일 관객 수를 예측해 보는 인공지능 모델을 학습시킬 것이다. 이때 모델 평가를 위해 예측 모델의 성능 평가에 주로 사용되는 두 지표인 R^2과 RMSE^Root Mean Squared Error를 사용해 모델 평가를 해보도록 하겠다.

12.5.2 분류 모델

인공지능 모델 중 입력된 데이터를 사용해 그 데이터가 어느 범주category에 해당하는지를 예측하는 분류 모델이 있다. 예를 들어 이미지 파일에 나타난 물체가 사람인지 아닌지 여부를 분류하거나 온라인 쇼핑몰의 장바구니에 어떤 물건을 담았는지를 사용해 이용자의 성별을 파악하는 인공지능 모델을 만들어 볼 수도 있다. 또는 쓰여진 단어들의 특성을 분석해 신문기사인지 아닌지에 대해 판단하는 인공지능 모델을 만들어 볼 수도 있다. 14장에서는 인구통계학적 요인들과 일반적인 미디어 사용 경험에 관한 설문 데이터를 사용해 신문기사 열독자를 분류하는 인공지능 모델을 만들 계획이다.

분류 모델의 성능 평가는 예측 모델과 같이 모델이 예측한 값이 실제와 얼마나 유사한지를 기준으로 평가를 실시한다. 하지만 예측 모델과 달리 예측 대상이 여성/남성, 있다/없다 형태의 범주 값을 갖기 때문에 모델이 분류한 범주와 실제 범주가 얼마나 유사한지를 기준으로 평가한다. 예를 들어 지도 학습 알고리듬을 사용해 환자의 X-Ray만으로 특정 병의 유무를 진단하는 인공지능 모델을 만들었다고 생각해 보자. 이 모델의 평가 기준은 실제 병이 있는 경우를 판단하는 것만이 아니라 실제로 병이 없는 경우를 판단하는 것도 포함된다. 또 다른 예를 생각해 보자. 온라인 쇼핑몰 장바구니에 담긴 물건을 사용해 이용자의 성별을 분류하는 인공지능 모델이 있다고 해보자. 이 모델의 평가 또한 남성 고객을 남성으로 분류하는 비율을 높이고 여성 고객을 남성으로, 남성 고객을 여성으로 판단하는 잘못된 분류 비율을 줄여야 한다.

다시 말해 분류 모델의 성능 평가는 인공지능 모델이 특정 범주(예: 여성, 병이 있음, 특정 상품 구매)를 제대로 분류하는 비율과 특정 범주에 해당하지 않는 경우도 제대로 분류하는 비율을 함께 고려하는 지표를 종합적으로 사용할 필요가 있다. 인공지능 모델의 목적에 따라 성능 평가에 어느 평가 지표를 사용해야 하는지가 달라지기 때문이다. 예를 들어 암 진단 인공지능 모델의 경우 실제로 암이 없는 환자를 암이 있다고 판단할 때 발생하는 피해가 실제로 암이 있는 환자를 암이 없는 것으로 판단할 때 발생하는 피해에 비해 현저히 적다고 할 수 있다. 반면 신용카드 구매 내역을 바탕으로 신용카드의 비정상적 사용(도용 등의 문제)을 발견하는 인공지능 모델을 만든다고 생각해 보자. 이 경우에는 가짜 신용카드 사기나 도용이 아닌 상황을 도용으로 판단하는 오류의 비율이 높은 것이 실제 신용카드 사기나 도용을 정상적인 사용으로 판단하는 오류에 비해서는 낮다고 할 수 있다. 이 두 가지 예에서 알 수 있듯이 상황에 따라 평가 기준 중 어느 것이 더 적절한 지가 달라질 수 있다.

분류 모델을 평가하는 평가 지표에는 정확도^{Accuracy}, 정밀도^{Precision}, 재현도^{Recall}, F-1 스코어 등 다양한 방법들이 존재한다. 각 지표의 개념과 내용에 관한 자세한 내용은 14장에서 좀 더 자세히 다룰 예정이다.

12.5.3 비지도 학습에서의 평가

지도 학습을 사용해 학습한 인공지능 모델의 경우 모델의 성능을 평가할 수 있는 객관적인 지표가 존재한다. 반면 비지도 학습은 지도 학습과 달리 학습을 주도하는 객관적인 지표가 존재하지 않는다. 그렇기 때문에 지도 학습과 다른 방식으로 모델의 성능을 평가해야 한다. 비지도 학습을 통해 만든 모델이 데이터에 최적화된 것인지를 살펴보는 것이 모델 평가의 주된 목적이라고 할 수 있다. 예를 들어 온라인 사이트에서 고객들이 어떤 물건을 장바구니에 담는지를 기록한 데이터가 있다고 가정해보자. 이 데이터를 사용해 고객들을 몇 그룹으로 나누는 인공지능 모델을 만든다고해보자. 고객이 어느 그룹에 속하는지에 대한 객관적인 정보가 없기 때문에 이 경우비지도 학습 알고리듬을 이용해 고객들을 그룹화하는 과정이 필요하다. 하지만 고객을 실제 몇 개의 그룹으로 나누는 것이 적절한지를 어떻게 판단할 수 있을까?

비지도 학습에서의 모델 평가는 비지도 학습 알고리듬을 사용해 만든 후보 모델들을 서로 비교해 데이터셋에 최적화된 모델을 찾는 것을 목적으로 한다. 앞의 예를 생각해 보면 고객들을 두 개, 세 개 또는 그 이상의 그룹으로 나누는 다양한 모델을 학습시키고 이 모델들을 특정 지표를 사용해 비교하는 과정을 거친다. 16장에서처럼 신문사설을 주제별로 자동으로 그룹화하는 인공지능 모델을 만든다고 생각해 보자. 이 과정에서 신문기사를 몇 가지 주제로 구분하는지에 대한 정답이 정해져 있지 않다. 신문기사를 그룹화하는 기준에 따라 같은 신문이라도 다르게 분류할 수 있기 때문이다. 비지도 학습 알고리듬을 사용해 신문기사들을 2, 3, 4, 5, … K개의 그룹으로 자동적으로 그룹화하는 모델들을 학습시켜 이 모델 중 신문기사 주제를 몇 개로 그룹화하는 모델이 가장 적절한지를 평가하게 된다. 이때 비지도 학습 알고리듬마다 각기 다른 형태의 지표를 사용해 평가한다.

비지도 학습 알고리듬을 사용한 인공지능 모델의 평가 과정은 15장에서 다룰 K-평균 군집화$^{\text{K-means Clustering}}$ 실습에서 자세히 알아보도록 하겠다. 또한 비지도 학습을 사용한 텍스트 분석 방법인 토픽 모델링$^{\text{Topic Modeling}}$의 모델 평가 방법 또한 16장에서 살펴보도록 하겠다.

12.6 요약

이 장에서는 인공지능 학습 과정에서 모델 평가가 무엇인지 또 어떤 기준으로 모델을 평가할 것인지에 대해서 살펴봤다. 12장의 내용을 요약하면 다음과 같다.

- 학습을 통해 인공지능 모델을 만들 경우 실제 인공지능 모델이 수행하려는 목적을 제대로 잘 수행하는지를 살펴볼 필요가 있다.
- 지도 학습을 사용해 모델을 만드는 경우 모델이 예측하거나 분류한 결괏값과 실제 값이 얼마나 차이가 나는지를 통해 모델의 성능을 평가한다.
- 비지도 학습의 경우 모델의 성능을 평가하기 위한 객관적인 지표가 존재하지 않기 때문에 여러 후보 모델 중에 가장 데이터를 잘 설명하는 모델을 선택하게 된다.
- 과소적합과 과대적합은 인공지능 학습 과정에 사용된 데이터 외에 새로운 데이터를 모델이 제대로 예측하거나 분류하지 못하는 상황을 의미한다.
- 과대적합과 과소적합은 모델의 성능이 좋지 못하는 상황을 가리키지만 이런 현상이 발생하는 원인은 다르다.
- 과소적합은 모델의 학습 과정에서 지나치게 적은 특성을 사용해 학습에 사용된 데이터가 제대로 예측하지 못하는 상황을 가리킨다.
- 과대적합은 학습에 사용된 데이터만 지나치게 잘 설명하는 상황을 가리킨다.
- 교차 검증이란 과대적합과 과소적합을 해결하려고 인공지능의 모델을 평가하는 방식을 가리킨다.
- 교차 검증을 위해 인공지능 학습에 사용하는 데이터셋을 학습 데이터셋과 검증 데이터셋으로 나눈 후 전자를 학습에, 후자를 모델의 평가에 사용한다.

- 교차 검증을 사용해 실제 데이터를 수집하지 않고도 새로운 데이터를 수집해 인공지능 모델을 검증하는 것과 유사한 효과를 얻을 수 있다.
- K-겹 교차 검증은 데이터를 K개의 그룹으로 나눠 모델의 학습과 검증을 K번 반복하는 검증 방법을 가리킨다.
- K-겹 교차 검증은 K-1개의 하부 데이터 그룹을 사용해 모델을 학습하고, 나머지 한 개의 데이터로 학습된 모델의 성능을 평가하는 과정을 K번 반복함으로써 모든 데이터가 학습 데이터와 검증 데이터로 사용되는 효과를 가져온다.

13

예측 문제 해결하기

(비가 오는 날은 영화 관객 수가 줄어들까?)

13장에서는 인공지능을 사용해 예측 문제를 해결하는 실습을 실시한다. 영화진흥위원회의 국내 박스오피스 데이터와 기상청의 날씨 데이터를 함께 활용해 일간 영화 관객 수를 예측하고자 한다. 지도 학습 기법을 사용한 예측 모델 학습이 목적이며, 이를 위해 선형 회귀분석 모델을 학습하고 평가하는 과정을 실습할 것이다. 이 장에서는 다음과 같은 내용을 다룬다.

이 장에서 다루는 내용

- 선형 회귀분석 개요
- 예측 모델을 만들기 위한 데이터 준비 과정 및 시각화
- 선형 회귀분석 알고리듬을 활용한 모델 학습
- 선형 회귀분석 모델 평가

목차

13장의 실습에 필요한 코드 예제는 이 책의 깃허브 페이지(https://github.com/skku-ai-textbook/aitextbook/blob/main/notebooks/CH13_Github.ipynb)에서 확인할 수 있다.

그림 13-1 실습 코드가 탑재된 깃허브 페이지

13.1 들어가며

비가 많이 오면 영화 보는 사람의 수가 줄어들까? 충분히 가능성이 있는 질문이다. 비가 오면 집에서 나가려는 사람의 수가 줄어들 가능성이 있고, 그러면 극장에서 영화를 보려는 사람이 줄어들 수 있다. 그렇다면 실제로 강수량 데이터와 영화 관객 수 데이터가 있다면 비가 오는 날 영화 관객 수가 달라질 것인지 예측하는 인공지능을 만들 수 있다. 이처럼 예측 모델은 예측하는 대상이 나이, 키, 영화 관객 수, 국내총생산^{GDP}, 매출액 등 숫자 형태의 변수인 경우 사용하게 된다. 13장에서는 영화진흥위원회의 박스오피스 데이터(https://www.kofic.or.kr/kofic/business/infm/introBoxOffice.do)를 기반으로 만든 가상의 데이터를 사용해 특정 일자의 영화 관객 수를 예측하는 인공지능을 만들어 보도록 하겠다.

13.2 선형 회귀 모델에 대한 개념적 설명

이 장에서는 예측 문제 해결을 위해 선형회귀$^{Linear Regression}$ 알고리듬을 사용할 것이다. 선형회귀는 실제 데이터와 예측값의 차이를 최소로 하는 회귀선$^{Regression Line}$을 찾는 알고리듬이다. 예측에 사용되는 특성(예: 강수량)과 예측하려는 대상(예: 영화 관객 수)의 관계를 설명할 수 있는 직선은 여러 개가 있으나 그중에서 실젯값과 예측값의 차이가 가장 작은 것이 두 변수의 관계를 가장 잘 설명할 수 있기 때문이다. 물론 일반적인 선형 회귀분석 외에도 리지^{ridge}, 라소^{lasso}, 엘라스틱넷^{ElasticNet} 등 다양한 알고리듬이 존재한다. 이 실습에서는 인공지능으로 예측 문제를 해결하는 방식을 쉽게 이해할 수 있도록 가장 기초적인 선형 회귀분석을 사용하도록 하겠다.

선형회귀의 가장 단순한 형태인 단순회귀의 경우 y = ax+b 형식의 수식으로 표현할 수 있다. 이는 하나의 특성(x)과 예측하려는 특성(y)의 관계를 직선의 관계로 나타낸다. 이때 a는 계수^{coefficient}라고 불리는데 변수 x와 변수 y의 관계를 나타내는 가중치라고 보면 된다. 이 가중치가 양의 수이면 x가 증가할 때 y도 증가하고, 음의 수이면 x가 증가할 때 y는 감소한다. 수식에서 나타나는 b는 이 직선의 절편^{intercept}이다. 즉 x가 0인 경우 y의 값을 의미한다. 그림 13-1은 키와 몸무게의 관계를 회귀분석을 통해 표현한 것을 시각화한 결과이다.

그림 13-2의 왼쪽 첫 번째 그래프는 한 반 학생들의 키와 몸무게의 관계를 산점도로 표현한 것이다. 이 두 변수(키, 몸무게)의 관계를 표현하는 직선은 다양하게 그릴 수 있다. 예를 들어 그림 그림 13-2의 두 번째와 세 번째 그래프는 이 반 학생들의 키와 몸무게의 관계를 표현하는 수많은 직선 중의 한 예라고 볼 수 있다. 두 직선 중에서 상대적으로 주어진 데이터를 잘 설명하는 선을 찾는 것이다. 이 선들을 사용해 예측해본 키가 실제 학생들의 키와 차이가 있는데 이런 차이를 예측 오류(또는 잔차)라고 부른다. 예를 들어 그림 그림 13-2의 하단에 있는 그림이 오른쪽 상단에 있는 그림에 비해 실젯값과 예측값의 차이가 상대적으로 큰 것을 알 수 있다. 일반적인 회귀분석의 경우 이렇게 예측값과 실젯값의 차이를 최소화하는 최소자승법^{Ordinary Least Squares}을 사용해 변수 간의 관계를 설명하는 회귀 직선을 찾게 된다.

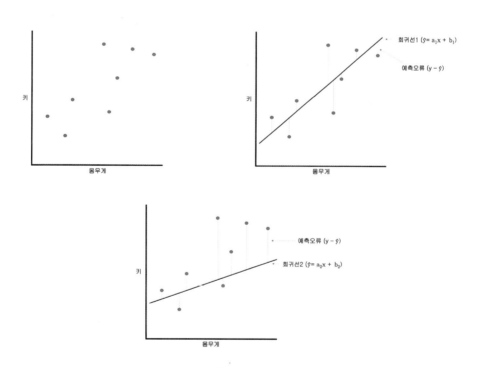

그림 13-2 최소자승법을 사용한 선형 회귀분석 모델의 예

13.3 인공지능 모델 학습 준비

13.3.1 준비하기

13장에서 실습을 수행하는 데 필요한 라이브러리와 데이터셋을 불러온다. 먼저 데이터를 준비하려면 pandas와 numpy가 필요하다. 또한 데이터의 시각화를 위해 matplotlib과 seaborn 라이브러리, 예측 모델의 학습과 평가를 위해 sklearn 라이브러리의 다양한 함수를 함께 불러와서 사용할 것이다.

코드 예제 13-1 실습에 필요한 라이브러리 불러오기

```python
# 데이터 전처리와 정제에 필요한 라이브러리들
import numpy as np
import pandas as pd

# 시각화에 필요한 라이브러리들
import matplotlib as mpl
import matplotlib.pyplot as plt
import seaborn as sns

# 모델 학습, 정규화, 평가에 필요한 라이브러리들
import sklearn
from sklearn import linear_model
from sklearn.preprocessing import StandardScaler
from sklearn.model_selection import train_test_split
from sklearn.model_selection import KFold
from sklearn.model_selection import cross_val_score
```

13.3.2 데이터 불러오기

영화 상영 스크린 수와 날씨가 영화 관객 수를 얼마나 잘 예측하는지를 살펴보려고 코드 13-2를 실행해 데이터셋을 불러온다. 이 데이터셋은 영화진흥위원회의 일일 박스오피스 데이터를 기반으로 해 만들어진 가상의 데이터셋이다. 2010년부터 2020년 9월까지의 매일 영화 관객 수와 해당 일자의 평균 기온이 함께 저장돼 있다.

```
# 데이터 로딩
box_df = pd.read_csv("https://raw.githubusercontent.com/skku-ai-
    textbook/aitextbook/main/data/CH12-data.csv")

# 데이터 특성 출력
print('\n 영화 박스 오피스 데이타 셋은 {0} 행과 {1} 열로 구성돼 있다'\
    .format(*box_df.shape))
```

영화 박스 오피스 데이터 셋은 3926행과 30열로 구성돼 있다

표 13-1에는 예측 문제를 해결하는 인공지능을 만들 때 13장에서 사용하는 데이터셋에 포함된 각 변수가 제시돼 있다. 이 데이터는 흥행 순위가 높은 총 10개 영화의 관객 수와 상영횟수, 개봉관 수의 평균을 기록한 것이다. 이 외에도 10장의 전처리 과정에서 원-핫-인코딩을 통해 만든 연도별, 월별, 일별의 더미 변수들이 포함돼 있다.

표 13-1 박스오피스 데이터 변수 설명

변수	설명	변수	설명
Date	해당 일자	audiCnt	해당 일자의 평균 영화 관객 수(단위 1,000명)
scrnCnt	해당 일자의 영화 개봉관 수	showCnt	해당 일자의 영화 상영횟수
avgRels	해당 일자에 상영하는 영화의 평균 개봉일 수	maxShare	해당 일자에 가장 점유율이 높은 영화의 점유율
rain	전국 평균 강수량	temp	전국 평균 기온

13.4 데이터 탐색적 분석

여기에는 분석에 사용할 각 변수의 특성을 파악하는 과정을 다룬다. 데이터를 살펴보면 각 열이 하나의 특성(변수)을 이루고 있다. 이 특성이 어떻게 분포하고 있는지

확인해 보려면 시각화를 해야 한다. 다양한 특성이 있지만 그중 영화나 기상 상황에 관계된 총 7개의 특성만을 사용해 각 특성의 분포를 표시하겠다. 히스토그램을 사용하면 각 특성의 데이터가 어떤 곳에 많이 몰려 있는지 확인할 수 있다. 코드 예제 13-3을 실행하면 예측 모델을 만들 때 사용할 다양한 변수의 분포를 시각화할 수 있다. 이 코드는 다음과 같은 기능을 수행한다.

1. 총 7개의 변수가 존재하기 때문에 8개의 그래프를 그릴 수 있도록 설정한다.
2. for/loop 반복문을 사용해 데이터프레임 속 각 변수들의 히스토그램을 표시한다.

코드 예제 13-3 변수별 히스토그램 시각화

```
# 캔버스 설정
figure, axs = plt.subplots(nrows=2, ncols=4) # 이미지 배치
figure.set_size_inches(20,10) # 캔버스 사이즈 설정

# 히스토그램 표시
for i, col in enumerate(box_df.columns[1:8]):
    sns.histplot(data=box_df, x=col, ax=axs[i//4, i%4]) # 히스토그램 그리기
```

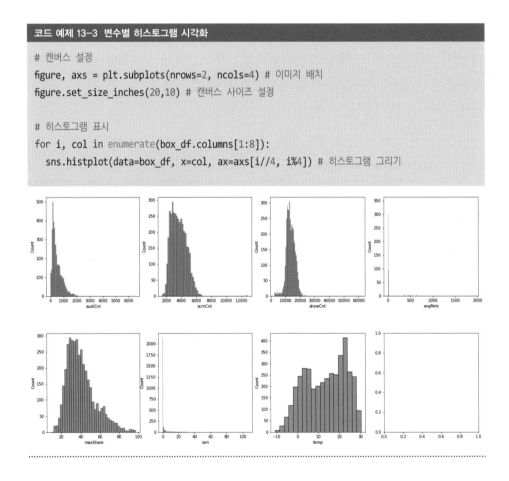

코드 예제 13-4는 시기에 따라 관객 수가 어떤 차이가 있는지를 살펴보려고 일 평균 영화 관객 수를 연도별, 월별, 요일별로 시각화하는 코드이다. 이런 시각화는 예 측하려는 대상과 예측하는 데 사용한 데이터 간의 관계를 대략적으로 살펴볼 수 있 다는 장점이 있다.

코드 예제 13-4 시기별 관객 수 비교

```python
# 캔버스 및 이미지 표시 설정
figure, axs = plt.subplots(nrows=3, ncols=1) # 이미지 배치
figure.set_size_inches(12,15) # 캔버스 크기

# 그래프 표시
ax1 = sns.boxplot(data=box_df, x="year", y="audiCnt", orient="v",
    ax=axs[0]) # 연도별 관객 수
ax2 = sns.barplot(data=box_df, x="month", y="audiCnt", ax=axs[1])
    # 월별 관객 수
ax3 = sns.barplot(data=box_df, x="day", y="audiCnt", ax=axs[2])
    # 일별 관객 수

# 그래프 주석
ax1.set(xlabel="Year", ylabel='Average Audience', title="By Year")
    # 첫 번째 이미지의 주석 설정
ax2.set(xlabel='Month', ylabel='Average Audience', title="By Month")
    # 두 번째 이미지의 주석 설정
ax3.set(xlabel='Day', ylabel='Average Audience', title="By Day")
    # 세 번째 이미지의 주석 설정
```

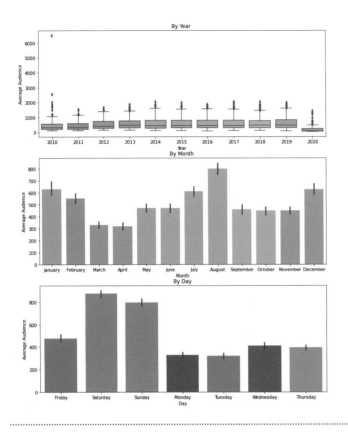

연도별 관객 수를 시각화해 본 결과 2020년의 경우 코로나19 바이러스의 여파로 전체적인 관객 수가 줄어들어 있는 것을 볼 수 있다. 이런 점을 고려해 실제 분석에서는 2020년 데이터를 제외하고 2010년부터 2019년까지의 데이터만을 사용해 예측 모델을 만들어 보도록 하겠다.

코드 예제 13-5는 날씨와 일일 영화 관객 수의 관계를 탐색적으로 분석해 보는 코드이다. 강수량(rain), 평균 기온(temp)의 두 가지 특성과 일일 관객 수를 시각화해 보았다. 예측에 사용하려는 특성(예: 강수량, 평균 기온)과 예측하려는 특성(예: 평균 관객 수)의 관계를 산점도 그래프를 사용해 시각화했다. 이 그래프를 통해 각 특성과 관객 수의 관계를 대략적으로 알 수 있다.

```
# 캔버스 및 이미지 표시 설정
fig, axs =  plt.subplots(nrows=1, ncols=2)
fig.set_size_inches(15,5)

# 그래프 표시
# 강수량과 관객 수의 관계
ax1 = sns.scatterplot(x="rain", y="audiCnt", data=box_df, ax=axs[0])

# 평균 기온과 관객 수의 관계
ax2 = sns.scatterplot(x="temp", y="audiCnt", data=box_df, ax=axs[1])

# 그래프 주석
# 첫 번째 이미지의 주석 설정
ax1.set(xlabel="Rain", ylabel='Average Audience', title="Precipation
    and Audience")
# 두 번째 이미지의 주석 설정
ax2.set(xlabel="Temperature", ylabel='Average Audience',
    title="Temperature and Audience")
```

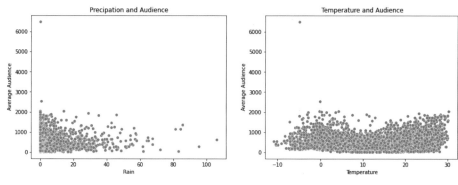

13.5 예측 모델 학습

여기서는 일일 영화 관객 수 예측 모델을 만들어 보자. 이를 위해서는 예측하는 데 사용하는 변수들이 포함된 데이터프레임과 예측하려는 변수가 포함된 데이터프레임을 만들어야 한다. 예측 문제를 해결하기 위한 인공지능을 만드는 순서는 다음과 같다.

1. 학습 데이터셋과 검증 데이터셋으로 분리
2. 학습
3. 교차 검증
4. 속성 최적화
5. 모델 배포

13.5.1 데이터셋 준비

먼저 현재 예측 인공지능을 만드는 데 사용할 원시데이터에 2020년 데이터도 포함돼 있다는 점을 생각해 볼 필요가 있다. 2020년 초부터 계속되는 코로나 바이러스의 영향으로 많은 영화관이 정상적인 영업을 하지 못했기 때문에 예측 모델의 결과가 달라질 수 있다. 따라서 먼저 2020년에 수집된 데이터는 제외하고 2010년부터 2019년까지의 데이터로 일일 관객 수를 예측하는 인공지능을 만들어 보도록 하겠다. 코드 예제 13-6은 코드 예제 13-2에서 불러온 데이터 중 2019년 이전의 데이터만 잘라내는 코드이다.

코드 예제 13-6 데이터프레임 준비

```
# 데이터프레임 준비
raw_bf2020 = box_df[box_df['year']!=2020] # 2020년 데이터 제거
print("2019년 까지의 데이터는 {}행과 {}열로 이뤄져 있다".format
    (*raw_bf2020.shape))
```

2019년 까지의 데이터는 3652행과 30열로 이뤄져 있다

13.5.2 데이터셋 분리

12장에서 살펴본 것처럼 과소적합, 과대적합 방지를 위해 교차 검증을 실시해야 한

다. 이를 위해 sklearn의 train_test_split을 사용해 X와 Y의 두 데이터프레임을 예측에 사용되는 X 데이터프레임과 예측 대상이 되는 Y 데이터프레임으로 나눠 준다.

이때 test_size 아규먼트는 0부터 1 사이의 값을 받는다. 이 아규먼트에 주어지는 값으로 학습 셋과 검증 셋의 비율을 결정한다. 예들 들어 test_size=.25의 경우 검증 데이터셋이 전체 데이터셋의 25%로 구성되도록 나눠짐을 의미한다.

> **팁** random_state는 동일한 결괏값을 재현하는 데 필요한 옵션이다. 같은 숫자를 지정하면 추후 분석 시 같은 결과가 나오게 된다. 즉 random_state=1을 지정해 사용하면 다른 사람이 이 데이터를 train_test_split을 사용해 나누더라도 같은 형태로 나누게 되는 것이다. 이 실습에서 같은 random_state 아규먼트를 사용하지 않으면 코드를 실행해서 얻게 되는 결과가 조금 달라질 수 있음을 유의하길 바란다.

코드 예제 13-7 학습 및 검증 셋으로 데이터 분리

```
# 학습/검증 셋으로 분리
X_train, X_test, y_train, y_test = train_test_split(
    X, Y, test_size=.25, random_state=0)

# 데이터셋 비율 확인
print("총 데이터셋의 크기: {2}, 학습 셋의 크기: {0}, 검증 셋의 크기: {1}".
    format(len(X_train), len(X_test), len(box_df)))
```

총 데이터셋의 크기: 3926, 학습 셋의 크기: 2739, 검증 셋의 크기: 913

일일 관객 수 예측에 사용될 변수를 지정한다. 이 변수의 이름이 저장돼 있는 X 데이터프레임에서 예측에 사용할 변수의 이름을 features=['scrnCnt', 'showCnt', 'avgRels', 'maxShare', 'rain', 'temp']라는 코드를 실행시켜 features라는 리스트를 생성한다. 우선 편의상 스크린 수(scrnCnt), 상영횟수(showCnt) 등 여섯 개의 변수만을 지정했다. 이 변수에 저장된 이름들은 실제 예측 모델에서 특성을 선택할 때 사용된다.

13.6 모델 학습

코드 예제 13-8은 선형 회귀분석을 사용해 관객 수를 예측하는 모델을 학습하는 코드이다. 이 코드는 다음과 같은 기능을 수행한다.

1. regr처럼 임의의 객체를 sklearn.linear_model 라이브러리의 .LinearRegression()을 통해 생성한다. 이 명령어는 regr라는 객체에 선형회귀 모델을 만들겠다고 선언하는 것을 의미한다.
2. 선언된 예측 모델에 .fit()을 사용해 인공지능 모델을 학습해 준다. 이때 예측에 사용되는 변수와 예측 대상 변수를 지정해야 한다. 이 프로젝트에서는 스크린 수, 상영횟수 등의 변수를 사용해 관객을 예측하고자 한다. 따라서 예측 대상이 되는 관객과 예측에 사용하는 변수를 잘 지정해 줘야 한다.

코드 예제 13-8 회귀분석 모델 설정

```
# 회귀분석 모델 설정
regr = linear_model.LinearRegression()
# 학습 데이터셋에 들어 있는 특성을 사용해 관객 수를 예측
regr.fit(X_train[features], y_train['audiCnt'])
```

```
LinearRegression()
```

학습된 모델은 intercept, coef 등의 값을 저장하고 있다. 훈련된 회귀분석 모델의 intercept_와 coef_를 출력하면 모델의 상세한 정보를 알 수 있다. 특히 coef_는 모델을 훈련하는 데 사용한 특성값을 저장하고 있는데 이런 하나하나의 값을 회귀계수라고 부른다. 코드 예제 13-9처럼 반복문을 사용하면 이 값을 출력할 수 있다. 또한 각 변수의 회귀계수를 시각화함으로써 예측 모델의 변수별 효과를 살펴볼 수 있다. 이 시각화를 통해 변수별 효과의 크기와 방향을 쉽게 확인할 수 있다. 시각화 코드는 코드 예제 13-10에 제시돼 있다.

선형 회귀분석을 사용해 예측 모델을 학습하면 각 특성(변수)을 활용해 회귀계수를 계산한다. 회귀계수는 쉽게 말해 각 특성(예: 전체 스크린 수, 강수량 등)과 예측하려는 대상(관객)과의 관계를 나타내 준다. 이 계수가 클수록 특성과 대상의 관계가 강하다.

학습된 예측 모델이 반환한 결과를 살펴보면 상영횟수의 계수가 .105이면 평균 관객 수 특성의 기본 단위가 1,000명이기 때문에 상영횟수가 1회 늘어나면 약 105명의 관객이 더 늘어난다고 예측할 수 있다. 반면 평균 개봉일 수의 계수는 -.149로 이는 해당 일자에 상영되는 영화의 평균 개봉일 수가 1일 증가하는 경우 약 149명의 관객이 적은 것으로 예측됐다는 것을 의미한다.

코드 예제 13-9 모델 학습 결과 출력

```
# 회귀 모델의 절편 출력
print('모델의 절편: {int:8.3f}'.format(int=regr.intercept_))

# for/loop에서 enumerate를 통해 레이블과 Index 번호를 호출하고 이를 통해 각 특성의 계수를 출력함
for i, labels in enumerate(features):
  print('특성 ({lab:11})의 회귀계수 값은 : {coef:8.3f}'.format(lab=labels,
        coef=regr.coef_[i]))
```

```
모델의 절편: -703.486
특성 (scrnCnt    )의 회귀계수 값은 :   -0.095
특성 (showCnt    )의 회귀계수 값은 :    0.105
특성 (avgRels    )의 회귀계수 값은 :   -0.149
특성 (maxShare   )의 회귀계수 값은 :    3.818
특성 (rain       )의 회귀계수 값은 :    1.445
특성 (temp       )의 회귀계수 값은 :   -0.518
```

코드 예제 13-10 회귀계수 시각화

```
# 회귀계수 시각화
# 이미지 사이즈 설정
figure.set_size_inches(5, 5)

# 가로축을 회귀계수, 세로축을 각 특성으로 하는 막대 그래프 생성
sns.barplot(x=regr.coef_, y=features)
```

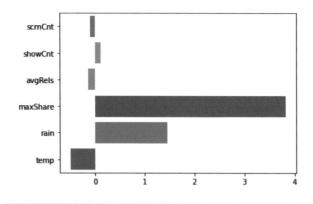

예측 모델 학습 결과를 살펴보면 점유율(maxShare)의 계수 값이 3.818로 가장 큰 것으로 나타났다. 그렇다면 점유율이 관객 수를 예측하는 데 가장 큰 영향을 미치는 것일까? 예측 모델을 학습해 만든 모델의 회귀계수를 사용해 각 변수 간의 크기를 비교할 때 주의해야 할 점이 있다. 바로 변수들이 각기 다른 단위(Unit)를 사용한다는 사실이다. 전체 스크린 수(scrnCnt), 전체 영화 상영횟수(showCnt), 강수량(rain) 등의 변수 모두 실제 갖고 있는 의미가 다르다고 할 수 있다. 따라서 단순히 계수의 크기를 비교해 각 변수의 상대적 영향력의 크기를 비교하는 것은 주의해야 할 필요가 있다.

예를 들어보자. 계수 값이 0.105인 전체 영화 상영횟수(showCnt)에 비해 평균 강수량(rain)의 회귀계수 값이 1.445로 상대적으로 크기 때문에 강수량이 평균 영화 관객 수와 상대적으로 좀 더 강한 관계를 갖고 있다고 볼 수 있을까? 이 해석은 두 특성 간의 단위 차이를 고려하지 않았다는 점에서 주의할 필요가 있다. 표 13-2는 X_train[['showCnt', 'rain']].describe() 코드를 사용해 두 변수의 기술 통계 값을 확인한 결과를 보여주고 있다. 먼저 전체 스크린 수 특성의 경우 최솟값이 7,554이고, 최댓값은 61,400으로 나타났다. 반면 강수량 특성의 경우 최솟값이 0이고, 최댓값은 95.5로 나타났다. 즉 계수의 크기는 차이가 나지만 각 특성 간의 단위가 다르기 때문에 단순히 계수 값을 갖고 상대적 영향력을 비교하는 것은 잘못된 해석이다.

표 13-2 전체 영화 상영횟수와 전국 평균 강수량 기술 통계 비교

	showCnt	rain
count	2739	2739
mean	13744.6	3.3778
std	2700.63	8.52333
min	7554	0
25%	11750	0
50%	13423	0.1
75%	15510.5	2
max	61400	95.5

13.7 정규화

살펴본 것처럼 예측 모델의 학습에 사용한 변수들의 단위가 서로 다르기 때문에 각 변수의 영향력을 해석하는 데는 주의가 필요하다. 변수들의 단위 차이를 고려한 후 변수의 영향을 살펴보려면 각 변수의 단위를 동일하게 변경해야 하는데 이를 정규화 standardization라고 한다. 변수를 정규화하면 예측 모델을 학습하는 데 사용하는 변수들의 단위가 동일해지기 때문에 변수 간 효과를 비교할 수가 있다.

인공지능 모델을 만드는 데 사용하는 sklearn에는 StandardScaler나 MinMaxScaler와 같이 변수들의 단위를 동일하게 만드는 함수들이 존재한다. StandardScaler는 데이터의 각 값과 평균의 차이를 데이터의 표준편차(SD)로 나누는 것을 의미한다. StandardScaler를 사용하면 평균이 0이고 표준편차가 1인 데이터가 만들어진다. MinMaxScaler는 데이터의 각 값과 최솟값의 차이를 데이터의 범위(최댓값과 최솟값의 차이)로 나눠 주는 것을 의미한다. 이 경우 데이터의 각 값이 0부터 1 사이의 값을 갖게 된다. 이 외에도 sklearn에는 RobustScaler가 있다. RobustScaler는 데이터의 각 값과 중앙값(median)의 차이를 사분위Inter Quartile Range값으로 나눈다. RobustScaler의 경우 극단치의 효과를 제거하려는 경우에 주로 사용된다.

$$StandardScaler = \frac{(x - \bar{x})}{SD}$$

$$MinMaxScaler = \frac{(X - min)}{(max - min)}$$

> **팁**
>
> 어떤 변수가 있을 때 해당 데이터의 각 값과 그 변수의 차이를 편차(deviation)라고 부른다. 이런 편차의 합의 제곱값을 데이터의 개수로 나눈 후 제곱근을 취하면 표준편차를 구할 수 있다.
>
> $$(\sigma = \sqrt{\frac{\sigma(x - \mu)^2}{N}})$$
>
> 이는 해당 변수가 평균을 중심으로 얼마나 퍼져 있는지를 의미한다. 예를 들어 평균이 같은 두 변수 A와 B가 있다고 해보자. 이때 두 변수 중에 표준편차가 큰 변수의 값이 평균을 중심으로 멀리 퍼져 있다는 것을 의미한다.

13장에서는 변수들을 정규화할 때 StandardScaler를 사용하고자 한다. 이는 현재 예측에 사용하는 데이터가 스크린 수(scrnCnt), 상영횟수(showCnt), 강수량(rain)처럼 단위가 다른 연속 변수를 포함하고 있기 때문이다. 코드 예제 13-11에는 데이터 정규화에 필요한 코드가 제시돼 있다. 이 코드는 다음과 같은 작업을 수행한다.

1. sklearn.preprocessing에서 필요한 함수를 불러온다.
2. 정규화를 적용하기 위한 데이터를 새로운 데이터프레임에 저장한다.
3. 사용하려는 sklearn의 정규화 함수를 객체화한다.
4. .fit()을 사용해 정규화 모듈에게 데이터를 파악시킨다. StandardScaler는 이를 통해 데이터의 각 값과 해당 변수의 평균 차이를 해당 변수의 표준편차로 나눠 준다.
5. .transform()을 사용해 데이터를 정규화한다. sklearn의 정규화를 적용하면 numpy의 array가 반환된다.

```
코드 예제 13-11  데이터 정규화
```

```
# 정규화를 위해 필요한 데이터 지정
raw_bf2020_new = raw_bf2020.drop(columns=['date','year','month','day'], axis=1)

# 정규화를 위한 스케일러 만들기
scaler = StandardScaler()
scaler.fit(raw_bf2020_new) # 각 데이터의 최솟값, 최댓값 파악
scaled = scaler.transform(raw_bf2020_new) # 데이터 정규화 적용

# 변환된 데이터의 유형 확인
type(scaled)
```

```
numpy.ndarray
```

코드 예제 13-12는 numpy의 array로 반환된 정규화된 데이터 분석을 위해 pandas를 사용해 데이터프레임으로 변환하는 코드이다. 데이터가 제대로 변환됐는지 확인하려면 .describe()를 사용해 데이터의 기술 통계를 살펴본다. 코드 예제 13-12의 결과에서 볼 수 있는 것처럼 데이터의 모든 변수의 평균(mean)이 0, 표준편차(std)가 1로 변환된 것을 확인할 수 있다.

```
코드 예제 13-12  정규화된 데이터의 데이터프레임화
```

```
# 데이터프레임화
scaled = pd.DataFrame(scaled, columns=raw_bf2020_new.columns)

# 데이터 중 일부의 기술 통계 파악
scaled[['audiCnt','scrnCnt','showCnt','avgRels','maxShare','rain','temp
    ']].describe()
```

	audiCnt	scrnCnt	showCnt	avgRels	maxShare	rain	temp
count	3.652000e+03	3.652000e+03	3.652000e+03	3.652000e+03	3.652000e+03	3.652000e+03	3.652000e+03
mean	1.635238e-16	3.404846e-16	-4.595326e-16	3.149635e-16	5.402153e-16	-3.879396e-16	-2.036828e-17
std	1.000137e+00	1.000137e+00	1.000137e+00	1.000137e+00	1.000137e+00	1.000137e+00	1.000137e+00
min	-1.210693e+00	-1.825315e+00	-2.303267e+00	-3.742972e-01	-1.775119e+00	-3.944861e-01	-2.439006e+00
25%	-7.507376e-01	-8.189611e-01	-7.484032e-01	-3.326680e-01	-7.326655e-01	-3.944861e-01	-8.847085e-01
50%	-3.226766e-01	-1.062006e-01	-1.276611e-01	-3.180707e-01	-2.044888e-01	-3.830855e-01	8.672756e-02
75%	4.992266e-01	7.399655e-01	6.652780e-01	-2.969858e-01	5.043799e-01	-1.550748e-01	8.843277e-01
max	1.556953e+01	9.178635e+00	1.763677e+01	8.461366e+00	3.923629e+00	1.172429e+01	1.763733e+00

코드 예제 13-13은 앞의 정규화된 데이터를 사용해 예측 모델을 학습하는 코드이다. 코드 예제 13-12와 동일한 코드이나 원자료가 아닌 정규화를 통해 전처리를 실시한 데이터가 모델 학습에 사용된다. 새로운 데이터프레임에 예측 모델을 통해 예측하는 변수를 저장한다. 또 다른 데이터프레임에는 예측에 사용하고자 하는 데이터를 지정한다. 새로 만든 데이터를 학습 데이터셋과 검증 데이터셋으로 나누면 모델을 학습하기 위한 준비가 완료된다.

준비된 데이터를 사용해 모델을 학습한다. 모델 학습에는 fit_intercept=False라는 아규먼트를 사용했다. 이는 모델을 학습하는 데이터를 StandardScaler를 사용해 정규화했기 때문이다.

팁 fit_intercept=False를 사용해 절편(intercept)을 추정하지 않는 것은 StandardScaler를 사용한 정규화를 통해 예측하려는 변수와 예측에 사용하는 변수들을 모두 평균이 0이고 분산이 1인 형태로 변환시켰기 때문이다.

코드 예제 13-13 정규화된 데이터로 예측 모델 만들기

```
# 예측하고자 하는 특성
Y2 = scaled[['audiCnt']]

# 예측에 사용할 특성들
X2 = scaled.drop(columns=['audiCnt'], axis=1)

# 학습/검증 셋으로 분리
X_train2, X_test2, y_train2, y_test2 = train_test_split(
    X2, Y2, test_size=.25, random_state=0)

# 회귀분석 모델 설정
regr_standard = linear_model.LinearRegression(fit_intercept=False)

# 학습 데이터셋에 들어 있는 특성을 사용해 관객 수를 예측
regr_standard.fit(X_train2[features], y_train2['audiCnt'])

# 회귀계수 출력
for i, labels in enumerate(features):
    print('특성 ({lab:11})의 회귀계수 값은 : {coef:8.3f}'.format(lab=labels, coef=regr_
```

```
standard.coef_[i]))

# 회귀계수 시각화
figure.set_size_inches(5, 5)
sns.barplot(x=regr_standard.coef_, y=features)
```

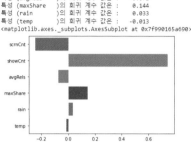

```
특성 (scrnCnt  )의 회귀 계수 값은 :   -0.246
특성 (showCnt  )의 회귀 계수 값은 :    0.744
특성 (avgRels  )의 회귀 계수 값은 :   -0.072
특성 (maxShare )의 회귀 계수 값은 :    0.144
특성 (rain     )의 회귀 계수 값은 :    0.033
특성 (temp     )의 회귀 계수 값은 :   -0.013
<matplotlib.axes._subplots.AxesSubplot at 0x7f990165a690>
```

코드 예제 13-13과 동일하게 회귀계수를 출력하고 시각화해 보면 정규화된 데이터 때문에 회귀계수가 변화한 것을 알 수 있다. 이를 통해 각 변수가 1표준편차만큼 변화할 때 영화 관객 수가 얼마나 변화할 것인지를 비교해 볼 수 있다. 정규화하기 전과 비교해 보자. 정규화하기 이전에는 maxShare의 계수가 3.818로 가장 큰 것으로 나타났다. 하지만 변수들을 정규화한 이후의 계수를 보면 showCnt의 값이 .744로 관객 수를 예측하는 데 가장 큰 영향을 미치는 것으로 나타났다. 이는 showCnt가 1표준편차만큼 증가할 때 영화 관객 수 또한 1표준편차만큼 증가한다는 것을 의미한다.

변수를 정규화하면 예측 모델을 만드는 데 사용하는 각 변수의 영향력을 효율적으로 비교할 수 있다는 장점이 있다. 하지만 변수를 정규화하는 것은 실제 모델의 성능을 향상시키는 것과는 관련이 없다. 이는 모델 검증 및 평가에서 좀 더 자세히 다루겠지만, 정규화하기 이전의 데이터로 학습한 모델과 정규화한 데이터를 사용해 학습한 모델을 평가 지표 중 하나인 R^2으로 비교해 보면 데이터의 정규화 여부가 모델 성능에 영향을 미치지 않음을 알 수 있다. 코드 예제 13-14는 정규화 여부가 모델 성능에 영향을 미치는지를 살펴보는 코드이다.

```
# 모델 예측력 평가
# 정규화되지 않은 데이터로 학습한 모델
reg_pred1 = regr.predict(X_test[features])

# 정규화된 데이터로 학습한 모델
reg_pred2 = regr_standard.predict(X_test2[features])

# 평가지표 계산(R2)
# 정규화되지 않은 데이터로 학습한 모델 평가
reg_r2_1 = sklearn.metrics.r2_score(y_test, reg_pred1)

# 정규화된 데이터로 학습한 모델 평가
reg_r2_2 = sklearn.metrics.r2_score(y_test2, reg_pred2)

# 결과 출력
print("정규화되지 않은 데이터: {0:8.3f}\n정규화된
    데이터:{1:8.3f}".format(reg_r2_1, reg_r2_2))
```

정규화되지 않은 데이터: 0.249
정규화된 데이터: 0.249

13.8 모델 검증 및 평가

13.8.1 모델 평가

앞에서는 여러 변수를 사용해 영화 관객 수를 예측하는 모델을 학습했다. 여기서는 학습된 모델이 관객 수를 제대로 예측하는지 검증하고자 한다. 12장에서 살펴본 것처럼 모델의 검증과 평가는 모델을 만드는 데 사용하지 않은 데이터를 사용해 예측값이 실젯값과 얼마나 차이가 나는지를 살펴보는 것이다. 이를 위해 R^2과 Root Mean Square Error[RMSE] 등의 지표를 통해 모델의 성능을 평가한다. 이때 R^2은 예측값의 변화량을 실젯값의 변화량으로 나눈 값으로 1에 가까워질수록 모델의 성능이 좋다고 할 수 있다. RMSE는 예측값과 실젯값의 차이가 평균적으로 얼마나 큰지를

의미하는 것이다. RMSE 값이 작을수록 더 좋은 모델이라고 할 수 있다.

> **팁** R²과 RMSE 평가 지표 외에도 sklearn 패키지를 활용하면 다양한 평가 지표를 사용할 수 있다 (https://scikit-learn.org/stable/modules/model_evaluation.html). 각 평가 지표마다 장단점이 있기 때문에 데이터와 모델에 맞는 평가 지표를 사용해야 한다.

이 실습에서는 먼저 가장 보편적으로 사용되는 R^2과 RMSE의 평가지표를 사용하도록 하겠다. 코드 예제 13-15는 학습된 모델을 평가하는 코드이다. 이는 다음과 같은 작업을 수행한다.

1. regr.predict(X=X_test[features], y=y_test['audiCnt'])를 통해 학습된 모델에 검증 데이터셋에 있는 데이터를 투입해 관객 수를 예측하도록 한다. 여기서 'predict'는 새로운 값을 사용해 관객 수를 예측하는 코드이다.
2. 검증 셋의 데이터로 예측된 관객 수를 검증 셋의 실제 관객 수와 비교해 모델의 성능을 평가한다.
3. R^2은 sklearn.metrics.r2_score를 사용해 구하고, RMSE는 sklearn.metrics.mean_squared_error를 사용해 구한다. 두 명령어를 보면 알 수 있지만 검증에 사용되는 실제 데이터와 모델을 통해 예측한 데이터를 비교해 평가 지표를 구한다.
4. 다만 RMSE의 경우 sklearn.metrics.mean_squared_error를 사용해 먼저 Mean Square Error를 구해서 그 제곱근 값으로 RMSE를 구할 수 있다.

> **팁** MSE와 RMSE는 다음과 같은 차이가 있다. MSE는 실제 값과 예측값의 차이를 제곱한 것으로 제곱 값을 사용하기에 결괏값의 단위에 따라 오차가 증가하는 단점이 있고, RMSE는 이런 단점을 제곱근을 사용해 해결한 평가 지표이다.
>
> $$MSE = \frac{1}{n}\sum_{i=1}^{N}\left(y_i - \widehat{y_i}\right)^2$$
>
> $$RMSE = \sqrt{\frac{1}{n}\sum_{i=1}^{N}\left(y_i - \widehat{y_i}\right)^2}$$

```
# 검증 데이터셋으로 예측
reg_pred = regr.predict(X_test[features])

# 평가 지표 계산(R2)
reg_r2 = sklearn.metrics.r2_score(y_test, reg_pred)

# 평가 지표 계산(RMSE)
reg_rmse = np.sqrt(sklearn.metrics.mean_squared_error
    (y_test, reg_pred))

print('\n2020년 이전 영화일일평균관객 예측 R2: {0:.3f} %'.
    format(reg_r2*100))
print('\n2020년 이전 영화일일평균관객 예측 RMSE: {0:.3f}'.
    format(reg_rmse))
```

2020년 이전 영화일일평균관객 예측 R2: 24.863 %
2020년 이전 영화일일평균관객 예측 RMSE: 337.486

13.9 K-겹 교차 검증

앞선 챕터에서 잠시 살펴본 것처럼 교차 검증은 학습 데이터셋과 검증 데이터셋으로 인공지능 학습에 사용하는 데이터를 나눠 모델을 평가하는 방법이다. 이는 학습된 모델이 새로운 데이터를 얼마나 잘 예측하는지 살펴볼 수 있다는 장점이 있다. 하지만 교차 검증을 위해 무작위로 나눈 학습 및 검증 데이터에 우연히 일반적이지 않은 대상만 존재한다고 가정해보자. 이런 경우에는 학습된 모델의 결과를 일반화할 수 없다. 12장에서 살펴본 K-겹$^{K-fold}$ 교차 검증은 이런 단점을 해결하기 위한 방법으로 데이터를 K개의 그룹으로 나눠 K-1개의 그룹을 학습 데이터셋으로, 나머지 1개를 검증 데이터셋으로 사용해 모델의 성능을 반복적으로 평가한다. 코드 예제 13-16은 K-겹 교차 검증을 사용해 학습된 인공지능 모델의 성능을 평가하기 위한 코드이다.

1. 회귀분석 모델에서 K-겹 교차 검증을 사용하려면 sklearn.model_selection

의 KFold와 cross_val_score를 사용해야 한다.

2. 먼저 KFold를 사용해 데이터를 몇 개의 그룹으로 분화시킬 것인지를 지정한다. 이 결과를 변수에 지정해 추후 cross_val_score에 입력해야 한다.

3. K-겹 교차 검증에 cross_val_score를 사용한다. cross_val_score는 모델, 예측에 사용하는 변수가 있는 데이터프레임, 예측하기 위한 데이터프레임, scoring = "평가지표", cv=KFold를 사용해 만든 변수가 필요하다. 이때 중요한 것은 .scoring으로 .scoring에 어떤 평가 지표를 사용하는지에 따라 모델의 평가를 위해 사용하는 기준 역시 달라진다는 사실이다. 여기서는 R^2과 RMSE를 모델 평가 지표로 사용하도록 하겠다.

4. R^2과 RMSE를 사용하려면 각각 scoring='r2'과 scoring='neg_root_mean_squared_error'를 사용하면 된다. 다만 cross_val_score 함수는 RMSE가 아닌 음의 RMSE를 추정하기 때문에 RMSE를 얻으려면 scoring='neg_root_mean_squared_error'를 사용한 결과에 -1을 곱해야 한다.

5. K-겹 교차 검증은 모델 평가를 K번 실시하기 때문에 모델 평가 지표 또한 K개가 존재한다. K-겹 교차 검증의 평가 지표는 이런 K개의 지표들의 평균으로 구한다.

코드 예제 13-16 K-겹 교차 검증을 사용한 모델 평가

```
# 새로운 회귀 모델 생성
lm = linear_model.LinearRegression()

 # K-fold 교차 검증 설정, K = 5, 데이터를 임의로 섞음
folds = KFold(n_splits = 5, shuffle = True, random_state = 1)

# K-fold R^2 스코어 구하기
r2_scores = cross_val_score(lm, X, Y, scoring='r2', cv=folds)

# K-fold RMSE 구하기
nrmse_scores = cross_val_score(lm, X, Y,
    scoring='neg_root_mean_squared_error', cv=folds)

# R^2값들 출력
```

```
print("K-fold R^2 값 들: "+str(r2_scores))
# R^2 평균 출력
print("K-fold R^2 평균값: {0:.3f}% ".format(100*r2_scores.mean()))


# NRMSE값들 출력
print("\nK-fold Negative Root Mean Squared Error 값 들: "+
    str(nrmse_scores*-1))
# NRMSE값의 평균 출력
print("K-fold Negative Mean^2 스코어: {0:.3f} ".
    format(-1*nrmse_scores.mean()))
```

```
K-fold R^2 값들: [0.54608929 0.64518505 0.59461222 0.62426644 0.59449093]
K-fold R^2 평균값: 60.093%


K-fold RMSE 값들: [238.39938558 219.11266702 281.8593763  222.82138137 239.47180322]
K-fold RMSE 스코어: 240.333
```

13.10 모델 평가 활용

그렇다면 실제로 이런 평가 지표들이 어떻게 모델 평가에 사용될 수 있는지 살펴보도록 하자. 지금까지 우리는 일일 영화 관객 수를 예측해 보려고 전체 스크린 수, 전체 영화 상영횟수 등 전국에 개봉한 영화들에 관련된 특성들을 활용했다. 전체 특성을 영화 관련 특성과 날짜 관련 특성으로 나눠 관객 수를 예측해 보면 어떨까? 영화 스크린 수나 평균 개봉 기간 등의 예측이 좀 더 정확할까? 아니면 연도별, 월별, 요일별의 특성을 활용해 만든 인공지능이 관객 예측을 잘할 수 있을까?

이런 의문은 K-겹 교차 검증을 통해 R^2과 RMSE의 값을 비교해 보면 답을 구할 수 있을 것이다. 코드 예제 13-17을 실행하면 모델 간의 성능을 비교할 수 있다. 코드 예제 13-17은 코드 예제 13-16에서 실습한 K-겹 교차 검증을 여러 모델에 적용하는 코드이다. 두 코드가 다른 점은 코드 예제 13-17은 학습에 사용하는 변수들을 조금씩 변화시켜 모델의 성능을 평가한다는 점이다. 코드 예제 13-17에서 평가하는 모델은 다음과 같이 총 네 가지이다.

1. 영화 관련 특성만을 사용해 일일 관객 수를 예측하는 모델

2. 날씨와 관련된 특성만을 사용해 일일 관객 수를 예측하는 모델

3. 날짜와 관련된 특성만을 사용해 일일 관객 수를 예측하는 모델

4. 데이터 속의 모든 특성을 함께 사용해 일일 관객 수를 예측하는 모델

코드 예제 13-17 모델 비교

```
# 새로운 회귀 모델
lm2 = linear_model.LinearRegression()

# 영화 관련 특성들
screen_features = ['scrnCnt', 'scrnCnt', 'showCnt', 'avgRels', 'maxShare']

# 날씨 관련 특성들
weather_features = ['rain', 'temp']

# 날짜 관련 특성들
date_features = [item for item in X.columns if item not in screen_features if item
not in weather_features]

# 전체 특성들
all_features = screen_features+weather_features+date_features

# K-fold 교차 검증 설정, K = 5, 데이터를 랜덤하게 섞음
folds = KFold(n_splits = 5, shuffle = True, random_state = 83731)

# 모델 평가
# K-fold R^2 스코어 구하기
r2_scores_a = cross_val_score(lm2, X[screen_features], Y, scoring='r2', cv=folds)
r2_scores_b = cross_val_score(lm2, X[weather_features], Y, scoring='r2', cv=folds)
r2_scores_c = cross_val_score(lm2, X[date_features], Y, scoring='r2', cv=folds)
r2_scores_d = cross_val_score(lm2, X[all_features], Y, scoring='r2', cv=folds)

# K-fold RMSE 구하기
nrmse_scores_a = cross_val_score(lm2, X[screen_features], Y, scoring='neg_root_mean_
squared_error', cv=folds)
nrmse_scores_b = cross_val_score(lm2, X[weather_features], Y, scoring='neg_root_mean_
squared_error', cv=folds)
nrmse_scores_c = cross_val_score(lm2, X[date_features], Y, scoring='neg_root_mean_
```

```
squared_error', cv=folds)
nrmse_scores_d = cross_val_score(lm2, X[all_features], Y, scoring='neg_root_mean_
squared_error', cv=folds)

print("영화관련 특성들 R² 평균값: {0:.3f}% ".format(100*r2_scores_a.mean()))
print("영화관련 특성들 RMSE 평균값: {0:.3f} ".format(-1*nrmse_scores_a.mean()))
print("\n날씨관련 특성들 R² 평균값 {0:.3f}% ".format(100*r2_scores_b.mean()))
print("날씨관련 특성들 RMSE 평균값: {0:.3f} ".format(-1*nrmse_scores_b.mean()))
print("\n날짜관련 특성들 R² 평균값 {0:.3f}% ".format(100*r2_scores_c.mean()))
print("날짜관련 특성들 RMSE 평균값: {0:.3f} ".format(-1*nrmse_scores_c.mean()))
print("\n모든 특성들 R² 평균값 {0:.3f}% ".format(100*r2_scores_d.mean()))
print("모든 특성들 RMSE 평균값: {0:.3f} ".format(-1*nrmse_scores_d.mean()))
```

영화관련 특성들 R² 평균값: 29.644%
영화관련 특성들 RMSE 평균값: 318.785

날씨관련 특성들 R² 평균값 0.667%
날씨관련 특성들 RMSE 평균값: 380.160

날짜관련 특성들 R² 평균값 44.570%
날짜관련 특성들 RMSE 평균값: 284.238

모든 특성들 R² 평균값 60.958%
모든 특성들 RMSE 평균값: 238.068

분석 결과 영화 관련 특성을 사용한 모델의 R^2은 약 29%, 날짜 관련 특성을 사용한 모델의 R^2은 약 44.5%, 날씨 관련 특성을 사용한 모델의 R^2은 약 0.67%로 나타났다. 이는 날짜 관련 특성을 사용한 모델의 성능이 단순히 영화 스크린 수가 얼마나 많은지 그리고 영화가 얼마나 더 자주 상영되는지를 사용해 관객 수를 예측하는 것보다 성능이 더 좋은 것으로 나타났다는 의미다. 또한 영화 스크린과 관련된 특성으로 만든 모델이 날씨 관련 특성을 사용한 모델보다 훨씬 성능이 뛰어났다. RMSE 지표를 사용한 비교 또한 R^2과 유사한 결론을 도출하는 것으로 나타났다. 마지막으로 모든 변수를 함께 사용해 학습한 모델의 R^2과 RMSE를 살펴볼 때 모든 특성을 함께 사용해 학습한 모델의 성능이 가장 뛰어난 것으로 나타났다.

13.11 학습된 모델로 2020년 영화 관객 수 예측해 보기

지금까지는 2010년부터 2019년까지의 데이터를 사용해 일일 영화 상영횟수, 날짜 별 특성 그리고 날씨 상황 등의 특성을 사용해 영화 관객 수를 예측하는 인공지능을 만들었다. 그렇다면 2019년까지 박스오피스 데이터를 사용해 만든 모델로 코로나 팬데믹[pandemic]에 의해 영화 관객 수가 줄어들었던 2020년의 영화 관객 수를 예측해 보면 어떨까? 예측 모델은 학습된 모델을 사용해 새로운 데이터를 예측하는 데 사용 한다. 따라서 예측 모델이 실제 현실을 잘 예측할 수 있을지 적용해 보는 것도 흥미 로울 것이다.

기존의 모델을 사용해 2020년 영화 관객 수를 예측하기 전에 고려해야 할 것이 있다. 2020년 상반기와 하반기 모두 전 세계에서 유행한 코로나 바이러스 때문에 영 화관 관객 수가 급격하게 줄었다는 점이다(서울경제, 2020. 9. 9). 여기서는 학습된 모 델이 코로나처럼 예측할 수 없는 환경적 요인 또한 고려할 수 있는지 확인할 수 있을 것이다.

코드 예제 13-18은 코드 예제 13-17에서 만든 모델 중 모든 특성을 사용해 학습 한 모델을 사용해 2020년의 영화 관객 수를 예측해 보는 코드이다. 이 코드는 다음 과 같은 작업을 수행한다.

1. 코드 예제 13-17처럼 데이터셋에 있는 모든 변수를 사용해 영화 관객 수 예 측 모델을 학습시킨다.
2. 2020년 데이터를 예측하려면 기존의 원시데이터에서 2020년의 데이터를 따 로 분리한다.
3. 데이터에서 관객을 제외한 다른 특성이 존재하는 특성들만 있는 데이터프레 임을 X_af2020으로 지정하고, 예측 대상이 되는 관객(audiCnt)만을 선택해 Y_ af2020 데이터프레임으로 지정한다.

앞서 만든 예측 모델을 사용해 2020년 영화 일일 관객 수를 예측하고자 한다. 이 를 위해 코드 예제 13-18을 실행한다. 관객 예측 모델의 평가 방법은 앞서 교차 검 증에서 사용한 방법과 동일한 방식으로 진행한다.

4. sklearn의 predict와 이미 학습된 regr 모델을 사용한다. 기존의 검증과 동일한 방식으로 2020년 이후의 특성을 투입해 관객 수를 예측한다. regr 모델은 이미 2010년부터 2019년까지의 데이터를 사용해 학습한 것이다.

5. sklearn의 metrics를 사용해 두 평가 지표인 R^2과 RMSE값을 구한다.

코드 예제 13-18 2019년까지의 데이터로 생성한 모델로 2020년 데이터 예측하기

```
# 회귀분석 모델 설정
regr = linear_model.LinearRegression()
regr.fit(X[all_features], Y)

# 원시데이터에서 2020년 데이터만 분리해 새로운 데이터프레임 생성
raw_af2020 = box_df[box_df['year']==2020]
print("2000년 이후의 데이터는 {}행과 {}열로 이뤄져 있다".format(*raw_af2020.shape)) # 데이터 확인

# 2020년 데이터셋을 만듦
Y_af2020 = raw_af2020[['audiCnt']]
X_af2020 = raw_af2020.drop(columns=['audiCnt','date','year','month','day'], axis=1)

# 예측
reg_pred = regr.predict(X_af2020[all_features])

# R^2 지표 구하기
reg_r2 = sklearn.metrics.r2_score(Y_af2020, reg_pred)

# RMSE 구하기
reg_rmse = np.sqrt(sklearn.metrics.mean_squared_error(Y_af2020, reg_pred))

# 출력
print('2020년 이후 영화일일평균관객 예측 R^2: {0:.3f} %'.format(reg_r2*100))
print('2020년 이후 영화일일평균관객 예측 RMSE: {0:.3f}'.format(reg_rmse))
```

2000년 이후의 데이터는 274행과 30열로 이뤄져있다
2020년 이후 영화일일평균관객 예측 R^2: -294.636 %
2020년 이후 영화일일평균관객 예측 RMSE: 427.173

코드 예제 13-18의 결과에서 볼 수 있는 것처럼 2020년 이전의 영화 관객 수를 사용해 만든 모델로 예측한 2020년의 영화 관객 수의 평가 지표는 R^2과 RMSE 모두

기존 모델에 비해 뚜렷하게 성능이 저하되는 것으로 나타났다. 이는 2020년 이전의 데이터들로 만들어진 모델이기 때문에 코로나로 발생한 특수 상황을 반영하지 못하기 때문이라고 할 수 있다. 여기서 알 수 있는 점은 교차 검증을 통해 과소적합과 과대적합을 해결한다고 하더라도, 외부 요인에 의해 새로운 환경이 생성된다면 기존의 인공지능을 다시 수정해야 할 수도 있다는 것이다.

13.12 요약

13장에서는 다양한 변수를 사용해 영화 관객 수를 예측하는 문제를 해결할 때 선형 회귀분석을 사용했다. 이 장의 내용을 요약하면 다음과 같다.

- 예측 모델은 예측 대상이 숫자 형태인 변수를 데이터 속의 다양한 변수를 사용해 예측할 때 사용한다.
- 선형 회귀분석은 예측 모델을 만드는 데 사용하는 가장 기본적인 알고리듬이다. 최소자승법을 활용해 예측에 사용되는 변수와 예측 대상이 되는 변수 간의 관계를 설명하는 회귀선을 찾는 것이 목적이다.
- 최소자승법은 예측값과 실젯값의 차이를 최소화하는 직선을 찾는 분석 방법을 가리킨다.
- 파이썬에서 선형 회귀분석을 사용하려면 sklearn. linear_model의 .LinearRegression()을 사용해야 한다.
- 모델 학습 후 변수의 회귀계수와 절편을 구할 수 있다. 다만 기본적으로 모델 학습 후 제공되는 계수의 경우 정규화가 돼 있지 않기 때문에 변수 간의 효과를 비교할 때 해당 변수의 단위를 고려해서 해석해야 한다.
- 정규화는 단위의 차이를 통일화해 서로 단위가 다른 변수들 간의 차이를 비교할 수 있게 해준다. 다만 실제 모델의 성능을 향상시키지는 않는다.
- 학습 데이터를 사용해 학습한 모델의 성능을 교차 검증하려면 미리 만들어 둔 검증 데이터셋을 사용해 학습한 모델이 실젯값을 얼마나 잘 예측하는지를 검증해야 한다.

- 선형회귀 모델의 성능을 평가하는 데는 여러 지표가 사용된다. 그중 대표적으로 사용하는 기준으로는 R^2과 RMSE가 있다. R^2은 예측값의 변화량이 실젯값의 변화량을 얼마나 잘 설명하는지를 나타내는 지표이고, RMSE는 예측값과 실젯값의 차이가 얼마나 큰지를 나타내는 지표이다.

- 모델의 성능이 낮은 경우 예측에 사용하는 변수를 추가하면 모델 성능이 향상될 수 있다.

- 학습된 모델이 성능이 좋다고 하더라도 외부적 요인이 모델의 성능에 영향을 줄 수 있다. 코로나와 같은 외부적 요인이 존재할 때 기존에 만들어 놓은 모델이 실제로 제대로 된 성능을 발휘하는지 지속적으로 체크해야 한다.

연습문제 해결을 위해 다음 데이터를 불러와라.

```
https://raw.githubusercontent.com/skku-ai-textbook/aitextbook/
  main/data/practice6.csv
```

1. 불러온 데이터를 지역 평균 주택가격(MEDV)을 예측하기 위한 인공지능 모델을 만들 수 있도록 학습 데이터와 검증 데이터로 나눠라.

2. 연습문제 1번에서 생성한 학습 데이터를 사용해 지역 평균 주택가격(MEDV)을 예측하는 인공지능 모델을 만들어라. 단 데이터에서 세 개의 연속 변수만을 선택한 후 예측 모델을 학습시켜라.

3. 연습문제 2번에서 만든 모델의 각 계수 값을 출력해라. 이와 함께 해당 변수의 계수를 시각화하는 코드를 짜라.

4. 연습문제 2번에서 학습한 모델을 검증 데이터셋을 사용해 모델의 성능을 평가해라. 모델의 성능이 어떤지에 대해 논의해라.

5. 불러온 데이터에 존재하는 모든 변인을 사용해 지역 주택가격(MEDV) 예측 모델을 학습해라. 검증 셋을 사용해 모델의 성능을 평가한 후 연습문제 4번의 결과와 비교해라.

6. 연습문제 5번에서 학습시킨 모델을 5겹-교차 검증을 통해 다시 한 번 평가해라. 연습문제 6번의 결과를 연습문제 5번의 결과와 비교해라.

14

분류 문제 해결하기

(누가 신문을 읽고 있을까?)

14장에서는 인공지능을 사용해 대상을 분류하는 실습을 실시한다. 정보통신정책연구원(KISDI)에서 매년 실시하는 미디어패널조사(https://stat.kisdi.re.kr/main.html)의 데이터를 기반으로 만든 가상의 데이터를 사용해 신문기사를 읽는 사람들과 읽지 않는 사람들을 분류하고자 한다. 지도 학습 기반의 분류 모델을 만들려면 서포트 벡터 머신^{SVM, Support Vector Machine}의 개념을 이해하고, 실제 파이썬을 사용해 인공지능을 학습하고 평가하는 과정을 실습한다. 이 장에서는 다음과 같은 내용을 다룬다.

이 장에서 다루는 내용

- 서포트 벡터 모델의 개요
- 분류 모델을 만들기 위한 준비 과정 및 데이터 시각화
- SVM 모델을 활용한 분류 모델 학습
- 정확도, 정밀도, 재현도, F-1 Score 등 분류 모델의 다양한 평가 지표 이해
- ROC 커브와 AUC를 사용한 모델 평가

목차

14장의 실습에 필요한 코드 예제는 이 책의 깃허브 페이지(https://github.com/skku-ai-textbook/aitextbook/blob/main/notebooks/CH14_Github.ipynb)에서 확인할 수 있다.

그림 14-1 실습 코드가 탑재된 깃허브 페이지

14.1 들어가며

분류 문제는 데이터의 특성을 활용해 데이터를 자동으로 분류하는 데 사용한다. 예를 들어 사진 속 인물의 키나 몸무게, 머리 길이, 화장 여부, 액세서리 착용 여부 등의 특성을 사용해 인물의 성별을 구별하는 것이 분류 문제 해결을 위한 인공지능에 해당한다. 분류 문제는 특정한 그룹에 속하는지 여부를 가리는 데 사용된다는 점에서 연속된 숫자를 예측하고자 하는 예측 문제와는 그 목적이 다르다고 할 수 있다. 분류 문제 해결을 위해 분류 모델 학습에 필요한 데이터는 남성이나 여성, 수도권이나 비수도권, 구매 여부, 재방문 여부 등 모델의 참과 거짓을 명확하게 구별할 수 있는 답이 필요하다.

분류 문제를 해결하는 인공지능을 만들 때는 의사결정나무Decision Tree나 로지스틱 회귀Logistic Regression 등 다양한 알고리듬을 사용할 수 있다. 이 장에서는 가장 일반적이고 기본적인 방법이라고 할 수 있는 서포트 벡터 머신을 사용해 사람들의 신문기사 열독 여부를 분류하는 인공지능을 만들어 볼 예정이다.

14.1.1 서포트 벡터 머신의 개념

서포트 벡터 머신은 분류 모델을 만드는 데 사용하는 지도 학습 기반의 알고리듬이다. 서포트 벡터 머신은 두 개 또는 그 이상의 그룹이 존재할 때 그 그룹이 갖고 있는 특징을 사용해 그룹의 분류를 위한 결정 경계^{decision boundary}를 정의하는 모델이라고 할 수 있다. 이때 서포트 벡터^{support vector}는 결정 경계선에 가장 가까운 데이터 포인트를 가리킨다. 서포트 벡터 머신은 이 서포트 벡터로부터 그룹을 결정 짓는 거리가 최대인 결정 경계선을 찾는 것을 목표로 한다. 서포트 벡터와 결정 경계선 사이를 마진^{margin}이라고 부른다.

예를 들어 설명해 보겠다. 어느 고등학교 학생들의 키와 몸무게, 성별을 기록한 데이터를 갖고 있다고 생각해 보자. 학생들의 키와 몸무게의 관계를 그림 14-2처럼 산점도를 사용해 표현했다. 남학생은 초록색 점으로, 여학생은 파란색 점으로 표시했다. 그림 14-2의 왼쪽 그림에서 볼 수 있는 것처럼 이 반의 학생들의 키와 몸무게라는 특성을 사용해 남학생과 여학생을 구분하는 여러 가지 선을 그릴 수가 있다.

이때 임의로 그은 선 L1, L2, L3 중 어떤 선이 두 그룹을 가장 잘 분류하는 선일까? 물론 이 데이터가 가상의 데이터라는 점에서 세 선 모두 두 그룹을 잘못 분류하는 오류가 없는 좋은 모델이다. 하지만 이 세 선 중 두 집단의 차이를 가장 명확하게 나타내는 것은 L2라고 할 수 있다. 그림 14-2의 오른쪽 그림은 서포트 벡터 머신을 사용해 서포트 벡터와 초평면^{hyperplane} 사이의 거리, 즉 마진을 최대화하는 결정 경계선의 예를 시각화한 것이다. 이때 학생의 성별을 구분하는 데 사용하는 L1, L2, L3의 위쪽에 위치하는 데이터는 남학생으로, 아래에 위치하는 데이터는 여학생으로 분류하게 된다.

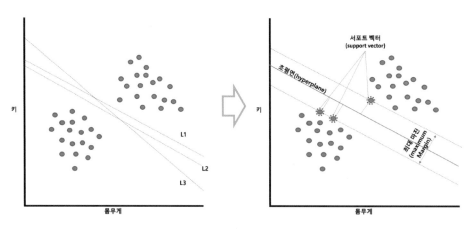

그림 14-2 서포트 벡터 모델의 예

14.2 분류 모델 학습 준비

이 실습에서는 신문 열독자와 비구독자 구분을 위해 서포트 벡터 머신을 사용해 이진binary 분류 모델을 만들어 보겠다. 이진 분류 모델이란 데이터를 참/거짓, 여성/남성 등 두 그룹으로 구분하는 모델을 의미한다.

> 팁 | 지도 학습 기반의 알고리듬을 사용해 세 개 이상의 그룹을 구분하는 인공지능 모델을 만들 수 있다. 이런 모델을 다항 분류 모델이라고 부른다.

이 실습에는 크게 세 종류의 라이브러리가 필요하다. pandas와 numpy처럼 데이터 처리와 정제에 관련된 라이브러리가 필요하고, matplotlib이나 seaborn처럼 데이터 시각화와 관련된 라이브러리가 필요하다. 또한 분류 문제 해결을 위한 서포트 벡터 머신 사용과 관련된 sklearn 라이브러리가 필요하다. 실습에 필요한 라이브러리를 불러오는 코드는 코드 예제 14-1에 제시돼 있다.

코드 예제 14-1 실습에 필요한 라이브러리

```
# 필요한 라이브러리 로딩
import numpy as np
import pandas as pd
```

```
# 시각화에 필요한 라이브러리 불러오기
import matplotlib as mpl
import matplotlib.pyplot as plt
import seaborn as sns
import matplotlib.ticker as ticker

# 분류 모델 학습에 필요한 라이브러리 불러오기
from sklearn.svm import SVC
from sklearn.model_selection import train_test_split
from sklearn.metrics import accuracy_score, precision_score,
    recall_score, f1_score
from sklearn.model_selection import cross_val_score, KFold
from sklearn.metrics import average_precision_score
from sklearn.metrics import confusion_matrix
from sklearn.metrics import precision_recall_curve,
    plot_precision_recall_curve
from sklearn.metrics import roc_auc_score, plot_roc_curve
```

14.2.1 데이터 준비

먼저 실습을 위해 10장에서 전처리를 실시한 데이터를 불러온 후 본격적인 분석에 앞서 기본적인 탐색적 분석을 실시하겠다. .shape()와 .head()를 사용해 실습에 필요한 데이터를 제대로 불러왔는지 확인해 보자. 코드 예제 14-2의 결과에서 확인할 수 있는 것처럼 이 데이터에는 총 10개의 특성을 저장한 5,000여 개의 개별 데이터가 존재한다.

코드 예제 14-2 데이터 불러오기

```
df = pd.read_csv("https://raw.githubusercontent.com/
    skku-ai-textbook/aitextbook/main/data/CH13-data1.csv")
print("데이터셋은 총 {}개의 행과 {}개의 열로 이뤄져있다".format(*df.shape))

# 첫 5행 출력
df.head(5)
```

데이터 셋은 총 5000개의 행과 10개의 열로 이뤄져 있다

	age	gender	income	edu	city	smartphone	sns	movieNm	theaterNm	newspaper	
0	33	0	6	6	1	1	0	4	1	0	
1	79	1	1	2	0	0	0	0	0	0	
2	49	0	8	5	1	1	0	5	0	1	
3	31	1	1	5	1	1	1	12	0	0	
4	55	0	6	5	1	1	1	0	0	1	

이 데이터에 포함된 변수들을 살펴보면 표 14-1과 같다. 10장에서 전처리를 했기 때문에 데이터의 전처리는 따로 하지 않도록 하겠다. 해당 데이터의 전처리에 대한 내용은 10장을 참조하길 바란다.

표 14-1 분류 학습 모델을 만들 때 사용되는 데이터

변수명	특성
age	나이
gender	성별
income	개인소득
edu	최종학력
city	거주지 구분
smartphone	스마트폰 소유 여부
sns	SNS 이용 여부
movieNm	영화 관람횟수
theaterNm	공연 관람횟수
newspaper	신문기사 열독 여부

14.2.2 탐색적 분석

이 실습에서 분류하고자 하는 신문기사 열독 여부는 데이터프레임의 newspaper라는 변수에 저장돼 있다. 이 문항은 설문 응답자에게 "귀하께서는 신문기사(유료 신문,

무료 신문, 인터넷 신문, 포털을 통한 기사 구독 모두 포함)를 읽고 계십니까?"라는 질문에 대한 응답을 다룬다. 신문기사 열독자인 경우는 1, 신문기사 열독자가 아닌 경우는 0으로 저장돼 있다. 코드 예제 14-3의 결과에서 확인할 수 있는 것처럼 신문기사 열독자는 전체의 약 53%에 해당하는 2,667명으로 나타났다.

> 팁
> 1. 어떤 변수에 포함된 값들을 확인하려면 pandas의 .value_counts()를 사용한다.
> 2. isnull()과 sum()을 조합하면 특정 변수의 결측값의 개수를 확인할 수 있다.

코드 예제 14-3 신문기사 열독자 수 및 결측값 확인

```
# 신문기사 열독 여부 확인
print(df['newspaper'].value_counts())

# 결측값이 있는 행 확인
print('\n결측값이 있는 행의 수: {}'.format(df['newspaper'].
    isnull().sum()))
```

```
1    2667
0    2333
Name: newspaper, dtype: int64

결측값이 있는 행의 수: 0
```

각 특성별로 신문 구독 여부와 어떤 관계가 있고, 신문 열독자 여부에 따른 분포도가 어떻게 달라지는지를 시각화해 보겠다. 이때 성별, 거주지 구분, SNS 이용 여부, 스마트폰 소유 여부 등의 특성은 0과 1로 유/무를 표시하는 범주형 데이터이기 때문에 성별, 거주지의 행정구역 차이에 따라 신문기사 열독자의 비율이 어떻게 다른지를 시각화했다. 나이, 개인소득, 최종학력과 같은 특성의 경우 각 변수에 포함된 범주가 다양하기 때문에 신문기사 열독자 여부에 따라 해당 변수의 각 값의 분포가 어떻게 달라지는지를 살펴봤다.

코드 예제 14-4는 데이터 시각화를 수행하는 코드이다. 이 때 나이를 제외한 다른 특성의 경우 범주의 개수가 그리 많지 않아 seaborn 패키지의 .countplot()을 사용하고, 나이의 경우 자료 범위가 크기 때문에 분포도를 그릴 때 상대적으로 유리한 seaborn 패키지의 .histplot()을 사용했다. 시각화 과정에서 X축은 표시할 특성 (예: 성별, 나이), hue는 신문기사 열독 여부로 설정했는데 이는 신문기사 열독자 여부에 따라 색을 다르게 시각화하라는 의미이다.

데이터의 시각화를 통해 살펴보면 신문 구독 여부에 따라 특성의 분포가 조금씩 다름을 알 수 있다. 예를 들어 학력 수준(edu)을 기준으로 신문 구독 여부를 비교해 보면 최종학력 수준이 높은 응답자가 그렇지 않은 응답자에 비해 신문 구독을 더 많이 하고 있음을 알 수 있다.

코드 예제 14-4 분류 모델 실습에 사용할 데이터 시각화

```python
# 캔버스 설정
figure, axs = plt.subplots(nrows=3, ncols=3)
figure.set_size_inches(16,16)

# 신문기사 열독 여부별 나이 특성을 분포도로 표시
sns.histplot(data=df, x='age', hue='newspaper', ax=axs[0,0])

# 각 특성별 신문기사 열독 여부 차이 시각화
for i, cols in enumerate(df.columns[1:9]): # 각 특성 선택

    # 8개의 이미지 배치를 위한 i값 설정
    i=i+1 # 그래프 배치
    ax = sns.countplot(data=df, x=cols, hue='newspaper', ax=axs[i//3, i%3])
```

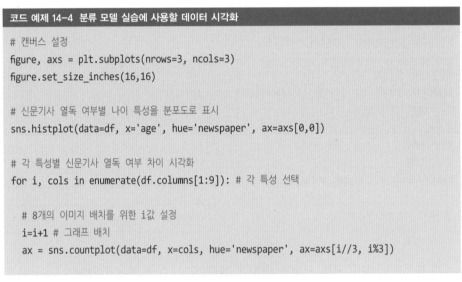

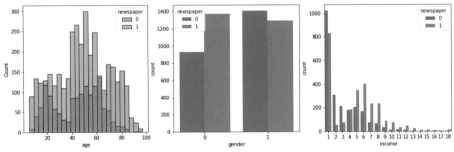

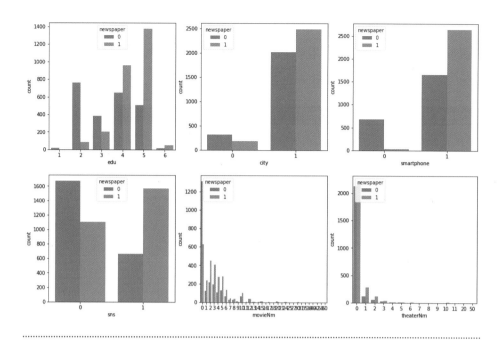

14.3 분류 모델 학습

14.3.1 데이터 준비

분류 모델의 학습과 교차 검증을 위해서 데이터를 학습 데이터와 검증 데이터로 나누도록 하겠다. 학습 데이터셋과 검증 데이터셋의 크기는 각각 75%와 25%로 설정했다. 코드 예제 14-5는 분류 모델 학습을 준비하는 데이터를 생성하는 코드이다. 해당 코드는 다음과 같은 작업을 수행한다.

1. 신문기사 열독자 분류 모델을 만들려면 먼저 기존의 데이터프레임에서 학습에 사용할 특성을 분류해 데이터프레임 X에 저장한다. 분류 대상이 되는 신문 구독 변수 또한 독립적인 데이터프레임 Y에 저장한다.
2. sklearn의 train_test_split을 사용해 훈련 및 검증 데이터로 나눌 수 있다. 이때 검증에 사용하는 데이터의 크기는 전체의 25%로 정했다.

코드 예제 14-5의 결과를 확인하면 전체 5,000개의 사례 중 학습 데이터셋으로 분류된 사례는 3,750명이고, 검증 데이터셋으로 분류된 사례는 1,250명으로 전체 응답자의 25%에 해당하는 것을 확인할 수 있다.

코드 예제 14-5 학습 및 검증 데이터 준비

```python
# 데이터 준비
X = df.drop(columns=['newspaper']) # 예측에 활용한 데이터 제거
Y = df['newspaper'] # 예측할 변인 저장

# 데이터셋을 훈련과 검증 데이터셋으로 분리
X_train, X_test, y_train, y_test = train_test_split(X, Y,
    test_size=0.25, random_state=1)

# 데이터셋 크기 출력
print("전체데이터셋의 크기: {0}\n학습데이터셋의 크기: {1} \n검증데이터셋의 크기:
    {2}\n검증데이터셋의 비율: {3}%"\
    .format(len(df), len(X_train), len(X_test), len(X_test)/len(df)))
```

```
전체데이터셋의 크기: 5000
학습데이터셋의 크기: 3750
검증데이터셋의 크기: 1250
검증데이터셋의 비율: 0.25
```

14.3.2 분류 모델 학습

파이썬 sklearn 라이브러리에서 서포트 벡터 모델을 사용하려면 sklearn.svm의 SVC를 사용해야 한다. SVC는 C와 gamma라는 두 모수hyperparameter에 대한 아규먼트가 필요하다. C는 분류 알고리듬이 분류 오류error에 얼마나 관대할 것인지를 결정하는 모수로 비용 함수라고 부른다. C가 작을수록 분류를 위해 포함되는 오류가 많아진다. gamma는 서포트 벡터 모델에서 두 명목을 분류하는 선이 얼마나 굴곡이 있을지를 결정하는 모수이다. gamma가 높을수록 경계의 굴곡이 많아진다. sklearn에서 비용 함수 C와 gamma를 따로 지정하지 않으면 기본적으로 설정된 값이 적용된다. 그림 14-3은 SVC

의 C와 gamma를 변경하는 것이 서포트 벡터 머신의 결정 경계선에 어떤 영향을 주는 지를 시각화한 것이다.

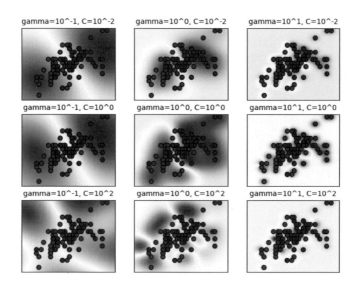

그림 14-3 C와 gamma에 따른 서포트 벡터 머신의 결정 경계선의 변화 시각화

(출처: https://scikit-learn.org/stable/auto_examples/svm/plot_rbf_parameters.html)

먼저 새로운 미디어를 사용하는 것이 신문 구독 여부와 관계가 있을 수 있다. 이런 측면을 고려해서 스마트폰 소유 여부(smartphone)와 SNS 이용 여부(sns)라는 두 특성을 사용해 신문기사 열독자 분류 모델을 학습시키도록 하겠다. 코드 예제 14-6에는 모델 학습에 필요한 코드가 제시돼 있다. 해당 코드는 다음과 같은 작업을 수행한다.

1. `sklearn.svm`의 SVC를 사용해 서포트 벡터 모델을 만들기로 선언한다. 비용 함수(C)와 감마(gamma) 값은 SVC의 기본값을 활용하겠다.
2. 선언된 모델에 `.fit()`을 사용해 분류에 사용하는 특성을 갖고 있는 데이터 X와 분류 대상이 되는 데이터프레임 Y를 투입해 모델을 학습시킨다. 이때 분류에 사용하고자 하는 특성의 이름을 리스트 형태로 지정한다.

```
# 학습에 사용할 특성들 지정
list_of_features = ['smartphone','sns']

# 모델 학습
print('총 {feat} 개의 특성을 사용해 신문구독자 분류모델을 학습한다'\
      .format(feat=len(X_train[list_of_features].columns))) # 사용되는 특성 개수 출력

# 학습 모델 선언
svm = SVC(probability=True)

# 학습
svm.fit(X_train[list_of_features], y_train)
```

총 2 개의 특성을 사용해 신문구독자 분류모델을 학습한다
SVC(probability=True)

14.4 모델 평가

14.4.1 혼동행렬

모델이 만들어지면 모델의 성능 평가를 위해 검증을 실시해야 한다. 다시 말해 학습 데이터로 만들어진 모델을 사용해 검증 데이터를 얼마나 잘 분류하는지 살펴 봐야 한다. 이때 모델 성능을 평가하는 데 사용하는 지표로는 정확도[Accuracy], 정밀도[Precision], 재현도[Recall], F-1 스코어[F-1 Score]가 있다.

각 지표는 모두 장단점이 존재하기 때문에 모델의 목적에 따라 어떤 지표를 사용하는 것이 적절한지에 대한 판단이 필요하다. 신문 열독자 분류 모델의 성능 확인을 위해 먼저 혼동행렬[Confusion Matrix]을 출력해 보겠다. 혼동행렬의 결과는 모델이 실제 신문 열독자를 얼마나 잘 분류했는지 판단하는 데 활용된다.

> 팁 ｜ 분류 모델의 성능을 평가하기 위한 혼동행렬을 오차행렬로 부르는 경우도 있다.

코드 예제 14-7은 학습된 분류 모델을 활용해 혼동행렬을 만드는 코드이다. 혼동 행렬은 다음과 같은 과정을 통해 만들어진다.

1. 학습한 모델을 검증 데이터셋에 적용해 신문기사 열독자를 분류해야 한다. 분류에 .predict()를 사용한다. 이는 학습된 모델을 사용해 학습에 사용하지 않은 데이터를 분류해 보는 것이다. 예를 들어 학습한 모델을 저장한 객체가 svm이라면 svm.predict(검증데이터)의 형식을 사용한다.

2. confusion_matrix는 혼동행렬을 만들어 주는 함수이다. .predict()를 사용해 분류한 값과 실제 값(y_test)의 결과를 비교한다. confusion_matrix는 실제 데이터(y_test)와 모델을 사용해 분류한 데이터가 모두 필요하다.

3. 신문기사 열독자 분류 모델이 이진 분류 모델이기 때문에 confusion_matrix는 2×2 행렬을 결괏값으로 반환한다.

코드 예제 14-7 혼동행렬 만들기

```
# 검증 데이터셋으로 결과 예측
preds = svm.predict(X_test[list_of_features])
cf_matrix = confusion_matrix(y_test, preds)

# 혼동행렬 출력
print(cf_matrix)

# 혼동행렬 값을 변수에 저장
tn, fp, fn, tp = (cf_matrix[0,0], cf_matrix[0, 1],
    cf_matrix[1,0], cf_matrix[1,1])
```

```
[[180 402]
 [  5 663]]
```

다음 표는 코드 예제 14-7에 제시된 혼동행렬을 좀 더 이해하기 쉽게 바꾼 결과이다. 혼동행렬의 행은 실제 데이터 값을 의미하고, 혼동행렬의 열은 모델이 분류한 값을 의미한다.

	모델이 신문기사 비열독자로 분류 (0)	모델이 신문기사 열독자로 분류 (1)
실제 신문기사 비열독자 (0)	비열독자를 비열독자로 정확히 분류(TN): 180	비열독자를 열독자로 잘못 분류(FP): 402
실제 신문기사 열독자 (1)	열독자를 비열독자로 잘못 분류(FN): 5	열독자를 열독자로 정확히 분류(TP): 663

혼동행렬을 자세히 살펴보면 비열독자를 비열독자로 정확히 분류[TN, True Negative]한 사례는 180명으로 나타났다. 열독자를 열독자로 정확히 분류[TP, True Positive]한 사례는 663명이다. 비열독자를 열독자로 잘못 분류[FP, False Positive]하거나 열독자를 비열독자로 잘못 분류[FN, False Negative]한 사례는 각각 402명과 5명으로 나타났다. 실제 모델의 성능을 평가하는 정확도와 정밀도, 재현도 및 F-1 스코어는 모두 이 혼동행렬에 나타난 결괏값을 기반으로 계산한다. 이런 계산이 가능한 것은 우리가 실제로 검증 데이터셋에 신문 열독자가 668명임을 알기 때문이다(코드 예제 14-8 참조).

코드 예제 14-8 실제 신문기사 열독자 및 비열독자 사례 수 출력

```
# 실제 신문기사 열독자 수 확인
print("검증데이터셋에 포함된 응답자 중 실제 신문기사를 읽고 있다고 대답한 응답자의 수: {}".\
    format(len(y_test[y_test==1])))
```

검증데이터셋에 포함된 응답자 중 실제 신문기사를 읽고 있다고 대답한 응답자의 수: **668**

14.4.2 혼동행렬을 사용해 평가 지표 구하기

분류 모델을 학습시키고 혼동행렬[Confusion Matrix]을 만들면 신문 열독자 분류 모델이 얼마나 잘 동작했는지를 평가할 수 있다. 여기서는 혼동행렬을 사용해 실제 모델의 성능을 평가해 보도록 하겠다. 12장에서 살펴본 것처럼 분류 모델의 성능 평가는 모델이 분류한 데이터가 실제 데이터와 얼마나 유사한지를 평가하는 것이다. 평가 결과이 모델의 재현도는 99.3%로 상당히 우수하지만, 정확도와 정밀도는 각각 67.4%와 62.3%로 상대적으로 낮은 것을 알 수 있다. 이는 이 모델의 위양성 비율[False Positive Rate

이 높다는 의미다. 다시 말해 가짜를 진짜로 잘못 판단하는 경우가 많았다는 뜻이다. 그렇기 때문에 위양성에 따라 발생하는 문제가 큰 경우 이 모델을 사용해 데이터를 분류하면 문제가 생길 수 있다. 위양성 비율과 위음성 비율에 따라 모델을 평가하는 방식에 대해서는 뒤에서 좀 더 자세히 다루도록 하겠다.

혼동행렬을 통해 평가 지표를 구하는 방식은 다음과 같다.

- 정확도는 모델이 실제로 정확히 분류한 신문 열독자(663명)와 비구독자(180명)가 전체 데이터에서 차지하는 비율을 나타낸다. 즉 정확도 $= \frac{TP+TN}{FP+FN+FP+FN}$ $= \frac{TP+TN}{FP+FN+FP+FN} = .674$이다.
  다시 말해 전체 데이터의 67.4%를 제대로 분류했다는 것을 의미한다.
- 정밀도는 모델이 신문 열독자로 분류한 사례 중(663+402) 실제 신문 열독자가 얼마인지의 비율을 사용해 모델 성능을 평가한다. 이 분류 모델의 정밀도는 $\frac{TP}{TP+FP} = \frac{663}{(663+402)} = .623$이다. 이는 모델이 신문기사 열독자로 분류한 사람들 중 약 62.3%만이 정확하게 분류된 것을 의미한다.
- 재현도는 실제 데이터 속의 신문 열독자(663+5) 중에서 모델이 구독자를 얼마나 잘 분류했는지를 기준으로 모델의 성능을 평가한다. 이 모델의 재현도는 $\frac{TP}{(TP+FN)} = \frac{663}{(663+5)} = .993$이다. 이는 학습된 모델이 신문기사 열독자라고 분류한 사례 중 약 99.3%가 실제 데이터와 일치하는 것을 의미한다.
- F-1 스코어는 정밀도(예측된 결과에서 실제 결과가 제대로 예측된 비율)와 재현도(실제 데이터 중 제대로 예측된 비율)의 상대 비율을 통해 모델의 성능을 평가하는 지표이다. 두 지표 중 하나의 값이 다른 지표에 비해 상대적으로 높으면 F-1 스코어는 작아질 가능성이 있다. 이 모델의 F-1 스코어는 다음과 같은 공식으로 구한다. $F\text{-}1 = \frac{2}{\frac{1}{Recall} + \frac{1}{Precision}} = 2 * \frac{Precision*Recall}{Precision+Recall} = 2 * \frac{(.993*.623)}{(.623+.993)} = .765$

코드 예제 14-9는 혼동행렬의 결괏값을 사용해 모델의 평가 지표를 구하는 코드이고, 코드 예제 14-10은 sklearn 라이브러리의 모델 평가 지표를 구하는 함수를 사용해 정확도, 정밀도, 재현도 그리고 F-1 스코어를 구하는 코드이다. 라이브러리에서 제공하는 함수를 사용해 각각의 평가 지표를 구하려면 sklearn.metrics의

accuracy_score, precision_score, recall_score, f1_score를 사용하면 된다. 코드 예제 14-9와 14-10의 결과를 비교해 보면 알 수 있는 것처럼 혼동행렬 결과를 사용해 모델을 평가한 결과와 sklearn의 함수를 사용해 평가 지표를 구한 결과가 동일하다.

코드 예제 14-9 혼동행렬 결과를 활용해 분류 모델 평가 지표 구하기

```
# 평가 지표 계산
accuracy = (tp+tn)/(tp+fp+tn+fn) # 정확도
precision = (tp)/(tp+fp) # 정밀도
recall  = (tp)/(tp+fn) # 재현도
f1 = 2*(precision*recall)/(precision+recall) # F-1

# 평가 지표 출력
print("모델 정확도      : {0:.3f}".format(accuracy))
print("모델 정밀도      : {0:.3f}".format(precision))
print("모델 재현도      : {0:.3f}".format(recall))
print("모델 F-1 스코어 : {0:.3f}".format(f1))
```

```
모델 정확도     :    0.674
모델 정밀도     :    0.623
모델 재현도     :    0.993
모델 F-1 스코어 :    0.765
```

코드 예제 14-10 sklearn 함수를 이용해 분류 모델 평가 지표 구하기

```
# 평가 지표 구하기
accuracy_svm1 = accuracy_score(y_test, preds)
precision_svm1 = precision_score(y_test, preds)
recall_svm1 = recall_score(y_test, preds)
f1_svm1 = f1_score(y_test, preds)
auc_svm1 = roc_auc_score(y_test, preds)

# 평가 지표 출력
print("\n모델 정확도     : {s:8.3f}".format(s=accuracy_svm1))
print("모델 정밀도     : {s:8.3f}".format(s=precision_svm1))
print("모델 재현도     : {s:8.3f}".format(s=recall_svm1))
print("모델 F-1스코어 : {s:8.3f}".format(s=f1_svm1))
```

```
모델 정확도     :     0.674
모델 정밀도     :     0.623
모델 재현도     :     0.993
모델 F-1스코어 :     0.765
```

14.4.3 Receiver Operating Characteristics(ROC) 커브를 사용해 모델 평가하기

지금까지는 혼동행렬의 결괏값을 사용해 모델을 평가해 봤다. 혼동행렬 외에도 분류 모델의 성능 평가에 ROC 커브^{Receiver Operating Characteristics Curve}를 보완적으로 사용하기도 한다. ROC 커브는 민감도^{Sensitivity}와 특이도^{Specificity}라는 두 지표를 사용해 학습된 모델의 성능을 평가한다.

민감도는 참을 참이라고 정확히 예측한 비율을 의미한다. 14장에서 사용한 데이터의 예를 들어 설명하면 신문기사 열독자를 열독자로 정확히 분류한 비율을 의미한다. 특이도는 반대로 거짓을 거짓이라고 정확히 분류한 비율을 의미한다. 우리가 실습에서 사용하는 데이터의 경우 신문기사 비열독자를 비열독자로 정확히 분류한 비율을 의미한다. ROC 커브는 민감도와 위양성 비율의 관계를 보여준다. 위양성 비율은 거짓을 참이라고 잘못 분류하는 정도를 의미하는데 이는 1-특이도와 동일하다. 다시 말해 신문기사 비열독자를 신문기사 열독자로 잘못 분류하는 비율을 의미한다. 각 모델의 민감도와 특이도, 위양성 비율은 다음 공식처럼 혼동행렬의 결괏값을 사용하면 계산할 수 있다.

$$민감도 = \frac{TP}{TP + FN}$$

$$특이도 = \frac{TN}{TN + FN}$$

$$위양성\ 비율 = 1 - 특이도 = 1 - \frac{TN}{TN + FP} = \frac{(TN + FP) - TN}{TN + FP}$$

ROC 커브를 사용해 모델을 평가하는 방법을 이해하려면 우선 민감도와 특이도, 위양성 비율에 대해 이해할 필요가 있다. 먼저 민감도를 높이려면 어떤 방법을 써야 할까? 민감도를 높이려면 참이라고 판단하는 기준(14장에서는 신문기사 열독자로 판단하는 기준)을 낮추면 된다. 즉 우리 모델에서 모든 신문기사 열독자를 신문기사 열독자로 정확히 분류하려면 검증 데이터셋에 있는 1,250명 모두를 신문기사 열독자로 분류하면 된다. 이처럼 1,250명 모두를 신문 열독자로 분류하면 신문기사 열독자가 비열독자로 잘못 분류되는 사례가 하나도 없기 때문에 민감도는 1이 된다.

하지만 민감도가 높은 모델이 항상 좋은 모델은 아니다. 민감도를 높이면 반대로 잘못된 판단을 할 비율 역시 높아질 수 있기 때문이다. 위에서 살펴본 것처럼 민감도가 1인 신문기사 열독자 분류 모델의 경우를 살펴보겠다. 민감도가 1인 모델은 민감도를 높이려고 실제로는 신문기사 비열독자인 사례까지 모두 신문기사 열독자로 분류하게 된다. 이는 반대로 거짓을 참으로 잘못 예측한 비율이 높아짐을 의미한다. 즉 이 모델이 모든 사례를 신문기사 비열독자로 분류하지 않았기 때문에 특이도가 0이 된다. 이때 위양성 비율은 1-특이도이기 때문에 1이다.

그렇다면 특이도를 높이려면 어떻게 해야 할까? 민감도를 높이는 경우처럼 모든 사례를 다 거짓으로 분류하면 특이도가 높아진다. 우리 모델에서 모든 응답자를 신문기사 비열독자로 분류하면 비열독자 중 한 사람도 열독자로 잘못 분류되는 일이 없어진다. 이 경우 특이도는 1이고, 위양성 비율은 0이 된다. 하지만 모든 신문기사 열독자가 비열독자로 잘못 분류되기 때문에 민감도는 0이 된다.

그림 14-4는 임곗값Threshold에 따라 민감도, 특이도, 위양성 비율이 변화하는 과정의 예를 시각화한 것이다. 그림 14-4는 30개의 데이터 중 양성은 11개, 음성은 19개이다. 그림 14-4의 첫 번째 그림은 양성 판단 기준의 임곗값을 0으로 설정했을 때를 보여준다. 이때 30개의 데이터가 모두 양성으로 분류된다. 이 경우 11개의 양성을 모두 양성으로 판단했기 때문에 민감도가 1이고, 19개의 음성 중 제대로 음성으로 판단된 경우가 없으므로 특이도는 0이 된다. 마찬가지로 19개의 음성이 모두 양성으로 판단됐기 때문에 위양성 비율은 1이다. 그림 14-4의 세 번째 그림처럼 양성 판단 기준의 임곗값을 60으로 설정하면 모델이 추정한 양성 확률이 60%보다 낮아

스무 개의 데이터가 모두 음성으로 분류된다. 이때 11개의 양성 중 8개가 양성으로 분류됐기 때문에 민감도는 .72이고, 19개의 음성 중 2개가 양성으로 잘못 분류돼 특이도는 약 .89로 계산됐다. 이처럼 모델이 양성으로 분류하는 기준인 임곗값을 높게 설정할수록 민감도가 낮아지고, 특이도는 높아지는 것을 확인할 수 있다.

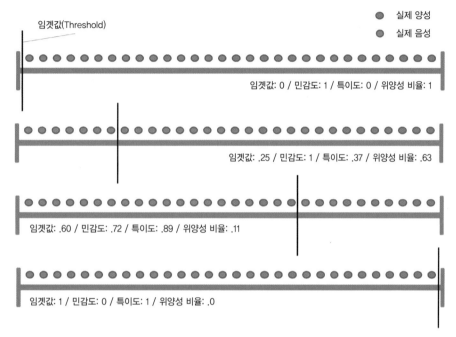

그림 14-4 임곗값에 따른 민감도, 특이도, 위양성 비율의 변화

그렇다면 우리가 학습한 모델을 사용해 ROC 커브를 어떻게 그릴 수 있을까? SVM을 사용해 신문 열독자를 분류하면 각 응답자가 갖고 있는 특성에 따라 모델이 해당 응답자를 신문 열독자로 판단하는 확률이 계산된다. 이때 특정 임곗값을 사용해 신문 열독자 여부를 판단할 수 있다. 만약 우리가 학습시킨 인공지능 모델이 어떤 사람이 신문기사 열독자일 확률을 70%라고 추정했다고 해보자. 임곗값을 80%로 정한다면 이 사람은 신문기사 비열독자로 분류될 것이다. 반면 신문기사 열독자로 분류할 확률을 60% 이상인 사람으로 정한다면 이 사람은 신문기사 열독자로 분류될 것이다.

일반적으로 신문기사 열독자로 판단하는 확률의 임곗값을 낮추면 신문기사 열독자를 신문기사 비열독자로 잘못 분류하는 경우가 줄어들기 때문에 민감도가 높아진다고 볼 수 있다. 반면 신문기사 열독자로 판단하는 확률의 임곗값을 높이면 신문기사 비열독자가 신문기사 열독자로 잘못 분류될 가능성이 낮아지기 때문에 특이도가 높아지게 된다. 다시 말해 두 그룹을 구분하는 임곗값을 변화시키면 신문기사 열독자로 분류되는 응답자의 수를 계산해 볼 수 있다.

sklearn으로 학습된 모델에 predicted_proba를 사용하면 이용자마다 신문기사 열독자일 확률을 구할 수 있다. 이렇게 구한 확률을 활용하면 임곗값에 따라 열독자와 비열독자로 분류되는 비율을 구해볼 수 있다. 코드 예제 14-11은 각 임곗값에 따라 신문기사 열독자로 분류되는 응답자의 수를 구하는 코드이다.

코드 예제 14-11 임곗값에 따라 신문기사 열독자로 분류되는 응답자의 수 구하기

```
# 신문기사 열독자일 확률값 계산
probs=pd.DataFrame(svm.predict_proba(X_test[list_of_features]))[0]
probs.head()

# 임곗값에 따라 신문기사 열독자로 분류되는 응답자의 수 계산하기
for i in np.arange(0,1.1,.1):
    print("임곗값을 {0:.0f}%로 설정 했을 때 신문기사 열독자로 분류되는 응답자의
    수 {1}".format(i*100, len(probs[probs>=i])))
```

임곗값을 0%로 설정 했을 때 신문기사 열독자로 분류되는 응답자의 수 1250
임곗값을 10%로 설정 했을 때 신문기사 열독자로 분류되는 응답자의 수 1250
임곗값을 20%로 설정 했을 때 신문기사 열독자로 분류되는 응답자의 수 1250
임곗값을 30%로 설정 했을 때 신문기사 열독자로 분류되는 응답자의 수 1250
임곗값을 40%로 설정 했을 때 신문기사 열독자로 분류되는 응답자의 수 185
임곗값을 50%로 설정 했을 때 신문기사 열독자로 분류되는 응답자의 수 185
임곗값을 60%로 설정 했을 때 신문기사 열독자로 분류되는 응답자의 수 185
임곗값을 70%로 설정 했을 때 신문기사 열독자로 분류되는 응답자의 수 185
임곗값을 80%로 설정 했을 때 신문기사 열독자로 분류되는 응답자의 수 185
임곗값을 90%로 설정 했을 때 신문기사 열독자로 분류되는 응답자의 수 185
임곗값을 100%로 설정 했을 때 신문기사 열독자로 분류되는 응답자의 수 0

ROC 커브는 특정 사례를 분류하는 기준에 따라 민감도와 위양성 비율(1-특이도)의 관계가 어떻게 변하는지 그래프를 통해 보여준다. ROC 커브의 Y축은 민감도를, X축은 위양성 비율을 의미한다. ROC 커브의 아래의 면적을 구해서 커브 아래의 면적 $^{AUC, Area Under Curve}$의 비율이 높을수록 좋은 모델이라고 평가한다. 일반적으로 70% 이상이면 모델의 성능이 양호한 것으로 평가한다. 표 14-2에는 AUC 비율에 따라 모델 성능을 평가하는 기준이 제시돼 있다.

표 14-2 ROC 커브의 AUC에 따른 모델 성능 평가

AUC 비율	모델 평가 기준
50~60%	실패한 모델
60~70%	안 좋은 모델
70~80%	양호한 모델
80~90%	좋은 모델
90~100%	훌륭한 모델
100%	완벽한 모델

파이썬에서는 `sklearn.metrics` 모듈의 `plot_roc_curve` 함수를 사용하면 실제 모델의 ROC 커브를 그릴 수 있다. 코드 예제 14-12에는 `sklearn`을 사용해 ROC 커브를 그리는 코드가 제시돼 있다. 이 코드는 다음과 같은 작업을 수행한다.

1. ROC 커브를 그리는 데 필요한 `plot_roc_curve`는 학습한 모델과 분류 모델을 학습하는 데 사용된 변수들을 포함한 데이터프레임과 분류하려는 대상의 참 값$^{Ground Truth}$을 저장하고 있는 데이터프레임의 세 아규먼트를 요구한다.
2. 만들어진 플롯을 `matplotlib`을 사용해 시각화하면 ROC 커브가 그려지고 AUC 또한 자동적으로 계산된다.

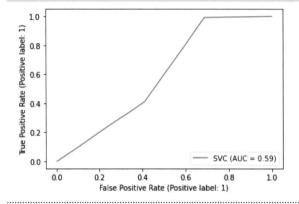

코드 예제 14-12의 결과에서 볼 수 있는 것처럼 스마트폰 소유 여부와 SNS 이용 여부에 따라 신문기사 열독자를 분류한 모델은 AUC가 59%로 나타났다. 이는 AUC 평가 기준으로 봤을 때 실패한 모델에 해당된다.

14.5 모델 성능 개선

14.5.1 모델 개선: 분류에 사용하는 특성이 많아지면 모델 성능이 향상될까?

앞서 실습한 결과에 따르면 SNS 이용 여부와 스마트폰 소유 여부라는 두 가지 특성을 사용해 신문기사 열독자를 분류한 모델은 성능이 그리 뛰어나지 않았다. 그렇다면 분류 모델을 만들 때 앞서 사용한 두 변수 외에 다른 변수를 투입하면 성능이 더 좋아질 수 있을까? 이를 알아보려고 데이터프레임에 존재하는 나이[age], 성별[gender], 소득수준[income] 등 인구통계학적 특성에 해당하는 변수를 추가해 모델을 학습시켜 보도록 하겠다. 코드 예제 14-13은 기존의 모델에 인구통계학적 변수를 추가해 분류 모델을 학습시킨 결과를 보여준다.

코드 예제 14-13 인구통계학적 모델을 추가한 분류 모델

```python
# 특성 추가
list_of_features2 = ['smartphone','sns','age', 'gender',
    'income','edu','city']

# 모델 학습
svm2 = SVC(probability=True)
svm2.fit(X_train[list_of_features2], y_train)

# 검증 및 성능 평가
preds2 = svm2.predict(X_test[list_of_features2])
print(confusion_matrix(y_test, preds2))

# 정확도, 정밀도, 재현도, F1 스코어 등 평가 지표 구하기
accuracy_svm2 = accuracy_score(y_test, preds2) # 정확도
precision_svm2 = precision_score(y_test, preds2) # 정밀도
recall_svm2 = recall_score(y_test, preds2) # 재현도
f1_svm2 = f1_score(y_test, preds2) # F-1 스코어

# 평가 지표 출력
print("\n정확도    : {s:8.3f}".format(s=accuracy_svm2))
print("정밀도    : {s:8.3f}".format(s=precision_svm2))
print("재현도    : {s:8.3f}".format(s=recall_svm2))
print("F-1스코어 : {s:8.3f}".format(s=f1_svm2))
```

```
[[338 244]
 [105 563]]

정확도    :    0.721
정밀도    :    0.698
재현도    :    0.843
F-1스코어 :    0.763
```

먼저 코드 예제 14-13에 나타난 혼동행렬의 결과를 기존의 모델과 비교하면 표 14-3에 나타난 것과 같다.

표 14-3 모델 성능 비교

	모델이 신문기사 비열독자로 분류 (0)	모델이 신문기사 열독자로 분류 (1)
실제 신문기사 비열독자 (0)	비열독자를 비열독자로 정확히 분류 (TN): 180 –〉 338	비열독자를 열독자로 잘못 분류(FP): 402 –〉 244
실제 신문기사 열독자 (1)	열독자를 비열독자로 잘못 분류(FN): 5 –〉 105	열독자를 열독자로 정확히 분류(TP): 663 –〉 563

앞서 스마트폰 소유 여부, SNS 이용 여부의 두 특성만을 사용해 학습시킨 모델에 비해 신문 비구독자로 분류된 사례가 180명에서 338명으로 상당히 높아진 것을 확인할 수 있다. 이는 비구독자를 구독자로 잘못 분류(FP)한 수가 402명에서 244명으로 줄어들었기 때문이다. 반면 실제 구독자를 비구독자로 잘못 분류하는 정도는 5명에서 105명으로 높아졌다. 구독자를 제대로 분류했던 사례 수도 663명에서 563명으로 약간 줄어들었다.

코드 예제 14-13의 결과에서 볼 수 있는 것처럼 재현도를 제외한 다른 지표에서 인구통계학적 특성을 추가한 모델의 성능이 기존 모델에 비해 상대적으로 향상된 것을 확인할 수 있다. 이제 앞서 모델 평가에서도 사용한 ROC 커브와 AUC를 사용해 모델의 성능을 평가해 보겠다. 변경된 모델의 AUC는 .76으로 나타났다. 이는 기존의 두 특성만을 사용한 모델에 비해 성능이 향상된 것을 의미한다. 새로운 모델의 ROC 커브를 그리는 코드는 코드 예제 14-14에 제시돼 있다.

코드 예제 14-14 새로운 모델의 ROC 커브 그리기

```
# plot_roc_curve 펑션을 통한 ROC 커브 그리기
plot_roc_curve(svm2, X_test[list_of_features2], y_test)
plt.show()
```

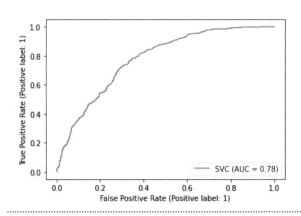

14.5.2 변수를 계속 추가하면 모델의 성능이 계속 향상될까?

이 장에서 실습에 사용한 한국미디어패널 조사에는 응답자의 특성으로 활용할 수 있는 다양한 설문 문항이 존재한다. 그렇다면 변수를 추가해 모델 성능을 향상시킨 것처럼 더 많은 변수를 추가하면 성능이 지속적으로 향상될까? 확인을 위해 기존 데이터의 나머지 특성을 모두 사용해 학습한 모델이 실제로 더 나은 성능을 보여주는지 확인해 보도록 하겠다. 앞서 시행한 학습 과정과 같이 SVC를 사용해 학습시킬 모델을 구축해 모델을 학습시킨다. 코드 예제 14-15에는 데이터에 존재하는 모든 변수를 투입해 신문기사 열독자 분류 모델을 학습하고 모델의 성능을 평가하는 코드가 제시돼 있다.

코드 예제 14-15 모든 변수를 투입한 모델 학습

```
# 학습에 사용할 특성 지정
list_of_features3 = ['smartphone','sns','age', 'gender',
    'income','edu','city','movieNm','theaterNm']

# 분류 모델 학습
svm3= SVC(probability=True)
svm3.fit(X_train[list_of_features3], y_train)

# 분류
```

```
preds3 = svm3.predict(X_test[list_of_features3])

# 혼동행렬 출력
print(confusion_matrix(y_test, preds3))

# 평가 지표 구하기
accuracy_svm3 = accuracy_score(y_test, preds3)
precision_svm3 = precision_score(y_test, preds3)
recall_svm3 = recall_score(y_test, preds3)
f1_svm3 = f1_score(y_test, preds3)
auc_svm3 = roc_auc_score(y_test, preds3)

# 평가 지표 출력
print("\n정확도    : {s:8.3f}".format(s=accuracy_svm3))
print("정밀도    : {s:8.3f}".format(s=precision_svm3))
print("재현도    : {s:8.3f}".format(s=recall_svm3))
print("F-1스코어 : {s:8.3f}".format(s=f1_svm3))

# ROC Curve 그리기
plot_roc_curve(svm3, X_test[list_of_features3], y_test)
plt.show()
```

```
[[346 236]
 [113 555]]

정확도     :    0.721
정밀도     :    0.702
재현도     :    0.831
F-1스코어 :    0.761
```

코드 예제 14-15의 결과를 살펴보면 데이터셋에 들어 있는 모든 특성을 이용해 학습시킨 모델은 앞서 인구통계학적 요인과 미디어 관련 요인만을 사용해 분석한 모델에 비해 정밀도가 상승한 것으로 나타났다. 반면 재현도는 오히려 줄어들었다. 정밀도와 재현도를 반영해 모델을 평가하는 F-1 스코어는 오히려 기존 모델에 비해 성능이 약간 저하되는 것으로 나타났다. ROC 커브를 그려 모델의 성능을 평가한 결과 AUC값이 .77로 코드 예제 14-14에서 학습한 모델과 비슷한 성능을 보여주는 것으로 나타났다.

14.5.3 모델 성능 비교

이 실습에서는 SVM 알고리듬을 사용해 세 개의 신문기사 열독자 분류 모델을 만들었다. 평가 지표를 활용해 세 모델을 비교해 봤을 때 스마트폰 소유 여부와 SNS 이용 여부만을 사용한 모델의 성능이 가장 좋지 않았다. 응답자의 인구통계학적 특성을 추가해 학습시킨 분류 모델(모델 2)과 데이터셋이 갖고 있는 9개의 특성을 모두 사용한 모델(모델 3)은 성능 차이가 그리 크지 않은 것으로 나타났다.

표 14-4는 14장에서 학습시킨 세 개의 각종 지표를 함께 보여주고 있다.

표 14-4 14장에서 학습한 모델 성능 비교

	정확도	정밀도	재현도	F-1 스코어	AUC
모델 1: 14.4.2에서 학습한 모델	.674	.623	.993	.765	.59
모델 2: 14.5.1에서 학습한 모델	.721	.698	.843	.763	.78
모델 3: 14.5.2에서 학습한 모델	.721	.702	.831	.761	.77

이런 경우 어떤 모델이 성능이 뛰어나다고 할 수 있을까? 분류 모델을 통해 달성하려는 목표에 따라 더 좋은 모델을 나누는 기준이 달라질 수 있다. 만약 컴퓨터의

성능을 고려해 적은 데이터만을 사용해야 하는 경우 사용하는 특성이 적은 분류 모델 2가 좀 더 효율적일 수 있다.

이 결과를 통해 알 수 있는 것은 다음과 같다. 모델 2와 모델 3 모두 AUC가 .77~.78 정도로 모델의 성능을 향상할 여력이 있다고 할 수 있다. 하지만 모델 3의 결과에서 알 수 있듯이 변수를 많이 투입하는 것이 항상 모델 성능 향상을 초래하는 것은 아니다. 다시 말해 모델의 성능 향상을 위해 유효한 변수를 투입하는 것이 중요하다.

뿐만 아니라 사용하려는 목적에 따라서도 적합한 모델이 달라진다. 일반적으로 위양성이 초래하는 사회적 비용이 위음성에 비해 상대적으로 큰 경우 정밀도가 높은 모델을 선택하는 것이 유리하다고 볼 수 있다. 예를 들어 소개팅 앱에서 상대방을 매칭시키는 모델을 개발했다고 가정해 보자. 이런 경우에는 소개팅 앱을 사용하는 응답자와 성향이 맞지 않는 상대방을 잘못 추천하는 것(FP)보다 정밀도를 높여 실제 성향이 맞는 사람을 안 맞는다고 판단해 추천하지 않는 쪽(FN)이 더 나을 수 있다. 잘못 소개팅을 주선해 나타날 수 있는 불만으로 인한 이용자 이탈을 방지할 수 있기 때문이다.

한편 위음성이 초래하는 사회적 비용이 큰 경우 재현도가 높은 모델이 더 성능이 좋다고 할 수 있다. 예를 들어 코로나19 바이러스 검사에서 실제 코로나 바이러스 확진자를 비확진자로 잘못 분류하면 바이러스 확산을 촉진할 수 있다. 이 경우 확진자를 비확진자로 잘못 분류하는 비율을 낮춰 잠시 격리하는 것이 잘못된 판단으로 파생되는 사회적 비용을 줄일 수 있기 때문이다.

14.5.4 K-겹 교차 검증

마지막으로 K-겹 교차 검증을 사용해 학습된 분류 모델의 성능을 평가하는 방법을 살펴보겠다. K-겹 교차 검증에는 데이터 속에 있는 모든 변수들을 함께 투입해 검증을 실시하도록 하겠다. 코드 예제 14-16에는 sklearn을 사용해 분류 모델의 K-겹 교차 검증을 수행하는 코드가 수록돼 있다. 이 코드는 다음과 같은 작업을 수행한다.

1. Kfold를 사용해 K-fold 교차 검증을 준비한다. 이때 shuffle=True는 데이터셋을 무작위로 변환시키겠다는 의미이다.

2. 필요한 경우 SVC에 C와 gamma 아규먼트를 사용해 학습시킬 모델의 하이퍼파라미터를 결정한다. 여기서는 기본으로 설정된 값을 사용하도록 하겠다.

3. cross_val_score를 사용해 각각의 평가 지표를 계산한다. 이때 cross_val_score는 모델, 예측에 사용할 특성, 예측할 대상, 평가 지표, 교차 검증에 대한 설정 등의 값을 필요로 한다. 여러 평가 지표를 계산하려면 cross_val_score를 여러 번 실행해야 한다.

4. cross_val_score를 사용해 평가 지표를 계산하면 각 지표의 점수가 K개만큼 나오기 때문에 평균을 사용해 각 지표의 평균을 보고할 필요가 있다.

코드 예제 14-16 분류 모델 K-겹 교차 검증

```
# K-fold 교차 검증 설정
folds = KFold(n_splits = 5, shuffle = True, random_state = 83731)

# 모델 선언
svc = SVC(probability=True)

# 평가 지표 계산: 정확도, 정밀도, 재현도, F-1 스코어, AUC순
accuracy_SVM = cross_val_score(svc, X, Y, scoring='accuracy', cv=folds)
precision_SVM = cross_val_score(svc, X, Y, scoring='precision', cv=folds)
recall_SVM = cross_val_score(svc, X, Y, scoring='recall', cv=folds)
f1_SVM = cross_val_score(svc, X, Y, scoring='f1', cv=folds)
roc_auc_SVM = cross_val_score(svc, X, Y, scoring='roc_auc', cv=folds)

# 평가 지표 출력
print("\n정확도 평균: {s:8.3f}".format(s=accuracy_SVM.mean()))
print("정밀도 평균: {s:8.3f}".format(s=precision_SVM.mean()))
print("재현도 평균: {s:8.3f}".format(s=recall_SVM.mean()))
print("F-1스코어 평균: {s:8.3f}".format(s=f1_SVM.mean()))
print("AUC커브 평균: {s:8.3f}".format(s=roc_auc_SVM.mean()))
```

```
정확도 평균:     0.733
정밀도 평균:     0.706
재현도 평균:     0.856
```

```
F-1스코어 평균:    0.774
AUC커브 평균:      0.784
```

14.6 요약

14장에서는 지도 학습 기법인 서포트 벡터 머신을 사용해 데이터를 두 그룹으로 분류하는 모델을 만들었다. 이 장의 내용을 요약하면 다음과 같다.

- 서포트 벡터 머신은 다양한 변수들을 사용해 두 개 또는 그 이상의 집단을 분류하는 결정 경계선을 찾는 알고리듬이다.
- 결정 경계선과 가장 가까운 데이터 포인트를 서포트 벡터라고 부르며 이 데이터와 초평면 간의 거리를 마진이라고 부른다. 서포트 벡터 머신은 이 마진을 최대화하는 방식으로 집단을 구분하고자 한다.
- 파이썬에서 서포트 벡터 머신을 사용하려면 sklearn의 SVC를 사용해야 한다.
- SVC는 C와 gamma의 두 모수가 필요하다. C는 알고리듬이 분류 오류에 얼마나 관대할 것일지를 결정하고, gamma는 명목을 분류하는 경계의 곡선 정도에 영향을 준다.
- sklearn의 confusion_matrix를 사용하면 학습된 모델의 혼동행렬을 구할 수 있다. 혼동행렬은 모델이 실제 데이터를 얼마나 잘 분류했는지를 평가한다.
- 혼동행렬의 결과를 사용해 정확도, 정밀도, 재현도, F-1 스코어 등의 평가 지표를 구할 수 있다.
- 정확도는 모델이 전체 데이터를 얼마나 잘 분류했는지를 평가하는 지표이다. 정밀도는 모델이 참이라고 분류한 사례 중 실제 참인 데이터의 비율을 평가하는 지표이다. 재현도는 실제 참인 사례를 모델이 얼마나 잘 분류했는지를 평가하는 지표이다. F-1 스코어는 정밀도와 재현도의 조화 평균으로 두 지표 중 하나가 상대적으로 낮으면 하락한다.
- ROC 커브는 모델이 추정한 확률을 이용해 특정 임곗값에 따라 모델이 참이

라고 판단하는 비율이 어떻게 달라지는지를 살펴봄으로써 모델의 성능을 평가한다. 이때 모델이 참이라고 판단하는 임곗값을 변화시키면서 민감도와 위양성 비율이 어떻게 변화하는지가 분류 모델의 성능을 평가하는 지표로 사용된다.

- 민감도는 참인 사례를 참이라고 정확히 분류한 비율을 의미하고, 특이도는 거짓인 사례를 거짓이라고 정확히 분류한 비율을 의미한다. 위양성은 실제 거짓인 데이터를 참으로 잘못 분류하는 비율을 의미하는데 1-특이도와 같다.

- AUC는 임곗값을 변화시켜 민감도와 위양성 비율을 시각화한 그래프를 통해 계산된다. AUC의 값이 70%를 넘으면 양호한 모델로 평가된다.

- 모델 성능을 향상시키려면 분류를 위해 사용되는 변수의 수를 증가시키면 된다. 다만 투입되는 변수가 많아진다고 항상 모델 성능이 향상되는 것은 아니기 때문에 분류에 유효한 변수를 투입하는 것이 중요하다.

- 분류 모델의 성능을 비교할 때 분류하고자 하는 목적에 따라 어느 지표를 중요하게 생각해야 하는지가 달라진다. 소개팅 매칭 사례처럼 거짓을 참이라고 잘못 판단하는 위양성의 사회적 비용이 큰 경우와 전염병 확진처럼 참을 거짓으로 잘못 판단하는 위음성의 사회적 비용이 큰 경우에 모델 성능을 평가하는 지표가 달라질 수 있다.

연습문제 해결을 위해 다음 csv 파일을 불러와라.

"https://raw.githubusercontent.com/skku-ai-textbook/aitextbook/
  main/data/practice7.csv"

....

1. 불러온 데이터에서 sns_user를 분류하는 서포트 벡터 모델을 만들 수 있도록 데이터를 학습과 검증 데이터로 분류해라.

2. 불러온 데이터에서 성별(sex)과 개인 월간소득(income)을 사용해 SNS 이용 여부를 분류하는 인공지능 모델을 만들어라. 이 모델을 사용해 혼동행렬을 출력해라.

3. 연습문제 2번에서 만든 혼동행렬을 사용해 정밀도와 정확도, 재현도, F-1 스코어를 구해라. 혼동행렬을 이용해 구한 점수들을 sklearn에서 제공하는 함수들을 사용해 구한 점수들과 비교해라.

4. 연습문제 2번에서 학습한 모델 비용(C)을 0.1, 1, 30, 50, 100순으로 변경해 모델을 학습시켜라. 이 모델 중 상대적으로 성능이 뛰어난 모델이 무엇인지 판단하고, 그 모델의 성능을 평가해라.

5. 연습문제 4번에서 만든 모델 중 가장 성능이 뛰어난 모델을 선택해 ROC 커브를 그려라. ROC 커브의 결과를 사용해 모델의 성능을 평가해라.

6. 데이터에 있는 나머지 변수들을 사용해 SNS 이용자를 분류하는 인공지능 모델을 만들어라. 교차 검증과 ROC 커브를 사용해 모델의 성능을 평가해라.

7. 연습문제 6번에서 만든 모델을 5-겹 교차 검증을 사용해 검증해라. 연습문제 6번의
   결과와 연습문제 7번의 결과를 비교해라.

15

군집화 문제 해결하기

(강수량과 평균 기온으로 사계절을 구분할 수 있을까?)

15장에서는 데이터 속에 존재하는 특성을 사용해 자동으로 데이터를 분류하는 비지도 학습 기반의 인공지능을 만드는 실습을 실시한다. 비지도 학습 기반의 인공지능은 지금까지 살펴본 지도 학습 기반의 인공지능과 다르게 컴퓨터 스스로 답을 찾아가는 인공지능 알고리듬이다. 이 장에서는 기상청 데이터를 기반으로 만든 가상의 국내 기상 데이터에 비지도 학습 알고리듬을 적용하는 실습을 실시한다. 이를 위해 sklearn 모듈을 활용해 K-평균 군집화 K-means Clustering 알고리듬을 사용하는 실습을 수행한다. 또한 비지도 학습으로 만들어진 모델의 성능을 평가하는 방식도 살펴본다. 이 장에서는 다음과 같은 내용을 다룬다.

이 장에서 다루는 내용

- K-평균 군집화의 개념
- 군집화 모델 학습에 필요한 데이터 준비 및 시각화
- K-평균 군집화 모델을 활용한 모델 학습
- K-평균 군집화 모델 성능 평가

- K-평균 군집화 모델 시각화

목차

15장의 실습에 필요한 코드 예제는 이 책의 깃허브 페이지(https://github.com/skku-ai-textbook/aitextbook/blob/main/notebooks/CH15_Github.ipynb)에서 확인할 수 있다.

그림 15-1 실습 코드가 탑재된 깃허브 페이지

15.1 K-평균 군집화의 개념

강수량과 평균 기온을 사용해 사계절을 구별할 수 있을까? 이처럼 데이터가 주어졌을 때 데이터의 특성만 사용해 유사한 유형들끼리 그룹을 만들려면 어떻게 해야 할까? 15장에서는 K-평균 군집화라는 알고리듬을 사용해 데이터를 원하는 개수의 그룹으로 자동으로 분류하는 인공지능을 만들어 보겠다. K-평균 군집화는 두 개 이상의 변수가 주어졌을 때 데이터에 존재하는 패턴을 사용해 데이터를 두 개 이상의 그룹으로 자동으로 나누는 비지도 학습 기반의 인공지능이다. K-평균 군집화 알고리듬은 예측 모델이나 분류 모델과 다르게 인공지능 학습과정을 가이드하는 실제 참값이 없더라도 알고리듬에 기반해 인공지능을 만든다.

K-평균 군집화 알고리듬은 하나의 군집에 선택된 데이터들 간의 유사도를 높이고 서로 다른 군집 간의 유사도를 감소하게 하는 방식으로 데이터를 그룹화한다. 이해를 위해 그림 15-2를 사용해 K-평균 군집화가 어떤 과정으로 군집을 할당하는지를 설명해 보겠다. 그림 15-2의 첫 번째 그림에 표시된 산점도는 어느 고등학교 학생들 A, B, C, D, E의 키와 몸무게를 기록한 데이터이다. 만약 여기에 주어진 키와 몸무게라는 정보만을 갖고 학생들을 두 그룹으로 나누기로 했다고 해보자.

그림 15-2의 두 번째 그림에서 볼 수 있는 것처럼 K-평균 군집화 알고리듬은 먼저 군집화를 위해 두 변수의 관계를 표현한 그래프에 임의로 군집 중심점Centroid을 선택하게 된다. 이때 각각의 군집 중심점에 가까운 데이터들을 해당 군집에 포함시키게 된다. 그림 15-2의 두 번째 그림을 보면 학생 A, B, C는 군집 중심점 1에 가깝기 때문에 군집 1에 포함되고, 학생 D, E는 군집 중심점 2에 가깝기 때문에 군집 2에 포함된다. 하지만 각 군집 중심점은 해당 군집 중심점에 포함된 데이터의 중심이 아니기 때문에 해당 군집을 대표한다고 할 수 없다. 이를 보정하려면 각 군집 중심점을 데이터의 중심으로 옮길 필요가 있다.

그림 15-2의 세 번째 그림은 각 군집의 중심을 실제 군집에 포함된 데이터의 중심으로 옮긴 후 군집이 어떻게 변화하는지를 보여준다. 그림 15-2의 두 번째 그림에서는 군집 1의 중심점이 학생 C에 좀 더 치우쳤기 때문에 세 번째 그림에서 군집 1의 중심점을 학생 A와 B에 가깝게 이동시킨다. 군집 2의 중심점도 군집 2에 포함된 학생 D와 E의 중심에 위치하게 이동시킨다. 이런 군집 중심점의 이동 결과로 원래 군집 1에 포함됐던 학생 C의 경우 군집 1보다 군집 2의 중심점에 더 가까워지게 돼 군집 2에 포함된다. 이렇게 학생 C가 할당된 군집의 변화에 따라 군집 1의 중심점이 다시 한 번 해당 군집에 포함된 학생들의 중심으로 이동할 필요가 생긴다. 그림 15-2의 네 번째 그림은 이런 군집 멤버십이 변화함에 따라 군집 1의 중심점이 또다시 이동한 모습을 보여주고 있다. 이때 새로 군집 1이나 군집 2에 편입되는 데이터가 없기 때문에 더 이상 군집 중심점을 이동시킬 필요가 없다.

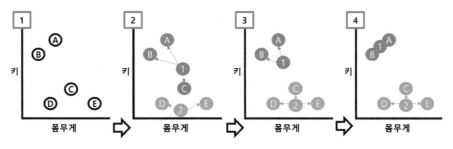

그림 15-2 K-평균 군집화 과정 시각화

K-평균 군집화를 수행하려면 숫자로 이뤄진 연속형 데이터가 두 개 이상 필요하다. 물론 두 개 이상의 데이터를 사용할 수 있으나 사용하고자 하는 특성이 많아지는 경우 데이터 간의 관계를 시각화하기가 힘들다. 예를 들어 현재 강수량과 평균 기온, 풍속을 기록한 데이터를 사용해 그룹화를 실시하는 경우 이 세 가지 특성을 3차원 공간에 시각화해야 하는데 군집화에 사용하는 데이터가 늘어날수록 데이터를 시각화하기 어렵다. 따라서 많은 양의 데이터를 사용해 그룹화를 하는 경우 주성분 분석 Principal Component Analysis과 같이 많은 양의 데이터를 축소하는 분석을 먼저 한 후 군집화를 하는 것이 시각화 측면에서 효율적이라고 할 수 있다.

이 장에서는 K-평균 군집화 실습을 위해 가상의 기상 데이터를 활용해 일일 평균 강수량과 평균 기온 데이터로 계절을 구분하는 실습을 해보도록 하겠다.

15.2 K-평균 군집화 모델 학습

15.2.1 준비하기

데이터 정제 및 시각화, K-평균 군집화 모델 학습을 위해 필요한 라이브러리를 불러오겠다. K-평균 군집화를 학습하는 데는 sklearn.cluster의 KMeans를 사용하고, K-평균 군집화 모델의 성능을 평가하는 데는 sklearn.metrics의 silhouette_samples와 silhouette_score를 사용한다. 코드 예제 15-1에는 실습에 필요한 라이브러리를 불러오는 코드가 제시돼 있다.

코드 예제 15-1 필요한 라이브러리 불러오기

```
# 데이터 정제 및 전처리를 위해 필요한 라이브러리
import numpy as np
import pandas as pd

# 시각화를 위한 라이브러리
import matplotlib as mpl
import matplotlib.pyplot as plt
import matplotlib.cm as cm
import seaborn as sns
```

```
# K-평균 군집화를 위한 라이브러리 로딩
from sklearn.cluster import KMeans
from sklearn.metrics import silhouette_samples, silhouette_score
```

코드 예제 15-2를 사용해 이 책의 github 페이지에 저장된 데이터를 불러온다. 이 데이터는 기상청에서 실제 수집한 전국 강수량과 평균 기온을 기반으로 가공된 가상의 데이터이다. 이 데이터는 2010년 1월 1일부터 2020년 9월 27일까지의 전국 평균 강수량과 평균 기온을 일간으로 기록하고 있다. 날짜(date), 일일 강수량(rain), 평균 기온(temp) 세 개의 특성으로 이뤄져 있다.

코드 예제 15-2 인공지능 학습에 필요한 데이터 불러오기

```
df = pd.read_csv("https://raw.githubusercontent.com/
    skku-ai-textbook/aitextbook/main/data/CH14-data.csv")
print("데이터셋은 총 {}개의 행과 {}개의 열로 이뤄져있다".
    format(*df.shape))

df.describe()
```

데이터 셋은 총 3926개의 행과 3개의 열로 이뤄져있다

	rain	temp
count	3926.000000	3926.000000
mean	5.306368	13.162834
std	9.156323	10.199530
min	0.000000	-13.029951
25%	1.000000	4.673711
50%	2.300000	13.963622
75%	4.600000	21.540499
max	106.300000	35.376268

15.2.2 탐색적 분석

K-평균 군집 분석에 사용한 일일 강수량과 평균 기온 분포의 관계를 살펴보려고 히스토그램과 산점도를 사용해 시각화를 실시한다. 이를 위해 seaborn 패키지의 .histplot()과 .scatterplot()을 사용한다. 먼저 .histplot()을 사용해 두 특성의

분포를 살펴본 후 .scatterplot()을 사용해 두 특성의 관계를 살펴본다. 코드 예제 15-3에는 시각화를 위한 코드가 제시돼 있다.

코드 예제 15-3 변수 시각화

```
# 이미지 시각화
figure, axs = plt.subplots(ncols=3)
figure.set_size_inches(18,6)

sns.histplot(data=df, x="temp", ax=axs[0]) # 강수량
sns.histplot(data=df, x="rain", ax=axs[1]) # 평균 기온
sns.scatterplot(x=df['temp'], y=df['rain'], ax=axs[2]) # 산점도
```

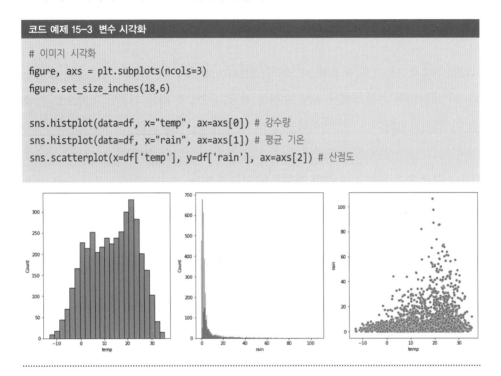

코드 예제 15-3의 결과를 살펴보면 지난 10여 년간의 평균 기온은 약 13.2도이고 영상 15~25도 사이에도 많은 날들이 몰려 있는 것으로 나타났다. 강수량은 비가 오지 않거나 조금 온 날이 대부분을 차지한 것으로 확인된다. 강수량과 평균 기온의 산점도 그래프를 통해 비가 많이 온 날은 주로 날씨가 따뜻했던 것을 알 수 있다. 이는 비가 많이 오는 장마 기간의 평균 기온이 따뜻한 여름이란 점을 생각해 보면 일리가 있다고 할 수 있다.

15.2.3 모델 학습

강수량과 평균 기온으로 날씨를 분류해 보는 모델을 만들려면 sklearn의 KMeans를 사용해야 한다. 이때 군집화를 위해 지정해 줘야 하는 것은 인공지능으로 데이터를

분류하고자 하는 집단 수 K이다. n_clusters 아규먼트를 사용하면 K값을 지정할 수 있다. 이 K는 임의로 지정할 수 있다.

여기서는 우리나라가 사계절을 갖고 있기 때문에 날씨 데이터가 총 네 개의 집단으로 그룹화될 것이라는 가정하고 K값을 4로 지정하겠다. KMeans에서 K값을 n_clusters=4로 지정해 준다. 물론 이렇게 특정 K값을 지정해 군집을 나누는 것은 인공지능을 만드는 사람의 자의적인 판단이다. 때문에 이 판단이 옳았는지에 대해 추후 모델 서능을 평가할 필요가 있다. 코드 예제 15-4에 K-평균 군집화를 실시하는 데 필요한 코드가 제시돼 있다. 이 코드는 다음과 같은 작업을 수행한다.

1. 데이터를 네 개의 집단으로 분류하려고 KMeans(n_clusters = 4)를 선언해 kmeans라는 모델을 만든다.
2. 만들어진 모델에 군집화에 사용할 데이터를 지정한다. 앞선 챕터에서 모델을 학습할 때와 마찬가지로 .fit()을 사용한다.
3. 여기서는 강수량(rain)과 평균 기온(temp)을 사용해 군집화를 실시할 것이므로 데이터프레임에서 사용할 특성을 지정해 준다.

코드 예제 15-4 K-평균 군집 모델 학습

```
# 모델 선언
kmeans = KMeans(n_clusters = 4, random_state=830731)

# 모델 학습
kmeans.fit(df[['temp', 'rain']])
```

KMeans(n_clusters=4, random_state=830731)

15.2.4 학습된 모델 확인

K-평균 군집 모델을 학습시켜 지난 10년 간의 일일 강수량과 평균 기온을 사용해 네 개의 군집으로 자동적으로 분류하도록 했다. 학습 결과 확인을 위해 각 날짜별로

어떤 집단으로 분류됐는지, 각 집단의 구성은 어떻게 되는지 살펴보도록 하겠다. 코드 예제 15-5는 모델 학습 후 모델의 결과를 확인하는 코드이다. 이 코드는 다음과 같은 작업을 수행한다.

1. 학습된 모델에 .labels_를 사용하면 각 데이터가 네 집단 중 어느 집단으로 분류됐는지를 확인할 수 있다. 이 값은 df['cluster'] = kmeans.lables_를 통해 학습에 사용된 데이터에 새로운 열로 추가할 수 있다.
2. .value_counts()를 사용해 각 군집에 얼마나 많은 데이터가 포함됐는지 알 수 있다.
3. pandas의 .append()를 사용하면 df.head()와 df.tail()의 결과를 하나의 데이터프레임으로 보여줄 수 있다.

코드 예제 15-5 K-평균 군집 모델 학습 결과 확인

```python
# 군집화된 결괏값을 확인
kmeans.labels_

# 학습된 모델을 통해 데이터별로 분류된 군집을 저장함
df['cluster'] = kmeans.labels_

# 각 군집에 분류된 데이터 수(날짜 수) 확인
print(df['cluster'].value_counts())

# 첫 5행과 마지막 5행을 함께 출력
df.head().append(df.tail())
```

```
[→  2    1282
    0    1204
    1    1201
    3     239
Name: cluster, dtype: int64
          date  rain      temp  cluster    ✨
   0  2010-01-01   1.0  -7.030367        1
   1  2010-01-02   2.8  -4.201838        1
   2  2010-01-03   2.0  -2.479552        1
   3  2010-01-04   6.9   3.896076        1
   4  2010-01-05   2.7  -5.171530        1
3921  2020-09-26   2.4  14.855325        0
3922  2020-09-27   1.2  15.636958        0
3923  2020-09-28   2.0  16.087594        0
3924  2020-09-29   1.0  19.233569        2
3925  2020-09-30   1.2  14.894897        0
```

코드 예제 15-5의 결과를 살펴보면 집단 2에 1,282개의 날짜가 분류돼 가장 큰 집단을 형성했다. 집단 1에는 1,201개의 날짜가, 집단 3과 집단 0에는 각각 239개의 날짜와 1204개의 날짜가 분류돼 있는 것으로 확인됐다.

15.2.5 K-평균 군집 모델 시각화

앞서 우리는 K-평균 군집화 알고리듬을 이용해 강수량과 평균 기온을 중심으로 지난 10여 년간의 날씨를 네 집단으로 분류했다. K-평균 군집화 알고리듬은 각 군집의 중심점을 찍어 군집 내 유사성과 서로 다른 군집 간의 차이점을 강조하는 방식이다. 이를 위해 각 군집의 중심점을 확인하고 이 중심점이 각 군집을 잘 대표하고 있는지 확인할 필요가 있다. 또한 두 변수의 산점도를 그려 각 군집별로 어떻게 모여 있는지를 확인해야 한다. 코드 예제 15-6에는 학습된 모델의 결과를 시각화하고 각 군집의 중심값을 찾는 코드가 제시돼 있다. 이 코드는 다음과 같은 작업을 수행한다.

1. 각 네 군집의 중심점을 확인하려면 `.cluster_centers_`를 사용한다. 이를 추후 사용할 수 있게 centers라는 변수를 만들어 저장한다.

2. 만들어진 중심값을 출력하면 네 군집이 어떤 좌표를 중심으로 모여 있는지 확인할 수 있다. 이 좌표는 K-평균 군집화에 사용한 두 특성(평균 기온과 강수량) 값에 대응한다. 예를 들어 가장 많은 날짜가 부여된 세 번째 군집(Index의 경우

2)의 경우 평균 기온 약 23.7도와 강수량이 4정도 되는 날을 중심으로 분포돼 있다.

3. 각 군집별 기술 통계량을 확인하면 모델이 두 특성을 사용해 날짜를 어떻게 분류했는지를 좀 더 자세히 살펴볼 수 있다. 군집별 기술 통계량을 확인하려면 pandas의 .groupby()와 .describe()를 사용해야 한다.

코드 예제 15-6의 결과를 확인하면 cluster_centers_를 통해 살펴본 것처럼 네 번째 군집의 경우 상대적으로 최저기온과 최고기온이 따뜻했던 날들이 한 집단으로 분류된 것을 알 수 있다.

코드 예제 15-6 각 군집별 중심값 확인

```
# 각 군집의 중심값을 출력
centers = kmeans.cluster_centers_
print(centers)

# 군집별 기술 통계량 확인
print("\n그룹 별 강수량 비교\n")
print(df.groupby('cluster')['rain'].describe().applymap("{0:.3f}".format))
print("\n그룹 별 평균온도 비교\n")
print(df.groupby('cluster')['temp'].describe().applymap("{0:.3f}".format))
```

```
[[12.7993671   3.21842324]
 [ 0.69171805  2.53330565]
 [23.87514688  4.31330203]
 [20.53883215 35.11338912]]
```

그룹별 강수량 비교

cluster	count	mean	std	min	25%	50%	75%	max
0	1204.000	3.215	3.735	0.000	1.000	2.000	3.900	20.900
1	1201.000	2.534	2.522	0.000	1.000	2.000	3.100	20.300
2	1282.000	4.311	4.333	0.000	1.300	3.000	5.400	20.400
3	239.000	35.113	14.850	19.500	25.000	29.900	41.200	106.300

그룹별 평균 기온 비교

	count	mean	std	min	25%	50%	75%	max
cluster								
0	1204.000	12.766	3.362	6.174	9.938	12.706	15.761	18.697
1	1201.000	0.676	4.111	-13.030	-2.059	1.174	4.063	6.845
2	1282.000	23.858	3.732	17.334	20.853	23.240	26.428	35.376
3	239.000	20.539	6.323	2.137	17.264	21.495	24.997	32.670

이런 결과를 좀 더 자세히 살펴보려고 앞서 만들어진 모델의 데이터를 활용해 시각화를 실시하겠다. 코드 예제 15-7은 군집화 모델의 결과를 시각화하기 위한 코드이다. 이 코드는 다음과 같은 작업을 수행한다.

1. 앞서 평균 기온과 강수량의 관계를 `.scatterplot()`을 사용해 시각화한다.
2. 그래프에 hue 아규먼트를 사용해 분류된 집단별로 색을 다르게 표시한다. hue 아규먼트에는 `.labels_`로 만든 군집이 사용된다.
3. 다른 색으로 표시된 집단의 중심점에 각 집단별 표시를 위해 scatter를 사용해 각 중심점에 사각형의 마커를 표시해 준다. 이때 `marker='s'`는 표시할 마커를 사각형으로, `c='white'`는 마커의 색을 하얀색으로 정하는 아규먼트이다.
4. 중심점의 위치가 저장돼 있는 centers를 이용해 각 중심점에 집단의 숫자를 표시해 준다. 이때 반복문과 `enumerate()`를 사용하면 각 중심점의 위치가 몇 번째 집단인지를 함께 표시할 수 있다. 특히 `maker='$%d$'`는 enumerate를 사용해 카운트한 집단의 숫자를 마커 대신으로 사용하겠다는 것을 의미한다.

코드 예제 15-7 군집화 모델 시각화하기

```
# 이미지를 표시할 캔버스 설정
figure, (ax1) = plt.subplots(nrows=1, ncols=1) # 하나의 이미지를 생성해 표시하도록 설정
figure.set_size_inches(6,6) # 이미지를 표시할 캔버스의 크기를 설정

# 1. 스캐터 플롯
sns.scatterplot(x=df['temp'], y=df['rain'], hue=df['cluster'], ax=ax1)

# Y축
ax1.yaxis.set_major_locator(mpl.ticker.MultipleLocator(5)) # 이미지의 Y축 주요 단위를 25로
설정
```

```
# 2. 군집 집단 중심점에 네모 표시
# marker: 마크 모양 | c: 색깔 지정 |
# alpha: '투명도' | s: 사이즈 | edgecolor: 경계선 색깔
ax1.scatter(centers[:, 0], centers[:, 1], marker='s',
            c='white', alpha=1, s=300, edgecolor='black')

# 3. 각 점마다 집단 숫자 표시
for i, c in enumerate(centers):
    ax1.scatter(c[0], c[1], marker='$%d$' % i, alpha=1,
        s=100, edgecolor='black')
```

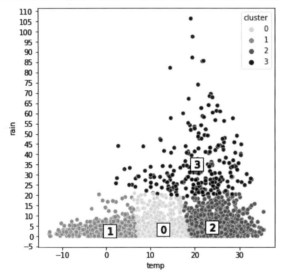

코드 예제 15-7을 사용해 K-평균 군집화를 시각화한 결과를 살펴보면 평균 기온
이 춥고 비가 적게 온 날을 하나의 군집으로 분류했다(군집 3). 또 비가 오지 않거나
조금 온 날 중 평균 기온이 온화한 날을 하나의 군집으로(군집 1), 상대적으로 더운
날을 또 다른 군집으로 분류했다(군집 2). 마지막으로 상대적으로 비가 많이 온 날들
을 하나의 군집(군집 0)으로 분류한 것으로 나타났다.

15.3 K-평균 군집화 모델 평가

15.3.1 실루엣 분석의 개념

K-평균 군집화 알고리듬을 사용해 자동으로 분류한 모델의 성능은 어떻게 평가해야 할까? 앞서 만들어 본 예측 모델이나 분류 모델과 다르게 K-평균 군집화 모델은 비지도 학습 알고리듬이기 때문에 기존의 모델들처럼 실제 알려진 값과 예측한 값을 비교해 모델의 효율을 평가하지 않는다.

이는 K-평균 군집화의 경우 학습을 가이드하는 '실제 정답'이 없으므로 모델의 성능을 절대적으로 평가할 수 있는 기준이 없기 때문이다. 따라서 K-평균 군집화의 경우 특정 K로 군집화한 한 모델이 다른 K값으로 군집화한 모델에 비해 상대적으로 데이터를 잘 분류했는지의 여부를 판단해야 한다. 예를 들어 강수량과 평균 기온을 네 개의 군집으로 구분한 모델이 같은 데이터를 세 개 또는 다섯 개의 군집으로 구분한 모델에 비해 데이터를 얼마나 잘 분류했는지를 평가할 수 있다는 것이다. 이 책에서는 실루엣 분석Silhouette Analysis을 사용해 여러 모델의 상대적 성능을 평가하는 실습을 하도록 하겠다.

실루엣 분석은 특정 군집으로 분류된 데이터가 같은 군집으로 분류된 데이터와 얼마나 가깝게 모여 있는지와 다른 집단으로 분류된 데이터들과는 얼마나 떨어져 있는지를 판단한다. 실루엣 분석은 어떤 K값이 가장 적절한지 판단하는 데 사용할 수 있다. 실루엣 분석에 사용되는 실루엣 계수Silhouette Coefficient는 하나의 데이터가 그 데이터가 속해 있는 군집에 얼마나 가깝게 붙어 있는지, 또 다른 군집과는 얼마나 떨어져 있는지를 나타내는 지표이다.

실루엣 계수는 다음과 같은 공식을 통해 구해진다. 예를 들어 a라는 군집에 속한 a(i)의 실루엣 계수를 구하려면 a(i)가 속한 군집과 가장 가까운 군집인 b에 속한 모든 점의 평균거리 b(i)와 a 군집에 속한 모든 점들의 평균거리(a(i))의 차를 두 거리 중 더 큰 것으로 나눠 줘야 한다. 이때 실루엣 계수는 1과 −1 사이를 가지며 음의 값을 가질수록 분류된 군집 a에서 먼 곳에 데이터가 위치하고 있음을 의미한다.

$$s(i) = \frac{b(i) - a(i)}{(max(a(i),b(i))}$$

15.3.2 각 데이터별 실루엣 계수 구하기

sklearn 패키지의 silhouette_samples 함수를 이용하면 각 데이터별 실루엣 계수를 계산할 수 있다. silhouette_samples는 군집화에 사용한 데이터와 군집화의 결과를 함께 투입해야 한다. 이 함수를 사용하면 각각의 날짜가 해당 군집의 중심값에 얼마나 근접해 있는지를 구할 수 있다. 코드 예제 15-8에는 K-평균 군집화 알고리듬을 사용해 분류한 모델의 실루엣 계수를 구하는 코드가 제시돼 있다. 코드 예제 15-8의 결과에서 볼 수 있는 것처럼 각 데이터의 실루엣 계수가 하나의 변수로 추가돼 있는 것을 확인할 수 있다.

코드 예제 15-8 각 데이터별 실루엣 계수 추정

```
# 각 날짜별 실루엣 계수 측정
df['sil_coef'] = silhouette_samples(df[['temp','rain']], df['cluster'])

# 첫 5행과 마지막 5행을 함께 출력
df.head().append(df.tail())
```

	date	rain	temp	cluster	sil_coef
0	2010-01-01	1.0	-7.030367	1	0.584256
1	2010-01-02	2.8	-4.201838	1	0.648403
2	2010-01-03	2.0	-2.479552	1	0.679386
3	2010-01-04	6.9	3.896076	1	0.354861
4	2010-01-05	2.7	-5.171530	1	0.629278
3921	2020-09-26	2.4	14.855325	0	0.552396
3922	2020-09-27	1.2	15.636958	0	0.480911
3923	2020-09-28	2.0	16.087594	0	0.441538
3924	2020-09-29	1.0	19.233569	2	0.106202
3925	2020-09-30	1.2	14.894897	0	0.541869

실루엣 계수를 사용해 K-평균 군집화 모델의 성능을 평가하려면 전체 데이터의 실루엣 계수의 평균값을 살펴봐야 한다. 이는 sklearn의 silhouette_score를 통해

구할 수 있다. 실루엣 계수의 평균값은 0부터 1 사이의 값을 가지며 1에 가까울수록 좋은 모델이라고 평가할 수 있다. 하지만 다른 K값과 비교할 때 단순히 평균값을 비교해서 실루엣 계수의 평균이 높은 모델이 항상 효율적이라고 결론을 내려서는 안 된다. 오히려 각 군집별 실루엣 계수의 평균이 적절히 분포돼 있는 모델이 그렇지 않은 모델에 비해 더 나은 모델이라고 할 수 있다.

예를 들어 설명해 보겠다. K가 2인 모델의 각 군집별 실루엣 계수가 .9와 .1이고, K가 3인 모델의 각 군집별 실루엣 계수가 .5, .4, .3이라고 해보자. 이때 두 모델의 실루엣 계수 평균이 각각 .5와 .4이기 때문에 전체 모델의 실루엣 계수를 사용해 모델을 평가하면 K가 2인 모델의 성능이 더 낫다고 판단할 수 있다. 하지만 K값이 3인 모델이 K값이 2인 모델에 비해 각 군집별 실루엣 계수 평균이 고른 것은 K값이 3인 모델이 상대적으로 각 군집별로 데이터가 잘 모여 있음을 의미한다. 이 경우 하나의 군집에만 집중적으로 데이터가 모여 있는 모델에 비해 상대적으로 각 군집별로 골고루 데이터가 분포돼 있는 모델이 상대적으로 더 나은 모델이라고 판단할 수 있다. 이처럼 평가 지표를 어떻게 사용하는가에 따라 어떤 모델을 선택하는지가 달라질 수 있음을 염두에 둬야 한다.

코드 예제 15-9에는 학습한 모델을 활용해 각 군집의 실루엣 계수 평균값을 구하는 코드가 제시돼 있다. 이 코드는 다음과 같은 작업을 수행한다.

1. sklearn을 사용해 실루엣 계수의 평균을 구할 때 silhouette_score를 사용해야 한다. 이때 앞서 실루엣 계수를 구한 것처럼 K-평균 군집화 모델을 학습하는 데 사용한 특성들과 학습의 결과로 만들어진 그룹을 함께 투입해야 한다.
2. silhouette_score의 결과는 실제로 위에서 silhouette_samples를 사용해 만든 각 데이터의 실루엣 계수의 평균과 동일하다.

코드 예제 15-9는 앞서 학습한 K값이 4인 K-평균 군집화 모델의 실루엣 점수를 구하고 있다. 이 코드에서는 silhouette_score와 silhouette_samples를 사용해 구한 결과를 보여주고 있다.

```
# 실루엣 점수 구하기
average_score = silhouette_score(df[['temp','rain']], df['cluster'])

# 실루엣 점수 출력
print('silhouette_score를 사용해 구한 실루엣 분석 점수:{0:15.3f}'.
    format(average_score))

# 기존에 silhouette_samples를 사용한 실루엣 점수
print('silhouette_samples를 사용해 만든 실루엣 계수의 평균값: {0:8.3f}'.
    format(df['sil_coef'].mean()))
```

silhouette_score를 사용해 구한 실루엣 분석 점수: 0.443
silhouette_samples를 사용해 만든 실루엣 계수의 평균값: 0.443

15.3.3 실루엣 계수를 사용해 모델 성능 비교

실루엣 분석을 사용해 특정 데이터가 그 데이터가 속한 군집의 중심에 얼마나 근접해 있고, 또 속하지 않은 다른 군집들과 얼마나 멀리 떨어져 있는지를 판단할 수 있다. 실루엣 분석을 사용하면 같은 데이터로 만든 여러 K-평균 군집화의 상대적인 성능을 평가할 수 있다. 여기서는 실제 강수량과 평균 기온을 사용해 네 개의 군집으로 나눈 모델이 다른 K개의 군집으로 나눈 모델에 비해 데이터를 더 잘 분류하는지를 살펴보겠다. 이를 위해 K를 2에서 12까지 사용해 여러 모델을 만들고, 각 모델의 평균 실루엣 계수를 비교해 보도록 한다.

여기서 주의해야 할 점은 K-평균 군집화 모델의 성능 평가를 위해 만드는 다양한 후보 모델의 개수는 인공지능을 개발하는 데 사용하는 데이터의 특성에 따라 달라질 수 있다는 점이다. 15장의 데이터는 날씨를 측정한 두 개의 데이터를 사용해 군집화를 실시했기 때문에 2부터 12까지 K값을 변화시킨 후보 모델을 만들었다. K를 2부터 12까지 변화시키는 이유는 군집화를 하기 위한 최소 조건인 2에서부터 각 월별로 다른 집단에 속한다는 것을 가정하는 경우(k=12)까지 모든 경우의 수를 살펴보고자 하기 때문이다. 하지만 다른 데이터를 사용해 군집화를 실시하는 경우에는 상황에 따라 적절한 K값의 범위를 설정할 필요가 있다. 코드 예제 15-10은 K값이 2부터 12까지의 K-평균 군집화 모델들의 실루엣 평균 점수를 출력하는 코드이다. 코드 예제 15-10은 다음과 같은 작업을 수행한다.

1. K값을 2부터 12까지 변화시키는 반복문을 만든다.
2. 매 반복하는 루프에 따라 각 K값에 해당하는 K-평균 군집화 모델을 생성한다.
3. 강수량과 평균 기온를 사용해 각 K값에 해당하는 모델을 학습시키고, 분류된 결괏값을 군집수_K의 형태로 저장한다. 예를 들어 두 개의 군집으로 나누는 모델은 군집수_2의 열로 데이터프레임에 저장된다.
4. 각 집단별 실루엣 계수 평균을 구하려고 만들어진 모델을 사용해 각 데이터의 실루엣 계수를 예측한다. 실루엣 계수 또한 실루엣 계수_K의 형식으로 저장한다. 예를 들어 실루엣 계수_2는 각 모델의 실루엣 계수를 K값이 2인 모델을 기반으로 추정한 것이다.
5. 매 K에 해당하는 실루엣 분석을 실시한다. 이때 매 K 군집으로 그룹화한 모델마다 silhouette_score를 사용해 실루엣 계수의 평균을 구한다.

코드 예제 15-10 실루엣 계수 평균을 사용한 모델 비교

```
# 각 K를 2~12까지 반복
for i in range(2,13):

    # 각 K값에 해당하는 K-평균 군집화 모델 생성
    kmeans = KMeans(n_clusters = i, random_state=1)

    # 학습된 모델을 사용해 '군집수_k'의 형태로 결과 저장
    df[str('cluster_'+str(i))]  = kmeans.fit_predict(df[['temp','rain']])

    # 각 실루엣 계수를 저장
    df[str('coef_'+str(i))] = silhouette_samples(df[['temp','rain']],
        df[str('cluster_'+str(i))])

    # 실루엣 계수 평균 출력
    average_score = silhouette_score(df[['temp','rain']],
```

```
        df[str('cluster_'+str(i))] )

# 결괏값 출력
print("데이터를 {k:2} 개의 집단으로 나누는 k-평균 군집 분석의 실루엣 계수 평균:
{mean:5.3f}".format(k=i, mean=average_score))
```

데이터를 2 개의 집단으로 나누는 k-평균 군집 분석의 실루엣 계수 평균: 0.474
데이터를 3 개의 집단으로 나누는 k-평균 군집 분석의 실루엣 계수 평균: 0.536
데이터를 4 개의 집단으로 나누는 k-평균 군집 분석의 실루엣 계수 평균: 0.444
데이터를 5 개의 집단으로 나누는 k-평균 군집 분석의 실루엣 계수 평균: 0.458
데이터를 6 개의 집단으로 나누는 k-평균 군집 분석의 실루엣 계수 평균: 0.406
데이터를 7 개의 집단으로 나누는 k-평균 군집 분석의 실루엣 계수 평균: 0.409
데이터를 8 개의 집단으로 나누는 k-평균 군집 분석의 실루엣 계수 평균: 0.421
데이터를 9 개의 집단으로 나누는 k-평균 군집 분석의 실루엣 계수 평균: 0.403
데이터를 10 개의 집단으로 나누는 k-평균 군집 분석의 실루엣 계수 평균: 0.406
데이터를 11 개의 집단으로 나누는 k-평균 군집 분석의 실루엣 계수 평균: 0.383
데이터를 12 개의 집단으로 나누는 k-평균 군집 분석의 실루엣 계수 평균: 0.385

K값을 변화시켜 만든 모델들의 실루엣 분석을 실시해 본 결과 실루엣 계수가 가장 큰 모델은 데이터를 세 개의 군집으로 분류한 모델이었다. K가 3보다 큰 경우에는 K값이 증가할수록 실루엣 계수의 평균값이 작아지는 경향을 보였다. 단순히 실루엣 계수의 평균값이 높은 모델이 항상 효율적인 모델이라고 할 수 있을까? 앞서 언급했던 것처럼 모델을 사용해 분류한 특정 군집의 실루엣 계수가 지나치게 높아 전체 평균을 상승시키면 아무리 실루엣 계수의 평균값이 높다고 하더라도 효율적으로 데이터를 분류한 모델이라고 할 수 없다. 이런 점을 해결하려면 각 군집별 실루엣 계수가 적절히 분포돼 있는지를 확인할 필요가 있다.

분석 결과 K값이 2부터 5까지 해당하는 모델들의 실루엣 계수 평균값이 다른 모델들에 비해 상대적으로 높은 것을 확인할 수 있었다. 실제로 이 모델에서 분류한 각 군집의 실루엣 계수 평균이 적절히 분포돼 있는지를 분석해 보겠다. 코드 예제 15-11은 K값이 2부터 5까지인 모델의 각 군집별 실루엣 계수 평균을 출력하는 코드이다. 코드 예제 15-11은 다음과 같은 작업을 수행한다.

1. K값을 2부터 5까지 변화시키는 반복문을 만든다.

2. 매 루프별로 각 K에 해당하는 실루엣 계수 값을 호출하고, .groupby()를 사용해 각 군집별 평균을 계산해 출력한다.

코드 예제 15-11 K값이 2부터 5까지인 군집화 모델의 각 군집별 실루엣 계수 출력

```
# K값이 2~5인 반복문 만들기
for i in [2, 3, 4, 5]:

    # 각 K값에 해당하는 모델의 군집별 실루엣 계수 평균 출력
    print(df.groupby(str('cluster_'+str(i)))['coef_'+str(i)].mean())
```

```
cluster_2
0    0.360291
1    0.601702
Name: coef_2, dtype: float64
cluster_3
0    0.532762
1    0.560071
2    0.386066
Name: coef_3, dtype: float64
cluster_4
0    0.430721
1    0.533698
2    0.376446
3    0.386262
Name: coef_4, dtype: float64
cluster_5
0    0.515131
1    0.460837
2    0.318228
3    0.437880
4    0.435999
Name: coef_5, dtype: float64
```

코드 예제 15-11의 실행 결과를 살펴보면 K값이 3인 군집 모델의 성능이 다른 모델에 비해 상대적으로 뛰어난 것을 확인할 수 있다. 이는 다음과 같은 두 가지 이유 때문이다. 첫째, K값이 3인 군집 모델은 전체 데이터의 실루엣 계수 평균이 .536으로 다른 모델보다 상대적으로 나은 것으로 나타났다. 이는 K값이 3인 모델에서 각 데이터가 해당 데이터가 속해 있는 군집의 중심에 가까이 뭉쳐 있음을 의미한다. 둘째, K개의 군집의 평균 실루엣 계수 또한 상대적으로 고르게 분포돼 있는 것으로 나타났다. K값이 3인 모델의 각 군집의 평균 실루엣 계수는 .53, .56, .38로 모든 군집에 고른 분포를 보이고 있다. 이런 두 가지 측면에서 K값이 3인 모델이 다른 모델들에 비해 날씨 데이터를 잘 분류했다는 판단이 가능하다.

15.3.4 실루엣 분석 시각화

코드 예제 5-11의 결과를 통해 K값이 3인 모델이 상대적으로 성능이 좋은 것을 확인할 수 있었다. 이 실루엣 분석 결과를 시각화하면 모델의 성능을 좀 더 명확하게 확인할 수 있다. 실루엣 분석의 시각화를 통해 각 군집별 실루엣 계수가 전체 실루엣 계수 평균보다 큰 데이터가 얼마나 있는지를 살펴볼 수 있다. 앞서 사용한 K-평균 군집화 모델 시각화를 함께 표시해 각 모델이 얼마나 효율적으로 그룹을 나눴는지 살펴보겠다.

코드 예제 15-12에는 K값이 2, 3, 4, 5인 모델들의 실루엣 계수를 시각화하는 코드가 제시돼 있다. 코드 15-12는 다음과 같은 작업을 수행한다.

1. 실루엣 분석 결과 실루엣 계수의 평균이 가장 높은 편인 K값이 2, 3, 4, 5인 모델을 시각화하려고 K값을 변화시키는 반복문을 만든다.

그런 다음 실루엣 분석 결과 시각화를 위해 만들어진 실루엣 분석 결과를 데이터프레임으로 만들어야 한다. 이때 각 군집별로 실루엣 계수가 가장 큰 데이터부터 가장 작은 데이터 순으로 정렬해야 실루엣 계수가 평균 이하인 데이터가 얼마나 있는지 확인하기 용이하다.

2. 각 데이터별로 추정된 실루엣 계수를 시각화하려면 새로운 데이터프레임에 이미 만들어져 있는 실루엣 계수 값과 분류된 모델을 저장한다.

3. 시각화의 용이성을 위해 각 특성의 이름을 군집 수(cluster), 계수(coef)로 변경한다.

4. 실루엣 계수가 큰 군집부터 계수 값을 내림차순으로 정렬해 데이터프레임에 저장한다.

5. 새로 저장된 데이터프레임에 시각화를 위해 필요한 x축의 값을 내림차순으로 일련번호를 부여한다. 이때 일련번호 부여에는 range() 함수를 사용한다.

6. np.where를 사용해 실루엣 계수 값이 평균값 이하인 경우와 이상인 경우를 구분한다. 이는 평균값 이상과 이하인 데이터를 다른 선의 형태로 구분하기 위함이다.

모델로 분류된 데이터를 시각화하면 각 군집의 중심을 표시하려고 군집별 중심점의 위치를 구할 필요가 있다. 이를 위해서는 K-평균 군집 모델을 학습해 중심점의 위치를 저장한다.

7. cluster_centers_ 값을 확인하면 각 군집별 중심점을 구할 수 있다.

실루엣 계수 시각화는 각 군집별로 실루엣 계수가 가장 큰 데이터부터 가장 작은 데이터까지 변화량을 시각화해 보여주고자 한다.

8. 실루엣 계수 값의 변화를 보여주려면 .lineplot()을 사용한다. y축을 실루엣 계수로, x축을 군집별 계수 값의 내림차순으로 정한 일련번호를 사용해 선 그래프를 시각화한다.

9. 군집별로 실루엣 계수 값을 구별하려면 hue='cluster'를 설정해 군집별로 다른 색으로 표시한다.

10. 개별 군집 내에서 전체 실루엣 계수 평균보다 작은 값을 따로 구분하려면 style='under_avg'를 사용한다. 이를 통해 실제 실루엣 계수 값이 전체 평균값보다 큰 구간은 실선으로, 작은 구간은 점선으로 표시한다.

11. 전체 실루엣 계수의 평균값과 0이 되는 구간을 표시하려면 .axhline()을 사용해 가로선을 그린다. 이때 y축의 값은 전체 실루엣 계수의 평균 및 0으로 설정한다.

```python
# K값이 2, 3, 4인 모델을 시각화하기 위한 반복문 생성
for k in [2, 3,4,5]:

    # 실루엣 계수 분석을 위한 데이터프레임 생성
    sil_plot = df[['cluster_'+str(k), 'coef_'+str(k)]]
    sil_plot.columns = ['cluster', 'coef']

    # 실루엣 계수 표시를 위해 군집 수 및 계수별 정렬
    sil_plot = sil_plot.sort_values(by=['cluster','coef'],
        ascending=[True, False]).reset_index()

    # 실루엣 플롯을 그리려고 'x'열에 0부터 데이터프레임의 크기만큼 일련번호 부여
    sil_plot['id'] = pd.Series(range(0,len(sil_plot)))

    # 데이터의 계수가 실루엣 계수 평균의 이하인 경우를 구분하기 위한 열 생성
    sil_plot['under_avg'] = np.where(sil_plot['coef']>sil_plot['coef'].
        mean() , 0, 1)

    # 군집별 중심값을 구하는 K-평균 군집화 모델 학습
    kmeans = KMeans(n_clusters = k, random_state=830731) # 모델 설정
    kmeans.fit(df[['temp', 'rain']]) # 모델 학습
    centers= kmeans.cluster_centers_ # 중심값 구하기

    # 이미지를 표시할 캔버스 설정
    figure, (ax1, ax2) = plt.subplots(nrows=1, ncols=2)
    figure.set_size_inches(18,6)

    # 각 군집별 실루엣 계수를 선으로 시각화
    # hue: 군집별 색깔을 다르게 표시하기 위함
    # style: 실루엣 값에 따라 선 종류 변경
    sns.lineplot(
        data=sil_plot, x='id', y='coef', hue='cluster',
            style='under_avg', ax=ax1)

    # 전체 실루엣 계수 평균값을 그래프에 점선으로 표시
    ax1.axhline(y=sil_plot['coef'].mean(), color="black", linestyle="--")

    # 실루엣 계수가 0인 점을 실선으로 표시
    ax1.axhline(y=0, color="black", linestyle="-")
```

```python
# 시각화 레이블 표시: x축에 군집 표시를 위해 군집 수만큼 단위 설정
ax1.set_xticks(sil_plot.groupby('cluster')['id'].median())

# 군집 표시를 위해 데이터 속에 있는 군집 수를 레이블로 변경
ax1.set(xticklabels=sil_plot['cluster'].unique())

# 시각화된 이미지에 정보 표시
ax1.set_title("K-Means Clustering Average Coefficient:{0:.3f}".format(sil_
plot['coef'].mean()))
ax1.set_xlabel("cluster")
ax1.set_ylabel("Coefficient")

# 산점도
sns.scatterplot(x=df['temp'], y=df['rain'], hue=df['cluster_'+str(k)],
    ax=ax2)

# Y축의 단위를 설정(y축 단위를 5로 설정)
ax2.yaxis.set_major_locator(mpl.ticker.MultipleLocator(5))

# 군집 집단 중심점 표시
ax2.scatter(centers[:, 0], centers[:, 1], marker='s',
            c="white", alpha=1, s=300, edgecolor='black')

# 각 점마다 집단에 해당하는 숫자 표시
for i, c in enumerate(centers):
    ax2.scatter(c[0], c[1], marker='$%d$' % i, alpha=1,
                s=100, edgecolor='black')
```

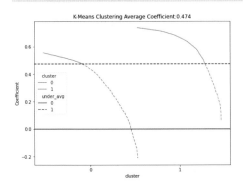

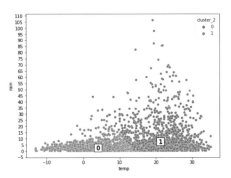

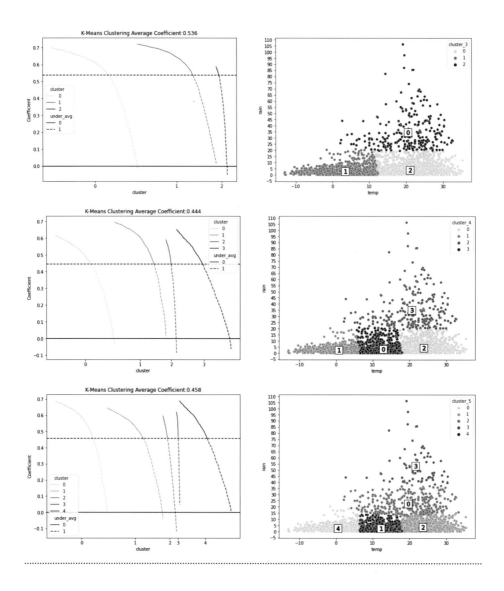

코드 예제 15-12는 K-평균 군집화 모델의 성능을 평가하려고 다양한 K값의 군집 모델과 해당 모델의 실루엣 분석을 시각화 결과이다. 코드 예제 15-11의 결과와 마찬가지로 군집을 세 개로 나눈 모델이 군집을 네 개로 나눈 모델에 비해 상대적으로 실루엣 계수가 높게 나타났다. 이는 강수량과 평균 기온이라는 두 특성을 사용해 우리나라의 계절을 분류하면 우리나라의 계절은 네 개가 아닌 세 개의 그룹으로 나누는 것이 적절한 분류임을 의미한다.

물론 이는 강수량과 평균 기온만을 사용해 분류한 결과이기 때문에 다른 특성들을 추가해 군집화를 실시한다면 분석과 다른 결과가 도출될 수도 있다. 예를 들어 봄과 가을이 상대적으로 강수량과 기온이 비슷할 가능성이 있기 때문에 유사한 군집으로 분류될 가능성이 있다. 만약 평균 강수량과 기온 외에 풍속이나 습도 등 다양한 특성을 추가하면 좀 더 세밀한 분류가 가능할 것이다.

15.4 요약

15장에서는 비지도 학습 기법을 기반으로 데이터를 자동으로 분류하는 K-평균 군집화의 개념을 살펴보고, 실제 데이터를 자동으로 분류하는 인공지능을 만들어 봤다. 이 장의 내용을 요약하면 다음과 같다.

- K-평균 군집화는 연속된 숫자로 이뤄진 두 개 이상의 변수를 컴퓨터를 사용해 자동으로 분류하는 비지도 학습 기반의 인공지능이다.
- 파이썬에서 K-평균 군집화를 사용하려면 sklearn 라이브러리의 KMeans를 사용해야 한다.
- K-평균 군집화는 데이터를 임의의 K개의 군집으로 나눈다. 이때 모델의 성능 평가를 위해서는 다양한 K값의 모델을 만들어 상대적으로 어떤 모델이 효과적인지를 비교해야 한다.
- 실루엣 분석은 각 데이터가 해당 데이터가 속한 집단의 중심에 다른 집단에 비해 얼마나 근접해 있는지를 살펴보는 평가 기준이다.
- 실루엣 분석을 활용하면 같은 데이터를 K개의 군집으로 나눈 K-평균 군집화 모델의 상대적 성능을 비교할 수 있다.

연습문제 해결을 위해 다음 csv 파일을 불러와라.

"https://raw.githubusercontent.com/skku-ai-textbook/aitextbook/
main/data/practice8.csv"

1. 불러온 csv 파일 중 Age와 RM의 변수를 선택해 K-평균 군집화 학습을 실시해라. 먼저 네 개의 군집으로 나누는 모델을 만들어라.

2. 연습문제 1번에서 만든 군집화 모델을 사용해 각 데이터마다 어느 군집에 속하는지 할당해라. 이때 각 군집에 속한 데이터가 몇 개인지 확인해라.

3. 연습문제 2번에서 만들어진 군집을 사용해 각 군집별 중심점을 확인해라. 이때 각 군집에 따라 변수의 평균을 출력해라.

4. 연습문제 2번에서 만들어진 K-평균 군집화 모델을 시각화해라. 다음 그림처럼 각각의 군집의 중심에 어느 군집인지 표시해라.

문제 출력 예시

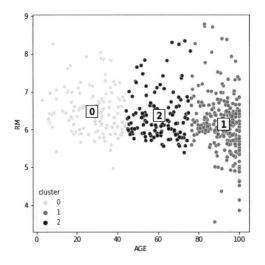

5. 연습문제 2번에서 학습한 모델을 사용해 각 데이터별 실루엣 계수를 추정해라. 해당
   군집화 모델의 군집별 실루엣 계수와 모델 전체의 실루엣 계수 평균을 출력해라.

6. 같은 변수를 사용해 K를 2개부터 10개까지 변화시켜 각각 군집 모델을 학습시키고,
   각 모델의 실루엣 계수 평균을 제시해라. 이를 기준으로 어느 모델이 가장 데이터에
   적합한지 논의해라.

7. 연습문제 6번에서 만든 모델 중 몇 개의 모델 후보를 선택한 후 군집화 모델과 실루
   엣 계수를 시각화하는 코드를 만들어라. 다음 그림은 K가 2부터 4인 군집 모델을 시
   각화한 것이다. 시각회의 결괴를 통해 어느 모델이 가장 적합한지 판단해라.

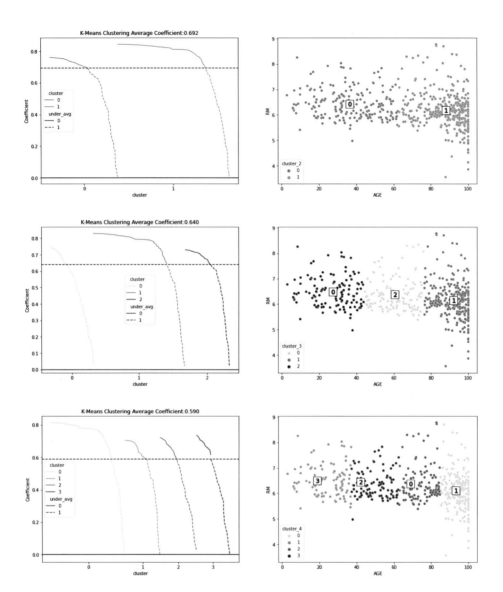

16

텍스트를 자동으로 분류하기

(토픽 모델링을 사용한 신문사설 자동 분류 모델)

지금까지는 구조화돼 있는 숫자 데이터를 사용해 인공지능을 만들었다. 하지만 일상에서 접하는 데이터들이 모두 숫자화돼 있지는 않다. 예를 들어 신문기사나 대통령의 연설문, 카톡 메시지 대화 등 일상생활에서 접하는 다양한 데이터는 지금까지 이책에서 다룬 데이터와 다르게 비정형 구조의 텍스트 형태인 경우가 많다. 그렇다면 인공지능을 사용해 텍스트를 자동으로 분석할 수는 없을까? 16장에서는 토픽 모델링^{Topic Modeling}을 학습해 텍스트 데이터를 자동으로 군집화하는 실습을 하겠다. 이 장에서는 다음과 같은 내용을 다룬다.

이 장에서 다루는 내용

- 토픽 모델링의 개념과 잠재 디리클레 할당 토픽 모델링 알고리듬

- LDA 토픽 모델링을 학습하는 데 필요한 데이터 준비

- 텍스트 전처리 방법

- LDA 토픽 모델링 학습과 평가

- LDA 토픽 모델링 시각화

목차

16장의 실습에 필요한 코드 예제는 이 책의 깃허브 페이지(https://github.com/skku-ai-textbook/aitextbook/blob/main/notebooks/CH16_github.ipynb)에서 확인할 수 있다.

그림 16-1 실습 코드가 탑재된 깃허브 페이지

16.1 토픽 모델링이란?

16.1.1 토픽 모델링의 개념

16장에서는 텍스트 데이터를 분석하기 위한 인공지능을 만드는 실습을 하겠다. 특히 대량의 텍스트를 비슷한 유형끼리 자동적으로 구분하는 군집화 작업을 수행한다. 이런 인공지능을 개발하면 새로운 텍스트가 주어졌을 때 이와 비슷한 테마를 가진 문헌document이 무엇인지 자동으로 구할 수 있다. 이런 점에서 여기서 실습하려는 토픽 모델링은 15장에서 다룬 군집화와 비슷하다고 할 수 있다. 이 장에서 다루는 텍스트 자동 분류 방법인 토픽 모델링Topic Modeling은 문서들을 분류해 어떤 문서들이 유사한 테마를 지니고 있는지 구분하는 군집화 알고리듬의 일종이라고 생각하면 편리하다. 15장의 K-평균 군집화와 다른 점은 K-평균 군집화가 그룹을 나누는 데 두 개 이상의 연속된 숫자 변수 데이터가 필요한 반면 토픽 모델링은 숫자가 아닌 텍스트 데이터를 자동으로 분류한다.

　그렇다면 토픽 모델링은 어떻게 텍스트를 자동적으로 분류할까? 토픽 모델링은 단어의 동시 출현 패턴을 기반으로 분류하려는 텍스트를 K개의 토픽으로 자동으로 나누는 비지도 학습 방법이다. 신문사설을 예로 들어보자. 각 신문사들이 매일 다양한 주제에 대해 논평을 하고 있다. 하지만 어떤 특정 주제에 대해 이야기할 때는 비슷한 단어군을 사용하는 경향이 있다. 가령 경제 관련 이슈를 다루고 있는 사설들에 주로 사용되는 단어들은 북한 관련 이슈를 다루는 사설에 주로 사용되는 단어들과 다르다고 할 수 있다. 전자의 경우 물가안정이나 국내총생산^{GDP}처럼 경제 상황에 관련된 용어들이 나타날 가능성이 높다. 반면 후자의 경우 북핵이나 미사일 등 북한 관련 단어들이 자주 등장할 것이다. 물론 물가안정이나 국내총생산과 같은 단어가 북한 이슈를 다루는 사설에 등장하지 않는다는 것은 아니다. 상대적으로 해당 단어들이 경제 관련 이슈에 자주 등장할 가능성이 높다는 것이다.

　또 다른 예를 들어보자. 외교와 관련된 사안에 관한 사설이 있다면 해당 사설에 자주 등장하는 단어들은 앞서 말한 두 주제와 조금 다를 수 있다. 하지만 외교 관련 사설에는 외교 현안에 관련된 단어들이 자주 등장할 것이라고 예측해 볼 수 있다. 따라서 외교 관련 사설은 경제 사설보다 상대적으로 북한 이슈의 단어들이 많이 나올 가능성이 있다. 물론 하나의 사설이 여러 가지 토픽으로 구성될 수도 있다. 예를 들어 북한 개방이 우리나라의 경제에 미치는 영향에 관한 신문 사설이 있다고 해보자. 이런 사설은 경제와 북한 이슈를 다루는 사설에 등장하는 단어들이 함께 등장할 것이라고 예측할 수 있다.

　이처럼 토픽 모델링은 텍스트 속의 여러 문서들에 어떤 단어들이 주로 같이 나타나는지에 따라 문서를 K개의 토픽으로 자동적으로 분류하게 된다. 예를 들어 100개의 사설로 이뤄진 데이터가 있어 사설들을 K개의 토픽으로 나누기로 했다고 해보자. 토픽 모델링 알고리듬을 사용해 토픽 모델을 만들면 표 16-1에 나와 있는 데이터 속의 각각의 사설이 첫 번째 토픽부터 K개의 토픽에 속할 확률이 각각 구해진다. 또한 표 16-2처럼 문서 전체에서 사용된 단어들이 각각의 토픽 K에 속할 확률 또한 함께 구해진다.

표 16-1 문서별 토픽 분포의 예

문서	토픽 1	토픽 2	토픽 3	토픽 4	...	토픽 K
사설 1	.32	.02	.03	.06		.50
사설 2	.01	.56	.02	.13	...	.12
사설 3	.20	.01	.21	.15	...	.32
...	...	...	...	...	...	...
사설 100	.002	.03	.002	.90	...	.01

표 16-2 단어별 토픽 분포의 예

단어	토픽 1	토픽 2	토픽 3	토픽 4	...	토픽 K
단어 1	.01	.47	.32	.12		.01
단어 2	.63	.10	.02	.21	...	.06
단어 3	.27	.30	.05	.32	...	.08
...	...	...	...	...	...	...
단어 N	.08	.15	.32	.30		.04

이렇게 문서와 각 단어가 어느 토픽에 포함될 확률이 높은지를 추정함으로써 문서를 자동적으로 분류하는 토픽 모델링 알고리듬에는 잠재 디리클레 할당LDA, Latent Dirichlet Allocation, 구조적 토픽 모델링STM, Structural Topic Modeling 등이 있다. 이 책에서는 가장 기본적인 토픽 모델링 알고리듬이라고 할 수 있는 LDA 토픽 모델링을 활용해 사설을 자동적으로 분류하는 실습을 해보도록 하겠다.

16.1.2 LDA 토픽 모델링

LDA 토픽 모델링 알고리듬은 잠재 디리클레 할당이라고도 부르는 데 2003년 Blei와 동료들이 제안한 토픽 모델링 알고리듬이다(Blei et al., 2003). 방대한 양의 문서를 주제에 따라 자동으로 분류하는 데 주로 사용된다. 물론 책이나 사설들을 생각해 보면 제목이나 소제목처럼 해당 문서가 어떤 주제를 다루는지에 대한 명시적인 정보를 주는 경우도 많다. 하지만 글의 주제를 분류할 수 있는 정보가 없는 경우라면 어떻게 문서를 분류할 수 있을까? 하나의 주제를 다루는 수많은 글을 세세하게 분류하기 위해서는 어떤 방법을 써야 할까?

LDA 토픽 모델링 알고리듬은 이처럼 문서들이 어떤 주제로 구성돼 있는지 모를 때 분석하고자 하는 문서들의 숨겨진 구조들을 찾아주는 알고리듬이다. 숨겨진 구조란 문서 집합에 존재하는 토픽들과 이 토픽들이 각 문서에 어떤 확률적 비율로 존재하는지 또는 실제 문서를 작성하는 데 사용되는 단어들이 이 토픽들에 어떤 확률로 존재하는지에 관한 것이라고 할 수 있다. 그림 16-2은 LDA 토픽 모델링 알고리듬의 개략적인 도식이다. 전체 문서를 K개의 토픽으로 나누기로 했다고 해보자. 그림에서 볼 수 있듯이 LDA 토픽 모델링 알고리듬은 단어와 문서가 어느 토픽에 해당하는지에 대한 확률 분포를 보여준다.

예를 들어 그림 16-2의 왼쪽 측면의 Topics라는 부분을 살펴보자. 그림에서 확인할 수 있는 것은 gene, dna, genetic이라는 단어들이 노란색 토픽에 해당될 확률을 보여주고 있다. 또한 life, evolve, organism이라는 단어들이 파란색 토픽에 해당될 확률을 보여주고 있다. 즉 어떤 주제에 관한 문서에 이런 단어들이 많이 등장할 것이라는 것을 알 수 있다. 또 그림에서 확인할 수 있는 것은 어떤 문서가 각 토픽에 포함될 확률의 분포이다. 해당 문서는 노란색 토픽에 해당하는 단어가 더 많이 나타나는 것을 확인할 수 있다. 하지만 파란색 토픽과 하늘색 토픽에 해당하는 단어들도 등장하기 때문에 해당 토픽에 포함될 가능성 또한 존재한다. 이처럼 어떤 단어들이 문서에 자주 쓰이는지를 분석함으로써 문서가 어떤 토픽에 해당할지를 파악할 수 있게 된다.

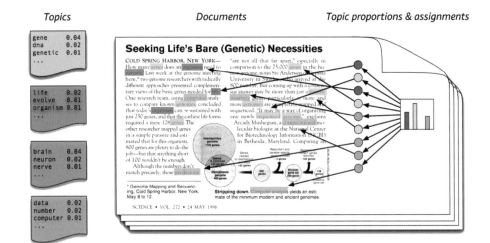

그림 16-2 LDA 토픽 모델링의 개요(Blei, 2012)

그렇다면 이런 단어들의 분포 확률은 어떻게 알 수 있을까? 우리가 문서에 대해 알 수 있는 정보는 주제가 어떤 분포로 존재하는지가 아니라 우리가 분석하고 있는 단어들이 얼마나 어느 문서에 빈번하게 등장하는지에 관한 것뿐이다. 앞서 토픽 모델링은 각 문서와 단어들이 K개의 토픽에 어떤 확률로 분포하는지 추정하는 것을 목적으로 한다고 했다. 실제 우리가 이런 확률 분포를 모르기 때문에 문서들이 K개의 토픽으로 이뤄진다고 했을 때 실제 문서들이 K개의 토픽에 어떻게 분포할지 그리고 문서 전체를 구성하는 각 단어들이 이 주제에 어떻게 분포될지 추론하는 과정이 필요하다. LDA 모델은 어떤 문서에 어떤 단어가 존재하는지 그리고 이런 단어들이 문서 전체에 어떻게 분포돼 있는지를 확률적인 방법을 활용해 추정하는 알고리듬이다. 이때 확률 추정을 위해 LDA 토픽 모델링 알고리듬은 각각의 단어가 각 토픽에 나타날 확률이 디리클레 분포^{Dirichlet Distribution}를 따른다고 가정한다. 단어별 토픽 확률 분포를 추정하는 과정이라는 의미에서 잠재 디리클레 할당LDA이라는 이름이 붙었다.

LDA 토픽 모델링 알고리듬은 단어와 토픽의 확률 추정을 위해 실제 단어들의 분포를 사용한다. 그렇다면 LDA 모델이 어떤 방법으로 문서와 단어들의 토픽 확률 분포를 추정할까? LDA 토픽 모델링 알고리듬은 깁스 샘플링^{Gibbs Sampling}이라는 방법을 사용해 문서와 단어들의 토픽 분포 확률을 사후 추정하게 된다. 깁스 샘플링이 수학적으로 어떻게 동작하는지를 설명하는 일은 무척이나 어렵다. 다만 이 과정을 개념적으로 설명하면 다음과 같다.

첫 번째, 문서에 존재하는 모든 단어에 임의로 토픽을 배정한다. 그렇게 하면 모든 단어에 토픽을 배정했기 때문에 토픽 확률 분포를 추정할 수 있다. 물론 이 토픽 분포는 임의로 배정된 것이기 때문에 실제의 토픽 분포는 아니라고 할 수 있다. 두 번째, 문서에 존재하는 하나의 단어를 뽑아내 이 단어를 제외한 나머지 단어들을 사용해 토픽 확률 분포를 다시 계산한다. 세 번째, 새로 계산된 결괏값을 바탕으로 뽑아낸 단어에 토픽 확률을 배정한다. 이 과정을 거치면 토픽 확률 분포를 기준으로 단어의 토픽을 할당할 수 있게 된다. LDA 토픽 모델링 알고리듬은 위에서 묘사한 두 번째 단계와 세 번째 단계를 수없이 반복해 데이터 속의 모든 단어에 토픽을 할당한다. 보통 1,000~10,000번 반복하면 그 결과가 수렴된다고 한다. LDA 토픽 모델링은 이와 같은 토픽 확률 추정 방법을 사용해 전체 단어들이 어떤 토픽에 포함돼 있는지를 알아내는 알고리듬이라고 할 수 있다.

16.1.3 토픽 모델링 실습 과정

그림 16-3은 실제로 파이썬을 사용해 LDA 토픽 모델링을 수행하는 과정을 도식화한 것이다. 인공지능을 개발하기에 앞서 텍스트 전처리를 해야 한다는 것을 제외하면 기존의 인공지능 개발 과정과 유사한 것을 알 수 있다.

1. 토픽 모델링을 수행하려면 자동적으로 분류하려는 데이터를 수집해야 한다.
2. 수집한 텍스트 데이터를 LDA 토픽 모델 알고리듬을 통해 분석할 수 있는 형태로 처리하는 전처리 단계를 거친다. 이 과정에서 불필요한 특수문자나 틀린 맞춤법을 교정한다.
3. 텍스트를 알고리듬으로 자동적으로 분류하는 학습 과정을 거친다. 15장의 K-평균 군집화와 유사하게 여러 모델을 만든 후 가장 성능이 좋은 모델을 선택한다.
4. 필요한 경우 모델의 성능을 높이려고 텍스트 전처리를 다시 실시하기도 한다.

5. 텍스트 데이터를 가장 잘 나타내는 토픽 수 K가 결정됐다면 그다음으로 해야 할 작업은 만들어진 K개의 토픽에 적절한 이름을 부여하는 것이다.

6. 만들어진 모델을 사용해 새로운 텍스트 데이터를 분류하는 데 이용하거나 분류한 텍스트 분석을 위해 모델링의 결과를 시각화 한다.

그림 16-3 토픽 모델링 학습 과정

토픽 모델링은 방대한 양의 텍스트 데이터를 자동으로 분류하는 데 효과적인 인공지능이다. 여기서 텍스트 데이터는 분석하고자 하는 문서들의 집합을 의미한다. 이때 텍스트 데이터를 구성하는 문서란 토픽 모델링을 학습하는 데 사용하는 단위로 한 권의 책, 한 편의 소설, 한 단락의 문단 또는 한 문장처럼 여러 단어들로 구성된 분석 단위라고 생각하면 이해하기 수월하다. 다시 말해 토픽 모델링을 사용해 수많은 책이나 사설과 같이 서로 다른 사람들이 독립적으로 생성한 문서를 분석하기도 하고, 또 장편 소설이나 대하 소설처럼 한 작가가 쓴 많은 분량의 문서를 분류하는 데 활용할 수도 있다.

> **팁** 토픽 모델링을 사용해 분류하고자 하는 텍스트 데이터의 특성을 잘 이해하고 있으면 효율적으로 분석을 수행할 수 있다. 이는 문서의 특성에 따라 전처리와 분석 과정이 조금 상이할 수 있기 때문이다. 이 책에서 분류하고자 하는 신문사설은 대부분 하나의 주제로 쓰여진 짧은 글이기 때문에 하나의 문서마다 하나의 주제로 구성돼 있을 가능성이 높다. 또한 댓글이나 인터넷 게시물에 비해 학술적이거나 전문적인 용어가 더 빈번히 사용되는 경향이 있다. 마지막으로 일반적인 글에 비해 상대적으로 문법적인 오류가 적을 가능성이 높다.

16.2 텍스트 전처리

16.2.1 분석 준비하기

코드 예제 16-1은 토픽 모델링 알고리듬을 활용해 인공지능을 만드는 데 필요한 모듈을 불러오는 코드이다. 기존 분석에 활용한 모듈 외에도 시간과 날짜 데이터를 출력하기 위한 datetime과 임의의 수를 생성하기 위한 random 그리고 문자열의 데이터를 처리할 때 정규 표현식을 사용하기 위한 re 모듈을 불러온다.

또한 일반적으로 텍스트 전처리 과정은 많은 시간이 필요하기 때문에 전처리 과정에서 실제로 얼마나 진행되고 있는지의 확인을 위해 진행률을 표시하는 모듈을 사용한다. tqdm 라이브러리를 pandas에 적용하면 lambda 등을 사용해 여러 작업을 수행할 때 해당 작업의 진행 사항을 알 수 있다.

코드 16-1 실습에 필요한 모듈 불러오기

```
# 필요한 모듈 불러오기
import pandas as pd
import random
import datetime as dt
import random
import re

# 시각화에 필요한 모듈
import matplotlib.pyplot as plt
import seaborn as sns

# 진행률을 표시하기 위한 모듈
from tqdm import tqdm
tqdm.pandas()
```

코드 예제 16-2는 실습에 사용할 데이터를 불러오는 코드이다. 이 책의 실습에서는 텍스트를 자동적으로 분류하는 인공지능을 만들려고 한류에 관한 종합일간지의 사설을 사용하고자 한다. 이런 텍스트 데이터를 얻으려고 언론진흥재단에서 운영하고 있는 기사 검색 서비스인 빅카인즈(bigkinds.or.kr)를 활용했다. 해당 데이터는

2000년부터 2020년까지 중앙 일간지에 한류라는 키워드가 포함된 사설만을 검색한 것이다. 이 데이터는 총 645개의 사설이 포함돼 있다.

```
raw1 = pd.read_csv("https://raw.githubusercontent.com/skku-ai-textbook/
    aitextbook/main/data/CH16-raw_data.txt", sep="\t")
print("데이터는 총 {}행과 {}열로 구성돼 있다.".format(*raw1.shape))
raw1.head()
```

데이터는 총 645행과 6열로 구성돼 있다.

	id	date	newsorgs	title	keywords	maintext
0	1.100401e+06	20201128	동아일보	[사설]미국 편 서지 말라 압박하며 한한령 쥐고 흔드는 중국	미국,압박,한한령,중국,중국,외교,부장,3일,방한,귀국,부장,일정,한국,대통령,국회...	왕이 중국 외교부장이 어제 2박 3일의 방한을 마치고 귀국했다. 왕 부장은 짧은 일...
1	1.100101e+06	20201123	경향신문	[사설]구글의 수수료 전격 유예, '갑질 방지법' 회피 꼼수 안 된다	구글,유예,수수료,전격,갑질,방지법,회피,꼼수,구글,신규,응용프로그램,자사,장터,구...	구글이 23일 신규 앱(응용프로그램)에 대해 무조건 자사 장터(구글플레이) 안에서 ...
2	1.100611e+06	20201014	서울신문	[사설]中 언론 네티즌, BTS 발언 생트집도 넘었다	언론,네티즌,생트집,BTS,발언,애국주의,BTS,비난,기름,배려심,신뢰,한국,미국,...	한국과 미국 양국이 함께 겪었던 한국전쟁이라는 고난의 역사를 언급한 방탄소년단(BT...
3	1.100611e+06	20201007	서울신문	[사설] BTS 병역특례, 형평성 공정성 해쳐선 안 돼	BTS,병역,특례,형평성,공정성,한국,대중음악,케이팝,신화,방탄소년단,BTS,병역특...	한국 대중음악(케이팝)의 신화를 쓰고 있는 방탄소년단(BTS)의 병역특례 문제가 또...
4	1.101101e+06	20201006	한국일보	[한국일보 사설] BTS 병역특례 논란, 공론화로 풀자	논란,BTS,병역,특례,공론화,풀자,최고위원,노동래,더불어민주당,최고,위원,K팝,역...	노동래 더불어민주당 최고위원이 K팝의 역사를 새로 쓰고 있는 방탄소년단(BTS)에 ...

데이터는 표 16-3처럼 구성돼 있다. 16장에서는 본문(maintext) 특성을 사용해 전처리 방법을 실습한다. 그런 다음 이미 만들어진 키워드를 사용해 텍스트를 자동적으로 분류하는 인공지능을 만드는 실습을 수행하겠다. 이는 텍스트 전처리 과정을 전부 다루는 데 아주 많은 내용이 필요하기 때문이다. 따라서 이 책에서는 우리말 텍스트의 전처리 과정에 필요한 몇몇 단계들을 개략적으로 살펴보고, 이미 전처리가 돼 있는 키워드(keyword) 특성을 사용해 실습을 진행하도록 하겠다.

표 16-3 데이터 구성

변수명	설명
id	사설의 고유 ID
date	사설이 실린 날짜
newsorgs	사설을 게재한 언론사

title	사설 제목
keywords	빅카인즈에서 추출한 키워드들
maintext	사설(본문의 첫 200자)

16.2.2 텍스트 전처리

토픽 모델링 분석을 위해서는 텍스트를 컴퓨터가 분석하기 적당한 형태로 변환해야 한다. 이 과정을 텍스트 전처리라고 부른다. 텍스트 전처리에 얼마나 많은 시간을 할 애하는가에 따라 텍스트 분석의 품질이 달라질 수 있기 때문에 무척이나 중요한 과 정이라고 할 수 있다. 여기서는 자연어 처리 등 텍스트 분석을 집중적으로 다루고 있 지 않기 때문에 다양한 텍스트 전처리 방식을 개념적으로 소개할 것이다. 자연어 전 처리와 함께 텍스트를 통한 인공지능 분석의 심화 과정에 대해 관심이 있다면 이기 창의 「한국어 임베딩」을 참고하길 바란다. 이 책에서 다루지 않는 다양한 형태소 분 석기의 장단점이 함께 논의돼 있기 때문에 추후 본격적으로 자연어 처리를 공부하는 데 도움이 될 것이다.

이 책에서 다루는 텍스트 전처리는 다음과 같은 과정을 포함하고 있다. 상황과 목 적에 따라 또 다른 전처리 과정을 추가하거나 빼기도 한다.

1. 문장 부호 및 특수 기호 제거
2. 정규화^{Standardization}
3. 불용어 처리^{Stopwords}
4. 토큰화^{Tokenization}

> **팁** 여기에 언급한 전처리 외에도 오류 제거, 띄어쓰기 교정, 숫자 변환, 특정 문자(한글이나 알파벳) 외 에 다른 문자 제거, 알파벳 대소문자 변환 등 다양한 전처리 과정이 존재한다. 텍스트 모델링 등 텍 스트 분석을 위해 어떤 전처리를 사용하는지는 문서의 종류와 용도에 따라 달라질 수 있다.

텍스트 전처리를 통해 궁극적으로 수행하고자 하는 목적은 텍스트의 토큰화 Tokenization이다. 토큰화란 분석하고자 하는 텍스트 데이터를 분석을 위한 의미 있는 단위인 토큰Token으로 나누는 작업을 의미한다. 예를 들어 영어 문장 "I am a boy"를 공백을 기준으로 ["I", "am", "a", "boy"]의 구조로 나누는 것이다. 토큰의 단위는 인공지능을 만드는 상황에 따라 달라지기 때문에 '단어'를 기준으로 나눌 수도 있고, 문장이나 문단을 기준으로 나눌 수도 있다. 16장에서 실습하고자 하는 토픽 모델링은 문서 내의 단어 공동 출현 빈도를 기준으로 텍스트 데이터를 자동적으로 분류하기 때문에 여기에서는 단어를 기준으로 토큰화를 수행하도록 하겠다. 또한 이 실습에서는 명사만을 사용해 분석을 진행할 것이다. 이는 한국어의 구조상 명사가 문서의 의미를 파악하는 데 중요한 역할을 하기 때문이다(강범일 외, 2013).

16.2.3 특수 기호 없애기

코드 예제 16-3은 이 실습에서 전처리를 적용하고자 하는 원 글의 코드이다. 코드 예제 16-4를 사용해 해당 텍스트의 특수 기호를 제거하는 실습을 하도록 하겠다. 코드를 사용해 분석하고자 하는 텍스트에 포함된 문장 부호나 기타 분석과 관련이 없는 문자들을 제거한다. 이를 위해 텍스트 정규식을 사용하는 패키지 re를 사용한다. 주의해야 할 점은 만들고자 하는 인공지능에 따라 문장 부호의 역할이 중요하게 작용할 수 있다는 점이다. 예를 들어 "안녕하세요."와 "안녕하세요?"처럼 문장 부호가 텍스트에서 특정 역할을 수행하고 있는 경우가 있다. 만약 인공지능 모델이 분석하려는 텍스트의 역할을 함께 고려해야 하는 경우에는 문장의 특수 기호 또한 포함시킬 필요가 있다.

특수 기호를 없애려면 파이썬에서 텍스트 정규 표현식을 활용하는 데 필요한 re 모듈을 사용한다. re.sub는 정규 표현식을 사용해 특정 패턴에 해당하는 문자를 바꾼다. 여기서는 바꾸고자 하는 특수 기호를 pattern1로 저장하고 여기에 포함된 기호를 모두 빈칸으로 반환하는 작업을 수행한다. 제거하고자 하는 특수 기호를 지정하려면 대괄호([]) 안에 분석에서 제외하려는 특수 기호를 입력한다. 정규 표현식에서 대괄호 안에 들어 있는 여러 문자들을 투입하고, re.sub를 사용하면 투입된 모든 문자들을 변경할 수 있다.

> **팁** 정규 표현식(https://ko.wikipedia.org/wiki/정규_표현식)(regular expression)은 프로그래밍 언어에서 텍스트의 일정한 패턴을 표현하기 위한 일종의 형식 언어를 가리킨다. 정규 표현식을 사용하면 복잡한 문자열의 패턴을 쉽게 선택하거나 치환할 수 있다.

코드 예제 16-3 텍스트 원 글

```
raw1['maintext'][7]
```

'보이그룹 방탄소년단(BTS)이 지난달 31일 미국을 대표하는 노래 인기 순위 집계 차트 빌보드 '핫 100'에서 1위를 차지했다. 2012년 싸이가 '강남스타일'로 2위를 한 적은 있지만 한국 가수가 정상에 오르기는 처음이다. 세계 대중음악의 지표로 불리는 60여년 핫 100 역사를 되짚어봐도 보이그룹이 1위를 한 것은 지금까지 뉴키즈온더블록 등 세 그..'

코드 예제 16-4 re.sub를 사용해 특수 기호 제거

```
# 변환하고자 하는 문자들 입력
pattern1 = '[-=+,#/\?:;^$.A*"~%!\\\n\r\t▼♣§☆♡´∀/♥▲??▶ * ‐ʼʽʻʼ()]'

# 문자 변환
text = re.sub(pattern1, ' ', raw1['maintext'][7]).strip()
print(text)
```

보이그룹 방탄소년단 BTS 이 지난달 31일 미국을 대표하는 노래 인기 순위 집계 차트 빌보드 핫 100 에서 1위를 차지했다 2012년 싸이가 강남스타일 로 2위를 한 적은 있지만 한국 가수가 정상에 오르기는 처음이다 세계 대중음악의 지표로 불리는 60여년 핫 100 역사를 되짚어봐도 보이그룹이 1위를 한 것은 지금까지 뉴키즈온더블록 등 세 그

코드 예제 16-4에서 사용한 .strip()은 문자열의 시작과 끝의 공백^{White Space}을 지우는 함수이다. 코드 예제 16-5에서 .strip()의 실행 예를 볼 수 있다.

코드 예제 16-5 .strip() 실행 예제

```
"    파이썬을 사용하면 인공지능을 쉽게 개발 할 수 있다.    ".strip()
```

코드 예제 16-4에서 실행한 텍스트 전처리를 전체 텍스트에 적용해야 한다. 코드 예제 16-6은 lambda와 progress_map을 사용해 특수 기호를 제거하는 코드를 데이터 전체에 적용한다. 코드 예제 16-6은 tqdm을 사용했기 때문에 전체 코드의 진행상황 과 코드 수행 시간이 표시된다.

코드 예제 16-6 전체 데이터 특수 기호 제거

```
# 전체 텍스트의   # 특수 기호를 " " 공란으로 변경
raw1['maintext'] = raw1['maintext'].progress_map(lambda x:re.sub(pattern1,
    ' ', x).strip())
```

```
100%|████████| 645/645 [00:00<00:00, 99768.63it/s]
```

16.2.4 형태소 분석

형태소 분석은 텍스트의 각 부분이 어떤 문법적 기능과 역할을 수행하는지를 분석하 는 것을 의미한다. 한국어 텍스트 분석 시에는 교착어라는 우리말의 특성을 고려할 필요가 있다. 교착어란 실질적인 의미를 가진 단어 또는 어간에 문법적인 기능을 가 진 요소가 차례로 결합함으로써 문장 속에서의 문법적인 역할이나 관계의 차이를 나 타내는 언어를 가리킨다. 다시 말해 특정 단어에 은/는/이/가와 같은 문법적 조사가 붙음으로써 같은 단어가 다른 목적을 수행한다는 것이다. 따라서 문장의 각 부분들 이 어떤 목적이나 형태를 수행하는지 분리해야만 텍스트를 본격적으로 분석할 수 있 게 된다.

그렇다면 컴퓨터를 사용해 언어를 분석하고자 한다면 어떻게 해야 할까? 이때는 형태소 분석기를 사용한 텍스트 전처리를 먼저 실시해야 한다. 형태소 분석기는 컴 퓨터를 사용해 텍스트의 다양한 문법적 역할을 자동적으로 분류하는 프로그램을 가 리킨다. 이 책의 실습에서는 파이코모란^{PyKomoran}이라는 형태소 분석기를 사용한다.

이 책에서 사용한 파이코모란 외에도 다양한 형태소 분석기가 있다. 각 형태소 분석기마다 장단점이 존재하기 때문에 인공지능 개발 환경에 적절한 분석기를 사용할 필요가 있다. 여러 형태소 분석기의 차이에 대한 자세한 내용은 이기창의 한국어 임베딩을 참조하길 바란다. 또한 영어에서는 품사태그 기능(POS, Part Of Speech Tagging)을 하는 POS가 사용되기도 한다. 이를 사용해서 텍스트 내의 명사나 부사 등 특정 목적을 수행하는 텍스트를 선택할 수 있다.

16.2.4.1 형태소 분석기 설치 및 기본 사용 방법

파이썬에서 한국어의 형태소를 분석하는 데 가장 널리 사용되는 형태소 분석기 중 하나인 파이코모란(https://pydocs.komoran.kr/index.html)을 구글 코랩에 설치하도록 하겠다. 코드 예제 16-7은 파이코모란을 설치하고 코랩에 해당 모듈을 불러오는 코드이다.

코드 예제 16-7 PyKomoran 설치

```
# 전처리를 위해 형태소 분석기 설치
!pip install PyKomoran
```

```
Collecting PyKomoran
  Downloading PyKomoran-0.1.6.post1-py3-none-any.whl (6.4 MB)
     |                              | 6.4 MB 3.8 MB/s
Collecting py4j==0.10.9.2
  Downloading py4j-0.10.9.2-py2.py3-none-any.whl (198 kB)
     |                              | 198 kB 51.2 MB/s
Installing collected packages: py4j, PyKomoran
Successfully installed PyKomoran-0.1.6.post1 py4j-0.10.9.2
```

파이코모란을 사용하려면 파이코모란 모듈을 불러온 후 객체를 만들어 줘야 한다. 코드 예제 16-8은 파이코모란 모듈을 불러온 후 형태소 분석할 준비를 하는 코드이다. 형태소 분석을 위해 설정하는 파이코모란 객체에는 STABLE과 EXP 모델이 있다. 전자가 기본 모델이고, 후자는 기본 모델에 위키피디아에서 학습한 단어들을 추가한 모델이다. 뒤에서 좀 더 자세히 살펴보도록 하겠지만 형태소 분석기가 어떤 사전을 사용하는가에 따라 형태소 분석 결과가 달라지기 때문에 어떤 사전을 활용하는지에 대해 고민할 필요가 있다.

```
# 형태소 분석기 불러오기
from PyKomoran import *

# 코모란을 사용하기 위한 객체 만들기
komoran = Komoran("EXP")
```

파이코모란이 제공하는 다양한 기능 중에 텍스트의 형태소 분석에는 .get_list(), .get_morhes_by_tags(), .get_nouns()를 사용해야 한다.

.get_list()는 주어진 문자열의 각 형태소를 분석해 반환한다. 코드 예제 16-9는 파이코모란을 사용해 일반 문서의 형태소 분석을 실시하는 코드이다. 코드 예제 16-9의 결과에서 볼 수 있는 것처럼 .get_list()에 문자열을 투입하면 문장의 각 품사의 기능을 분석한 결과가 반환된다. 즉 "문장요소/품사"를 통해 각 문장 요소가 문법적으로 어떤 역할을 하는지를 보여주는 것이다. 분석 결과를 살펴보면 여기서 올해/NNG, 해외여행/NNG, /JKO와 같은 것은 형태소 분석 결과 올해와 해외여행이 일반 명사(NNG)이고 을이 목적격 조사(JKO)임을 의미한다.

파이코모란에서 사용하는 품사표는 문화체육관광부에서 정리한 21세기 세종계획 국어 기초 자료 구축에서 제안된 것이며 파이코모란의 웹페이지(https://pydocs. komoran.kr/firststep/postypes.html)에서 찾아볼 수 있다.

```
komoran.get_list("올해 해외여행을 하는 중국인은 지난해보다 5% 이상 늘어나 5000만
    명이 넘을 것으로 전망된다.")
```

[올해/NNG, 해외여행/NNG, 을/JKO, 하/VV, 는/ETM, 중국인/NNG, 은/JX, 지난해/NNG, 보다/JKB, 5/SN, %/SW, 이상/NNG, 늘어나/VV, 아/EC, 5000/SN, 만/NR, 명/NNB, 이/JKS, 넘/VV, 을/ETM, 것/NNB, 으로/JKB, 전망/NNG, 되/XSV, ㄴ다/EF, ./SF]

.get_morphes_by_tags()는 .get_list()와 달리 문장에서 특정 품사만을 가져온다.

예를 들어 위의 문장에서 올해, 해외여행, 중국인 등 특정 품사만을 가져와서 분석한다. 코드 예제 16-10은 .get_morphes_by_tags()를 사용해 형태소 분석을 실시하고 분석된 결과 중 일반 명사(NNG)와 고유명 사(NNP)만을 선택해 반환하는 코드이다. 이 코드는 .get_morphes_by_tags(문자열, tag_list=[품사태그1, 품사태그2, … 품사태그n])의 형식으로 실행한다.

코드 예제 16-10 .get_morphes_by_tags()를 사용한 형태소 분석 결과

```
komoran.get_morphes_by_tags("올해 해외여행을 하는 중국인은 지난해보다 5%
    이상 늘어나 5000만 명이 넘을 것으로 전망된다.", tag_list=['NNP', 'NNG'])
```

['올해', '해외여행', '중국인', '지난해', '이상', '전망']

코드 예제 16-10을 좀 더 단순화해 명사만을 가져오고자 한다면 파이코모란의 .get_nouns()를 사용하면 된다. 이는 문장 속의 다양한 품사 중 명사만을 반환한다. 코드 예제 16-11은 .get_nouns()를 사용한 결과를 보여준다.

코드 예제 16-11 get_nouns()를 사용한 형태소 분석 결과

```
komoran.get_nouns("올해 해외여행을 하는 중국인은 지난해보다 5% 이상 늘어나 5000만
    명이 넘을 것으로 전망된다.")
```

['올해', '해외여행', '중국인', '지난해', '이상', '전망']

16장의 실습에서는 문장에서 의미를 지니고 있는 명사만을 사용해 사설의 토픽을 분류하고자 한다. 이를 위해서는 각 사설에 .get_nouns() 적용할 필요가 있다. 코드 예제 16-12는 전체 데이디에 .get_nouns() 적용을 위해 lambda와 .progress_map을 적용한 결과이다. .progress_map은 기존에 살펴본 apply와 같이 lambda를 데이터 프레임의 모든 행에 적용한다. 하지만 코드 실행 시 코드의 진행 상황을 함께 보여주기 때문에 처리해야 하는 데이터의 크기가 클 때 사용하면 효율적이다.

```
raw1['tokens'] = raw1['maintext'].progress_map(lambda x:komoran.
    get_nouns(x))
```

```
100%|██████████| 645/645 [00:06<00:00, 93.11it/s]
```

16.2.4.2 새로운 단어를 사용자 지정 사전에 추가해 형태소 분석하기

파이코모란은 몇 단어들을 제대로 분석하지 못하는 경우가 있다. 예를 들어 공공기관, 검찰총장 등의 단어들은 실제로 사설이나 신문기사에 주로 등장하지만 파이코모란 분석기를 사용하면 명사로 제대로 분류하지 못하는 것을 알 수 있다. 이는 해당 분석기의 형태소 사전에 해당 단어들이 존재하지 않기 때문이다. 특히 "떵작", "이대남", "이대녀" 등 신조어나 비속어가 파이코모란 사전에 포함돼 있지 않기 때문에 만약 이런 단어가 만들고자 하는 인공지능 모델에서 중요한 역할을 한다면 인공지능 개발 과정에 문제가 생길 수 있다.

코드 예제 16-13은 파이코모란의 기본 사전을 사용해 이 실습에서 분석할 데이터의 일부를 형태소 분석한 결과이다. 코드 예제 16-13의 결과에서 확인할 수 있는 것처럼 요우커라는 단어가 제대로 처리되지 않은 것을 확인할 수 있다.

```
komoran.get_nouns("요우커 \(중국 관광객\)가 서울을 비롯해 전 세계 주요 도시와
    관광지를 휘젓는 시대가 됐다. 지난해 남한 인구를 웃도는 5400만 명이 해외를 돌아다녔다.
    2020년엔 1억 명을 돌파할 것으로 추정한다. 이 중 10%만 국내로 와도 1000만 명이다
    현재 이들의 1인당 평균 씀씀이를 2000달러로 추산하면 200억 달러")
```

```
['우', '커', '중국', '관광객', '서울', '세계', '주요', '도시', '관광지', '시대', '지난해', '남한',
 '인구', '해외', '돌파', '추정', '국내', '인당', '평균', '씀씀이', '추산']
```

파이코모란의 형태소 분석기가 신조어 등 기본 사전에 등재돼 있지 않은 단어들을 분석할 수 있도록 하려면 파이코모란에 사용자 지정 사전을 등록해서 형태소 분

석을 실시해야 한다.

파이코모란의 사용자 지정 사전에 단어들을 추가하려면 .set_user_dic()을 사용해야 한다. 사용자 지정 사전을 추가하려면 추가할 리스트가 있는 파일을 불러와야 한다. .set_user_dic(파일패스)의 형식으로 사용자 지정 사전을 지정해 주면 형태소 분석에 새로운 단어들을 함께 추가할 수 있다.

.set_user_dic()에는 단어와 품사가 탭[tab]으로 구분된 텍스트 파일이 필요하다. 노트패드 같은 프로그램을 이용해 만든 사용자 지정 사전을 코랩에 업로드하거나 인터넷 공간에 있는 데이터를 직접 불러올 수도 있다. 아니면 직접 코랩에 사용자 지정 사전에 추가하기 위한 단어들을 추가한 후 이를 탭으로 구분한 텍스트 파일로 만들면 .set_user_dic()으로 불러올 수 있다.

코드 예제 16-14는 사용자 지정 사전을 코랩에서 직접 만드는 코드이다. 이 코드는 다음과 같은 작업을 수행한다.

1. 사용자 지정 사전에 추가할 단어들을 리스트 형태로 저장한다.
2. 리스트를 데이터프레임으로 만든 후 새로운 열에 'NNP'를 일괄적으로 지정한다. 이는 각 단어에 품사를 지정하기 위함이다.
3. 만들어진 데이터프레임을 구글 코랩에 저장한다. 이때 index=False와 header=False를 지정하고, 두 컬럼을 탭으로 구분한다. 이는 파이코모란의 사용자 지정 사전 형식에 맞춰 데이터를 저장하기 위함이다.

코드 예제 16-14 사용자 지정 사전 추가하기

```
# 사용자 지정 사전에 추가할 단어들
word_list = ['요우커 ']

# 데이터 만들기
custom_dict = pd.DataFrame({"word":word_list})
custom_dict['morp'] = "NNP"

# 사용자 지정 사전 코랩 기본 경로에 저장
custom_dict.to_csv("custom_dict.txt", index=False, header=False, sep="\t")
```

```
# 사용자 지정 사전 출력
print(custom_dict)
```

```
     word morp
0    요우커    NNP
```

코드 예제 16-15는 구글 코랩의 기본 폴더에 있는 사용자 지정 사전을 불러오는 코드이다. 인터넷이나 다른 공간에 있는 코드를 불러올 때는 사용자 지정 사전의 경로를 정확히 입력해야 오류가 발생하지 않는다.

코드 예제 16-15 PyKomoran에 사용자 지정 사전 적용하기

```
# 사용자 지정 사전 적용하기
komoran.set_user_dic("custom_dict.txt")
```

코드 예제 16-16은 사용자 지정 사전을 적용한 후 코드 예제 16-13의 문서를 다시 분석하는 코드이다. 코드 예제 16-16의 결과에서 볼 수 있는 것처럼 .get_nouns()를 적용해 명사만을 추출한 결과 기존 결과에는 제대로 분석되지 않은 요우커가 포함된 것을 확인할 수 있다.

코드 예제 16-16 사용자 지정 사전을 적용한 후 형태소 분석하기

```
komoran.get_nouns("요우커 \(중국 관광객\)가 서울을 비롯해 전 세계 주요 도시와
    관광지를 휘젓는 시대가 됐다. 지난해 남한 인구를 웃도는 5400만 명이 해외를 돌아다녔다.
    2020년엔 1억 명을 돌파할 것으로 추정한다. 이 중 10%만 국내로 와도 1000만 명이다
    현재 이들의 1인당 평균 씀씀이를 2000달러로 추산하면 200억 달러")
```

['요우커', '중국', '관광객', '서울', '세계', '주요', '도시', '관광지', '시대', '지난해', '남한', '인구', '해외', '돌파', '추정', '국내', '인당', '평균', '씀씀이', '추산']

이 실습에서는 사용자 지정 사전을 만들고 이를 실제 형태소 분석에 적용하는 방법을 살펴봤다. 물론 분석하려는 문자 데이터에 대한 충분한 지식을 갖고 있어 어떤 단어들을 새로 추가해야 하는지를 알고 있다면 형태소 분석기를 사용해 효율적으로 텍스트 전처리를 할 수 있을 것이다. 하지만 만약 분석하고자 하는 텍스트 데이터들

이 새로운 영역을 다루고 있다면 전처리 결과의 성능 담보를 위해 실제 분석에서는 형태소 분석을 실시한 후 분석 결과가 제대로 적용됐는지를 살펴볼 필요가 있다. 코드 예제 16-13의 결과처럼 형태소 분석기가 신조어나 비속어 등의 단어를 제대로 분석하지 못했다면 위에 제시된 코드를 사용해 새로운 단어를 추가할 필요가 있다.

1. 본문과 형태소 분석 결과를 비교해 형태소 분석이 제대로 됐는지를 확인한다.
2. 만약 형태소 분석이 제대로 돼 있지 않은 경우 사용자 지정 사전에 해당 단어를 추가해 다시 형태소 분석을 실시한다.
3. 형태소 분석기가 제대로 동작할 때까지 1과 2의 단계를 충분히 반복한다.

16.2.5 정규화

정규화^{Standardization}는 텍스트 데이터 속에 다양한 형태로 존재하는 이음동의어나 약어 등 특정 단어들의 변형된 형태를 하나의 단어로 통일하는 과정을 의미한다. 예를 들어 방송통신위원회와 같이 특정 정부기관을 경우에 따라 방통위라는 약어로 칭하기도 한다. 일반적으로 사람들이 이 단어들이 같은 동의어라는 것을 인식하는 데는 어려움이 없지만 토픽 모델링을 수행하는 컴퓨터의 경우에는 이런 약어들을 서로 다른 단어로 인식하게 된다. 토픽 모델링이 단어의 공동 발현을 기반으로 텍스트의 주제를 분석하기 때문에 서로 다른 형태로 존재하지만 같은 의미를 지니는 용어들을 통일해야 할 필요가 있다.

코드 예제 16-17은 16장에서 사용한 실습 데이터 중 정규화가 필요한 예를 보여주고 있다. 코드 예제 16-13처럼 중국인 관광객을 의미하는 '요우커'를 코드 예제 16-17의 사설에서는 '유커'라고 칭하고 있다. 이 두 단어를 독립적인 단어로 취급하기 때문에 두 단어를 통일해야 할 필요가 있다.

```
print(raw1.iloc[196]['maintext'])
```

'메르스(중동호흡기증후군) 사태로 발길이 끊겼던 중국인 관광객(유커)들이 다시 걸음하고 있다는 소식이다. 중추절부터 국경절로 이어지는 황금 연휴에 우리나라를 찾는 유커는 지난해보다 **30%** 더 늘어날 것이라는 전망이 들린다. 메르스 여파가 한창이던 지난 6~7월만 해도 지난해 절반 수준으로까지 방문객이 줄어 걱정이 태산이었다. 연휴 특수를 노려 백화점 등 ..'

코드 예제 16-18은 이 책의 요유커와 유커의 예를 사용해 텍스트를 정규화하는 코드이다. 정규화를 위해서는 다음과 같은 작업을 수행한다. 이때 정규화가 필요한 단어를 선정하려면 실제 데이터를 살펴볼 필요가 있다. 실제로 토픽 모델링 분석을 실시한 이후 정규화가 필요한 단어들을 발견하게 되면 해당 단어들을 정규화한 후 다시 분석을 실시해야 제대로 된 인공지능을 만들 수 있다.

1. 원문을 살펴보면서 정규화가 필요한 단어들을 찾는다.
2. 정규화가 필요한 단어들을 딕셔너리 형태로 만들어 준다.
3. 정규화를 실시한다.

코드 예제 16-18 텍스트 정규화

```
# 정규화할 단어들
dic_standardization = {
    '유커':'요우커'}

# 정규화 실시


for old, new in dic_standardization.items():
  print("{}을(를) {}(으)로 변환 중이다.".format (old, new))
raw1['tokens'] = raw1['tokens'].progress_map(lambda x: [w if w!=old else new for w in x])
```

유커을(를) 요우커(으)로 변환 중이다.
100% ▌▌▌▌▌▌▌▌▌ | 645/645 [00:00<00:00, 353314.10it/s]

16.2.6 불용어 제거

토픽 모델링을 포함한 텍스트 기반의 인공지능을 만들려면 실질적이며 상대적으로 중요한 의미를 지니는 토큰만을 분석에 활용해야 할 필요가 있다. 특히 지나치게 많이 나오거나 특별한 의미가 없는 단어들이 문서에 많이 포함돼 있다면 실제 인공지능 학습 결과가 왜곡되는 상황이 발생할 수도 있다. 이처럼 문서 내에 존재하는 단어 중 큰 의미가 없어 인공지능 학습에 도움이 되지 않는 단어들을 불용어로 처리해 필요에 따라 제거할 필요가 있다.

16장의 실습에서는 주로 명사만을 사용하기 때문에 해당되지 않지만 우리말의 은/는/이/가와 같은 조사나 그러나/그리고와 같은 접속사 등은 문서 내에 빈번하게 존재하지만 문서의 의미를 구성하는 데는 큰 의미가 없다고 할 수 있다. 또한 영어에서는 a, the, is, are 등 관사나 be동사 등이 텍스트 의미에 큰 영향을 주지 않는다. 이런 단어들을 제거함으로써 텍스트 분석의 효율성을 높일 수 있다. 또한 지나치게 많이 등장하는 단어나 지나치게 적게 등장하는 단어들을 불용어에 추가해 제거하기도 한다.

이 실습에서는 모든 사설에 한류라는 단어가 공통적으로 등장하기 때문에 실제 한류라는 단어가 빈번하게 등장할 가능성이 높다. 하지만 모든 문서에 빈번하게 등장함에도 불구하고 실질적으로 이 단어의 포함 여부가 문서의 주제를 구별하는 데 큰 도움이 되지 않을 것이라고 판단할 수 있다. 따라서 코드 예제 16-19를 사용해 문서 내에서 한류라는 단어를 제거하도록 하겠다.

코드 예제 16-19 불용어 제거

```
# 불용어 지정
StopWords = ['한류']

# 불용어 제거
raw1['tokens'] = raw1['tokens'].progress_map(lambda x:[w for w in x if w not in
StopWords])
```

```
100%|████████| 645/645 [00:00<00:00, 29571.90it/s]
```

16.3 토픽 모델링 실습

16.3.1 토모토파이 설치

이 책에서는 토픽 모델링 실습을 위해 토모토파이^{Tomotopy}(https://bab2min.github.io/tomotopy/v0.12.2/kr/index.html) 모듈을 사용한다. 토모토파이는 국내에서 개발된 토픽 모델링 모듈이다. LDA 모델 이외에도 다양한 토픽 모델링 알고리듬을 사용할 수 있고, Gensim과 같은 토픽 모델링 모듈에 비해 토픽 모델을 빠르게 학습할 수 있다.

토모토파이는 구글 코랩에 설치돼 있지 않기 때문에 코랩에서 토모토파이를 사용하려면 구글 코랩 환경에 토모토파이 모듈을 설치해야 한다. 코드 예제 16-20에 토모토파이를 설치하기 위한 코드가 제시돼 있다. 토모토파이를 설치한 후 import tomotopy as tp라는 코드를 실행해야 토모토파이를 사용해 토픽 모델링을 수행할 준비가 된다.

코드 예제 16-20 토모토파이 설치

```
!pip install tomotopy
import tomotopy as tp
```

16.3.2 토모토파이 기본 사용 방법

토모토파이를 사용해 LDA 토픽 모델링을 수행하려면 다음과 같은 순서를 거친다. 먼저 토모토파이를 사용해 모델을 설정하고, 분석하려는 데이터를 문서 단위로 추가한다. 문서 단위는 LDA 토픽 모델링을 분석하는 기본 단위로 문장이나 문단, 기사 등 분석하려는 하나의 독립적인 문서를 의미한다. 우리가 실습하는 데이터에서는 총 645개의 사설을 분석 대상으로 하는데 각 사설이 하나의 문서라고 정의할 수 있다. 토모토파이는 다음과 같은 과정을 통해 학습을 실시한다.

1. .LDAModel()을 사용해 모델을 설정한다.
2. .add_doc()을 사용해 모델에 학습할 문서를 추가한다.

3. `.train()`을 사용해 모델을 학습한다.

4. `.summary()`를 사용해 학습된 모델의 결과를 살펴본다.

16.3.2.1 모델 설정

LDA 토픽 모델링 알고리듬을 사용해 자동으로 텍스를 분류하려면 먼저 토모토파이의 `LDAModel()`을 사용해 토픽 모델을 규정해야 한다.

모델이름 = tp.LDAModel(k값, 하이퍼파라미터 등의 아규먼트)

모델 설정 시 꼭 필수적으로 사용해야 하는 아규먼트는 모델을 사용해 문서를 분류할 토픽의 개수 K이다. LDA 모델은 K값을 기준으로 문서를 자동 분류한다. 따라서 K값이 없다면 에러가 발생한다. 이때 실제 문서들이 몇 개의 주제로 구성됐는지를 살펴보려면 모델 평가를 실시해야 한다. 여기서는 우선 토모토파이를 사용해 LDA 토픽 모델링을 어떻게 학습시키는지의 실습을 위해 한류 관련 사설이 총 다섯 개의 주제로 구성돼 있다고 임의로 가정하고 실습을 진행하도록 하겠다.

이 외에 모델 하이퍼파라미터의 경우 모델이 동작하는 방식을 조금씩 변화시키게 된다. 먼저 alpha 파라미터의 경우는 하나의 문서가 얼마나 많은 토픽으로 구성돼 있을지에 대한 정도의 기준이고, eta 파라미터의 경우는 하나의 토픽이 얼마나 많은 단어로 이뤄져 있을지에 대한 정도의 기준이라고 할 수 있다. alpha가 낮으면 하나의 문서가 몇 개의 주요 토픽으로 이뤄져 있을 것이라고 가정하고 분석을 시작하고, eta가 낮으면 하나의 토픽이 몇 개의 주요 단어들로 구성돼 있을 것이라고 가정하고 학습을 시작한다.

지금 실습에서는 한류 관련 사설이 5개의 토픽으로 나뉘져 있을 것이라고 임의로 가정한 후 실습을 진행하겠다. 모델의 두 하이퍼파라미터의 경우 토모토파이의 기본 값을 사용하도록 하겠다.

코드 예제 16-21 모델 설정

```
mdl = tp.LDAModel(k=5, seed=830731)
```

16.3.2.2 모델에 문서 추가

토모토파이는 모델 학습에 앞서 선언한 모델에 .add_doc()을 사용해 학습한 문서를 추가해야 한다. 모델에 분석할 데이터를 추가하는 경우 각 문서는 단어별로 나눠진 리스트의 형태로 추가돼야 한다. 이 실습에서 사용하는 키워드^{keyword} 데이터의 경우 단어1, 단어2, 단어3, 단어4의 형태로 구분돼 있는 문서이다. 코드 예제 16-22는 이 실습에서 분석하고자 하는 문서의 형태를 보여준다.

코드 예제 16-22 실습에서 사용하는 문서의 형태

```
raw1['keywords'].head()
```

```
0    미국,압박,한한령,중국,중국,외교,부장,3일,방한,귀국,부장,일정,한국,대통령,국회...
1    구글,유예,수수료,전격,갑질,방지법,회피,꼼수,구글,신규,응용프로그램,자사,장터,구...
2    언론,네티즌,생트집,BTS,발언,애국주의,BTS,비난,기품,배려심,신뢰,한국,미국,...
3    BTS,병역,특례,형평성,공정성,한국,대중음악,케이팝,신화,방탄소년단,BTS,병역특...
4    논란,BTS,병역,특례,공론화,풀자,최고위원,노웅래,더불어민주당,최고,위원,K팝,역...
Name: keywords, dtype: object
```

실습에서 사용하는 문서를 토모토파이가 요구하는 형태로 바꾸려면 .split(",")을 사용한다. 이는 쉼표(,)를 기준으로 데이터를 나눠 주는 코드이다. .split(",")은 리스트를 반환하기 때문에 토모토파이가 원하는 데이터 형태로 바꿀 수 있다. 코드 예제 16-23은 모델에 문서를 추가하려고 문서 전체를 대상으로 반복문을 만들어 모든 문서를 모델에 추가하는 코드이다.

코드 예제 16-23 토모토파이 모델에 문서 추가하기

```
for n, line in enumerate(raw1['keywords']):
    mdl.add_doc(line.strip().split(","))
```

16.3.2.3 모델 학습

분석하고자 하는 데이터를 모델에 추가하면 이제 본격적으로 모델을 학습시켜야 한다. 이를 위해 문서를 추가한 모델에 .train(iter)를 사용해야 한다. 여기서 사용되는 iter는 모델 학습을 위해 몇 번의 샘플링을 반복할 것인지를 결정하는 아규먼트이다. 코드 예제 16-24는 모델을 학습하는 코드이다.

코드 예제 16-24에서 반복문을 사용하는 것은 반복문과 .train()을 사용해 전체 샘플링 횟수를 조절하기 때문이다. 다시 말해 반복문을 0에서 1,000까지 10씩 증가하게 함으로써 총 100번 mdl.train(10)이 실행되게 된다. 매번 코드가 반복될 때마다 10번의 샘플링을 수행하기 때문에 총 1,000번의 샘플링이 수행되게 된다. 만약 반복문의 반복횟수나 .train()에 제공되는 iter의 값을 변경하면 모델이 샘플링을 통해 확률을 조정하는 횟수를 조절할 수 있다.

코드 예제 16-24 토픽 모델 학습

```
for i in range(0, 1000, 10):
    mdl.train(10)
    print('반복: {}\t로그-우도: {}'.format(i*10, mdl.ll_per_word))
```

```
반복: 0 로그-우도: -9.277511566911812
반복: 10 로그-우도: -9.089091349636636
반복: 20 로그-우도: -9.012798912205822
반복: 30 로그-우도: -8.960405465021339
반복: 40 로그-우도: -8.93644955502104
반복: 50 로그-우도: -8.915486233641927
반복: 60 로그-우도: -8.903396403867964
반복: 70 로그-우도: -8.889506775268408
반복: 80 로그-우도: -8.880843176312268
반복: 90 로그-우도: -8.8731005947434
...
```

반복: 930   로그-우도: -8.824991231790362
반복: 940   로그-우도: -8.831982818638753
반복: 950   로그-우도: -8.829208042892821
반복: 960   로그-우도: -8.829671447037878
반복: 970   로그-우도: -8.830555799231753
반복: 980   로그-우도: -8.828895896206669
반복: 990   로그-우도: -8.826491017314934

16.3.2.4 토픽별 정보 출력

토픽 모델링의 학습이 끝나면 학습된 모델의 결과를 확인해야 한다. 코드 예제 16-25는 학습된 모델의 결과를 보여준다. 학습된 모델에 .k를 사용하면 모델의 각 토픽을 살펴볼 수 있다.

1. .get_topics_words(k, top_n=n)은 k번째의 토픽에 포함될 확률이 가장 높은 단어 n개를 출력하라는 의미이다.

2. 반복문을 사용해 k개 토픽에 토픽별로 확률이 가장 높은 단어를 출력한다.

코드 예제 16-25 학습된 토픽 모델 토픽별 정보 출력

```
for k in range(mdl.k):
    print('토픽 #{}에 가장 많이 등장한 단어들'.format(k))
    print(mdl.get_topic_words(k, top_n=5))
```

토픽 #0에 가장 많이 등장한 단어들
[('한글', 0.007327177096158266), ('환자', 0.0070219035260379314), ('의료', 0.006716629955917597), ('불법', 0.005800809245556593), ('사건', 0.0053123715333640575)]
토픽 #1에 가장 많이 등장한 단어들
[('한국', 0.031534090638160706), ('영화', 0.018307475373148918), ('관광', 0.015460687689483166), ('관광객', 0.015329296700656414), ('한류', 0.014672346413135529)]
토픽 #2에 가장 많이 등장한 단어들
[('경제', 0.012334463186562061), ('세계', 0.012220609933137894), ('국민', 0.009374282322824001), ('국가', 0.007818290032446384), ('문화', 0.007666486315429211)]
토픽 #3에 가장 많이 등장한 단어들

```
[('한류', 0.02041822485625744), ('문화', 0.019346579909324646), ('방
송', 0.013762743212282658), ('드라마', 0.013480731286108494), ('콘텐츠',
0.009532565250992775)]
토픽 #4에 가장 많이 등장한 단어들
[('중국', 0.05212818831205368), ('한국', 0.026701759546995163), ('일본',
0.026665331795811653), ('사드', 0.018359849229454994), ('정부', 0.01668418198823929)]
```

코드 예제 16-26처럼 학습된 모델.summary()를 사용하면 학습된 토픽 모델의 전반적인 정보를 출력할 수 있다. 이때 출력되는 정보는 기본적으로 모델을 선언할 때 저장한 정보와 각 토픽에 속할 확률이 가장 높은 단어들이 출력된다.

코드 예제 16-26 학습된 토픽 모델 결과 출력

```
mdl.summary()
```

```
<Basic Info>
| LDAModel (current version: 0.12.2)
| 645 docs, 109874 words
| Total Vocabs: 17375, Used Vocabs: 17375
| Entropy of words: 8.29385
| Entropy of term-weighted words: 8.29385
| Removed Vocabs: <NA>
|
<Training Info>
| Iterations: 1000, Burn-in steps: 0
| Optimization Interval: 10
| Log-likelihood per word: -8.82649
|
<Initial Parameters>
| tw: TermWeight.ONE
| min_cf: 0 (minimum collection frequency of words)
| min_df: 0 (minimum document frequency of words)
| rm_top: 0 (the number of top words to be removed)
| k: 5 (the number of topics between 1 ~ 32767)
| alpha: [0.1] (hyperparameter of Dirichlet distribution for document-topic, given as
a single float in case of symmetric prior and as a list with length k of float in case
of asymmetric prior.)
| eta: 0.01 (hyperparameter of Dirichlet distribution for topic-word)
| seed: 830731 (random seed)
| trained in version 0.12.2
```

```
|
<Parameters>
| alpha (Dirichlet prior on the per-document topic distributions)
|  [0.37451372 0.4662435  0.648199   0.4221773  0.48613176]
| eta (Dirichlet prior on the per-topic word distribution)
|  0.01
|
<Topics>
| #0 (16205) : 한글 환자 의료 불법 사건
| #1 (22659) : 한국 영화 관광 관광객 한류
| #2 (26176) : 경제 세계 국민 국가 문화
| #3 (17556) : 한류 문화 방송 드라마 콘텐츠
| #4 (27278) : 중국 한국 일본 사드 정부
```

16.4 최적의 K값 찾기

15장에서 최적의 모델 선정을 위해 여러 후보 모델을 학습했던 것처럼, 토픽 모델링 또한 여러 모델을 학습한 후 그중에서 가장 적절한 모델을 찾아야 한다. 이때 여러 토픽 모델 중 최적의 모델을 찾으려면 혼란도^{Perplexity}라는 지표를 사용한다. 혼란도는 토픽 모델링을 통해 만들어진 모델이 실제 데이터를 얼마나 잘 예측하는지를 살펴보는 지표라고 할 수 있다. 이 혼란도가 작을수록 토픽 모델이 실제 데이터가 갖고 있는 구조를 잘 반영한다는 것을 의미한다. 혼란도는 다음과 같은 공식을 사용해 구한다.

$$혼란도(Perplexity) \ = \ e^{\{-\frac{\sum log\, p(w_d)}{N}\}}$$

여기서는 분자에 존재하는 W_d는 문서에 존재하는 특정 단어를 의미하고, $p(W_d)$는 이 단어가 어떤 토픽에 부여될 확률을 가리킨다. 이때 확률 $p(W_d)$는 각 문서 안의 토픽 확률 분포 $p(z \mid d)$와 각 단어들이 어떤 특정 토픽에 나타날 확률 $p(w \mid z)$와 같다. 즉 $p(W_d)$는 어떤 문서의 특정 주제에 포함될 확률이 높고, 해당 단어가 그 주제에 사용될 확률이 높다면 높은 값을 갖게 된다. 만약 특정 단어가 주로 나타나는 토픽이 해당 문서가 포함될 확률이 낮다면 p(W_d) 낮다고 할 수 있다. 분모에 있는 N 은 전체 문서 속에 포함된 단어의 개수를 의미한다.

토모토파이에서 혼란도를 구하려면 코드 예제 16-27처럼 학습된모델.perplexity를 사용해야 한다. 코드 예제 16-27은 토모토파이를 사용해 혼란도를 구하는 코드이다. 혼란도의 값은 15장에서 살펴본 실루엣 계수처럼 다른 모델의 혼란도와 비교해 어떤 모델이 상대적으로 데이터를 잘 대표하는지를 판단하는 데 사용할 수 있다.

코드 예제 16-27 학습된 모델의 혼란도 구하기

```
mdl.perplexity
```

6812.340441833215

> 팁 혼란도 외에도 유사도(Coherence)를 사용해 토픽 모델의 상대적 성능을 평가할 수 있다. 유사도는 토픽 모델링으로 만들어진 단어들이 실제로 얼마나 유사한 관계인지를 살펴보는 지표이다.

토픽 모델링에서 혼란도를 사용해 최적의 토픽 수 K를 찾으려면 다음과 같은 작업을 수행한다.

1. 데이터의 맥락에 맞는 적절한 토픽의 범위를 정한다.
2. 문서를 각 K개의 토픽으로 나눈 토픽 모델을 학습한다.
3. 각 K별로 학습된 모델에 따라 모델을 평가할 수 있는 혼란도를 구한다.
4. 생성된 혼란도를 비교해 데이터를 가장 잘 대표하는 K값을 구한다.

이런 방식으로 토픽 수 K를 정할 때 주의해야 할 점이 있다. 토픽 모델의 토픽 수를 정하는 것은 상대적으로 주관적인 판단이 많이 개입된다는 점이다.

16.4.1 토픽 모델링 함수 정의

K값을 찾으려면 LDA 모델 학습을 반복적으로 수행해야 한다. 분석의 용이를 위해 토모토파이를 반복적으로 학습하는 사용자 지정 함수를 만들도록 하겠다. 코드 예제

16-28은 토픽 모델링을 반복적으로 수행할 수 있는 사용자 지정 함수를 만드는 코드이다. 이 코드는 다음과 같은 작업을 수행한다.

1. 네 개의 아규먼트를 받는 lda라는 사용자 지정함수를 만든다. 이 아규먼트들은 토픽 모델링을 수행하는 데 필요한 텍스트 데이터(text), 토픽의 수(k_model), 모델링을 위해 반복하고자 하는 샘플링의 수(iteration) 그리고 모델링 과정에서 제외할 가장 빈번한 단어들의 수(word_remove)이다.

2. 16.3.2절에서 실습한 토픽 모델링 코드들을 투입한다. 이는 코드 예제 16-21~16-26의 코드를 함께 투입한 것이다.

3. 학습하고자 하는 모델을 설정한다. 이때 lda 사용자 지정 함수에서 주어진 것처럼 k_model개의 토픽을 만들고 word_revmove개의 단어를 제거한다.

4. 모델 학습을 위해 .burn_in 단계를 거친다. 이 단계에서는 모델의 본격적인 학습 이전에 일정 정도의 샘플링을 먼저 실시하는 작업을 거친다.

5. 본격적인 모델 학습을 실시한다. 이때 사용자 함수에 지정된 iteration값을 받아 샘플링을 iteration값만큼 실시한다.

6. 학습된 모델의 결과를 출력하고, 혼란도를 구하려고 학습된 모델을 반환한다.

> **팁**
>
> 이는 임의로 확률을 배분하고 깁스 샘플링을 사용해 반복적으로 토픽과 문서의 확률을 조정하는 LDA 토픽 모델링 알고리듬의 특성상 초기에 어떻게 확률이 배정됐는지가 추후 확률 분포에 영향을 미칠 수 있기 때문이다. 초기에 배정된 확률 분포가 지나치게 실제 결괏값과 다르다면 추후 수렴된 된 값에 영향을 줄 수 있기 때문이다. 이런 문제 해결을 위해 처음 n번의 샘플링 결과는 실제 학습에 반영되지 않는다. 이처럼 본격적 학습 이전에 실시하는 작업을 번인(burn-in)이라고 부른다.

코드 예제 16-28 반복된 작업을 위해 LDA 모델 함수 지정하기

```python
# 반복된 작업을 위해 사용자 지정 함수 만들기
def lda(text, k_model, iteration, word_remove=0):

    # 모델 설정
    model = tp.LDAModel(k=k_model, rm_top=word_remove, seed=871017)

    # 문서 추가
```

```
for n, line in enumerate(text):
    model.add_doc(line.strip().split(','))

# 학습 준비
model.burn_in = 100
model.train(0)

print('문서 개수:', len(model.docs), ', 단어 개수:',
    len(model.used_vocabs), ', 단어의 총수:', model.num_words)
print('제거된 단어들:', model.removed_top_words)

print('훈련 중...',flush=True)
for i in range(0, iteration, 10):
    model.train(10)
    print('반복: {}\t로그-우도: {}'.format(i, model.ll_per_word))

model.summary()
return(model)
```

16.4.2 K값 찾기

코드 예제 16-29는 코드 예제 16-28에서 작성한 사용자 지정 함수를 사용해 실제 최적의 K값을 찾는 데 필요한 코드이다. 먼저 16장에서처럼 토픽 모델링 또한 수행 하고자 하는 데이터의 특성에 따라 K값의 범위를 변화시켜야 한다. 이 실습에서는 2 부터 20까지의 후보 모델을 만들고 평가를 실시하겠다. 이는 실습에 사용하는 데이 터 수가 645개로 상대적으로 적기 때문에 후보 K값의 범위를 작게 설정했다.

코드 예제 16-29는 정한 K값의 범위를 사용해 데이터를 K개의 토픽으로 나눴 을 때 각 모델의 혼란도를 구한다. 코드 예제 16-29의 결과가 K에 포함된 후보 모 델 수만큼 반복되기 때문에 코드 예제 16-29의 결과를 축약해 보여준다. 코드 예제 16-29는 다음과 같은 작업을 수행한다.

1. 2부터 20까지의 K값을 변화시켜 모델을 만들 수 있는 K값의 리스트를 만든 후 이와 함께 학습된 모델의 혼란도를 저장하기 위한 빈 딕셔너리를 만든다.

2. 반복문과 코드 예제 16-28에서 만든 사용자 지정 함수를 사용해 K별로 혼란
도를 구한다.

코드 예제 16-29 학습된 토픽 모델의 혼란도 구하기

```python
# 학습 준비

# K값 후보 정하기
k_list = list(range(2,21, 1))

# 혼란도를 저장하기 위한 빈 딕셔너리 만들기
perplexity_scores = {}

# 학습
for k in k_list:

    # 모델 학습
    model = lda(raw1['keywords'], k, 1000, 10)

    # 혼란도 값 저장
    perplexity_scores[k]=model.perplexity
```

문서 개수: 645 , 단어 개수: 17365 , 단어의 총수: 101018
제거된 단어들: ['한국', '중국', '한류', '일본', '정부', '세계', '문화', '사드', '미국', '대통령']
훈련 중...
반복: 0 로그-우도: -9.373654490415584
반복: 10 로그-우도: -9.2808065785965
반복: 20 로그-우도: -9.250101989200973
반복: 30 로그-우도: -9.234420196832415
반복: 40 로그-우도: -9.221078954293795
반복: 50 로그-우도: -9.214133080577485
반복: 60 로그-우도: -9.207799771522692
반복: 70 로그-우도: -9.205860474332967
반복: 80 로그-우도: -9.201307285131504
반복: 90 로그-우도: -9.197202205506908
반복: 100 로그-우도: -9.185840936475701
반복: 110 로그-우도: -9.187061957847542
반복: 120 로그-우도: -9.18835255172336
반복: 130 로그-우도: -9.182844662047547
반복: 140 로그-우도: -9.183086669373834
반복: 150 로그-우도: -9.1839429662777

```
반복: 160    로그-우도: -9.180355250377549
반복: 170    로그-우도: -9.18122788744328
반복: 180    로그-우도: -9.177987092093957
반복: 190    로그-우도: -9.180251445511313
반복: 200    로그-우도: -9.180789525965242
반복: 210    로그-우도: -9.17539071396561
반복: 220    로그-우도: -9.175102925339806
반복: 230    로그-우도: -9.177461981901379
반복: 240    로그-우도: -9.1762562935909

...

...

...

<Topics>
| #0 (7117)  :  사회 나라 국민 역사 대한민국
| #1 (3154)  :  올림픽 대회 월드컵 스포츠 평창
| #2 (2964)  :  의료 환자 병원 성형 불법
| #3 (2205)  :  사장 한식 인기 결국 대표
| #4 (2725)  :  재단 검찰 장관 의혹 비리
| #5 (4138)  :  아세안 경제 FTA 베트남 협력
| #6 (2645)  :  한글 한국어 언어 유학 우리말
| #7 (6421)  :  배치 북한 외교 한반도 미사일
| #8 (7656)  :  조치 보복 결정 주장 사실
| #9 (5303)  :  관광 관광객 외국인 중국인 서울
| #10 (4517) :  여성 시위 경찰 한국인 현지
| #11 (2482) :  문학 소설 번역 수상 작가
| #12 (17494):  산업 분야 국가 해외 지원
| #13 (8028) :  양국 정상 교류 총리 독도
| #14 (5212) :  공연 BTS 드라마 케이팝 강남스타일
| #15 (4331) :  국민 경제 국회 정치 규제
| #16 (3476) :  영화 감독 영화제 관객 수상
| #17 (4541) :  연예인 연예 사건 방송 출연
| #18 (3570) :  방송 드라마 콘텐츠 지상파 방송사
```

16.4.3 혼란도 값의 시각화

코드 예제 16-29의 결과로 만들어진 토픽 모델들의 혼란도 값을 시각화하면 다수의
토픽 모델 중 최적의 토픽 모델을 찾기 편리하다. 코드 예제 16-30은 구해진 혼란도

값을 데이터프레임에 저장하고 이 값을 시각화하는 코드이다. 해당 코드는 다음과 같은 작업을 수행한다.

1. 코드 예제 16-29에서 구한 혼란도를 시각화하려고 데이터프레임으로 변경한다.
2. .lineplot()을 사용해 K값의 변화에 따른 모델의 혼란도를 표시한다.

코드 예제 16-30 혼란도 시각화하기

```
# 혼란도 값을 데이터프레임화
perplexity_df = pd.DataFrame.from_dict(perplexity_scores, orient='index',
      columns=['model_perplexity']) # 데이터프레임화
perplexity_df['k']=perplexity_df.index # k값을 데이터화 하기

# 이미지 시각화 준비
fig, ((ax1))= plt.subplots(nrows=1, ncols=1)
fig.set_size_inches(8,8)

# 시각화
g = sns.lineplot(x="k", y="model_perplexity", data=perplexity_df, ax=ax1)
g.set_xticks([2,4, 6, 8, 10, 12, 14, 16, 18, 20]) # x축 표시
```

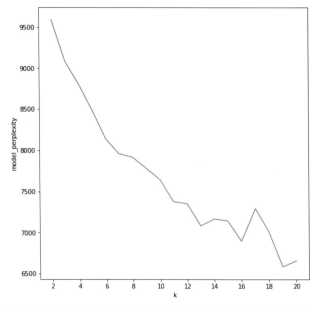

혼란도는 학습된 모델이 실제 데이터를 얼마나 잘 설명하는지를 나타내는 정도로 혼란도의 수치가 작을수록 더 좋은 모델이라고 했다. 하지만 일반적으로 토픽 모델링에서 혼란도가 무조건 작은 모델을 선택하는 것이 아니라 이 혼란도를 시각화해 혼란도가 평탄해지다 다시 상승하는 구간이 있다면 평탄해지는 구간의 K값을 최적의 모델로 선정한다.

코드 예제 16-30에서 혼란도를 시각화한 결과를 살펴보면 토픽 모델의 혼란도가 13 정도까지 감소하다가 14에서 다시 상승했다. 이는 K가 13인 토픽 모델이 K값이 다른 모델에 비해 한류에 관한 사설을 분류하기에 가장 적절하다는 판단을 할 수 있다.

16.5 토픽 모델링 결과 탐색

코드 예제 16-31은 앞서 혼란도 시각화를 통해 찾은 K값이 13인 토픽 모델을 본격적으로 분석하려고 해당 모델을 학습하는 코드이다. 학습된 모델을 사용해 사설이 어떤 주제를 주로 다루고 있는지를 살펴볼 수 있다.

코드 예제 16-31 최적 토픽 모델 학습

```
model = lda(raw1['keywords'], 13, 1000, 10)
```

문서 개수: 645 , 단어 개수: 17365 , 단어의 총수: 101018
제거된 단어들: ['한국', '중국', '한류', '일본', '정부', '세계', '문화', '사드', '미국', '대통령']
훈련 중...
반복: 0 로그-우도: -9.614820964687965
반복: 10 로그-우도: -9.349612689993704
반복: 20 로그-우도: -9.243395280166784
반복: 30 로그-우도: -9.175286874554173
...
...
...
<Topics>
| #0 (7936) : 관광 관광객 의료 외국인 중국인
| #1 (21123) : 국가 나라 중요 지원 국민

| #2 (9791) : 경제 산업 시장 아세안 수출
| #3 (4738) : 올림픽 대회 대한민국 월드컵 국민
| #4 (6426) : 드라마 공연 열풍 가수 BTS
| #5 (4087) : 한글 한국어 교육 언어 유학
| #6 (5735) : 한국인 여성 시위 보도 불법
| #7 (4071) : 영화 감독 영화제 수상 관객
| #8 (6953) : 연예인 수사 연예 의혹 방송
| #9 (9822) : 양국 정상 협력 교류 외교
| #10 (9947) : 배치 보복 북한 외교 조치
| #11 (5708) : 국민 정치 국회 경제 대표
| #12 (4681) : 방송 드라마 문학 지상파 콘텐츠

16.5.1 토픽별로 확률이 높은 단어 출력하기

코드 예제 16-32는 코드 예제 16-31에서 학습한 모델의 각 토픽에 가장 많이 등장하는 단어 열 개를 출력해 데이터프레임화하는 코드이다. 해당 코드는 다음과 같은 작업을 수행한다.

1. 토픽에 해당하는 단어들과 각 단어별 확률을 저장할 빈 데이터프레임을 생성한다(topic_wf_df).
2. 토픽 수 K만큼 반복하는 반복문을 만든다.
3. 임시 데이터프레임(temp)에 .get_topic_words를 사용해 i번째 토픽의 단어와 해당 단어의 확률을 저장한다.
4. 임시 데이터프레임 topic_wf_df에 임시 데이터프레임에 저장된 데이터를 합친다.

코드를 실행하면 각 토픽에 가장 빈번하게 나타나는 열 개의 단어와 각 단어가 해당 단어에 포함될 확률이 함께 제시된다. 코드 예제 16-32의 결과는 표 16-4에 제시돼 있다.

```
# 토픽
topic_wf_df = pd.DataFrame()
for i in range(0, 13):
  temp = pd.DataFrame()

  # 단어 및 확률
  temp = pd.DataFrame(model.get_topic_words(i, top_n=10))
  temp.columns = ["Topic"+str(i+1),"probs"+str(i+1)]
  temp = temp.reset_index()

  # 기존의 데이터프레임과 합치기
  if (i==0):
      topic_wf_df = topic_wf_df.append(temp, ignore_index=True)
  else:
      topic_wf_df = topic_wf_df.merge(temp, left_on="index",
        right_on="index")

topic_wf_df
```

표 16-4 코드 예제 16-32의 결과

순위	Topic1	확률	Topic2	확률	Topic3	확률	Topic4	확률	Topic5	확률
1	관광	0.0438	국가	0.0128	경제	0.0254	올림픽	0.0236	드라마	0.0158
2	관광객	0.0432	나라	0.0096	산업	0.0213	대회	0.0157	공연	0.0139
3	의료	0.0260	중요	0.0083	시장	0.0188	대한민국	0.0134	열풍	0.0127
4	외국인	0.0232	지원	0.0071	아세안	0.0172	월드컵	0.0130	가수	0.0123
5	준국인	0.0159	국민	0.0069	수출	0.0165	국민	0.0112	BTS	0.0111
6	환자	0.0142	시대	0.0069	기업	0.0151	스포츠	0.0102	유럽	0.0102
7	유치	0.0123	정도	0.0066	달러	0.0150	평창	0.0090	케이팝	0.0102
8	서울	0.0107	지역	0.0065	규제	0.0129	역사	0.0079	음악	0.0099
9	병원	0.0106	상황	0.0064	FTA	0.0122	경기	0.0077	콘텐츠	0.0099
10	성형	0.0085	의미	0.0062	투자	0.0108	선수	0.0075	노래	0.0097
순위	Topic6	확률	Topic7	확률	Topic8	확률	Topic9	확률	Topic10	확률
1	한글	0.0282	한국인	0.0122	영화	0.0940	연예인	0.0131	양국	0.0321

순위		확률		확률		확률		확률		확률
2	한국어	0.0148	여성	0.0098	감독	0.0304	수사	0.0087	정상	0.0167
3	교육	0.0136	시위	0.0096	영화제	0.0191	연예	0.0086	협력	0.0143
4	언어	0.0099	보도	0.0080	수상	0.0163	의혹	0.0083	교류	0.0139
5	유학	0.0094	불법	0.0080	관객	0.0158	방송	0.0081	외교	0.0138
6	우리말	0.0089	경찰	0.0080	기생충	0.0139	출연	0.0079	총리	0.0116
7	사회	0.0089	언론	0.0078	한국영화	0.0130	사건	0.0074	독도	0.0100
8	지원	0.0087	현지	0.0073	작품	0.0097	재단	0.0065	갈등	0.0099
9	민족	0.0082	홍콩	0.0071	할리우드	0.0090	대사	0.0063	방문	0.0097
10	대학	0.0080	인터넷	0.0069	배우	0.0082	사장	0.0063	정치	0.0096

순위	Topic11	확률	Topic12	확률	Topic13	확률				
1	배치	0.0287	국민	0.0258	방송	0.0350				
2	보복	0.0181	정치	0.0190	드라마	0.0239				
3	북한	0.0176	국회	0.0182	문학	0.0233				
4	외교	0.0161	경제	0.0134	지상파	0.0179				
5	조치	0.0150	대표	0.0090	콘텐츠	0.0175				
6	미사일	0.0101	국정	0.0087	제작	0.0115				
7	결정	0.0093	대한민국	0.0085	미디어	0.0111				
8	반대	0.0087	후보	0.0073	소설	0.0107				
9	위협	0.0087	사회	0.0070	방송사	0.0105				
10	압박	0.0079	대선	0.0063	종편	0.0099				

16.5.2 각 문서별 토픽 분포 구하기

기본적으로 LDA 토픽 모델링은 하나의 문서가 여러 토픽에 포함될 확률이 존재한다고 가정한다. 하지만 하나의 문서에 가장 확률이 높은 토픽을 그 문서의 대표 토픽으로 선정하면 그 토픽이 가장 확률이 높은 문서들의 공통적인 주제를 찾을 수 있다는 장점이 있다. 이를 위해서는 각 문서별 토픽 확률을 구하고, 각 문서 중 확률이 가장 높은 토픽을 찾을 필요가 있다. 이 경우 표 16-5처럼 각 문서마다 어느 토픽에 배정될 확률이 얼마나 높은지를 기록하고 있는 데이터프레임이 필요하다.

표 16-5 문서별 토픽 분포의 예

문서	토픽 1	토픽 2	토픽 3	토픽 4	…	토픽 K
1	.42	.2	.01	.05	…	.03
2	.01	.00	.23	.01	…	.70
3	.05	.06	.60	.21	…	.01

코드 예제 16-33은 각 문서별 특정 토픽에 속하는 확률을 구하는 코드이다. 해당 코드는 다음과 같은 작업을 수행한다.

1. 각 문서의 특정 토픽에 배정될 확률을 저장할 빈 데이터프레임을 만든다.
2. 반복문과 토모토파이로 만든 모델에 .docs를 사용하면 토픽 모델링을 학습하는 데 사용된 모든 문서들에 접근할 수 있다.
3. 해당 문서에 .get._topic_dist()를 사용하면 모델이 각 문서가 K개의 토픽에 속할 확률을 추정한 값을 구할 수 있다. 이때 .get_topic_dist()는 길이가 K개인 array를 반환하게 된다.
4. 각 문서의 토픽 확률 정보를 데이터프레임화하려면 pandas의 DataFrame()을 사용해 해당 array를 데이터프레임화해 임시 데이터프레임에 저장한다. 이 데이터프레임은 행이 K개이고 열이 하나이다.
5. 각 문서의 토픽별 확률값을 저장한 데이터프레임을 1에서 만들어 둔 데이터프레임에 합친다. 이때 각 문서가 K개의 토픽에 배정될 확률이 하나의 행에 존재해야 하기 때문에 임시로 저장된 데이터프레임에 .T를 사용해 행과 열을 전환한다. 이 경우 13×1의 형태로 된 데이터프레임이 1×13의 형태로 바뀐다.
6. 합쳐진 데이터프레임의 모든 행(문서)의 index가 0으로 저장돼 있기 때문에 이를 원데이터의 인덱스와 동일하게 변경하려면 .reset_index()를 사용해 인덱스를 문서의 순서로 변경한다. 기존의 인덱스는 .drop()을 사용해 삭제한다.

```
# 빈 데이터프레임
theta_df = pd.DataFrame()

# 문서별 토픽 확률
for i, line in enumerate(model.docs):
    temp=pd.DataFrame(line.get_topic_dist())
    theta_df=theta_df.append(temp.T)

# 데이터 정리
print('데이터프레임은 {}행과 {}열로 이뤄져 있다\n'.format
    (*theta_df.shape))
theta_df = theta_df.reset_index()
theta_df = theta_df.drop(['index'], axis=1)
theta_df.columns = ['Topic'+ str(x) for x in range(1,14)]

# 데이터프레임 출력
theta_df
```

	Topic1	Topic2	Topic3	Topic4	Topic5	Topic6	...	Topic12	Topic13
0	0.001	0.193	0.062	0.001	0.001	0.001	...	0.053	0.016
1	0.001	0.216	0.257	0.001	0.334	0.006	...	0.012	0.012
2	0.007	0.131	0.014	0.025	0.169	0.037	...	0.025	0.006
3	0.001	0.207	0.002	0.372	0.152	0.039	...	0.026	0.001
4	0.014	0.293	0.002	0.345	0.114	0.001	...	0.038	0.001
...	...	...	...	...	...	...	...	...	...
640	0.001	0.499	0.109	0.001	0.321	0.001	...	0.001	0.001
641	0.017	0.229	0.161	0.001	0.391	0.001	...	0.001	0.001
642	0.018	0.360	0.095	0.009	0.313	0.001	...	0.018	0.009
643	0.001	0.170	0.243	0.009	0.110	0.001	...	0.001	0.001
644	0.001	0.215	0.093	0.001	0.011	0.010	...	0.001	0.001

코드 예제 16-34는 앞에서 만들어진 각 문서별 토픽 확률 분포 데이터를 활용해 해당 사설별로 어느 토픽에 포함될 확률이 가장 높은지를 결정하는 코드이다. 이 코드는 다음과 같은 작업을 수행한다.

1. 토픽 확률을 저장하고 있는 Topic1, Topic2, ... Topic13을 선택해 이 중 가장 큰 값을 갖고 있는 열을 .idmax(axis=1)을 사용해 반환한다. pandas의

.idmax는 행 또는 열을 기준으로 가장 큰 값을 포함하고 있는 행 또는 열을 반환한다. 이를 활용하면 어느 열이 가장 확률이 높은지를 알 수 있다.

2. 해당 값을 theta_df['Highest_Topic']으로 저장한다.

> **팁**   .idmax(axis=0)은 행을 기준으로 가장 큰 값을 포함하고 있는 행의 인덱스를 반환한다.

코드 예제 16-34 각 문서별 가장 확률이 높은 토픽 구하기

```
# 확률 높은 토픽 반환
theta_df['Highest_Topic']=theta_df[['Topic'+ str(s) for s in range(1, 14)]]
     .idxmax(axis=1)
theta_df['Highest_Topic'].head(10)
```

```
0      Topic11
1       Topic5
2      Topic11
3       Topic4
4       Topic4
5       Topic5
6       Topic5
7       Topic5
8       Topic5
9      Topic11
Name: Highest_Topic, dtype: object
```

코드 예제 16-35는 코드 예제 16-34의 결과를 기준으로 각 토픽 별 개수를 확인하는 코드이다. 코드 예제 16-34의 결과에서 확인할 수 있는 것처럼 문서별 가장 토픽 확률이 높은 토픽이 반환된 것을 알 수 있다. 만들어진 토픽을 pandas의 .value_counts()를 사용해 분석하면 어느 토픽이 가장 빈번하게 나타나는지 분석할 수 있다.

코드 예제 16-35 각 토픽별 개수 확인

```
# 토픽별 개수 구하기
print(theta_df['Highest_Topic'].value_counts())
```

```
Topic11    78
```

```
Topic2     71
Topic1     71
Topic10    62
Topic3     52
Topic9     49
Topic13    48
Topic5     44
Topic8     35
Topic6     35
Topic7     35
Topic12    33
Topic4     32
Name: Highest_Topic, dtype: int64
```

16.5.3 토픽 이름 붙이기

각 문서별 가장 확률이 높은 토픽을 찾아내면 토픽별로 특징을 잡아내는 토픽의 이름을 정할 필요가 있다. 이는 토픽 모델링을 사용해 만들어진 토픽들이 어떤 의미를 내포하고 있는지 파악하기 쉽다. 또한 학습된 토픽 모델링의 결과를 다른 사람들과 효율적으로 공유하는 데 도움이 된다.

토픽의 이름을 정할 때는 특정 토픽이 배정될 확률이 가장 높은 문서들을 실제로 읽어보고 그 문서가 어떤 내용을 주제로 하고 있는지 살펴볼 필요가 있다. 이 실습에서 사용된 데이터의 경우 총 600개의 사설만을 포함하고 있기 때문에 전체 내용을 살펴보는 것이 가능할 수 있다. 하지만 문서의 수가 급격하게 늘어난다면 특정 토픽에 해당되는 모든 내용을 살펴볼 수 없을 것이다. 따라서 해당 토픽에 포함될 문서들 중의 일부를 임의로 선택해 그 문서가 어떤 내용을 다루고 있는지를 살펴보도록 한다. 여기서는 13개의 토픽 중 가장 비율이 높은 토픽을 선택해 토픽의 이름을 붙이는 과정을 실습해 보도록 하겠다.

코드 예제 16-36은 16.5.2에서 만들어진 문서별 토픽 분포를 담고 있는 데이터와 원데이터를 합치는 코드이다. 두 데이터프레임을 합치는 이유는 각 문서별로 가장 확률이 높은 토픽을 선택해 해당 문서의 내용을 출력하기 위함이다.

```
# 데이터프레임 합치기
data = pd.merge(raw1, theta_df, left_index=True, right_index=True)
```

코드 예제 16-37은 코드 예제 16-36에서 만든 데이터프레임을 사용해 특정 토픽에 포함될 확률이 가장 높은 문서들을 출력하는 코드로 토픽 중 가장 빈번한 토픽 11을 선택해 해당 토픽에 해당되는 문서들을 임의로 선택해 출력하는 코드이다. 이 코드는 다음과 같은 기능을 작업한다.

1. 살펴보고자 하는 토픽을 정하고 해당 토픽에 가장 빈번한 단어들 열 개와 문서들 중 해당 토픽에 포함될 확률이 가장 높은 것으로 나타난 문서 n개를 임의로 선택해 출력한다. 데이터프레임에서 특정 데이터를 임의로 선택하려면 sample()을 사용한다.

2. .sort_values()를 사용해 선택된 문서들 중 해당 토픽에 포함될 확률이 가장 높은 순으로 정렬한다. 이때 마지막에 문서가 담긴 열을 선택해 .values를 사용한 것은 문서의 전체 내용을 보기 위함이다.

```
# 출력하려는 토픽 선택
i = 11

# 토픽 빈출 단어 및 토픽에 해당되는 문서 출력
print("토픽",i,"에 가장 빈번히 나오는 단어들\n")
print(topic_wf_df['Topic'+str(i)])
print("해당 토픽에 포함된 문서")
data[data['Highest_Topic']=='Topic'+str(i)][['maintext','Topic'+str(i)]].\
    sample(n=10).sort_values(by='Topic'+str(i), ascending=False)
    ['maintext'].values
```

토픽 11 에 가장 빈번히 나오는 단어들

```
0      배치
1      보복
2      북한
3      외교
4      조치
5     미사일
6      결정
7      반대
8      위협
9      압박
Name: Topic11, dtype: object
```

해당 토픽에 포함된 문서

```
array(['중국이 어제 북한의 탄도미사일 발사에 사실상 침묵했다. 신화통신 등 중국 매체들이 올해 처음이자 트럼
프 행정부 출범 이후 북한의 첫 미사일 발사라며 짤막하게 보도했을 뿐이다. 북한 도발을 주요 뉴스로 다룬 세계 언
론과는 현격하게 달랐다. \n \n중국이 자국의 이익에 따라 이율배반적인 행동을 취한 것은 이번뿐이 아니다. 북한
의 핵 미사일 실험은 한국에 직접..',
       '고고도미사일방어체계인 사드(THAAD)의 한반도 배치 결정에 대한 중국 측 반발과 공세가 점점 심해지고
있다. 중국은 이미 저강도 보복 카드를 꺼내든 것으로 보인다. 대구 치맥페스티벌에 참가하려던 중국 대표단 규모가
대폭 줄었고, 중국 블로거들의 강원도 방문 계획이 돌연 연기됐기 때문이다. 한류 문화 콘텐츠에 대한 중국의 보복
움직임도 가시화될 조짐을  ..',
       ...
       ...
       ...
       '사드의 한반도 배치를 둘러싼 중국 정부의 불만이 급기야 순수예술 분야에까지 악영향을 미치는 양상이라
고 한다. 피아니스트 백건우와 소프라노 조수미를 비롯한 한국 음악가의 중국 공연이 잇달아 취소됐다는 것이다. 백
건우는 구이양 심포니 오케스트라, 조수미는 차이나 필하모닉 오케스트라와 협연하기로 했었다. 중국은 사드 배치
문제가 불거진 이후 대국(大國)의 체..'],
      dtype=object)
```

코드 예제 16-37의 결과는 코드에 의해 출력된 열 개의 문서 중 첫 두 문서와 마지막 문서, 세 개를 표시하고 있다. 선택된 문서를 보려면 이 책의 깃허브 페이지를 참조하길 바란다.

이 토픽에 가장 많이 등장하는 단어들은 배치, 보복, 북한, 외교, 조치, 미사일 등 외교 관계와 관련된 단어들이다. 실습을 위해 가장 빈번하게 등장한 토픽에 포함될 확률이 높은 문서들 열 개를 임의로 선택한 결과도 이와 유사한 것을 확인할 수 있다. 실제로 해당 토픽은 박근혜 전 대통령 임기 중 사드[THAAD]라고 불리는 고고도미사

일 방어 체계의 배치와 관련된 한중 관계의 악화 및 문재인 정부 출범 초기에 불거진 위안부 협의 등 한일 관계의 악화에 대한 내용을 포함하고 있다. 이는 신문사설들이 한중, 한일 관계의 악화에 따라 드라마나 음악, 여행 등 한류에 어떤 영향이 있을지에 관해 논의하는 내용이라는 것을 알 수 있다. 이런 측면에서 토픽 11의 경우 '외교 관계와 한류' 정도의 제목을 붙이면 해당 토픽에 포함된 문서들이 어떤 주제를 이야기하고 있는지를 쉽게 공유할 수 있다.

> **팁** 특정 토픽의 이름을 붙일 경우 해당 토픽에 포함된 문서들을 여러 개 살펴볼 필요가 있다. 코드도 한 번이 아니라 여러 번 반복해 실행시켜 전체 문서를 관통하는 테마가 무엇인지를 살펴볼 필요가 있다.

코드 예제 16-38은 두 번째로 토픽 수가 많은 토픽 1에 포함될 확률이 가장 높은 문서 열 개를 임의로 선택해 출력하는 코드이다. 코드 예제 16-38의 결과는 실제 코드의 출력 결과물 중의 일부만을 표시하고 있다.

코드 예제 16-38 토픽 1에 포함될 확률이 가장 높은 문서들 살펴보기

```
# 출력하려는 토픽 선택
i = 1

# 토픽 빈출 단어 및 토픽에 해당되는 문서 출력
print("토픽",i,"에 가장 빈번히 나오는 단어들\n")
print(topic_wf_df['Topic'+str(i)])
print("해당 토픽에 포함된 문서")
data[data['Highest_Topic']=='Topic'+str(i)][['maintext','Topic'+str(i)]].\
     sample(n=10).sort_values(by='Topic'+str(i), ascending=False)
     ['maintext'].values
```

토픽 1 에 가장 빈번히 나오는 단어들

```
0      관광
1     관광객
2      의료
3     외국인
4     중국인
5      환자
6      유치
```

7   서울
8   병원
9   성형
Name: Topic1, dtype: object

해당 토픽에 포함된 문서

array(['서울 강남의 한 성형외과에서 눈 코 지방이식 등 수술을 받던 중국인 여성이 뇌사 상태에 빠졌다. 사고가 일어난 뒤 중국의 인터넷 포털 바이두에는 "한국 성형외과를 못 믿겠다" "한국은 환자를 돈벌이 대상으로 본다"는 비난이 쏟아지고 있다. 정부가 경제혁신 3개년 계획 중 하나로 강조한 보건 의료 산업의 육성과 외국인 환자 유치에 빨간불이 켜졌다. \n \n..',
        '중국인 관광객을 대상으로 한 덤핑관광이 물의를 빚고 있어 대책 마련이 시급하다. 우리나라를 찾는 외국인관광객중 중국인이 차지하는 비중이 지난해 처음으로 미국인을 제치고 2위로 부상했다. 더구나 월드컵과 한류(韓流) 열풍으로 중국인 단체관광객이 대거 내한하고 있으나 이들에게 쇼핑과정에서 바가지를 씌우는 등 한국관광 이미지를 크게 흐려놓고 있는 실정이다.국..',
        ...
        ...
        ...
        '관광산업을 아우르는 키워드로 '볼먹잘놀살탈'을 꼽는다. 볼거리, 먹거리, 잘 곳, 놀거리, 살 것, 탈 것 등을 말한다. 모두가 중요한 과제이긴 하지만 국가와 지역별로 어떤 부문의 매력을 앞세울 것인가는 전략적으로 접근할 문제다. 특화된 관광자원의 성격, 지리 문화 역사적 조건, 교통과 숙박 인프라 등을 감안해 장단점을 두루 따져 장기적 안목을 갖고 관..'],
       dtype=object)

앞서 토픽 이름을 정한 것과 유사하게 코드 예제 16-38의 결과를 바탕으로 두 번째로 가장 빈번하게 나타난 토픽 1의 이름을 정해 보도록 하겠다. 토픽 1은 관광, 의료, 외국인, 중국인, 환자, 유치 등의 단어가 나타났다. 토픽 11과 다르게 자주 등장하는 의료와 관련된 외국인 유치에 관한 사설일 가능성이 높은 것으로 나타났다. 실제로 이 토픽에 해당될 가능성이 가장 높은 문서들을 살펴보면 역시 '성형'을 목적으로 한 관광 서비스에 관한 사설 등이 주로 나타난 것을 확인할 수 있다. 이런 점에서 '의료 및 성형 관광'이라는 이름으로 정하면 적절할 것 같다.

앞서 두 개의 토픽에 이름을 붙인 것과 유사한 방법을 사용해 나머지 토픽 또한 이름을 붙이면 된다. 이때 각 토픽에 가장 빈번히 등장하는 단어들과 실제 이 토픽에 포함될 확률이 가장 높은 문서들을 함께 살펴보면 해당 토픽이 어떤 주제를 중심으로 하고 있는지 알 수 있다.

16.5.4 토픽 모델링 시각화

16.4에서 학습한 토픽 모델을 시각화하면 토픽 모델링의 결과를 좀 더 직관적으로 이해할 수 있다. 예를 들어 실습에서 사용한 데이터가 2010년 이후의 한류에 관한 중앙 일간지의 사설이라는 점에서 지난 10년간 어떤 토픽이 언제 주로 게재됐는지를 확인할 수 있다.

코드 예제 16-39는 각 토픽이 최근 10년간 언제, 어떻게 나타났는지를 시각화하는 코드이다. 이 코드는 다음과 같은 작업을 수행한다.

1. dt의 .datetime.strptime을 사용해 문자열로 저장된 기존 변수를 날짜 변수로 변환한다. 변환된 데이터에 .dt.year를 사용하면 날짜 변수로부터 해당 사설이 게재된 일자의 연도를 추출할 수 있다.

코드 예제 16-39 날짜를 사용해 연도 추출하기

```python
# 날자 변수를 연도 변수로
# 데이터 형식을 문자열로
data['date_new'] = data['date'].astype("str")

# 시간 데이터로 바꾸기
data['date_new'] = data['date_new'].apply(lambda x: dt.datetime.strptime(x,'%Y%m%d'))

# 연도 추출하기
data['year'] = data['date_new'].dt.year
```

코드 예제 16-40은 코드 예제 16-39에서 만든 연도 변수를 사용해 연도에 따라 각 토픽이 어떻게 변화하는지를 시각화하는 코드이다. 이 코드는 다음과 같은 기능을 수행한다.

먼저 13개의 토픽을 시각화하기 위한 반복문을 만든다. 반복할 때마다 .lineplot()을 사용해 해당 토픽을 선 그래프로 시각화한다. 이때 Y축의 크기를 0부터 0.5까지 지정하는 이유는 각 토픽의 연도별 변화량을 같은 크기로 시각화함으로써 어느 토픽이 언제 상대적으로 많이 나타났는지를 직접적으로 비교할 수 있기 때문이다.

```python
# 캔버스 설정
figure, axs = plt.subplots(ncols=5, nrows=3)
figure.set_size_inches(20,15)

# 출력할 토픽 선택
topic = ['Topic'+str(t) for t in range(1, 14)]

# 시각화
for k, ax in enumerate(['ax'+str(x) for x in range(1, 14)]):
  t = topic[k]
  ax = sns.lineplot(x='year',y=data[t], data=data, ax=axs[k//5, k%5])
  ax.set(ylim=(0, .5))
  ax.set_xticks([2001, 2005, 2010, 2015, 2020])
  ax.set_xticklabels(['01', '05', '10', '15', '20'])

  # 데이터 정보 표시
  ax.set(title='Topic: {}'.format(k+1), xlabel="Year", ylabel="Prob.")
```

토픽 모델링으로 만들어진 토픽 모델의 시각화를 통해 다음과 같은 사실을 알 수 있다. 먼저 가장 문서 개수가 많은 토픽 11의 경우 북한 미사일과 사드 사태가 가장 첨예하게 나타난 2016년과 2017년에 가장 빈번하게 나타났다. 의료 및 성형 관광에 관한 토픽의 경우 2001년 이후 꾸준히 증가하는 추세였으나 사드 사태가 있었던 2016년 이후 감소하는 경향을 보였다.

16.6 요약

16장에서는 비지도 학습 기법을 기반으로 텍스트를 자동적으로 분류하는 토픽 모델링의 개념을 살펴보고, 실제 신문사설을 주제로 나눠보는 실습을 실시했다. 이 장의 내용을 요약하면 다음과 같다.

- 토픽 모델링은 단어의 동시 출현을 기반으로 자동적으로 주제를 나누는 인공지능 알고리듬이다.
- 다양한 알고리듬을 사용해 토픽 모델링을 수행하지만 LDA 토픽 모델링 알고리듬은 가장 기본적인 토픽 모델링 알고리듬이다.
- 토픽 모델링 등의 텍스트 분석을 수행하려면 텍스트를 분석에 적당한 형태로 변경하는 전처리 과정을 거쳐야 한다.
- 토픽 모델링을 사용해 학습하고자 하는 텍스트의 특성에 따라 텍스트 전처리의 방식이 조금씩 달라진다.
- 정규화는 같은 의미를 가진 단어이지만 다른 형태로 존재하는 단어들을 하나의 형태로 바꾸는 과정을 지칭한다.
- 텍스트 전처리 과정 시 단어 중에 큰 의미가 없어 인공지능 학습에 도움이 되지 않는 단어들은 불용어 처리를 통해 제거한다.
- 토큰화란 분석하고자 하는 텍스트 데이터를 분석을 위한 의미 있는 단위인 토큰으로 나누는 과정이다.
- 한국어를 토큰화하려면 파이코모란과 같은 형태소 분석기를 사용해 문장을 품사에 따라 구분하는 것이 편리하다.

- 토모토파이를 사용해 토픽 모델링을 학습하려면 토픽 모델을 선언한 후 모델에 학습에 사용하는 문서들을 추가할 필요가 있다.
- 토픽 모델링에서 최적의 K값을 찾으려면 다양한 모델을 학습한 후 모델의 혼란도를 비교하면 된다.
- 혼란도는 비지도 학습 기반의 토픽 모델링에서 모델의 성능을 평가하는 지표로 사용된다. 혼란도는 실제 데이터를 얼마나 잘 예측하는지를 살펴보는 지표이며 이 혼란도가 작을수록 토픽 모델이 실제 데이터가 갖고 있는 구조를 잘 반영한다는 것을 의미한다.
- 만들어진 인공지능을 활용하려면 최적화된 토픽 모델의 각 주제를 잘 반영할 수 있는 이름을 짓는 것이 중요하다. 이때 해당 토픽에 가장 빈번히 사용되는 단어들과 문서들을 함께 참고하는 것이 좋다.
- 원데이터가 갖고 있는 다양한 자료를 함께 활용해 토픽 시각화를 수행하면 특정 토픽에 대한 다양한 함의를 도출할 수 있다.

1. 16장에서 학습한 최적 모델을 사용해 코드 예제 16-37과 코드 예제 16-38처럼 토픽 1과 토픽 11을 제외한 나머지 토픽의 이름을 붙여라.

2. 16장에서 사용한 데이터를 사용해 토픽 모델을 만들어라. 다만 keywords가 아닌 본문을 사용해 토픽 모델링을 실시해라. 이를 위해서는 PyKomoran을 사용해 사설 본문을 전처리한 후 토픽 모델링을 수행해라. 이때 PyKomoran이 적절히 분석하지 못하는 형태소는 사용자 지정 사전에 추가해야 한다. 이 결과를 16장에서 실시한 토픽 모델의 결과와 비교해라.

3. 8장에서 워드클라우드 시각화를 위해 사용한 사설 데이터를 불러와 토픽 모델링을 실시해라. 언론사별로 토픽의 분포가 차이가 있는지 시각화해 보고 언론사별 토픽 분포의 차이가 있는지 논의해라.

4. 언론진흥재단의 빅카인즈를 사용해 자신이 관심 있는 주제에 대한 기사를 수집해라. 해당 데이터를 구글 코랩으로 불러와 16장에서 실습한 토픽 모델링 방법을 적용해라.

5. 연습문제 4번에서 만든 토픽 모델을 통해 해당 주제에 대해서 어떤 통찰을 얻었는지 논의해라.

찾아보기

수학, 통계 지식 없이 배우는
문과생을 위한 인공지능 입문

발 행 | 2023년 4월 27일

지은이 | 김 장 현 · 김 민 철

펴낸이 | 권 성 준
편집장 | 황 영 주
편 집 | 김 진 아
　　　　임 지 원
디자인 | 윤 서 빈

에이콘출판주식회사
서울특별시 양천구 국회대로 287 (목동)
전화 02-2653-7600, 팩스 02-2653-0433
www.acornpub.co.kr / editor@acornpub.co.kr

한국어판 ⓒ 에이콘출판주식회사, 2023, Printed in Korea.
ISBN 979-11-6175-733-9
http://www.acornpub.co.kr/book/ai-for-student

책값은 뒤표지에 있습니다.